Physische Geographie

überarbeitete, ergänzte und aktualisierte Auflage

Jürgen Bauer · Wolfgang Englert · Uwe Meier
Frank Morgeneyer · Winfried Waldeck

Schroedel®

Materialien für den Sekundarbereich II · **Seydlitz Geographie**

Physische Geographie

Ernst von Seydlitz-Kurzbach (geb. in Tschöplau/Kreis Freystadt) lebte von 1784 bis 1849. Mit der Herausgabe des Lehrbuches „Leitfaden der Geographie" im Jahre 1824 begründete er das traditionsreiche Unterrichtswerk „Seydlitz".

© 2010 Bildungshaus Schulbuchverlage
Westermann Schroedel Diesterweg Schöningh Winklers GmbH,
Braunschweig
www.schroedel.de

Originalausgabe
© 2001 Bildungshaus Schulbuchverlage
Westermann Schroedel Diesterweg Schöningh Winklers GmbH,
Braunschweig

Das Werk und seine Teile sind urheberrechtlich geschützt. Jede Nutzung in anderen als den gesetzlich zugelassenen Fällen bedarf der vorherigen schriftlichen Einwilligung des Verlages. Hinweis zu § 52 a UrhG: Weder das Werk noch seine Teile dürfen ohne eine solche Einwilligung gescannt und in ein Netzwerk eingestellt werden. Dies gilt auch für Intranets von Schulen und sonstigen Bildungseinrichtungen.

Auf verschiedenen Seiten dieses Buches befinden sich Verweise (Links) auf Internetadressen.
Haftungshinweis: Trotz sorgfältiger inhaltlicher Kontrolle wird die Haftung für die Inhalte der externen Seiten ausgeschlossen. Für den Inhalt dieser externen Seiten sind ausschließlich deren Betreiber verantwortlich. Sollten Sie bei dem angegebenen Inhalt des Anbieters dieser Seite auf kostenpflichtige, illegale oder anstößige Inhalte treffen, so bedauern wir dies ausdrücklich und bitten Sie, uns umgehend per E-Mail davon in Kenntnis zu setzen, damit beim Nachdruck der Verweis gelöscht wird.

Druck B [1] / Jahr 2010
Alle Drucke der Serie B sind im Unterricht parallel verwendbar.

Redaktion und Satz: Manfred Eiblmaier
Bildredaktion: Christin Sperling
Herstellung: Rosita Ahrend
Umschlag: Janssen Kahlert Design & Kommunikation GmbH, Hannover
Druck und Bindung: westermann druck GmbH, Braunschweig

ISBN 978-3-507-**52340**-1

Ergänzungsmaterialien zu den Seydlitz-Schülerbänden finden Sie regelmäßig im Online-Werkservice von Schroedel @ktuell unter:
www.schroedel.de/schroedel-aktuell

Die Lösungen zu den Aufgaben zusammen mit weiterführenden Hinweisen können (kostenpflichtig) unter www.schroedel.de heruntergeladen werden.

Inhaltsverzeichnis

1 Die Entwicklungsgeschichte der Erde

1.1 Vom „Big Bang" zum blauen Planeten 6
1.2 Die letzten „Tage" in der Entwicklungsgeschichte der Erde 10

2 Die Wirkung endogener Kräfte

2.1 Die Erforschung des Erdinneren 12
2.2 Die Theorie der Plattentektonik 16
  GEO-Exkurs: Regionalbeispiele 21
2.3 Plattentektonik und Vulkanismus 24
  GEO-Exkurs: Vulkanismus und Erdbeben in Deutschland 26
2.4 Gebirgsbildung: Bildung von Falten- und Deckenfaltengebirgen 28
  GEO-Exkurs: Entstehung der Alpen 32
2.5 Bildung von Bruchschollengebirgen 34
2.6 Rekonstruktion eines globalen Puzzles 36
Anwenden und Vertiefen 38

3 Die Wirkung exogener Kräfte

3.1 Verwitterung: Wenn Steine „sterben" 40
3.2 Massenselbstbewegungen 43
3.3 Formenbildung durch fließendes Wasser 44
  GEO-Exkurs: Die Gesichter des Rheins 48
3.4 Formenbildung durch Eis 52
  GEO-Exkurs: Kaltzeiten und Warmzeiten 56
3.5 Formenbildung an Küsten 58
3.6 Formenbildung durch Wind 60
3.7 Formenbildung in Karstgebieten 62
Anwenden und Vertiefen 64

4 Die großen Kreisläufe

4.1 Gesteinskreislauf 66
4.2 Wasserkreislauf und biogeochemische Kreisläufe 68
4.3 Meeresströmungen 70

5 Die Bildung von Lagerstätten

5.1 Bildung von Erzlagerstätten 72
5.2 Bildung von Salzlagerstätten 74
5.3 Bildung von Kohlenlagerstätten 76
5.4 Bildung von Erdöl- und Erdgaslagerstätten 78
  GEO-Exkurs: Verteilung der Lagerstätten 80

6 Die Dynamik der Atmosphäre

6.1 „Akteure" im Wetter- und Klimageschehen 82
6.2 Vom Strahlungs- und Wärmehaushalt zur Lufttemperatur 84
6.3 Aufbau der Atmosphäre 90
6.4 Wasser in der Atmosphäre 92
6.5 Luftdruck und Wind 96
6.6 Grundlagen der globalen atmosphärischen Zirkulation 98
6.7 Wettergeschehen in den mittleren Breiten 102
  GEO-Exkurs: Auswertung einer Wetterkarte 104
6.8 Großwetterlagen in Mitteleuropa 106
  GEO-Exkurs: Hundertjähriger Kalender, Bauernregeln, Witterungssingularitäten 108
  GEO-Exkurs: Regionale Windsysteme im Mittelmeerraum 109
6.9 Wettergeschehen in den Tropen 110
  GEO-Exkurs: Regionalbeispiele 116
6.10 Vom Wetter zum Klima 118
  GEO-Exkurs: Das Klima Europas 124
6.11 Natürliche Klimaschwankungen 126
6.12 Anthropogen bedingte Klimaänderungen 128
Anwenden und Vertiefen 134

7 Die Böden der Erde

7.1 Bodenbildung: Umwandlungsprozesse 136
7.2 Bodenbildung: Stoffverlagerungsprozesse 140
7.3 Bodenfruchtbarkeit 142
    GEO-Exkurs: Erhaltung und Verbesserung der Bodenfruchtbarkeit 144
7.4 Bodenzonen der Erde 146
7.5 Wichtige Bodentypen im Überblick 148
7.6 Bodenschädigung und Bodenvernichtung 152
Anwenden und Vertiefen 154

8 Die Vegetation der Erde

8.1 Nutzung und Verbreitung von Pflanzen – Beispiel Palmen 156
8.2 Pflanzen und ihre Umwelt 158
8.3 Pflanzen erobern und verändern die Umwelt 160
8.4 Die Vegetationszonen der Erde 162
8.5 Die großen Wälder 166
8.6 Die großen Grasländer 170
8.7 Die Wüsten und Halbwüsten 176
8.8 Das Vegetationsmosaik der Subtropen 178
8.9 Vegetation in Hochgebirgen 180
8.10 Die Bedrohung des grünen Planeten 182
Anwenden und Vertiefen 184

9 Die naturräumliche Gliederung Deutschlands

9.1 Die Großlandschaften Deutschlands 186
9.2 Das Norddeutsche Tiefland 188
9.3 Die Mittelgebirgszone 194
9.4 Das Alpenvorland und die Alpen 198

Anhang

Register 202
Weiterführende Literatur 207
Bildquellenverzeichnis 208

DAS SYSTEM ERDE

Das System Erde

Die Entwicklung des Planeten Erde ist eine Geschichte ständiger Veränderungen, ausgelöst durch eine Vielzahl endogener (von innen kommender) und exogener (von außen kommender) Einflüsse und Prozesse, die letztendlich durch energetische Ungleichgewichte angetrieben werden.

Das größte Ungleichgewicht besteht innerhalb des Planeten selbst, zwischen dem noch heißen Erdinneren und seiner erkalteten Außenhaut. Diese besitzt vergleichsweise nur die Dicke einer Eierschale und wird daher von der aus dem Inneren drängenden Wärme fortwährend aufgerissen und in Stücke zerlegt. Vulkanismus, Erdbeben, Verschiebungen von Erdplatten und Gebirgsbildungen sind die Folgen dieses Energieungleichgewichts. Der Energiestrom aus dem Erdinnern wird letztlich als Infrarotstrahlung ins All abgegeben.

Die Energie für die Erwärmung der Erdoberfläche und der Atmosphäre stammt dagegen zu 99 Prozent von der Sonne. Da die von der Sonne zugestrahlte Energie auch wieder abgestrahlt wird, ist das System Erde – Atmosphäre – Weltall langfristig und global gesehen im Gleichgewicht. Wegen der Kugelgestalt, der Rotation um sich selbst, der Schrägstellung der Erdachse und der Wanderung der Erde um die Sonne variiert die Erwärmung der Oberfläche und der Atmosphäre jedoch räumlich und zeitlich erheblich. Die Folgen sind die Entstehung von Tag und Nacht, von Jahreszeiten und von großräumigen Luftmassen- und von Meeresströmungen, die den Energieaustausch zwischen unterschiedlich warmen Regionen sicherstellen.

Der in diese Prozesse eingebettete Wasserkreislauf führt – zusammen mit der Gravitation – dazu, dass auch die durch endogene Prozesse immer neu entstehenden Höhenunterschiede wieder ausgeglichen werden: Selbst die höchsten Gebirge werden nach und nach durch die Erosion wieder eingeebnet.

Alle Stoffströme auf und in der Erde sind vielfältig miteinander verwobene Kreislaufprozesse und umfassen meist alle drei Aggregatzustände.

Und in praktisch alle Kreisläufe dieses planetarischen Stoffwechsels haben sich die Lebewesen seit ihrer Entstehung eingeschaltet, teilweise mit weit reichenden Folgen: Ohne die Fotosynthese der grünen Pflanzen hätte der Planet eine andere Atmosphäre; ohne ihre Biomasseproduktion gäbe es keine komplexen Nahrungsketten und Nahrungsnetze, keine Bodenbildung und auch keine Lagerstätten fossiler Brennstoffe. Die Lebewesen der Erde haben ihren Heimatplaneten auf nahezu unglaubliche Art und Weise verändert und sich dabei alle nur denkbaren Lebensräume erschlossen, zu Wasser, zu Land und in der Luft.

Katastrophen, ausgelöst durch Meteoriteneinschläge, Vulkanausbrüche oder das Zusammenspiel von kosmischen und irdischen Faktoren, wie zum Beispiel bei der Entstehung der Eiszeiten, brachten das Leben regional oder global aber schon mehrfach bis an den Rand des Untergangs. Immer wieder haben sich der Planet und seine Lebewesen aber von diesen Rückschlägen erholt und weiterentwickelt. Daher ist neben diesem ständigen Evolutionsprozess ein weiteres Merkmal des Planeten seine enorme Fähigkeit der Selbstregulation: Seit der Entstehung des Lebens ist die Temperatur der Erdoberfläche über gut 3,5 Milliarden Jahren – von Ausnahmen abgesehen – auf einem für das Leben erträglichen Niveau geblieben, obwohl die Sonne ihre Wärmeabgabe um 25 Prozent gesteigert hat. An den für diese Regulation erforderlichen Rückkopplungsprozessen sind alle Bausteine des Systems Erde beteiligt:
- die Geosphäre (der Erdkörper),
- die Atmosphäre (die Lufthülle),
- die Hydrosphäre (die Wasserhülle), von der meist ein Teil in der Kryosphäre (Eis) gebunden ist,
- die Biosphäre (die belebte Welt),
- die Pedosphäre (die Bodenschicht), in der alle anderen Sphären besonders eng miteinander verzahnt sind.

Erdmasse	5976 · 10^{21} kg
Erdradius	6371 km
Meeresfläche	362 Mio. km²
Landfläche	148 Mio. km²
mittlere Meerestiefe	3730 m

mittlere Landhöhe	840 m
Meeresvolumen	1,35 Mrd. km³
Masse des Meeres	1384 · 10^{18} kg
Masse der Atmosphäre	5137 · 10^{15} kg
Anzahl heute lebender Arten	5 Mio. bis 100 Mio.

1 Die Entwicklungsgeschichte der Erde

1.1. Vom „Big Bang" zum blauen Planeten

Die modernen Naturwissenschaften haben die Geschichte des Universums immer weiter zurückverfolgt, bis zu jenem Zeitpunkt vor etwa 15 Milliarden Jahren, als das gesamte heutige Universum auf ein Volumen von wenigen Litern mit unvorstellbarer (aber berechenbarer) Dichte und Temperatur konzentriert war.

Die „Geburt" unserer Welt begann damit, dass dieser „Urstern" in einer Explosion von immenser Gewalt auseinandergetrieben wurde. Es ist sinnlos, darüber zu spekulieren, was vor diesem sogenannten Urknall war, denn erst seit dem „Big Bang" gibt es unser Universum, gibt es Materie, Raum und Zeit.

Durch die Ausdehnung des Universums sank seine Temperatur und aus den Elementarteilchen konnten sich erste, einfach gebaute Atome wie Wasserstoff und Helium bilden. Etwa 100 000 Jahre nach dem Urknall entstanden

Die bisherige Entwicklung des Universums hat die Vielzahl der chemischen Elemente und Moleküle hervorgebracht, aus denen alle Himmelskörper, aber auch Pflanzen, Tiere und wir Menschen aufgebaut sind. Die Entstehung und das Fortdauern des Lebens auf unserem Planeten wurden jedoch erst durch das glückliche und möglicherweise einzigartige Zusammenwirken vielerlei Faktoren im System Sonne – Erde – Mond möglich:

- Seit dem Zünden ihres nuklearen Feuers vor 4,6 Milliarden Jahren schickt die Sonne unaufhörlich einen gewaltigen Strom von Protonen und Elektronen, den „Sonnenwind", durch das Sonnensystem. Dieser drängt die energiereiche und daher lebensfeindliche kosmische Höhenstrahlung bis jenseits der Plutobahn zurück und hält sie so wie ein ferner Schutzschild vom Sonnensystem fern.
- Zusätzlich zum Sonnenwind sendet die Sonne elektromagnetische Strahlung aus, die die Erde erleuchtet und erwärmt.
- Die Erde selbst ist durch ihr Magnetfeld vor dem Sonnenwind geschützt.
- Vor zu energiereicher Strahlung (UV-Strahlung) ist die Erde durch ihre Ozonschicht geschützt.
- Der Abstand der Erde zur Sonne ist gerade so groß, dass Wasser in festem, flüssigem und gasförmigem Zustand vorkommt, dass lebenswichtige Moleküle wie die Nukleinsäuren (Erbsubstanz) und die Proteine stabil bleiben und dass eine Vielzahl chemischer Reaktionen weder zu schnell noch zu langsam abläuft.
- Im Gegensatz zum Mond ist die Erde groß genug, um durch ihre Schwerkraft flüssige und gasförmige Bestandteile (Ozeane und Atmosphäre) durch ihre Schwerkraft an sich zu binden.
- Der Mond der Erde wirkt schließlich stabilisierend auf die Lage der Erdachse und verhindert so, dass durch ein Schlingern der Achse Jahreszeiten und Temperaturen sich zu rasch verändern können.

6.1 Ein Platz an der Sonne

DIE ENTWICKLUNGSGESCHICHTE DER ERDE

aus diesen Gasen in dem weiterhin expandierenden Weltall durch die Schwerkraft bedingt lokale, kugelförmige Verdichtungen, die durch rasche Rotation zu scheibenförmigen Gasnebeln abgeplattet wurden, den Vorstufen der Galaxien (Milchstraßensysteme). Innerhalb dieser Gasnebel kam es wiederum zu kleineren Zusammenballungen von Atomen und Elementarteilchen. Durch die Massenanziehung prallten dabei immer mehr Teilchen aufeinander, wobei ihre Bewegungsenergie in Wärmeenergie umgewandelt wurde.

Als die Temperatur zehn Millionen Grad Celsius überschritt, begann die Verschmelzung von Wasserstoffkernen zu Heliumkernen: Das „Sternenfeuer" war gezündet. Bei dieser Kernfusion werden große Mengen Energie frei. Diese führt zu einer Bewegung der Teilchen nach außen, die dem schwerkraftbedingten Zusammenstürzen der Materie entgegenwirkt. Wenn beide Vorgänge sich die Waage halten, hat der entstandene Stern einen stabilen Zustand erreicht und verbrennt im Laufe von Jahrmilliarden allmählich seinen Wasserstoffvorrat. Neben Helium bilden sich dabei als „Asche" des nuklearen Feuers auch Kerne der schwereren Elemente (z. B. Kohlenstoff, Stickstoff, Sauerstoff, Silizium), die es im jungen Universum noch nicht gab. Am Ende des Sternenlebens platzen die nun chemisch so reichhaltig gewordenen Sternkörper und schleudern in gewaltigen Supernova-Explosionen die neu geschaffenen Elemente – Bausteine für weitere Himmelskörper – hinaus ins Weltall.

Das Sonnensystem und die Erde entstehen

Unsere Sonne ist ein Stern der zweiten Generation. Sie und ihre Planeten entstanden aus den Trümmern einer Supernova, die vor circa sechs bis neun Milliarden Jahren in unserem Teil der Galaxis explodierte. Die Tatsache, dass alle Planeten in einer Ebene auf nahezu kreisförmigen Bahnen mit gleichem Umlaufsinn die Sonne umkreisen und alle denselben Drehsinn besitzen, deutet darauf hin, dass sich das Sonnensystem aus einer einzigen rotierenden scheibenförmigen Gas- und Staubwolke entwickelt hat. 99,89 % der Gesamtmasse des Sonnensystems wurden bei der Verdichtung dieses „Urnebels" in der Sonne konzentriert. Aus dem Rest bildeten sich durch Zusammenballung die Planeten und deren Monde.

Die Erde ist nach heutiger Vorstellung dadurch entstanden, dass sich aus dem solaren Restnebel vor etwa 4,9 Milliarden Jahren zunächst kleinere Körper bildeten, die miteinander kollidierten und so allmählich zum Planeten Erde heranwuchsen, einem zunächst kalten, unsortierten Konglomerat aus Silikaten, Eisen- und Magnesiumoxiden sowie geringen Anteilen anderer Verbindungen. Durch die Energiefreisetzung bei diesen Kollisionen und späteren Meteoriteneinschlägen, bei radioaktiven Zerfallsprozessen und anderen Prozessen im Erdinneren begann die Erde schließlich von innen her aufzuschmelzen. Ihre

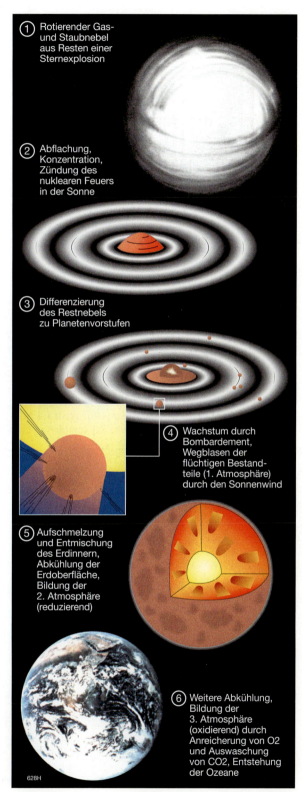

① Rotierender Gas- und Staubnebel aus Resten einer Sternexplosion

② Abflachung, Konzentration, Zündung des nuklearen Feuers in der Sonne

③ Differenzierung des Restnebels zu Planetenvorstufen

④ Wachstum durch Bombardement, Wegblasen der flüchtigen Bestandteile (1. Atmosphäre) durch den Sonnenwind

⑤ Aufschmelzung und Entmischung des Erdinnern, Abkühlung der Erdoberfläche, Bildung der 2. Atmosphäre (reduzierend)

⑥ Weitere Abkühlung, Bildung der 3. Atmosphäre (oxidierend) durch Anreicherung von O_2 und Auswaschung von CO_2, Entstehung der Ozeane

7.1 Die Entstehung der Erde

DIE ENTWICKLUNGSGESCHICHTE DER ERDE

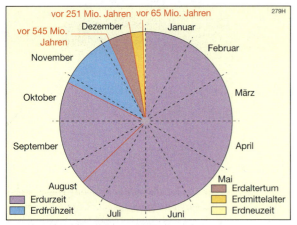

8.1 Geologische Jahresuhr (vgl. S. 10/11)

Leben entsteht und verändert den Planeten

Die erste Erdatmosphäre enthielt vermutlich nur Wasserstoff, der sich wegen seiner geringen Dichte jedoch rasch ins Weltall verflüchtigte. Vulkane, welche in der Frühphase der Erde die zunächst noch dünne Erdkruste sehr häufig durchbrachen, lieferten durch Ausgasungen vor allem von Kohlenstoffdioxid (CO_2), Stickstoff (N_2), Schwefelwasserstoff (H_2S) und Wasserdampf die zweite, aber noch sauerstofffreie und daher lebensfeindliche Atmosphäre. Bei ihrer allmählichen Abkühlung kondensierte der Wasserdampf, und aus sintflutartigen Regenfällen entstanden in Senken erste Seen. Sie entwickelten sich durch die Einschwemmung gelöster Stoffe aus den verwitternden Gesteinen des Festlands zu schwachen Salzlösungen, den Meeren. In ihnen wurden durch die Reaktion von gelöstem CO_2 mit Kalziumionen immer größere Mengen Kalkstein ausgefällt, wodurch sich der Chemismus auch der Atmosphäre allmählich veränderte. Dieser Vorgang wurde durch die sich entwickelnden Lebewesen tiefgreifend und nachhaltig verstärkt.

schwersten Komponenten (Eisen, Nickel) sanken dabei ins Zentrum und bildeten den schweren Erdkern. Das spezifisch leichtere Material (v. a. Silikate) blieb dagegen wie in einem Hochofen als Schlackenschicht an der Oberfläche und erkaltete langsam.
Während dieser Phase kollidierte ein etwa marsgroßer Körper mit der Erde. Dabei wurde ein eisenarmer riesiger glutflüssiger Klumpen abgesprengt, aus dem sich der Erdmond formte. Aufgrund seiner geringeren Größe erkaltete dieser Tropfen rascher als die Erde. Die ersten Gesteine des Mondes bildeten sich daher bereits vor etwa 4,4 Milliarden Jahren, während die zur Erdkruste erstarrten Gesteine kaum älter als 4,0 Milliarden Jahre sind.

Da eine fossile Dokumentation fehlt, kann der Zeitpunkt für die Entstehung des Lebens auf der Erde nicht genau angegeben werden. Als gesichert gilt jedoch, dass im Meer schon sehr früh aus anorganischen Vorstufen organische Moleküle entstanden, die sich dann zu reproduktionsfähigen Systemen mit Stoffwechsel organisierten.
Die ersten Lebewesen konnten ihren Energiebedarf zunächst mit den organischen Molekülen der „Ursuppe" decken. Als dieser Vorrat nahezu aufgebraucht war, be-

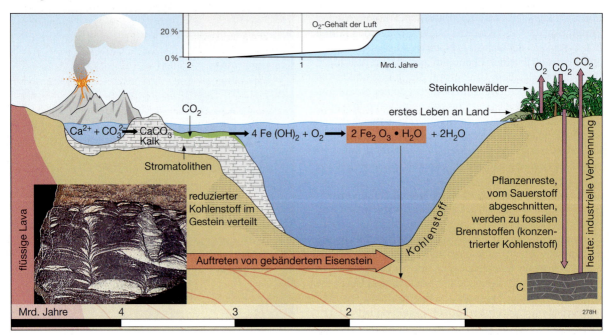

8.2 Entwicklung der Atmosphäre

DIE ENTWICKLUNGSGESCHICHTE DER ERDE

wältigte das noch junge Leben die drohende Energiekrise durch die „Erfindung" der Fotosynthese. Dabei werden mithilfe von Sonnenenergie aus CO_2 energiereiche Moleküle aufgebaut, bei deren Abbau mithilfe von Sauerstoff (= Atmung) die gespeicherte Energie aufgefangen und für den Betriebsstoffwechsel der Organismen genutzt werden kann. Cyanobakterien („Blaualgen") dürften die ersten dieser fotoautotrophen Lebewesen gewesen sein. Zumindest werden die ältesten sicheren Lebensspuren, 3,8 Milliarden Jahre alte Stromatolithenkalke, als fossile Blaualgenkolonien gedeutet.

Der bei der Fotosynthese als „Abfallprodukt" entstehende Sauerstoff lässt seit dem Beginn dieses revolutionären Vorgangs den ganzen Planeten „rosten". Zunächst wurde er in den Gewässern von den ursprünglich großen Mengen an zweiwertigem Eisen „weggefangen", das dadurch zu unlöslichem dreiwertigem Eisen oxidiert wurde. Dieses stellt heute als gebänderter Eisenstein bedeutende Erzvorkommen dar (Itabirite). Erst nachdem die Meere kaum noch gelöstes Eisen(II) enthielten, reicherte sich auch die Atmosphäre allmählich mit Sauerstoff an. Dass damit der Prozess des Rostens auch auf das Festland übergriff, belegen die ältesten, etwa zwei Milliarden Jahre alten kontinentalen Rotsedimente.

Langsam entstand so eine dritte, oxidierende Atmosphäre. Ein Teil des aufsteigenden Sauerstoffs wurde durch die UV-Strahlung der Sonne gespalten und bildete in der Höhe die Ozonschicht. Erst dieser Schutzschirm ermöglichte den Lebewesen auch die Besiedelung des Festlands. Parallel zur O_2-Anreicherung lief die CO_2-Abreicherung der Atmosphäre durch Bildung von Kalksedimenten und Riffkalken ständig weiter. Beide Vorgänge wurden noch verstärkt durch die Deponierung von organisch gebundenem Kohlenstoff (Kohle, Erdöl, Erdgas).

Unter den Planeten des Sonnensystems hat die Erde damit eine einzigartige Atmosphäre entwickelt. Ohne sie erschiene der Himmel heute selbst bei Tag dunkel und neben der Sonne wären auch die Sterne sichtbar.
Das auffällige, mehr oder weniger intensive Himmelsblau entsteht dadurch, dass die einfallenden Sonnenstrahlen durch die Luftmoleküle bevorzugt im kurzwelligen, blauen Spektralbereich gestreut werden. Aus demselben Grund erscheint die Erde auch vom Weltall aus gesehen als blauer Planet, dessen Atmosphärenfarbe sich zusätzlich noch in den Ozeanen spiegelt.

Die Lebenserwartung dieses einzigartigen Planeten beträgt jedoch „nur" etwa zehn Milliarden Jahre. In gut fünf Milliarden Jahren wird sich die Sonne aufblähen und dabei die inneren Planeten einschließlich der Erde verschlingen.

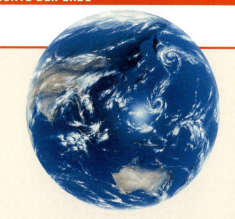

Die Erde ist der einzige Planet des Sonnensystems, auf dem Wasser in allen drei Aggregatzuständen vorkommt. Ohne Eis, flüssiges Wasser und Wasserdampf hätte die bisherige Entwicklung des Planeten und seiner Lebewesen nicht ablaufen können. Wasser ist – neben Kohlenstoff in seinen zahlreichen organischen und anorganischen Verbindungen – für die belebte und unbelebte Natur von zentraler Bedeutung: Es ist Lösungsmittel, Transportmittel für Stoffe und Energie sowie Reaktionspartner in zahllosen Reaktionen. Das Vorkommen von Wasser schafft damit wesentliche Voraussetzungen für die den Planeten prägenden physikalischen, chemischen und biochemischen Prozesse.

Diese überragende Bedeutung des Wassers resultiert aus seinen besonderen Moleküleigenschaften:
- H_2O ist ein sehr kleines und sehr mobiles Molekül.
- H_2O ist ein Dipol, denn in dem gewinkelten Molekül sind aufgrund der polaren Atombindungen zwischen Sauerstoff und Wasserstoff die Teilladungen ungleich verteilt. Wassermoleküle umhüllen (hydratisieren) daher andere polar gebaute Moleküle, lagern sich selbst aber auch über Wasserstoffbrücken zu größeren Einheiten (Clustern) zusammen. Beim Verdampfen von Wasser muss daher zusätzlich Energie aufgewendet werden, um die Wasserstoffbrücken zu brechen. Dies macht sich als Verdunstungskälte bemerkbar und bedingt den relativ hohen Siedepunkt des Wassers, ermöglicht aber auch die Speicherung von relativ viel Energie (vgl. Abb. 93.1).
- H_2O besitzt eine Dichteanomalie. Nicht festes Wasser (Eis), sondern flüssiges Wasser hat die größte Dichte ($\rho = 1$ g/cm³). Denn im Eis sind die Wassermoleküle in einem Gitter festgelegt, das circa neun Prozent mehr Volumen beansprucht als flüssiges Wasser. Deshalb schwimmt das leichtere Eis immer auf dem schweren Wasser, Voraussetzung dafür, dass zum Beispiel Gewässer von der Oberfläche her zufrieren.
- H_2O dissoziiert (spaltet sich) teilweise in H_3O^+ (vereinfacht $H^+_{(aq)}$) und OH^--Ionen. Wasser beeinflusst damit wesentlich den pH-Wert einer Lösung.

9.1 Der blaue Planet – ein Wasserplanet

DIE ENTWICKLUNGSGESCHICHTE DER ERDE

Die letzten „Tage" in der Entwicklungsgeschichte der Erde

Erdzeitalter	Formation (Alter in Mio. Jahren)	"Geologische Jahresuhr"	Entwicklung der Lebewelt	Land-Meer-Verteilung in Mitteleuropa	Erdgeschichtliche Vorgänge unter besonderer Berücksichtigung Südwestdeutschlands; Lagerstätten, Klima
ERDNEUZEIT	**Quartär** 1,8 / neu: **Neogen** 23 — Holozän / Pleistozän	31 Dezember	Entwicklung der Tier- und Pflanzenarten auf den heutigen Stand; älteste **Menschenfunde** aus dem Pleistozän		heutige Verteilung von Kontinenten und Ozeanen, Überformung der Landschaft durch Gletscher, die nach ihrem Rückzug mächtige Ablagerungen (z. B. im Alpenvorland) hinterlassen. Moorbildung. **Klima**: Temperaturabnahme im Pleistozän; Wechsel von Kalt- (Eis-) und Warmzeiten; im weiteren Verlauf Entwicklung der heutigen Klimaverhältnisse
	Tertiär 65 / neu: **Paläogen**	29 Dezember	Entwicklung und Ausbreitung der **Säugetiere** (Vorläufer der heutigen Arten), Weiterentwicklung von **Vögeln** und **Insekten**; üppige Vegetation mit einer Vielzahl von Blütenpflanzen und Baumarten (Grundlage für die spätere Braunkohle)		Das Meer zieht sich etwa auf den heutigen Küstenverlauf zurück. In den Randgebieten bilden sich Erdöl- und Braunkohlelager. Im Zusammenhang mit der Auffaltung der Alpen: Einbruch des Oberrheingrabens, Schrägstellung Südwestdeutschlands. Starker Vulkanismus. **Braunkohle**: Ville, Lausitz, Böhmen. **Salz**: Elsass; **Erdöl**: Norddeutschland, Alpenvorland. **Klima** zunächst subtropisch; später allg. Klimaverschlechterung; mild u. feucht. *Alpidische Gebirgsbildung*: heutige Hochgebirge (z. B. Alpen, Himalaya, Rocky Mountains, Anden)
ERDMITTELALTER	**Kreide** 145	26 Dezember	gegen Ende der Kreidezeit: Aussterben der Saurier, erste Säugetiere und Knochenfische treten auf; Entstehung von **Blütenpflanzen**; Erste **Laubbäume** treten auf.		Zerfall des Südkontinents (Gondwana). Bildung des Atlantischen Ozeans und des Nordseebeckens. Während Norddeutschland unter der Oberfläche des Kreidemeeres liegt, ist Süddeutschland Abtragungsgebiet. **Eisenerz** in Salzgitter. **Klima** warm und feucht
	Jura 200 — Malm / Dogger / Lias	24 Dezember	Blütezeit der Saurier (Meeres-, Flug-, Dinosaurier); erstes Vorkommen des **Urvogels Archäopteryx**; reiche Vorkommen von **Ammoniten, Belemniten** und **Seelilien**		Warme Meere überschwemmen Europa und Amerika. Das Südwestdeutschland überflutende Jurameer bildet mächtige, versteinerungsreiche Sedimentschichten (Schwäbische und Fränkische Alb). **Erdöl** in der Nordsee, Nordafrika, Vorderer Orient. **Klima** warm und zunehmend feucht
	Trias 251 — Keuper / Muschelkalk / Buntsandstein	23 Dezember	Reptilien – vor allem **Saurier** - beherrschen das Land. Erste **kleine Säugetiere** treten auf. Vorherrschen von **Nadelbäumen**		Südwestdeutschland wird von mächtigen Sedimentschichten bedeckt, die im Buntsandstein und Keuper überwiegend festländischen Ursprungs sind, während im Muschelkalk Meeresablagerungen überwiegen (Gäu-Flächen). **Salz** und **Gips** in Südwestdeutschland. **Klima** heiß und trocken, später warm mit kurzen Regenzeiten

10

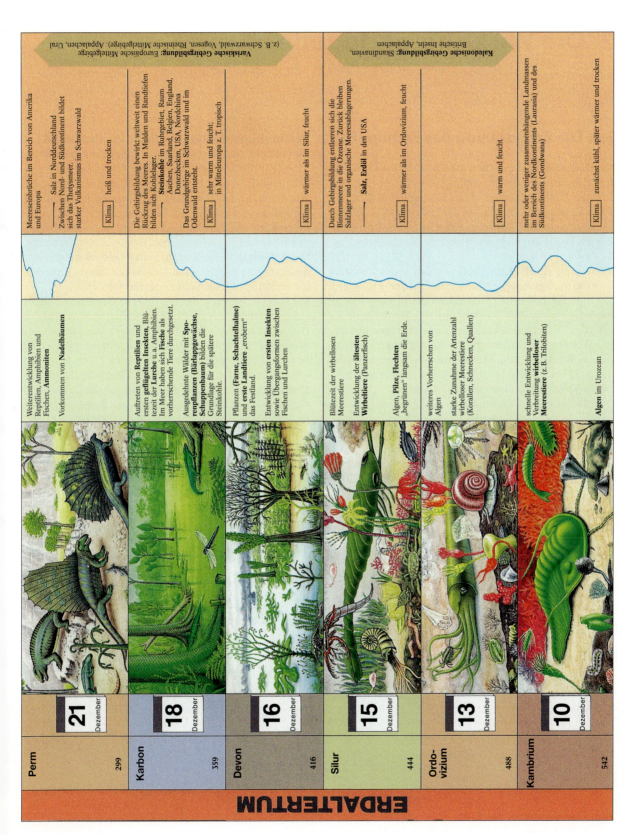

2 Die Wirkung endogener Kräfte

2.1 Die Erforschung des Erdinneren

Bis heute sind der innere Bau der Erde und die Dynamik des Erdkörpers noch nicht völlig geklärt, denn beide sind direkten Untersuchungen kaum zugänglich. Selbst das tiefste künstliche Loch, eine auf der Halbinsel Kola bis auf 12 260 m abgeteufte Bohrung, liefert bei einem Erdradius von über 6371 km nicht mehr als eine Nadelstichprobe.

Erdbeben und Vulkanausbrüche wurden aber schon früh als Ausdruck gewaltiger Kräfte eines heißen Erdinnern gedeutet. Auch warme Quellen und die in Bergwerken mit der Tiefe um etwa 3 Kelvin pro 100 Meter (geothermischer Gradient) zunehmende Temperatur sprachen dafür. Aber erst die Entdeckung der Kepler'schen Gesetze, die eine Berechnung der Erdmasse ermöglichten, erlaubte Rückschlüsse auf den stofflichen Bau des Erdinneren:
Da die Gesamterde eine mittlere Dichte von 5,5 g/cm³, Oberflächengestein aber nur eine von 2,7 g/cm³ besitzt, müssen in der Tiefe schwerere Gesteine vorherrschen. Weil die meisten der auf die Erde fallenden Meteoriten – Reste der Bildung des Sonnensystems – viel Eisen enthalten, lag der Schluss nahe, dass auch das Erdinnere überwiegend aus Eisen besteht.

Seismologie ermöglicht Blick ins Erdinnere

Den entscheidenden Schlüssel zur Aufklärung des Körperbaus der Erde lieferte schließlich die Seismologie, die Erdbebenkunde. Das Beben der Erde ist eine alltägliche Erscheinung: Vulkanausbrüche, der Einsturz unterirdischer Hohlräume, Sackungen von Sedimenten, aber auch künstlich ausgelöste Explosionen lassen die Erde erschüttern. 90 Prozent der Beben sind jedoch tektonischen Ursprungs. Sie entstehen, wenn sich in festem Gestein aufgestaute Spannungen plötzlich lösen, wobei benachbarte Erdschollen ruckartig gegeneinander versetzt werden.
Die dabei freigesetzte Energie führt zu Gesteinserschütterungen, welche sich als Erdbebenwellen vom Bebenherd (Hypozentrum) aus in alle Richtungen ausbreiten. Die Ausbreitungsgeschwindigkeit der seismischen Wellen ist von der Dichte des Gesteins abhängig (Abb. 13.1). Sie werden an den Grenzflächen unterschiedlich dichter Gesteine gebrochen und reflektiert und können daher – mit sich abgeschwächten Amplituden – noch in sehr großen Entfernungen vom Herd gemessen werden (Abb. 13.2).
Heute registrieren etwa 10 000 Messstationen mithilfe von Seismometern die Erderschütterungen und zeichnen sie kontinuierlich als Seismogramme auf. Deren Auswertung liefert exakte Angaben über die Lage des Herdes, die Rich-

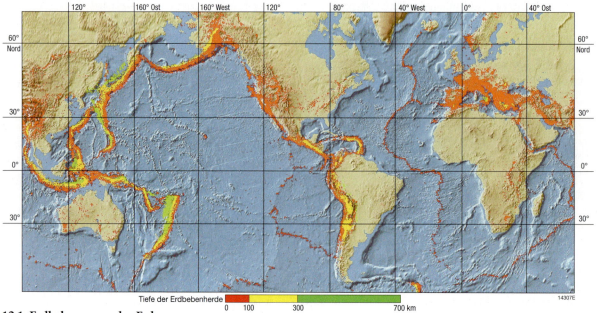

12.1 Erdbebenzonen der Erde

tung der Erdverschiebungen sowie die dabei freigesetzte Energie. Die Stärke der Beben wird in zwei Skalen mit unterschiedlichen Maßeinheiten angegeben:
- Die Intensitäts-(Mercalli-)Skala beschreibt die an der Erdoberfläche sichtbaren Zerstörungen und subjektiven Wahrnehmungen.
- Die Magnituden-(Richter-)Skala gibt die aus den Seismogrammen ermittelte, im Bebenherd freigesetzte Energie an. Sie ist logarithmisch gegliedert und nach oben unbegrenzt. Jeweils eine Magnitude mehr bedeutet eine 32-fache größere Energiemenge. Das stärkste bislang gemessene Beben hatte eine Magnitude von 9,5.

Innerhalb des Erdkörpers verteilt sich die Energie der seismischen Wellen in alle drei Raumrichtungen. An die Erdoberfläche kommend breiten sie sich jedoch nur noch in zwei Dimensionen aus. Bei Erdbebenkatastrophen sind daher die Oberflächenwellen (Love-Wellen, L-Wellen) die eigentlichen zerstörerischen Kräfte.

Für die Untersuchung des Erdinnern sind nur die Raumwellen, die Primär-Wellen (P- oder Stoß-) und die etwas langsameren Sekundär-Wellen (S- oder Scher-) wichtig. Beide werden entsprechend der Brechungsgesetze beim Übergang in ein weniger dichtes Medium „zum Lot hin", beim Eintritt in ein dichteres Medium „vom Lot weg" gebrochen. Da die Gesteinsdichte mit der Tiefe zunimmt, werden die Bahnen beider Wellentypen innerhalb des Erdkörpers gekrümmt. Daraus folgt eine Schattenzone, in der Raumwellen nicht auftreten, ein Hinweis auf die Existenz und Größe des Erdkerns. P-Wellen können den Kern auf direktem Weg durchqueren, bei S-Wellen, die Flüssigkeiten nicht durchlaufen können, wurde dies nie registriert. Daher muss zumindest der äußere Teil des Kerns flüssig sein.

Die „Durchleuchtung" der Erde ergab, dass sowohl die P- als auch die S-Wellen in bestimmten Tiefen abrupte Geschwindigkeitsänderungen aufweisen (Unstetigkeits- oder Diskontinuitätszonen). Dort muss jeweils ein rascher Wechsel des Materials oder des durch Druck und Temperatur bedingten Phasenzustands (fest/flüssig) erfolgen. Diese Messergebnisse führten zur Vorstellung vom Schalenbau der Erde mit einer zunächst groben Gliederung in Erdkruste, Erdmantel und Erdkern (Abb. 14.1), die später durch weitere Untersuchungen noch verfeinert wurde.
Die nach ihrem Entdecker Mohorovičić-Diskontinuität (kurz: Moho) benannte Grenzfläche trennt Kruste und Mantel. Die ozeanische Kruste ist nur etwa 5–6 km mächtig und besteht aus Mg- und Fe-reichen Gesteinen (Basalt, Gabbro) mit einer Dichte von 3,0 g/cm³. Kontinentale Kruste ist mit 35–40 km, in Gebirgen bis zu 70 km, wesentlich mächtiger. Sie besitzt mit 2,7 g/cm³ eine geringere Dichte, da in ihren Gesteinen (Granit, Gneis, Sedimente) zusätzlich leichtere Elemente, wie z. B. Al, K, Na, Ca oder Si, angereichert sind.

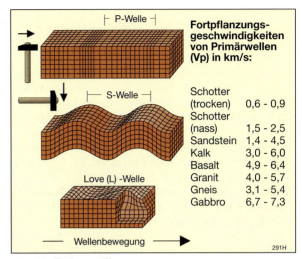

13.1 Erdbebenwellen

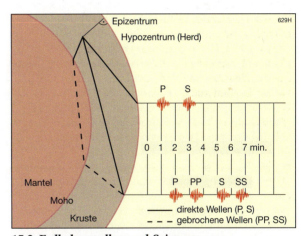

13.2 Erdbebenwellen und Seismogramm

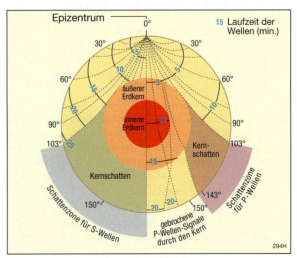

13.3 Erdbebenwellen durchlaufen den Erdkörper

DIE WIRKUNG ENDOGENER KRÄFTE

Erdkruste und Teile des oberen Mantels bilden zusammen die Lithosphäre (griech.: lithos = Stein). Sie ist im ozeanischen Bereich etwa 50 Kilometer, im kontinentalen etwa 110 Kilometer mächtig und bildet als feste Kugelschale die dünne, erkaltete Außenhaut des im Inneren noch heißen Erdkörpers. Die in sich starre Lithosphäre schwimmt auf der zähplastischen „Gleitschicht", der Asthenosphäre (griech.: asthenos = weich). Dort ist die Temperatur schon ausreichend hoch, der Druck jedoch noch niedrig genug, um einige Prozent des Gesteins geschmolzen zu halten.

In größeren Tiefen des oberen Erdmantels wird das Gestein wegen des Druckanstiegs wieder fest. Dabei werden – wie Hochdruckexperimente zeigen – die Bausteine des Olivins, des Hauptminerals des Mantelgesteins Peridotit, in 410 beziehungsweise 660 Kilometer Tiefe abrupt zu noch dichteren Kristallstrukturen zusammengepresst.

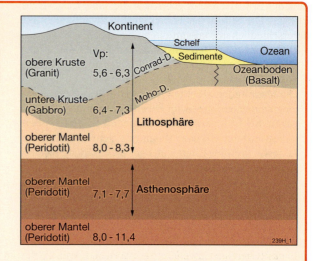

Im unteren Erdmantel wird wegen radioaktiver Zerfallsprozesse und der Hitze vom Erdkern her das Gestein im Verlauf von Hunderten von Millionen Jahren ganz langsam umgewälzt: Riesige, relativ kühle Krusten- und Mantelbrocken sinken hierbei in die Tiefe, andere, am circa 1000 °C heißeren äußeren Kern aufgeheizte, steigen aus der an der Kern-Mantel-Grenze liegenden und sehr turbulenten D"-Schicht auf.

Die markante Wiechert-Gutenberg-Diskontinuität trennt den Mantel vom Kern, der etwa ein Drittel der Gesamtmasse der Erde umfasst. Der äußere Erdkern hat etwa die Konsistenz von sehr dünnflüssigem Honig. Seine heiße Schmelze aus Eisen, Nickel und vermutlich Schwefel, Sauerstoff oder Silizium wird durch gewaltige Konvektionsströme mit Fließgeschwindigkeiten von mehreren Kilometern pro Jahr intensiv durchmischt. Als elektrisch leitende Flüssigkeit erzeugt sie dabei einem Dynamo vergleichbar das Magnetfeld der Erde. Dessen Feldrichtung wurde im Verlauf der Erdgeschichte aus bisher ungeklärten Gründen immer wieder umgepolt (vgl. S. 18 ff.).

An der Grenze zum inneren Kern übersteigt der Druck bei circa 3,4 Millionen Hektopascal schließlich einen kritischen Wert: Die metallhaltige Legierung im Zentrum des Planeten wird zu einer festen Kugel zusammengepresst. An sie lagert sich fortwährend Eisen aus dem äußeren flüssigen Kern an. Bei diesem „Anfrieren" werden beim Übergang vom flüssigen zum festen Zustand fortwährend gewaltige Wärmemengen frei, eine der Hauptenergiequellen der „Wärmekraftmaschine" Erde, die den Wärmeüberschuss des Erdinnern durch Wärmeleitung, Konvektion und Strahlung ständig nach außen abgibt.

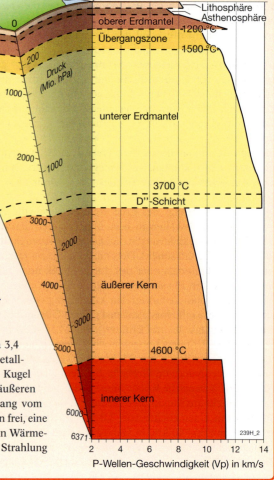

14.1 Der Schalenbau der Erde

DIE WIRKUNG ENDOGENER KRÄFTE

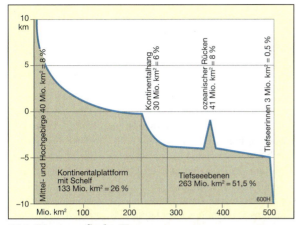

15.1 Hypsografische Kurve

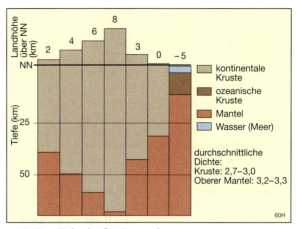

15.2 Das Prinzip der Isostasie

Wie das Innere der Erde lässt sich auch ihre Oberfläche gliedern, nicht in „Tiefenzonen", sondern in „Höhenschichten". Auf den Kontinenten bilden Gebirge, Flachländer und Niederungen augenfällige Strukturen. Aber auch die Ozeanböden besitzen – wie durch Echolotungen seit 1920 bekannt wurde – außerhalb der flachen, geologisch zu den Kontinenten gehörenden Schelfgebiete ein markantes Relief. Es umfasst jenseits der steil abfallenden Kontinentalabhänge neben schmalen tiefen Rinnen ausgedehnte Ebenen in etwa 4 km Tiefe, die meist in ihrer Mitte von einem Rücken überragt werden. Mit 3 km Höhe, 1500 km Breite und 72 000 km Länge ist es das größte Gebirge der Erde. Diese mittelozeanischen Rücken besitzen entlang ihrer Scheitelzone eine etwa 20–50 km breite, bis 4 km tiefe Rissnaht. Dieser als Rift-Valley bezeichnete Grabenbruch ist in unregelmäßigen Abständen durch Querbrüche (Transformstörungen) horizontal versetzt.

Die hypsografische Kurve (Abb. 15.1) stellt die Reliefunterschiede der Erdoberfläche zusammenfassend dar. Die dabei erkennbare Gliederung mit zwei dominierenden Höhenschichten lässt sich mithilfe der Lehre des Tauchgleichgewichts von Festkörpern in Flüssigkeiten erklären (Abb. 15.2). Das Prinzip der Isostasie besagt – auf den Erdkörper übertragen –, dass das Gesamtgewicht der oberhalb eines Ausgleichsniveaus liegenden Lithosphäre langfristig gesehen konstant bleibt. Anders sind die praktisch überall gleichen Werte der Erdanziehungskraft (= Gravitation) nicht erklärbar. Weil die durchschnittlich 3730 Meter mächtige Wassersäule der Ozeane aber ein gleich mächtiges Gesteinspaket an Land nicht kompensieren kann, muss der Meeresboden aus wesentlich dichterem Material bestehen. Anders ausgedrückt: Ozeanische Kruste liegt so tief, weil sie so schwer ist; kontinentale Kruste liegt höher, weil sie leichter, aber auch dicker ist als die ozeanische. Hoch aufragende Gebirge besitzen daher eine weit in die Tiefe reichende „Gebirgswurzel".

Wenn das Tauchgleichgewicht der „Krusten-" bzw. „Lithosphärensäulen" gestört wird, werden isostatische Ausgleichsbewegungen, das heißt Vertikalbewegungen, ausgelöst. Die Ausbildung eines mächtigen Eisschildes während der Eiszeiten hatte zum Beispiel die Erdkruste Skandinaviens in die Tiefe gedrückt, die durch das Abschmelzen des Eises bedingte Entlastung lässt sie seither wieder „aufschwimmen". Diese und ähnliche großräumige Verbiegungen der Kruste ohne wesentliche Gesteinsdeformationen, Erdbeben oder Vulkanismus werden auch als epirogenetische Bewegungen bezeichnet.

Großräumige Vertikalbewegungen können aber auch die Folge vorangegangener horizontaler Bewegungen sein. Bei Gebirgsbildungen erfolgt zum Beispiel durch den seitlichen Zusammenschub von Gesteinsschichten eine Verdickung der Kruste. Das dabei in die Tiefe gedrückte leichte Gesteinspaket beginnt sich dann isostatisch zu heben, ein Vorgang, der durch die Erosion an der Oberfläche noch verstärkt wird. Gebirge werden also nicht – wie gemeinhin formuliert – „aufgefaltet". Sie heben sich, weil sie so leicht sind, bis der durch die Erosion verkleinerte Gesteinsstapel wieder im Tauchgleichgewicht ist.

Aufgaben
1 Charakterisieren Sie die unterschiedlichen Erdbebenwellen.
2 Stellen Sie dar, weshalb die Seismologie der Schlüssel zum Erinnern wurde.
3 Begründen Sie, weshalb Erdbebenwellen die Erde nicht auf geraden Bahnen durchlaufen.
4 Erläutern Sie den Schalenbau der Erde.
5 Begründen Sie, weshalb die Erde als „Wärmekraftmaschine" bezeichnet werden kann.
6 Erläutern Sie das Prinzip der Isostasie (Abb. 15.2) und begründen Sie damit die mittlere Meerestiefe von 3730 m bzw. die mittlere Landhöhe von 840 m.

2.2 Die Theorie der Plattentektonik

Die Architektur der festen äußeren Erdschale sowie die Mechanismen und Ursachen der dort ablaufenden geologischen Prozesse sind Forschungsgegenstand der Tektonik. Mithilfe der Ende der 1960er-Jahre formulierten Theorie der Plattentektonik lassen sich diese Prozesse in einem globalen Rahmen erklären.

Grundlegende Aussagen der Theorie

Die Kugelschale der Lithosphäre besteht aus einem Mosaik einiger Schollen, den Platten, die auf der darunterliegenden plastischen Asthenosphäre beweglich gelagert sind. Die in sich starren Platten bewegen sich relativ zueinander. Die Plattenränder sind die tektonisch aktiven Zonen der Erde, daher spiegelt die Anordnung der Erdbeben- und Vulkanzonen sowie der Gebirge die Größe, den Umriss und die Bewegung der Platten wider (Abb. 12.1, 16.1). Prinzipiell gibt es für die Platten drei verschiedene Bewegungsmöglichkeiten:

- Zwei Platten divergieren, d. h. entfernen sich voneinander. Entlang des Risses steigt laufend Magma auf: dadurch Neubildung von Lithosphäre an mittelozeanischen Rücken bzw. an kontinentalen Rift-Valleys sowie Neuanlage bzw. Erweiterung eines Ozeans. Durch Abkühlung verdichtet sich die neu gebildete Lithosphäre und sackt mit wachsender Entfernung vom Rift langsam tiefer. Jede Neubildung eines Ozeans führt zum Auseinanderweichen zuvor zusammenhängender Kontinentbruchstücke („Kontinentalwanderung"). Die gegenüberliegenden Ränder auseinanderdriftender Kontinente sind tektonisch ruhig („passive Kontinentalränder").
- Zwei Platten konvergieren, d. h. bewegen sich aufeinander zu. Dabei wird an Tiefseerinnen die schwere ozeanische Platte unter die leichtere kontinentale geschoben: dadurch erfolgt Abbau von Lithosphäre an Subduktionszonen. Der Meeresboden, die auf ihm abgelagerten Sedimente sowie der Kontinentalrand werden zu einem Gebirge zusammengestaucht (z. B. Anden). Die abtauchende Platte wird durch Reibungswärme und durch die mit der Tiefe zunehmende Temperatur erhitzt und aufgeschmolzen. In einiger Entfernung „hinter" der Tiefseerinne dringt daher Material des Meeresbodens zusammen mit eingeschmolzenem Mantelgestein entlang von Schwächezonen wieder auf und bildet Vulkanketten. Erstarren die Schmelzen bereits in der Tiefe, bilden sich Intrusionskörper (Plutone). An Subduktionszonen grenzende Kontinentalränder sind daher tektonisch sehr unruhig und vielgestaltig („aktive Kontinentalränder"). Bei der Kollision zweier Kontinente entsteht aus dem Material des zusammengeschobenen Meeresbeckens ebenfalls ein Gebirge (z. B. Himalaya). Bei der Kollision zweier ozeanischer Plattenbereiche bilden sich dagegen auf der überfahrenden oberen Platte vulkanische Inselbögen (z. B. Marianen, Aleuten).
- Zwei Platten bewegen sich aneinander vorbei: dadurch weder Bildung noch Abbau von Lithosphäre an Transformstörungen; kein Vulkanismus, aber oft Erdbeben.

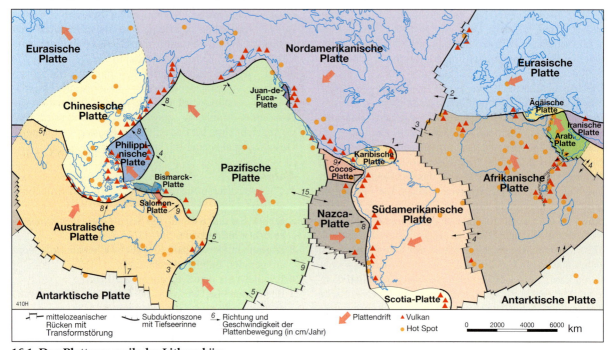

16.1 Das Plattenmosaik der Lithosphäre

DIE WIRKUNG ENDOGENER KRÄFTE

Motor und Mechanismus der Plattenbewegung

Die Ursache der Plattenbewegungen ist letztlich das Wärmeungleichgewicht zwischen dem heißen Erdkern und der kühleren Außenhaut der Erde. Ob die dadurch ausgelösten Konvektionsströme jedoch den ganzen Mantel umfassen oder ob es mehrere übereinanderliegende Konvektionssysteme gibt, ist noch nicht abschließend geklärt (Abb. 17.1).

Unklar ist auch noch der genaue Antriebsmechanismus der Platten. Möglicherweise schleppen die Konvektionsströme die Platten durch Reibungskopplung nur passiv mit. Denkbar ist aber auch, dass die Platten durch ihre Schwere von den Aufwölbungen der Asthenosphäre an den mittelozeanischen Rücken seitlich abgleiten und zusätzlich durch nachdrängendes Magma auseinandergedrückt werden („ridge push"). Die Platten könnten sich aber auch deswegen bewegen, weil die ältesten, dichtesten und daher schwersten Bereiche ozeanischer Platten in den Subduktionszonen absinken und die restliche Platte gewissermaßen vom Rift weg hinter sich herziehen („slab pull").

Hot Spots: notwendige Ergänzung der Theorie

Auch für die vielen erloschenen beziehungsweise noch aktiven Vulkane, die nicht an den Rändern, sondern innerhalb der Platten liegen, konnte eine Erklärung im Rahmen der Theorie gefunden werden: Dort quillt Magma aus sehr großer Tiefe, vermutlich aus der D"-Schicht, nach oben. Die als „Plumes" oder Manteldiapire (griech.: diapirein = durchbohren) bezeichneten tropfenförmigen Intrusionen bilden dabei innerhalb des Mantels einzelne heiße Flecken (Hot Spots). Von dort aus kann das Magma weiter nach oben steigen und die Lithosphäre durchbrechen (Abb. 17.1). Bewegt sich eine Platte über eine solche stationäre und lange Zeit aktive Magmasäule hinweg, verliert diese bald den Kontakt zur Ausbruchsöffnung und der Vulkan erlischt. Bei anhaltendem Vulkanismus entstehen dabei mehr oder weniger lange Reihen aus einzelnen Vulkanbergen (z. B. Hawaii-Inseln). Manchmal haben Hot Spots auch das Zerbrechen eines Kontinents mit initiert. Dabei entstanden riesige Basaltdecken, wie zum Beispiel die Dekkan-Basalte in Indien.

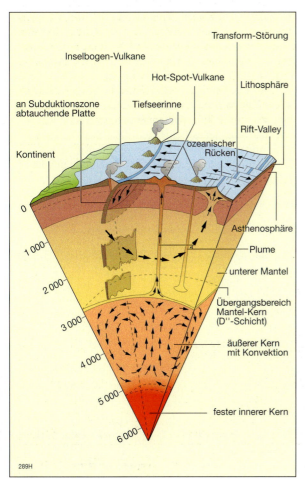

17.1 Die Dynamik der Erde

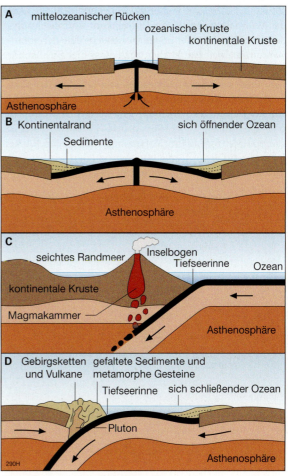

17.2 Plattentektonische Prozesse

DIE WIRKUNG ENDOGENER KRÄFTE

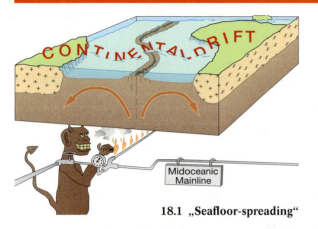

18.1 „Seafloor-spreading"

Belege für die Richtigkeit der Theorie

1. Messwerte an Grabenbrüchen

Alle als Grabenbruch bezeichneten Risse in der Erdkruste sind tektonisch bedingte Dehnungsstrukturen, an denen die Lithosphäre durch aufsteigendes heißes, dichtes Material aufgewölbt und auseinandergezogen wird. Sie besitzen im Normalfall daher überdurchschnittliche Werte des Wärmeflusses und der Erdschwere, und die Analyse der Gesteinsverschiebungen in den Herden der ständig vorkommenden Flachbeben zeigt, dass hier Lithosphäre durch Auseinanderweichen bricht. Diese auch an den Rift-Valleys der ozeanischen Rücken registrierten Messwerte (Abb. 18.2) führten zu Beginn der 1960er-Jahre zur Hypothese des „Seafloor-spreading", des Spreizens der Ozeanböden. Die 1960 von H. Hess vorsichtig als „Geopoesie" formulierte Vorstellung, dass an den Rücken fortwährend neuer Ozeanboden produziert wird, konnte durch weitere Untersuchungen bestätigt werden.

2. Magnetstreifen am Meeresboden

Es war schon lange bekannt, dass die in abkühlender Lava auskristallisierenden Minerale sich wegen ihres Eisengehalts am Verlauf der Erdmagnetfeldlinien ausrichten. Bekannt war auch, dass das Magnetfeld in der Vergangenheit häufig umgepolt worden ist, da verschieden alte Lavaschichten von Vulkanen unterschiedliche Magnetisierungsrichtungen anzeigten. Aus den Perioden normaler beziehungsweise umgekehrter Polarisierung ließ sich daher ein sogenannter paläomagnetischer Kalender für kontinentale Lavaschichten erstellen.

Auch in den Gesteinen des Meeresbodens konnten mithilfe von Magnetometern, die hinter Schiffen hergezogen wurden, unterschiedliche Polaritäten registriert werden. F. J. Vine und D. H. Mathews erklärten 1963 die bei Island völlig symmetrisch angeordneten Streifen normaler und umgekehrter Polarität damit, dass die im Rift-Valley austretende Lava beim Erstarren in Richtung des gerade herrschenden Magnetfeldes magnetisiert wird. Durch das Auseinanderreißen des Ozeanbodens in der Längsachse des Rifts entstehen dann zu beiden Seiten Streifen von Ozeanböden mit gleicher magnetischer Richtung. Bei einer Umpolung des Magnetfeldes wird die fortwährend ausfließende Lava in der neuen Feldrichtung polarisiert. Die magnetischen Streifenmuster gleichen also einem Magnetband, das kontinuierlich die Geschichte des Spreizens der Ozeanböden dokumentiert (Abb. 19.1). Durch einen Vergleich dieser Muster mit dem auf den Kontinenten entwickelten paläomagnetischen Kalender lässt sich das Alter jedes beliebigen Teils des Ozeanbodens bestimmen. Alter und Entfernung zum Rift ergeben die Geschwindigkeit, mit der sich der Ozeanboden vom Rift wegbewegt.

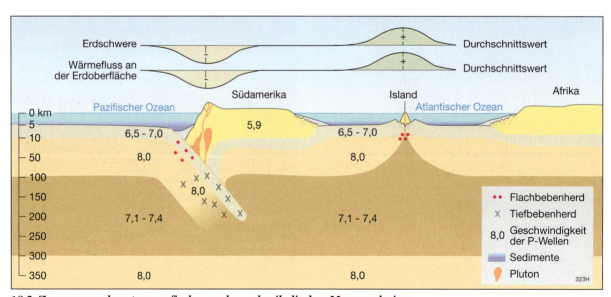

18.2 Zusammenschau topografischer und geophysikalischer Messergebnisse

DIE WIRKUNG ENDOGENER KRÄFTE

3. Sedimente am Meeresboden
Die Sedimentschicht aus Kalk- und Kieselsäureskeletten abgestorbener Einzeller, die dauernd auf den Meeresboden herabrieseln, wird mit zunehmender Entfernung vom Rift mächtiger.

4. Alter von Bohrkernen vom Meeresboden
Von 1968 an gewann das Forschungsschiff „Glomar Challenger" aus über vier Kilometer Tiefe zahlreiche Bohrkerne. Ihre Altersbestimmung ergab, dass sowohl die Sedimente als auch die Basalte des Meeresbodens umso älter waren, je weiter entfernt die Bohrstelle vom Rift lag (Abb. 19.2).

5. Messwerte an Tiefseerinnen
Eine fortwährende Neuproduktion von Ozeanboden müsste zu einer ständigen Vergrößerung der Ozeane und damit des Erdballs führen, wenn den Aufbauprozessen nicht Abbauprozesse gegenüberstünden. BENIOFF und WADADI identifizierten aufgrund seismologischer Daten sowie von Erdschwere- und Erdwärmemessungen solche Vorgänge in den später als Subduktionszonen bezeichneten Bereichen (Abb. 18.2). Dort bleibt die relativ kalte ozeanische Platte, die ihre geringe Temperatur während des Abtauchvorgangs lange beibehält, bis in große Tiefen bruchfähig. Forschungen haben gezeigt, dass die Abtauchgeschwindigkeit der Plattenfront insgesamt ebenso hoch ist wie die Geschwindigkeit des am mittelozeanischen Rücken entstehenden Plattenteils.

6. Die Indizien WEGENERS
Die auffallend gute Passform zum Beispiel der südatlantischen Küstenlinien sowie die Übereinstimmung geologischer Strukturen und fossiler Tier- und Pflanzenarten beiderseits des Atlantiks finden durch die Plattentektonik ebenfalls eine plausible Erklärung (Abb. 20.2). Bereits 1912 hatte der Meteorologe und Polarforscher ALFRED WEGENER (1880–1930) aus diesen Indizien geschlossen, dass die heutigen Kontinente früher einmal einen großen Urkontinent (Pangäa) gebildet haben könnten; dieser zerbrach dann in auseinanderdriftende Bruchstücke. Diese Kontinentalverschiebungstheorie, nach der „Kontinente wie Schiffe den Ozeanboden durchpflügen" sollten, wurde von der Fachwelt jedoch überwiegend abgelehnt, weil solch großräumige Horizontalbewegungen als nicht möglich erachtet wurden. Damit rüttelte WEGENER als „Fachfremder" an der gängigen Lehrmeinung, vor allem aber konnte er weder Kräfte noch Mechanismen vorschlagen und nachweisen, die geeignet gewesen wären, ganze Kontinente zu verschieben.

Erst Jahrzehnte nach seinem Tod erfuhr WEGENER im Rahmen der Plattentektonik eine gewisse Anerkennung. Seine Vorstellung von isoliert wandernden Kontinenten hat sich aber als falsch erwiesen. Ohne die schon von

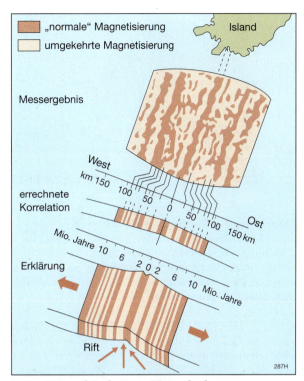

19.1 „Magnetbänder" am Meeresboden

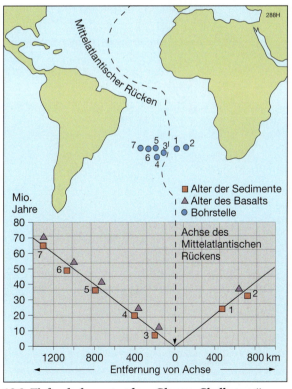

19.2 Tiefseebohrungen der „Glomar Challenger"

DIE WIRKUNG ENDOGENER KRÄFTE

WEGENER geforderte Zusammenschau der Messdaten sehr verschiedener Fachrichtungen hätte die Theorie der Plattentektonik aber kaum erstellt werden können. Die von WEGENER geschätzte Geschwindigkeit der Kontinentalverschiebung kam aber den zwischenzeitlich gewonnenen Daten bereits sehr nahe.

Heute lässt sich mithilfe der Magnetstreifen am Meeresboden, der Bohrkerne sowie des mit der Entfernung von einem Hot Spot wachsenden Alters von Vulkanen die Geschwindigkeit der Platten – und damit auch der sich mit den Platten bewegenden Kontinente – recht genau errechnen. 1984 wurde sie mithilfe von Satelliten erstmals exakt gemessen: Im Durchschnitt bewegen sich die Platten mit etwa ein bis zehn Zentimetern pro Jahr; das ist etwa so schnell, wie Fingernägel wachsen. Dies erscheint wenig, ergibt aber in der geologisch gesehen kurzen Zeitspanne von 10 Millionen Jahren bereits eine Strecke von 100 bis 1000 Kilometer.

„Nur durch Zusammenfassung aller Geowissenschaften dürfen wir hoffen, die Wahrheit zu ermitteln."
Alfred Wegener

20.1 Alfred Wegener (1930)

Aufgaben

1. Erläutern Sie mithilfe der Abb. 16.1, 17.1, 17.2 die grundlegenden Aussagen der Theorie der Plattentektonik.
2. Vergleichen Sie die Größe der einzelnen Platten und ihren Aufbau aus ozeanischer und/oder kontinentaler Kruste (Abb. 16.1).
3. Beschreiben Sie anhand von Beispielen die Bewegungsrichtungen einzelner Platten sowie die jeweiligen Vorgänge an den Plattenrändern (Abb. 16.1).
4. Charakterisieren Sie die in Abb. 17.1 dargestellten Prozesse in ihrer Reihenfolge und nennen Sie Regionen der Erde, in denen Vergleichbares abläuft.
5. „Die Kombination der beiden zunächst rein hypothetischen Ansätze von Seafloor-spreading und Subduktion führte schließlich zur Formulierung der Theorie der Plattentektonik." Erklären Sie diese Aussage.
6. Welche Messungen unterstützten die Hypothese des Seafloor-spreading Ihrer Meinung nach am besten?
7. Recherchieren Sie Methoden der Altersbestimmung von Bohrkernen (Internet, Bibliothek).
8. Diskutieren Sie die technische Herausforderung, auf hoher See in vier Kilometer Wassertiefe Bohrkerne aus dem Ozeanboden zu gewinnen.
9. Berechnen Sie die Geschwindigkeit, mit der sich der Atlantische Ozean vergrößert (Abb. 19.1, 19.2).
10. Kontinentale Gesteine sind bis zu vier Milliarden Jahre alt, Gesteine der heutigen Ozeanböden nur maximal 160–190 Mio. Jahre. Begründen Sie diese Daten.
11. Ozeane wachsen durch Seafloor-spreading. Wodurch wachsen Kontinente?
12. Charakterisieren Sie geologische Strukturen und tektonische Prozesse der Regionalbeispiele (S. 21–23).

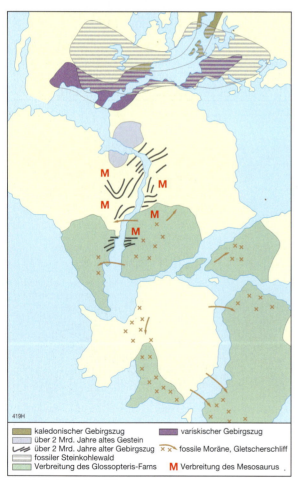

20.2 Die Indizien Wegeners

GEO-EXKURS

Regionalbeispiele

Island ist der einzige über den Meeresspiegel hinausragende Teil des Mittelatlantischen Rückens. Die hier außergewöhnlich hohe Magma- und Lavaproduktion ist auf einen Manteldiapir zurückzuführen, der die Untergrenze der Lithosphäre vor 60 Mio. Jahren erreichte und seit etwa 40 Mio. Jahren zu einem Teil der Mittelatlantischen Spreizungszone geworden ist. Wegen dieses Hot Spots ist die am nördlichen Polarkreis gelegene „Insel aus Feuer und Eis" ganz vulkanischen Ursprungs. Das die Insel durchziehende Rift-Valley zeigt Flachbeben, aktiven Vulkanismus und starke Dehnung (2 cm/a). Es besteht im Süden aus zwei, im Norden aus einer Dehnungszone und ist am Ende jeweils durch Transform-Störungen mit dem ozeanischen Rift verbunden.

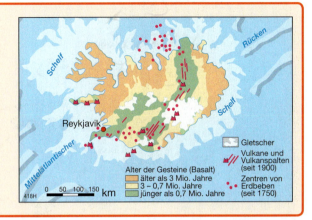

21.1 Die Geologie von Island

Alte, schwere und tiefliegende ozeanische Platten neigen zu spontaner Subduktion, tauchen steil ab, haben entlang der Abtauchfläche einen geringen Reibungswiderstand und verursachen Erdbeben mit Magnituden bis 8. Alle oberflächennahen Strukturen solcher Low-stress-Subduktionen sind durch Dehnung gekennzeichnet, was zu einem Aufreißen von Randbecken, zum Vorrücken der oberen und Zurückweichen der unteren Platte führt.
Weniger alte ozeanische Platten besitzen dagegen flachere Abtauchwinkel und daher große Reibungsflächen. Solche High-stress-Subduktionen verursachen beim Abtauchen oft Beben mit Magnituden über 8. Die obere Platte zeigt deutliche Kompressionsmerkmale, wie z. B. die Bildung von Akkretionskeilen (Abschuppungen), Überschiebungen und Hebungen.

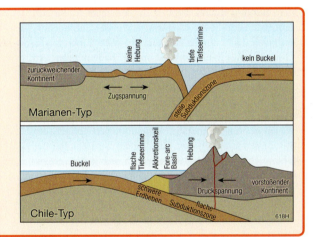

21.2 Architektur und Dynamik von Subduktionszonen

Die Jordan-Störungszone ist eine große Transform-Störung, die eine divergente Plattengrenze im Roten Meer mit einer konvergenten am Taurus-Gebirge verbindet. An einigen Stellen springt die Störung abrupt nach Westen vor. Dort wird durch die Horizontalbewegung die Kruste gedehnt und verdünnt und sinkt ab. Der Golf von Akaba, das Tote Meer und der See Genezareth sind solche Dehnungsstrukturen (Pull-apart Basins). Durch die Nordbewegung Afrikas und Arabiens gegen die eurasische Platte gerät die türkische Platte unter beidseitigen Druck und wird wie ein Keil nach Westen gequetscht (Fluchtscholle). Der Versatz und die Magnituden der Erdbeben nehmen entlang der Nordanatolischen Verwerfung, einer weiteren Transformstörung, seit Jahren nach Westen hin zu.

21.3 Tektonik des östlichen Mittelmeerraums

GEO-EXKURS

Verwerfung in einer Apfelsinenplantage (Kalifornien)

Europäisches Grabenbruchsystem (Ausschnitt)

Kein Bundesstaat der USA ist in ähnlichem Maße von Erdbeben bedroht wie Kalifornien. Von den zahlreichen, das ganze Land durchziehenden Schwächezonen ist die 1100 km lange San-Andreas-Linie die bedeutendste. An dieser Transformstörung schrammt die nach NW driftende Pazifische Platte an der gegenläufigen Amerikanischen Platte entlang. 560 km haben sich beide Platten in den letzten 140 Millionen Jahren gegeneinander verschoben. Wegen des ungewöhnlichen bogenförmigen Verlaufs der Störungszone östlich von Los Angeles wird ein Teil der tektonischen Kräfte in diesem Bereich auch in die Vertikale abgeführt. Dies führt zu Einengungsstrukturen (Falten, Auf- und Überschiebungen) oder zu Zerrungsstrukturen (Dehnungsbecken, Abschiebungen), letztlich also zu einem instabilen Schollenmosaik in Mittelkalifornien.

Die Entstehung des Oberrheingrabens begann vor etwa 150 Millionen Jahren mit einer langsamen Aufwölbung der Kruste durch einen aufsteigenden Manteldiapir. Vor etwa 50 Millionen Jahren setzte in der überdehnten Scheitelzone ein Absinken einzelner Krustenteile ein, zuerst im südlichen, dann verstärkt auch im nördlichen Teil des heutigen Grabens. Die Absenkung der zentralen Zone wurde von einem Auseinanderweichen (etwa 4,8 km) und einem Anstieg der beiden Flanken begleitet. Grabensenkung und Flankenhebung ergeben bis heute eine Vertikalverstellung von bis zu 5000 Meter. Der größte Teil wurde durch Sedimente wieder verfüllt. Relativ häufige Erdbeben am Oberrhein zeigen, dass die Grabenentwicklung noch nicht zu Ende ist: Die Höhendifferenz zwischen Graben und Flanken nimmt um etwa 0,5 Millimeter pro Jahr zu.

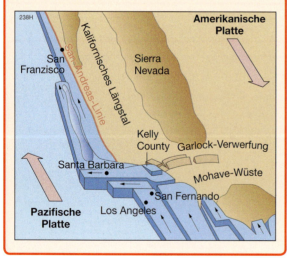

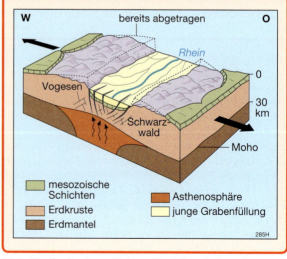

22.1 Anatomie einer Erdbebenzone: Kalifornien

22.2 Geologie einer Nahtstelle: Oberrheingraben

GEO-EXKURS

Ausschnitt aus einer franz. Meeresbodenreliefkarte

Afar-Senke im Satellitenbild

Die höchsten Berge der Erde sind – vom Meeresboden aus gerechnet – die noch aktiven Vulkane Mauna Loa und Kilauea auf Hawaii. Dort driftet die Pazifische Platte über einen seit Jahrmillionen ortsfesten Magmaschlot des Erdmantels, einem Hot Spot, der wie ein Schweißbrenner die Platte durchlöchert und auf dem Ozeanboden riesige Basaltkegel auftürmt. Da der Ozeanboden mit wachsender Entfernung vom ostpazifischen Rücken immer mehr erkaltet, dadurch dichter wird und langsam absinkt, versinken auch die am Hot Spot gebildeten Vulkaninseln wieder nach und nach im Meer. Aus der Länge der Inselketten und dem Alter der Basalte errechnet sich eine Driftgeschwindigkeit der Platte von 10–18 Zentimeter pro Jahr; das Abknicken der Inselketten deutet auf eine Änderung der Driftrichtung vor etwa 40 Millionen Jahren hin.

In der Afar-Senke trifft der kontinentale ostafrikanische Grabenbruch mit dem ozeanischen Rift-Valley des Roten Meeres und des Golfs von Aden zusammen. Die Ursache hierfür ist ein Mantelkissen in der Tiefe. Die dadurch erfolgte Überdehnung der Lithosphäre führte in der Scheitelzone der Aufwölbung zur Bildung eines riesigen dreiarmigen Bruchsystems, von dessen Zentralpunkt heute drei Platten auseinanderdriften. Durch das an den zahlreichen Spalten aufdringende Magma bildete sich neue, schwere ozeanische Kruste. Dieser zunächst untermeerisch ablaufende Prozess kann heute wegen einer vor etwa 10 000 Jahren erfolgten Hebung des gesamten Gebietes direkt an der Erdoberfläche studiert werden. Die Afar-Senke ist also der vorübergehend trockengefallene Grund eines jungen Ozeans.

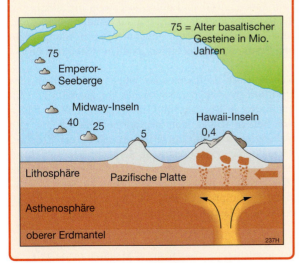

23.1 Lebenslauf einer Vulkaninsel: Hawaii

23.2 Entstehung eines Ozeans: Afar-Senke

DIE WIRKUNG ENDOGENER KRÄFTE

2.3 Plattentektonik und Vulkanismus

Vulkanausbrüche ereignen sich immer dann, wenn in aufsteigendem Magma der Druck der sich darin ausdehnenden Gase größer wird als der Gegendruck des noch darüberliegenden Gesteins und dieses wegsprengt. Wie beim ungeschickten Öffnen einer Sektflasche reißen die dann austretenden Gase das glutflüssige Material mit aus dem Schlot. Die Art der Eruption, der entstehenden Vulkanbauten und der Förderprodukte wird dabei entscheidend vom Chemismus des Magmas bestimmt (Abb. 25.1, 2).

Die aus großer Tiefe stammenden basischen, dünnflüssigen Magmen bilden großflächige Lavadecken, wenn sie entlang von Spalten austreten (Vulkanismus der Rift-Zonen), oder riesige, uhrglasförmig gewölbte Schildvulkane, wenn nur ein Schlot tätig ist (Hot-Spot-Vulkane). Dagegen führen die bei Plattensubduktionen gebildeten sauren und dickflüssigen Magmen zu spektakulären Explosionen, bei denen ganze Berggipfel abgesprengt und pulverisiert werden. In der sich bildenden Eruptionssäule werden Fetzen geschmolzenen Gesteins kilometerhoch geschleudert und fallen als große Bomben, kleinere Lapilli oder Asche zurück, die dann wie ein Leichentuch riesige Gebiete bedeckt. Diese Lockermaterialien können jedoch auch als heiße Glutwolken oder nach ihrem Abkühlen bei einsetzendem Regen als Schlammlawinen (Lahar, vgl. S. 43) hangabwärts rasend alles plattwalzen. Zu Tuff verfestigt bilden die Lockermaterialien zusammen mit nachträglich ausfließenden Lavaströmen in abwechselnder Lagerung die hoch- und steilaufragenden, kegelförmigen Schicht-vulkane, weithin erkennbar als „Killervulkane". Sehr saure Laven sind mitunter extrem dickflüssig. Sie fließen nicht über die Kraterränder, sondern quellen wie zähe Zahnpasta aus dem Schlot empor und bilden Quell- und Staukuppen oder spitze „Nadeln" (Stoßkuppen).

Neben diesen „Vulkanbergen" gibt es auch „vulkanische Hohlformen". Wenn aufsteigendes Magma nahe der Erdoberfläche in Kontakt mit Grundwasser kommt, bilden sich heftige Wasserdampfexplosionen, die Magma und Nebengestein in Stücke zerreißen und an der Erdoberfläche kleine, meist kreisrunde Sprengtrichter mit einem Aschenrand erzeugen (Maare). Eine Caldera, ein riesiger „Kraterrand", entsteht dagegen, wenn ein ganzer Berggipfel weggesprengt wird oder das Dach einer großen entleerten Magmakammer in sich zusammenstürzt.

Aufgaben
1 Vergleichen Sie verschiedene Magmen (Abb. 25.1, 2).
2 Beschreiben Sie die verschiedenen Vulkantypen und erklären Sie deren Entstehung und Verbreitung.

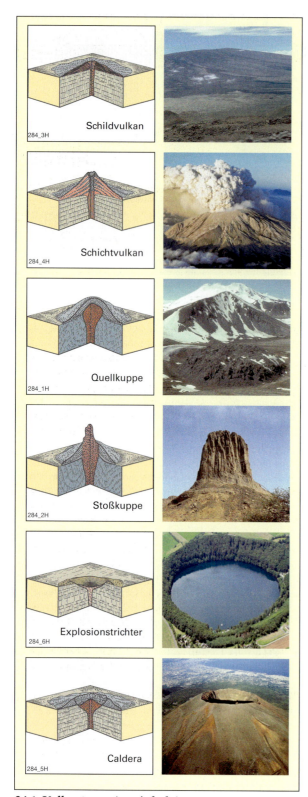

24.1 Vulkantypen (vereinfacht)

DIE WIRKUNG ENDOGENER KRÄFTE

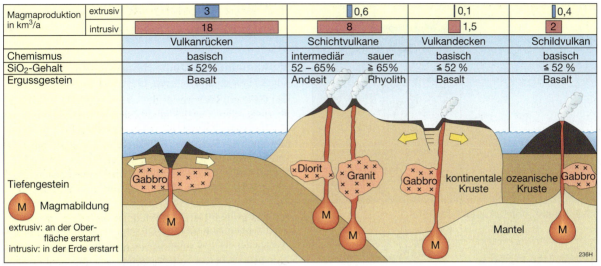

25.1 Vulkanismus und Plattentektonik (vereinfacht)

Alle vulkanischen Erscheinungen haben ihren Ursprung in der unteren Erdkruste oder im Erdmantel. Dort ist das Gestein jedoch trotz der hohen Temperaturen wegen des starken Drucks fest. Es kann aber durch weitere Wärmezufuhr, durch Druckabnahme oder durch Aufnahme von Stoffen wie H_2O, CO_2, wodurch der Schmelzpunkt erniedrigt wird, teilweise oder ganz verflüssigt werden.

Das so entstehende Magma steigt dann wegen seiner geringeren Dichte entlang von Schwächezonen der Lithosphäre auf. Seine Beweglichkeit wird entscheidend durch seine chemische Zusammensetzung bestimmt. Die Hauptbestandteile des Mantels und der Kruste, Sauerstoff und Silizium, bilden auch das Grundgerüst des Magmas. Sie sind durch starke Atombindungen verbunden. Werden jedoch andere Elemente, zum Beispiel Metalle wie Mg, Fe, Mn, K oder Na, zusätzlich in das Grundgerüst aufgenommen, wird dessen Zusammenhalt insgesamt geringer, denn diese werden nur über schwächere Ionenbindungen eingebaut.

Je größer der Metallanteil ist, desto dünnflüssiger ist also die Schmelze. Die wegen ihres Metallanteils dunkel gefärbten und SiO_2-armen, sogenannten basischen Schmelzen können deshalb die in ihnen gelösten Gase und das Wasser beim Aufstieg und der dabei erfolgenden Druckerniedrigung schlecht in Lösung halten: Sie entgasen leicht und fließen daher an der Oberfläche als relativ dünnflüssige Laven ohne gewaltige Ausbrüche rasch und gleichmäßig aus den Schloten oder Spalten (effusiver Vulkanismus).

Die Schmelze kann jedoch auch irgendwo zwischen Magmabildungsort und Oberfläche stecken bleiben, abkühlen und langsam erstarren. Dabei entsteht das grobkristalline Tiefengestein (Plutonit) Gabbro. Dieses entspricht chemisch dem an der Oberfläche gebildeten Ergussgestein (Vulkanit) Basalt. Dieser hat jedoch die ursprünglich enthaltenen Gase verloren und es konnten sich bei dessen rascher Erstarrung keine makroskopisch deutlich erkennbaren Kristallstrukturen bilden.

Im Gegensatz zu Basaltmagmen können Magmen, die aus abgetauchter Ozeankruste oder unterer Kontinentalkruste entstehen, normalerweise nicht direkt und rasch an die Erdoberfläche steigen. Sie sammeln sich zunächst in unterschiedlichen Tiefen, schmelzen das umgebende Gestein mit ein, steigen auf, kühlen ab und kristallisieren teilweise zu Tiefengesteinen wie Diorit und Granit aus.

In die Gitterstruktur der dabei entstehenden Minerale werden bevorzugt Metallionen eingebaut, sodass in der übrig bleibenden, weiter aufsteigenden Restschmelze der relative Anteil des SiO_2 immer größer wird. Diese wird dadurch zunehmend zähflüssiger. Sie hält deshalb Wasser und Gase (CO_2, SO_2, F, Cl) lange in Lösung, entgast dann aber plötzlich und mit heftigen Eruptionen (explosiver Vulkanismus).

Wenn sich der Gasgehalt erheblich verringert hat, kann dem Auswurf von Lockermaterial ein Ausfluss dickflüssiger Laven folgen (explosiv-effusiver Vulkanismus). Diese erstarren zu den sogenannten sauren, also SiO_2-reichen Ergussgesteinen Andesit und Rhyolith, die wegen ihres geringeren Metallgehalts heller sind als Basalt.

25.2 Magmaeigenschaften und Vulkanismus

GEO-EXKURS

26.1 Maare – die „Augen" der Eifel

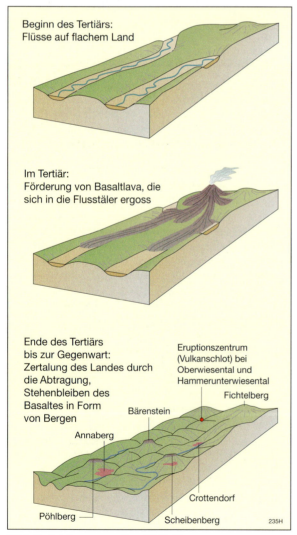

26.2 Entstehung von Basalthärtlingen

Vulkanismus und Erdbeben in Deutschland

Vulkanismus in Deutschland

Glücklicherweise muss heute in Deutschland niemand mehr den Ausbruch eines Vulkans mit seinen verheerenden Folgen fürchten. Selbst in der Eifel, dem jüngsten Vulkangebiet, erinnern nur noch Thermal- und Mineralquellen an ehemalige vulkanische Aktivitäten. Siedlungsfunde in Aschelagen des Neuwieder Beckens am Mittelrhein zeigen jedoch, dass die am Ende der letzten Eiszeit dort lebenden Steinzeitmenschen die von donnernden Explosionen begleiteten Ausbrüche der nahen Eifelmaare miterlebt haben. Noch 16 Kilometer von ihrer Auswurfstelle entfernt erreichte die bimsreiche Asche der Laacher See-Eruption eine Mächtigkeit von einem halben Meter. Die Aschen der etwa 40 Kilometer hohen Eruptionssäule wurden aber auch bis in den Schwarzwald und an die Ostsee verweht und bilden so für ganz Mitteleuropa eine wichtige Zeitmarke für die Zeit um 9080 v. Chr. Der nachlassende Gasdruck ließ die Eruptionssäule jedoch bald in sich zusammenstürzen und mehrere Hundert Grad heiße Glutwolken durchfegten umliegende Täler, zum Beispiel das Nettetal (Abb. 35.2). Ihre Ablagerungen bilden den heute als Baustein begehrten Trass. Zuletzt ausfließende Lava entleerte die Magmakammer schließlich so weit, dass eine heute wassergefüllte Caldera entstand. Im See aufsteigende CO_2-haltige Blasen bezeugen bis heute als postvulkanische Erscheinungen die geologisch gesehen erst vor Kurzem zu Ende gegangene Aktivität des Eifel-Hot-Spots. Niemand weiß, ob er für immer ruhen wird.

In der Eifel kommen verschiedene Vulkanformen vor. Alle liegen entlang Nordwest–Südost streichender Bruchzonen, die den Aufstieg von Magma ermöglichten. Geriet dieses in Kontakt mit Grundwasser, entstanden Maare; ohne Wasserzufuhr bildeten sich kurzzeitig explosiv fördernde Schlote mit Auswurf von Lockermaterialien (Schlackenkegel) oder auch einige Schichtvulkane.

Die anderen Vulkangebiete Deutschlands (Rhön, Vogelsberg, Hegau, Schwäbische Alb, Kaiserstuhl, Westerwald, Siebengebirge, Katzenbuckel sowie die sächsischen Vulkane) waren alle im Tertiär aktiv. Im mittleren Erzgebirge überragen heute noch Pöhlberg, Scheibenberg und Bärenstein die Hochflächen (Abb. 26.2). Ihre Basaltkuppen bedecken tertiäre Flusskiese, die den Gneisen des Untergrunds aufliegen. Entlang von Spalten ausfließende Lava hat hier im Tertiär also die zuvor von Flüssen abgelagerten Kiese überdeckt und nach Erstarrung zu widerständigen Basaltdecken diese so vor Abtragung geschützt. Weil die Umgebung schneller abgetragen werden konnte, überragen heute die einstmals in Tälern abgelagerten Basaltmassen ihre tiefergelegte Umgebung: Eine solche Veränderung der Reliefverhältnisse wird „Reliefumkehr" bezeichnet.

GEO-EXKURS

Erdbeben in Deutschland

„Man sol wissen, daz dise stat von dem ertpidem zerstört und zerbrochen wart, und beleib enheim kilche, turne, noch steinin hus weder in der stat noch in den vorstetten ganz, und wurdent gross eclich zerstoeret."

So beschreibt die Chronik der Stadt Basel die Folgen des in seinen Auswirkungen bedeutendsten Erdbebens, das in den letzten tausend Jahren nördlich der Alpen aufgetreten ist. Am 18. Oktober 1356 wurden dabei innerhalb der Stadtmauern sämtliche Gebäude beschädigt oder zerstört. Die in den Fachwerkhäusern entstandenen Brände wüteten eine Woche lang und verwüsteten die Stadt vollends. Mehr als 300 Menschen wurden durch einstürzende Häuser und Mauern erschlagen. Aus den Beschreibungen der die ganze Nordschweiz und den südlichen Oberrhein erfassenden Erschütterungen lässt sich heute eine Stärke (Magnitude) von 6 auf der Richter-Skala errechnen.

Das Beben, das in der Nacht zum 13. April 1992 den Niederrhein mit dem Epizentrum nahe der niederländischen Stadt Roermond erschütterte, hatte die Stärke 5,8. Ausgelöst wurde es in etwa 18 Kilometer Tiefe durch ein Absacken einer Erdscholle um 18 Zentimeter. Es gab einen Toten und einen Gesamtschaden von umgerechnet über 150 Millionen Euro.

So erschreckend für die Menschen der beiden Regionen diese Ereignisse auch waren, für die Geowissenschaftler sind sie nicht überraschend: Seit Langem schon ist bekannt, dass sich die meisten Beben in Mitteleuropa entlang einer großen Störungszone ereignen. Diese erstreckt sich vom Rhônetal ausgehend über den Oberrheingraben und die Niederrheinische Bucht bis weit in die Grabensysteme der Nordsee hinein (vgl. auch Abb. 22.2). Ein sehr aktiver Seitenast dieser Störung zweigt nach Belgien ab, ein weiterer findet sich in der Fortsetzung des Oberrheingrabens in der Hessischen Senke. Die Entstehung dieses Grabensystems wird mit dem seit Beginn der Alpenbildung von Süden und Südosten auf Europa ausgeübten Druck in Verbindung gebracht. Er bewirkt neben vertikalen Verstellungen von Erdschollen auch horizontale Verschiebungen (Abb. 27.1 und 27.2). Dadurch verschiebt sich die Ostseite des Oberrheingrabens gegenüber der Westseite nach Nordosten. Solche Scherbewegungen können auch abseits großer Störungszonen zu Beben führen. Die – allerdings wenig schadenträchtigen – gelegentlichen Beben im Vogtland dürften so entstanden sein. Auch die unruhigste Zone Deutschlands, der nur schmale Hohenzollerngraben am Rand der Schwäbischen Alb bei Albstadt, liegt abseits der europäischen Großnaht. Dort sind allein im 20. Jahrhundert vier Beben mit Stärke 5 oder mehr registriert worden.

Im Norddeutschen Tiefland gibt es dagegen praktisch keine Erdbebengefährdung, weil im Untergrund eine aktive Störungszone fehlt. Anhand der Schichtlagerungen sind aber Erdverschiebungen in der Vergangenheit belegbar.

27.1 Epizentren in Deutschland (Auswahl)

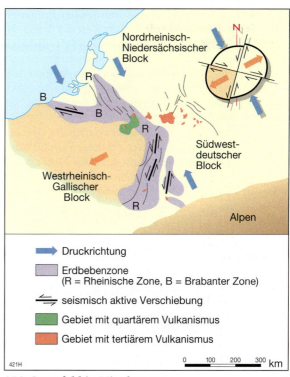

27.2 Stressfeld in Mitteleuropa

27

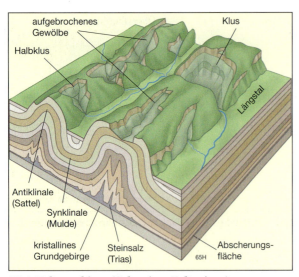

28.1 Faltengebirge (Schweizer Faltenjura)

28.3 Gefaltete Sedimente

2.4 Gebirgsbildung: Bildung von Falten- und Deckenfaltengebirgen

Grundlegende Prozesse

Das wichtigste „Ventil" für die vom heißen Erdinnern nach außen drängende Wärmeenergie ist der Vulkanismus der mittelozeanischen Rücken. Unter der dickeren Lithosphäre eines längere Zeit stationären Kontinents bildet sich dagegen ein „Wärmestau", der zu ihrer teilweisen Aufschmelzung und Aufwölbung und schließlich zum Aufreißen von Grabenbrüchen in der Scheitelzone der Aufwölbung führt: Es entsteht ein kontinentales Rift-Valley, das sich durch Auseinanderweichen der Grabenschultern immer mehr erweitert und dessen Grund dabei immer mehr absinkt. Irgendwann dringt das Meer ein und zwischen den auseinandergerissenen Kontinentalblöcken öffnet sich ein neuer Ozean, an dessen Rändern das von den Kontinenten abgetragene Erosionsmaterial abgelagert wird. Mächtige Sedimentschichten aus Geröll, Sand, Ton und Kalk entstehen – Baumaterial für ein zukünftiges Gebirge.

Bei einer späteren Einengung des Ozeans werden diese Schichten zusammen mit „Splittern" ozeanischer Kruste entlang der Subduktionszone teilweise von der subduzierten Platte abgeschabt. Die als Ophiolithe bezeichneten Splitter besitzen eine charakteristische Dreierstruktur: Sie enthalten am ozeanischen Rift untermeerisch ausgetretene und beim Kontakt mit Meerwasser schockartig zu abgerundeten Formen erstarrte sogenannte Kissenlava („pillow lava"). Darunter befinden sich erstarrte Basaltsäulen („sheeted dikes"), darüber Tiefseesedimente. Im Idealfall lässt sich dieser Dreierkomplex wieder in den Gebirgen identifizieren.

Zusammen mit den am Rand des Ozeanbeckens abgelagerten Sedimenten werden die Ophiolithe bei Subduk-

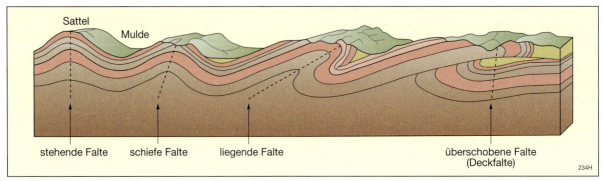

28.2 Falten und Deckenbildung

tionen durch anhaltenden Druck verfestigt, intensiv gefaltet, gekippt, zerbrochen, übereinandergestapelt und dem Kontinentalrand „angeschweißt", bei starkem seitlichem Druck sogar auf ihn aufgeschoben. Dabei können selbst mächtige gefaltete Sedimentpakete an ihrer Faltenbasis abreißen und als sogenannte Decken Hunderte von Kilometern über jüngere Schichten hinweg verfrachtet werden (Abb. 28.2).

Auch Terranes, „exotische Blöcke" aus Inselbögen, einzelnen Vulkaninseln oder Bruchstücken kontinentaler Lithosphäre, die das Förderband des Meeresbodens auf Kollisionskurs gegen den Kontinent führt, werden in die Gebirgsbildung (= Orogenese) mit einbezogen.

In der Tiefe des so entstehenden chaotischen „Scherbenhaufens" kommt es wegen des zunehmenden Drucks und steigender Temperaturen schließlich auch zur Gesteinsaufschmelzung und -neubildung. Magma dringt nach oben und bildet Plutone und Vulkane.

Durch den Zusammenschub der Kruste wird der gesamte Gesteinskomplex insgesamt aber nur wenig angehoben. Die horizontale Stauchung (bei den Alpen bis zu 500 km) ergibt jedoch zugleich auch eine gewaltige Krustenverdickung. Dadurch wird viel leichtes Material tief in den Mantel gedrückt, das aus isostatischen Gründen aber einen Auftrieb erhält (vgl. S. 15) und daher langsam „aufschwimmt": Mit einer Zeitverzögerung von einigen Millionen Jahren beginnt sich der deformierte Gesteinshaufen zu heben (die Alpen immer noch mit 0,5–1 mm/Jahr) und ein „richtiges" Gebirge entsteht, dessen Bergketten sich zunehmend über ihre Umgebung erheben.

Zum Ausgleich muss in der Tiefe Material von den Seiten nachfließen. Der Aufstieg eines Gebirges wird also stets vom Absinken seiner Randbereiche begleitet. In diesen Vorlandsenken werden aus dem Erosionsmaterial des Gebirges neue Sedimente gebildet, die sogenannte Molasse. Sie kann beim Fortdauern der gebirgsbildenden Vorgänge auch noch mit in diese einbezogen werden.

Da die Gebirgswurzel meist im zentralen Teil am tiefsten reicht, ist der isostatisch bedingte Hebungsprozess dort am stärksten. Dies führt dazu, dass vom Hebungszentrum ausgehend nach und nach mächtige Gesteinsschichten seitlich abgleiten: Im Zuge dieser seitlichen Ausdehnung (= laterale Extension) quillt der Gebirgskörper wie ein in der Mitte angehobener Wackelpudding von der Subduktionszone aus gesehen nach vorne, rechts und links auseinander. Durch die damit verbundene Krustendehnung wird in den zentralen und ursprünglich höchsten Gebirgsregionen – verstärkt durch die dort besonders starke Erosion – der tiefere Untergrund in sogenannten geologischen Fenstern meist am schnellsten sichtbar (z. B. im Tauern-Fenster der Ostalpen).

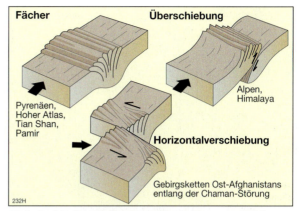

29.1 Architektonische Grundbaupläne von Gebirgen

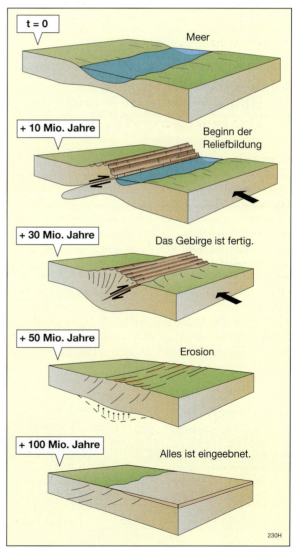

29.2 Gebirgsbildung (schematische Darstellung)

DIE WIRKUNG ENDOGENER KRÄFTE

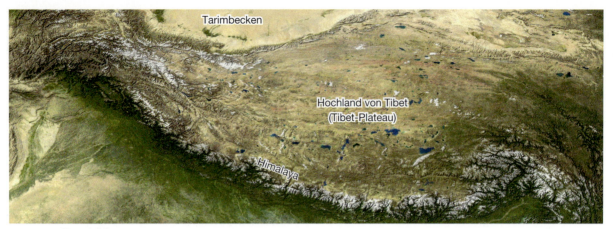

30.1 Satellitenbild

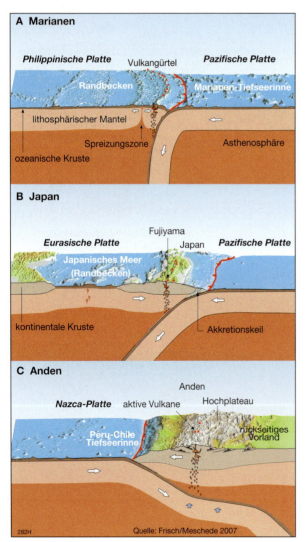

30.2 Beispiele für verschiedene Subduktionstypen

Gebirgstypen nach ihrer Entstehung

Inselbogen-Typ: entsteht bei Ozean-Ozean-Kollision; mitten im Ozean liegende Inselketten aus meist hochexplosiven Schichtvulkanen mit übereinandergeschichteten Basalt- und Tufflagen und Tiefseerinnen am Plattenrand (Abb. 30.2 A und B)

Andiner Typ: entsteht bei Ozean-Kontinent-Kollision; relativ einheitlich gebaute Gebirgsketten mit küstenparallelen Tiefseerinnen und Vulkanreihen (Abb. 30.2 C)

Alpiner Typ: entsteht bei Kontinent-Kontinent-Kollision; kompliziertere Gebirgsbauten durch Zusammenschub dazwischenliegender Meeresbecken. Beim alpidischen Gebirgsgürtel, dessen Deckenfaltengebirge sich von Gibraltar bis China erstrecken, war dies der ehemalige Tethys-Ozean („Urmittelmeer"). Der Alpenbogen ist dabei der komplexeste Abschnitt, weil bei seiner Bildung neben Teilen Europas und Afrikas noch mehrere Mikrokontinente mit dazwischenliegenden Tiefseebecken und Flachmeeren „verarbeitet" wurden (S. 32/33).

Kommt es bei der Ozeaneinengung schließlich ganz zum Zusammenstoß zweier Kontinente, trifft Lithosphäre gleicher Dichte aufeinander. Da die Subduktion leichter kontinentaler Lithosphäre erschwert ist, reißt bei anhaltendem Druck die Subduktionszone bald ab und bildet sich im Vorland neu. Das an den festen Tibet-Block angeschweißte Himalayagebirge besteht daher vor allem aus tektonisch mehrfach übereinandergestapelten Teilen des ehemaligen Nordteils von Indien. Wegen des starken Auftriebs dieses mächtigen Krustenpakets entstand am Rande Tibets ein besonders hohes Gebirge (Abb. 31.2): Der Himalaya ist also deswegen so hoch, weil er bis zu 70 Kilometer tief im Untergrund wurzelt. Die durch die Kollision Indiens ausgelöste gewaltige Kompression führte zudem zu Verformungen noch weit in Innerasien, zur Entstehung des

DIE WIRKUNG ENDOGENER KRÄFTE

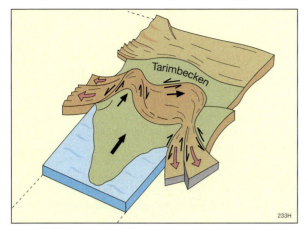

31.1 Indien rammt Asien

Tian Shan, der Höhen des Altai und der inneren Mongolei. Zugleich führte der Druck aber auch zu vor allem nach Osten gerichteter starker seitlicher Ausdehnung entlang großer Verschiebungslinien (Abb. 31.1).

Insgesamt wurde Indien bei seinem Kollisionskurs in Süd-Nord-Richtung bisher um etwa 2000 Kilometer verkürzt und wird – bei etwas geringer werdender Subduktionsgeschwindigkeit – in etwa 30 Millionen Jahren ganz verschwunden sein.

Intraplattengebirge: entstehen durch nur oberflächlich wirksame Krustenverkürzungen oder Scherung und sind daher strukturell einfach gebaut (Abb. 29.1). Beim Schweizer Faltenjura spiegelt sich zum Beispiel die tektonische Deformation der ursprünglich horizontal lagernden Sedimentschichten direkt in den Oberflächenformen wider – ein echtes Faltengebirge (Abb. 28.1).

Bei allen Gebirgen liefern die endogen Prozesse (Vulkanismus, Plutonismus, tektonische Deformationen) und die verschiedenen Gesteine jedoch immer nur das Rohmaterial, aus dem durch exogene Einwirkungen (Verwitterung, Abtragung) das jeweilige Relief in seiner heutigen Form herausmodelliert wird.

Aufgaben

1. Erläutern Sie folgende Begriffe: Falte, Decke, Ophiolith, Terran, Gebirgswurzel, isostatischer Aufstieg, Molasse, geologisches Fenster (Abb. 28.2, Text).
2. Charakterisieren Sie die einzelnen Etappen im „Lebenslauf eines Gebirges" (Text, Abb. 29.2).
3. Vergleichen Sie die Gebirge des alpinen, des andinen und des Inselbogen-Typs nach Bau, Merkmalen, Entstehung und Verbreitung (S. 30/31).
4. Begründen Sie, weshalb gerade der Himalaya zum derzeit höchsten Gebirge der Erde geworden ist.

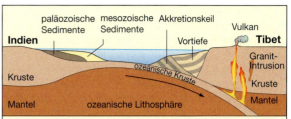

1. Nach dem Zerfall Gondwanas driftet die Indische Platte mit etwa 10 cm/Jahr nach Norden und verengt dabei den Tethys-Ozean. Vor 60 Mio. Jahren beginnt die Subduktion ihres ozeanischen Bereichs unter Südtibet, Vulkane und Plutone entstehen. Sedimente und Teile ozeanischer Kruste werden von der subduzierten Platte abgeschabt und keilförmig aufgehäuft. Zwischen diesem Akkretionskeil und dem Kontinent lagert sich in der Vorsenke Erosionsmaterial vom Festland ab.

2. Vor 55–40 Mio. Jahren kollidieren die beiden Landmassen. Bei der Subduktion des leichten Indischen Subkontinents reißt quer durch die Platte die Hauptzentralstörung auf.

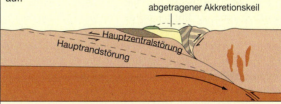

3. Unterhalb der Hauptzentralstörung liegende Bereiche Indiens werden subduziert; oberhalb der Hauptzentralstörung liegende paläo- und mesozoische Sedimente werden gestaucht, abgeschabt und auf den heranrückenden Subkontinent überschoben. Die Gesteine des Akkretionskeils und der Vortiefe werden dagegen nach Norden auf Tibet aufgeschoben.

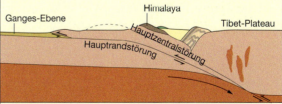

4. Vor 20–10 Mio. Jahren wird die Hauptzentralstörung inaktiv, eine neue Bruchfläche, die Hauptrandstörung, entsteht. An ihr entlang wird Indien mit reduzierter Geschwindigkeit (ca. 5 cm/Jahr) weiter subduziert. Dabei ist bereits eine zweite Krustenscheibe abgeschert und auf den Subkontinent aufgeschoben worden, wodurch die erste angehoben wurde. Diese beiden Krustenteile bilden heute den Kern des Himalayas.

31.2 Gebirgsbildung: Entstehung des Himalayas

31

GEO-EXKURS

Entstehung der Alpen

Der sich über 1200 Kilometer erstreckende Alpenbogen gilt als der geologisch am besten untersuchte Teil des im Tertiär am Rand des damaligen Europas entstandenen alpidischen Faltengebirgsgürtels. Generationen von Geologen haben sich um die Aufklärung der Struktur des scheinbar chaotischen „Scherbenhaufens" und seiner geologischen Entwicklung bemüht.

Ein entscheidender Fortschritt war die Deckentheorie (M. BERTRAND, 1884), bei der die markanten und leicht erkennbaren Faltungen der Schichten nur eine untergeordnete Rolle spielen. Nach ihr können bei starkem seitlichem Druck selbst mächtige Gesteinsserien unterschiedlicher Zusammensetzung als tektonische Einheiten wie Dachziegel übereinander geschoben werden. Sie können sich sogar ganz von ihrem Herkunftsgebiet ablösen und quasi wurzellos als „schwimmende" Decken über geologisch völlig fremden Untergrund geschoben werden. Erosionsreste einst ausgedehnter Decken werden als „Klippen" bezeichnet (z. B. die Gipfel der Mythen am Vierwaldstätter See).

Rund 100 Jahre nach Aufklärung der Deckenfaltenstruktur konnte durch die Theorie der Plattentektonik die zeitlich und räumlich komplexe Entstehung der Alpen noch besser als ein Wechselspiel von Aufreißen und Schließen von Ozeanen rekonstruiert werden. Seit Beginn des Erdmittelalters bildeten die Schelfbereiche des Tethysmeers flache und ausgedehnte Sedimentationsräume. Als sich zu Beginn des Juras der Nordatlantik zwischen Nordamerika und Nordwestafrika zu öffnen begann, Eurasien, Grönland und Nordamerika aber noch zusammenhingen, verschob sich der afrikanische Kontinent relativ zu Europa nach Osten. Im Gebiet des heutigen Mittelmeers entstand dabei eine breite Störungszone, in der im Jura und in der Kreide schmale Ozeanbecken aufrissen (Südpenninischer und Nordpenninischer Ozean). Dazwischen lagen kleinere, zum Teil vom Meer überflutete Schollen kontinentaler Kruste (Mittelpenninikum, Apulischer Sporn, Abb. 32.1).

Während der Kreide trennte sich Europa von Nordamerika. Durch die Öffnung des Südatlantiks drehte sich Afrika langsam entgegen dem Uhrzeigersinn auf Europa zu – um eine Achse etwa im heutigen Marokko. Die Zone der kleinen Ozeanbecken und Kontinentalschollen wurde dadurch in die Zange genommen und eingeengt. Teile der während des Erdmittelalters entstandenen Sedimente – Gerölle, Sand-, Ton- und Kalkschichten, Korallenbänke sowie submarine Laven – wurden dabei subduziert oder gefaltet und als Decken übereinandergeschoben.

Im mittleren Tertiär stieß dieser Deckenstapel und seine Unterlage mit dem Südrand des europäischen Kontinents zusammen. Die Kruste Afrikas bohrte sich keilförmig zwischen die Ober- und Unterkruste Europas, und die mitgeführten Decken (v.a. die ostalpinen Decken) wurden viele Kilometer auf dem Kontinentalrand nach Norden verschoben. Die darunterliegenden Schichten, die penninischen und helvetischen Decken, wurden dadurch in die Tiefe gepresst, aufgeheizt und metamorphisiert. Aufgeschmolzene Teile der noch tiefer gepressten Kontinentalkruste Europas drangen dagegen in die darüberliegenden ostalpinen Decken ein und bildeten riesige Granitmassive. Gleichzeitig begann der isostatische Aufstieg des Gebirgskörpers (noch heute bis zu 1 mm/Jahr), und der durch die Erosion anfallende Abtragungsschutt lagerte sich nördlich und südlich der Alpen in den dadurch schwerer werdenden und langsam absinkenden Vorländern als Molasse ab. Das südliche Vorland, die Po-Ebene, wurde randlich sogar noch vom Apennin überfahren, sodass der gesamte Alpensüdrand nach Süden abknickte.

Die in Etappen erfolgende Hebung (in den Westalpen möglicherweise mehr als 20 km!) und die eher flächenhaft wirkende Erosion während des Tertiärs schufen bis vor etwa fünf Millionen Jahren nur eine hügelige Mittelgebirgslandschaft. Erst danach entstand das typische Bild eines „alpinen Hochgebirges" durch die weitere Hebung, die im Pleistozän einsetzende starke Frostverwitterung und besonders die Arbeit der Gletscher, die die Berge steiler, die Pässe flacher und die Täler breiter formte. Hinzu kam die nacheiszeitliche Weiterformung durch Flüsse und Massenselbstbewegungen.

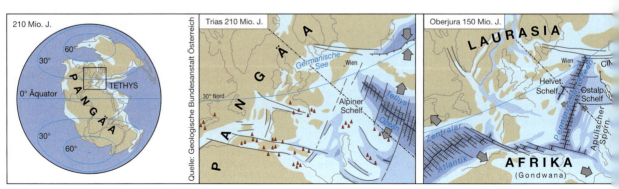

32.1 Alpenbildung in der Aufsicht

GEO-EXKURS

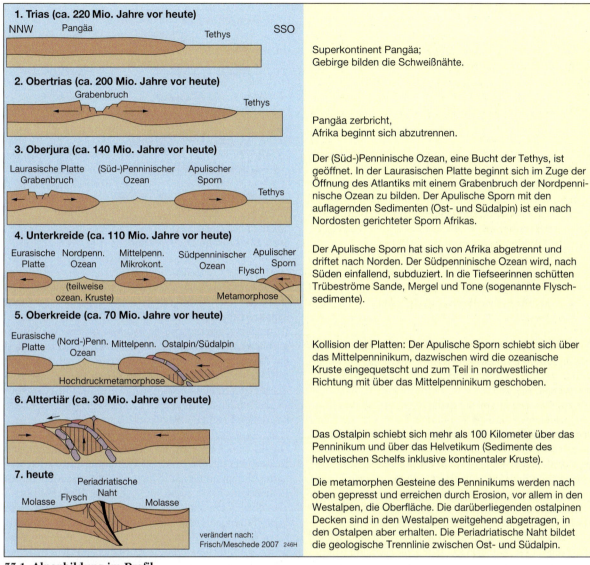

1. Trias (ca. 220 Mio. Jahre vor heute)	Superkontinent Pangäa; Gebirge bilden die Schweißnähte.
2. Obertrias (ca. 200 Mio. Jahre vor heute)	Pangäa zerbricht, Afrika beginnt sich abzutrennen.
3. Oberjura (ca. 140 Mio. Jahre vor heute)	Der (Süd-)Penninische Ozean, eine Bucht der Tethys, ist geöffnet. In der Laurasischen Platte beginnt sich im Zuge der Öffnung des Atlantiks mit einem Grabenbruch der Nordpenninische Ozean zu bilden. Der Apulische Sporn mit den auflagernden Sedimenten (Ost- und Südalpin) ist ein nach Nordosten gerichteter Sporn Afrikas.
4. Unterkreide (ca. 110 Mio. Jahre vor heute)	Der Apulische Sporn hat sich von Afrika abgetrennt und driftet nach Norden. Der Südpenninische Ozean wird, nach Süden einfallend, subduziert. In die Tiefseerinnen schütten Trübeströme Sande, Mergel und Tone (sogenannte Flyschsedimente).
5. Oberkreide (ca. 70 Mio. Jahre vor heute)	Kollision der Platten: Der Apulische Sporn schiebt sich über das Mittelpenninikum, dazwischen wird die ozeanische Kruste eingequetscht und zum Teil in nordwestlicher Richtung mit über das Mittelpenninikum geschoben.
6. Alttertiär (ca. 30 Mio. Jahre vor heute)	Das Ostalpin schiebt sich mehr als 100 Kilometer über das Penninikum und über das Helvetikum (Sedimente des helvetischen Schelfs inklusive kontinentaler Kruste).
7. heute	Die metamorphen Gesteine des Penninikums werden nach oben gepresst und erreichen durch Erosion, vor allem in den Westalpen, die Oberfläche. Die darüberliegenden ostalpinen Decken sind in den Westalpen weitgehend abgetragen, in den Ostalpen aber erhalten. Die Periadriatische Naht bildet die geologische Trennlinie zwischen Ost- und Südalpin.

verändert nach: Frisch/Meschede 2007

33.1 Alpenbildung im Profil

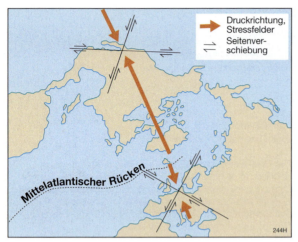

34.1 Stressfelder Nordamerikas und Europas

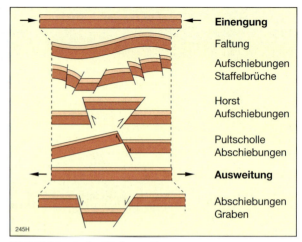

34.2 Tektonische Deformation

2.5 Bildung von Bruchschollengebirgen

Ozeane sind vergängliche Gebilde. Sie „verschwinden" bei Subduktionsvorgängen. Kontinente dagegen wachsen in der Regel an ihren Rändern durch „Anschweißen" neuer Gebirgsketten.

Auch an den bereits seit der Erdurzeit existierenden Kern Europas, den Baltischen Schild und die Russische Tafel, sind im Laufe der Erdgeschichte mehrfach Gebirge angebaut worden: Während des frühen Erdaltertums entstand das Kaledonische Gebirge. Sein Erosionsmaterial lieferte teilweise die Baustoffe für die vor allem im Karbon einsetzende variskische Gebirgsbildungsphase. Auch deren Berge waren bis zum Ende des Perms bis zum Meeresniveau abgetragen. Nur die tiefsten Stockwerke dieser ehemaligen Hochgebirge blieben dabei erhalten. Doch selbst diese Reste spiegeln in ihren geologischen Strukturen noch ihre Entstehung als Deckenfaltengebirge wider. Die variskischen Gebirgsrümpfe bilden den Untergrund, das „Grundgebirge" Mitteleuropas. Dieses wurde im Erdmittelalter mehrfach vom Meer überflutet und dabei mit mächtigen Ablagerungen aus Sand, Ton, Mergeln und Kalk, dem „Deckgebirge", bedeckt (vgl. S. 194–197).

Die jüngsten Teile des kontinentalen Europas sind die bei der alpidischen Gebirgsfaltung im Tertiär entstandenen heutigen Hochgebirge (Alpen, Karpaten, Pyrenäen). Durch den bei ihrer Bildung vor allem aus Süden und Südosten wirkenden Druck sowie durch den seit der Öffnung des Atlantiks aus Nordwesten anhaltenden Druck geriet Mitteleuropa immer mehr „in die Zange" (Abb. 34.1). An einigen Stellen, zum Beispiel im Bereich des Oberrhein- und Elbtalgrabens, wurde der Stress auf Grund- und Deckgebirge durch aufsteigendes Magma noch verstärkt.

Die kompliziert gelagerten und bereits verfestigten Gesteine der alten Gebirgsrümpfe konnten auf diese Beanspruchungen jedoch nicht mehr mit Verbiegungen und Faltungen reagieren. Sie zerbrachen in einzelne Bruchschollen (Abb. 34.2, 35.2), die entlang von Verwerfungen auf die unterschiedlichste Weise verstellt, angehoben, abgesenkt wurden. Die deutschen Mittelgebirge, wie zum Beispiel das Rheinische Schiefergebirge oder das Erzgebirge, entstanden mit Horsten, Pultschollen, Gräben und vulkanischen Erscheinungen entlang von Schwächezonen.

Die im Tertiär bei warmen wechselfeuchten Klimabedingungen herrschende Art der Verwitterung und die flächenhafte Abtragung haben jedoch die tektonisch bedingten Reliefunterschiede rasch ausgeglichen. Nur „Härtlinge" wie der Quarzitzug des Soonwalds (Hunsrück) oder Schlotfüllungen ehemaliger Vulkane (Westerwald) überragen heute noch die um mehrere Hundert Meter angehobenen Rumpfflächen. Diese wurden besonders während des Pleistozäns von den sich damals rasch eintiefenden Flüssen mehr oder weniger stark zerschnitten.

Das äußerlich von den jungen Hochgebirgen völlig abweichende Bild der geologisch viel älteren Mittelgebirge ist also darauf zurückzuführen, dass diese letztlich schon viel mehr „mitgemacht" haben.

Aufgaben

1 Ermitteln Sie Alter und Verbreitung der in der kaledonischen, variskischen und alpidischen Faltung entstandenen Gebirge (Atlas, Text, S. 10/11).

2 Charakterisieren Sie die verschiedenen Arten tektonischer Deformationen (Abb. 34.2).

3 Skizzieren Sie in einer Bildfolge die geologische Geschichte der Mittelgebirge am Beispiel des Rheinischen Schiefergebirges (Text, Abb. 35.2).

DIE WIRKUNG ENDOGENER KRÄFTE

35.1 Das Neuwieder Becken (Blickrichtung nach Nordosten)

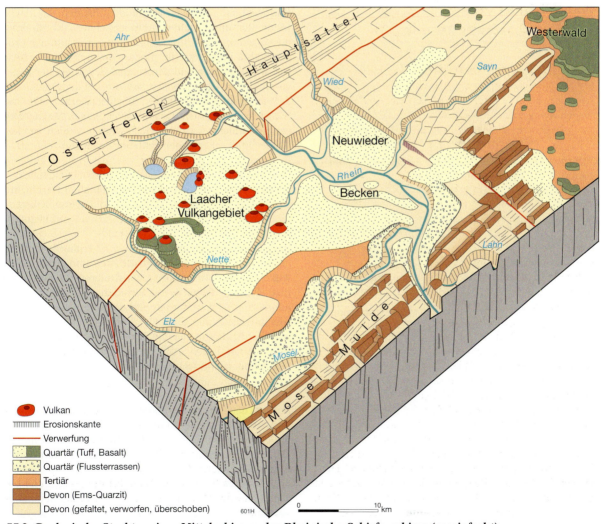

35.2 Geologische Struktur eines Mittelgebirges: das Rheinische Schiefergebirge (vereinfacht)

DIE WIRKUNG ENDOGENER KRÄFTE

2.6 Rekonstruktion eines globalen Puzzles

Mithilfe der „magnetisierten Streifen" am Meeresgrund lässt sich die Geschichte der aktuellen Kontinent-Ozean-Konstellation zurückverfolgen bis zu dem schon von A. WEGENER angenommenen „Urkontinent" Pangäa. Dieser war von einem riesigen „Urozean" (Panthalassa) umgeben und zerbrach vor etwa 200 Millionen Jahren.

Eine noch weiter in die Vergangenheit zurückreichende Rekonstruktion ist durch die Erforschung der Ozeane allerdings nicht möglich. Sie kann jedoch mithilfe der Erforschung der Kontinente erfolgen. Da diese aus leichtem Material bestehen, werden sie nicht/kaum subduziert, zeigen aber in ihren Gebirgszügen die Schweißnähte früherer Ozean-Kontinent- oder Kontinent-Kontinent-Kollisionen. Im Idealfall lassen sich solche großräumigen Nahtstellen (Suturen) auf den Meter genau identifizieren. An die ältesten, tektonisch stabilen Kernbereiche der Kontinente, die sogenannten Kratone, sind dabei im Laufe der Erdgeschichte immer wieder jüngere Gebirgsgürtel angelagert worden. Aufgrund der Art und des Alters der dabei verarbeiteten Gesteine lässt sich jeweils die Geschichte der einstmals zwischen diesen Blöcken gelegenen Ozeane rekonstruieren. Auch die unterschiedlichen Magnetisierungsrichtungen von Festlandgesteinen werden zur Rekonstruktion ehemaliger Plattenbewegungen genutzt.
In Europa zeugen so zum Beispiel die in ihrer äußeren Gestalt (Morphologie) sehr vielfältig erscheinenden tektonischen Baueinheiten von der wechselhaften Geschichte eines heute aus mehreren älteren und jüngeren Krustenblöcken mosaikartig zusammengesetzten Kontinents.

Insgesamt lässt sich daher seit etwa 2,7 Milliarden Jahren ein mehrfacher Wechsel von Bildung und Zerbrechen von „Superkontinenten" rekonstruieren (Superkontinent-Zyklus). Danach existierten bereits vor Pangäa mindestens fünf weitere Superkontinente. Sie waren in jeweils unterschiedlichen Kombinationen zusammengesetzt aus Bruchstücken, die heute zum Teil mitten in den Kontinenten liegen. Alle jemals dazwischengelegenen Ozeanböden sind – bis auf ihre in Gebirgen enthaltenen Reste – durch Subduktion verschwunden.

Mithilfe der Theorie der Plattentektonik lässt sich jedoch nicht nur das Kontinent-Ozean-Puzzle der Vergangenheit, der Gegenwart und der – geologisch gesehen – näheren Zukunft sowie der damit zusammenhängenden tektonischen Erscheinungen ermitteln und erklären. Sie ist auch zu einem Hilfsmittel für die Erforschung von Lagerstätten, der Klimageschichte sowie der Evolution und der Verbreitung der Lebewesen unseres Planeten geworden.

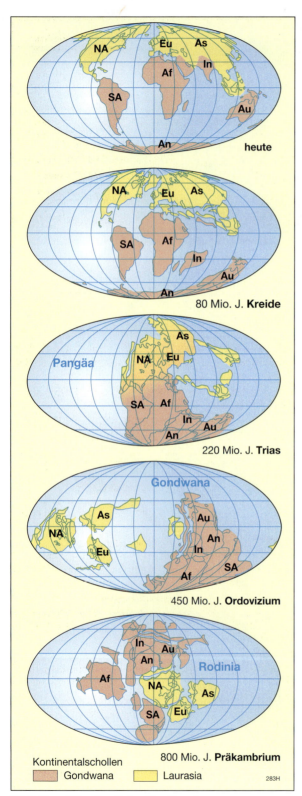

36.1 Das „Wandern" der Kontinente

DIE WIRKUNG ENDOGENER KRÄFTE

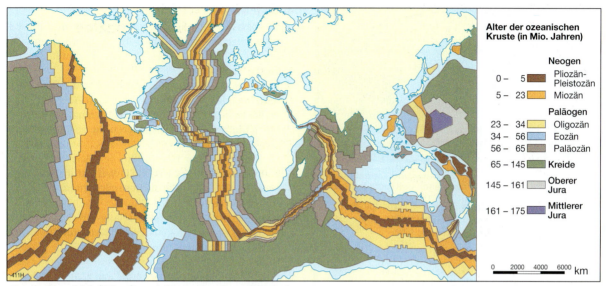

37.1 Erdgeschichtliche Entwicklung der Ozeanböden

Aufgaben

1 Vergleichen Sie das Alter und die Entwicklung der gegenwärtigen Ozeane (Abb. 37.1.).
2 Charakterisieren Sie die tektonische Entwicklung Europas (Abb. 37.2).
3 Erläutern Sie die Veränderungen des globalen Kontinent-Ozean-Puzzles seit dem Zerbrechen von Pangäa.
4 Begründen Sie, weshalb konkrete Aussagen auch über Kontinent-Ozean-Konstellationen vor Pangäa möglich sind.
5 Begründen Sie, weshalb sogar Aussagen über zukünftige Konstellationen möglich sind.
6 Diskutieren Sie die zukünftig mögliche Verteilung von Ozeanen und Kontinenten (Abb. 36.1, 16.1).

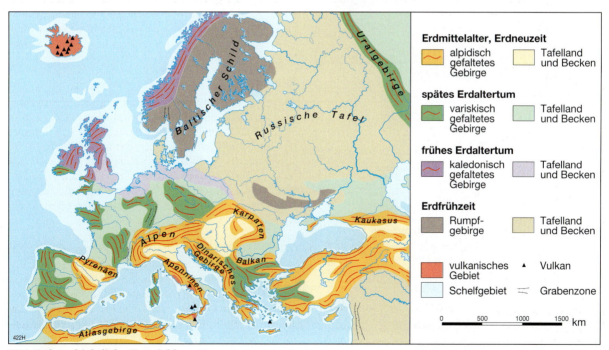

37.2 Erdgeschichtliche Entwicklung Europas

ANWENDEN & VERTIEFEN

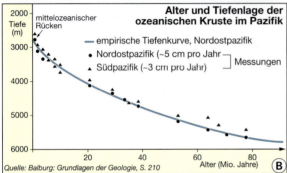

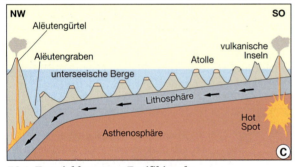

38.1 Entwicklung von Pazifikinseln

Aufgaben

1. Die Abb. 38.1 A zeigt die von einem Saumriff mit Lagune umgebene Insel Bora-Bora. Erläutern Sie mithilfe der Abb. 38.1 B und 38.1 C Vergangenheit und Zukunft dieser Pazifikinsel.
2. T. Wilson, einer der „Väter" der Theorie der Plattentektonik, begründete mit der Bildfolge in Abb. 38.2, dass Afrika sich seit gut 30 Millionen Jahren nicht mehr in Ostrichtung bewegt. Formulieren Sie seine Argumentation.
3. Die Umgebung der Tschingelhörner (Abb. 39.1) wurde 2008 in die Liste des UNESCO-Weltnaturerbes aufgenommen. Erläutern Sie die Besonderheiten, welche die Aufnahme rechtfertigen.
4. Nahe der Küste eines noch relativ unbekannten Gebietes ergaben erste geologische Kartierungen das in Abb. 39.2 dargestellte Profil.
   Rekonstruieren Sie:
   - die Reihenfolgen, in denen die drei Gesteine abgelagert sein könnten,
   - die bruchtektonischen und erosiven Prozesse, die zur heutigen Lagerung der Schichten geführt haben,
   - die Richtung der Kräfte, welche die bruchtektonischen Prozesse ausgelöst haben.
5. Erstellen Sie eine Skizze, mit der die Entstehung des in Abb. 39.3 dargestellten Sedimentpakets erklärt werden kann.
6. Die Bildfolge in Abb. 39.4 zeigt den sogenannten Wilson-Zyklus. Charakterisieren Sie die einzelnen Stadien dieses Zyklus.

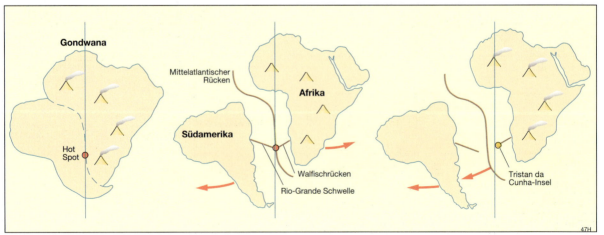

38.2 Die Indizien von T. Wilson

ANWENDEN & VERTIEFEN

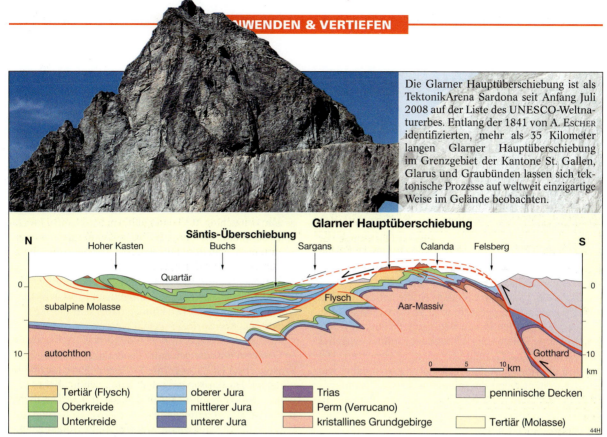

Die Glarner Hauptüberschiebung ist als TektonikArena Sardona seit Anfang Juli 2008 auf der Liste des UNESCO-Weltnaturerbes. Entlang der 1841 von A. Escher identifizierten, mehr als 35 Kilometer langen Glarner Hauptüberschiebung im Grenzgebiet der Kantone St. Gallen, Glarus und Graubünden lassen sich tektonische Prozesse auf weltweit einzigartige Weise im Gelände beobachten.

39.1 Glarner Hauptüberschiebung

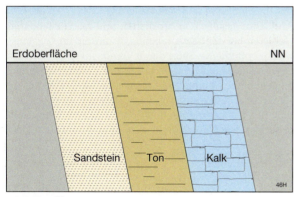

39.2 Profil

Höhe über NN	Gesteinsschichten	
2680 m	Kalk	120 Mio. Jahre alt
2400 m	Sandstein	110 Mio. Jahre alt
2200 m	Tonschiefer	100 Mio. Jahre alt
2000 m	Tonschiefer	100 Mio. Jahre alt
1800 m	Sandstein	110 Mio. Jahre alt
1520 m	Kalk	120 Mio. Jahre alt

39.3 Schichtfolge

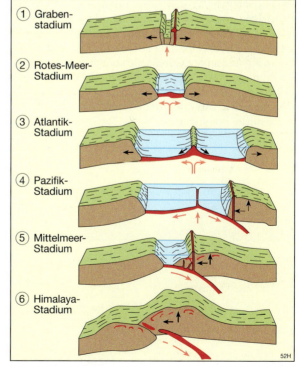

39.4 Wilson-Zyklus

3 Die Wirkung exogener Kräfte

3.1 Verwitterung: Wenn Steine „sterben"

Nichts ist beständig auf dem ruhelosen Planeten Erde. Selbst die von „ewigem Eis" bedeckten Gipfel der Gebirge haben nur eine begrenzte Lebenserwartung, denn auch an ihnen „nagt der Zahn der Zeit".
Jedes Gestein, das durch endogene Kräfte nahe oder ganz an die Erdoberfläche gebracht wird, ist dort anderen physikalischen und chemischen Bedingungen ausgesetzt als am Ort seiner Entstehung. Unter dem Einfluss exogener Faktoren wird das Gestein verändert, es verwittert. Die Art und die Intensität der Verwitterung wird dabei wesentlich gesteuert von der mineralogischen Zusammensetzung des Gesteins sowie von den Angriffsmöglichkeiten, der Wirkungsweise und der Einwirkungsdauer der exogenen Faktoren.

Physikalische Verwitterung

Die physikalische Verwitterung beginnt bereits nahe der Oberfläche, wenn das Gestein durch Abtragung des darüberliegenden Materials langsam aufgedeckt wird und dabei eine Druckentlastung erfährt. Spalten und Klüfte reißen auf und an der Oberfläche kommt es – besonders bei homogenen massigen Gesteinen wie Granit – zur Abspaltung ganzer „Schalen", zum Ablösen kleinerer (Abschuppung, Abb. 41.2) und Abbröckeln kleinster Bruchstücke (Vergrusung).

Eine Zerrüttung innerhalb des Gesteins entsteht dagegen dadurch, dass sich seine verschiedenen Minerale bei Erwärmung unterschiedlich ausdehnen. Wegen der insgesamt schlechten Wärmeleitung von Stein entstehen so zum Beispiel hohe Spannungen zwischen Sonnen- und Schattenseite sowie zwischen Oberfläche und dem Inneren. Starke, rasche und häufige Temperaturschwankungen begünstigen daher die sogenannte Temperaturverwitterung. Unter den extremen Bedingungen in Wüsten oder tropischen Hochgebirgen können dabei selbst große Blöcke durch „Kernsprünge" geteilt werden (Abb. 41.3).

In Gebieten mit ausreichender Feuchtigkeit und häufigem Frostwechsel ist dagegen die Frostsprengung besonders wirksam. Da Wasser bei +4°C seine größte Dichte hat, dehnt es sich beim weiteren Abkühlen aus. Durch die beim Gefrieren erfolgende Volumenvergrößerung um neun Prozent entsteht in wassergefüllten Spalten ein Druck von mehr als 2 000 000 hPa (Hektopascal). Dies übersteigt die Belastungsfähigkeit der meisten Gesteine (ca. 245 000 hPa) und zersprengt sie.

Ähnliches geschieht in trockenen und wechselfeuchten Gebieten bei der Salzsprengung, wenn die im Gesteinswasser enthaltenen Salze durch Verdunstung des Wassers auskristallisieren. Die dabei erfolgende Volumenzunahme erzeugt einen Sprengdruck von bis zu 300 000 hPa.
Wassermoleküle können aber auch in das Gitter von Kristallen eingebaut werden und deren kräftiges Aufquellen bewirken. Die Umwandlung von Anhydrit zu Gips führt

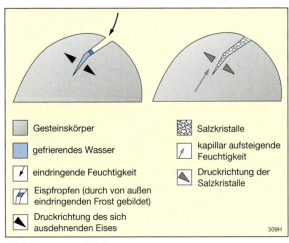

40.1 Frost- und Salzsprengung

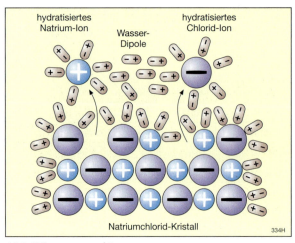

40.2 Lösungsverwitterung

DIE WIRKUNG EXOGENER KRÄFTE

so zum Beispiel zu einer Volumenvergrößerung um 60 Prozent. Diese Hydratationsverwitterung begünstigt wie alle anderen Prozesse der physikalischen Verwitterung durch Zertrümmerung und Oberflächenvergrößerung des Gesteins dessen weitergehende Zersetzung bei der chemischen Verwitterung.

Chemische Verwitterung

Die chemische Verwitterung umfasst neben Oxidationsprozessen alle Reaktionen zwischen dem Gestein und wässrigen Lösungen, bei denen die Mineralien endgültig zerstört und in ihre Bausteine zerlegt werden.
Wegen ihres Dipolcharakters lagern sich Wassermoleküle an die Grenzflächen-Ionen von Kristallen an, zwängen sich auch zwischen sie und lockern so deren Zusammenhalt. Letztlich reißt das Gitter auf und der Vorgang wiederholt sich. Die dabei frei werdenden Ionen driften – umgeben von einer Hydrathülle – in das umgebende Wasser ab. Diese Lösungsverwitterung tritt aber selbst in feuchten Gebieten nur bei leicht löslichen Gesteinen wie Steinsalz, Anhydrit oder Gips auf (Abb. 40.2).
Die weit verbreiteten Kalkgesteine (Kalk: $CaCO_3$) sind in reinem Wasser dagegen kaum löslich. Wird das Wasser jedoch mit CO_2 aus der Luft oder aus der Atmung von Bodenlebewesen angereichert, bildet sich Kohlensäure, eine schwache Säure. Durch diese Erhöhung der Konzentration von H^+-Ionen im Wasser kann Kalkgestein in leichter lösliches Kalziumhydrogencarbonat umgewandelt und so in Lösung abtransportiert werden. Diese „Kohlensäureverwitterung" ist wie die reine Lösungsverwitterung aber ein umkehrbarer Vorgang (Abb. 41.1): Wenn sich z. B. die Temperatur oder der Druck der Lösung ändern, können die darin gelösten Bestandteile wieder ausgefällt werden. Die irgendwo erfolgende chemische Zersetzung kalkhaltiger Gesteine ist daher mit einem anderswo erfolgenden Aufbau von gleichartigen Mineralen und Gesteinen gekoppelt.

41.2 Abschuppung

41.3 Temperaturverwitterung (Kernsprung)

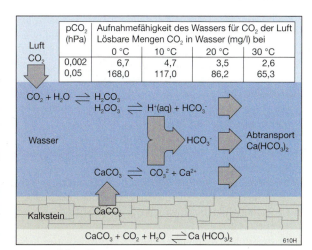

41.1 Kohlensäureverwitterung

41.4 Frostverwitterung

DIE WIRKUNG EXOGENER KRÄFTE

42.1 Chemische Verwitterung

Auch die chemische Verwitterung der am weitesten verbreiteten Gesteine, der Silikatgesteine, erfolgt durch einen Säureangriff (Hydrolyse). Hierbei werden die Alkali- und Erdalkali-Ionen (K, Na, Ca, Mg) und selbst das schwer lockerbare Mineral Quarz (SiO_2) im Kristallgitter nach und nach vollständig durch H^+-Ionen aus der Bodenlösung ersetzt. Dieser Vorgang wird auch als Kationenaustausch bezeichnet. Letztendlich wird durch ihn das Kristallgitter, zum Beispiel von Feldspat, dem häufigsten Mineral der Erdkruste, vollständig zerstört.

Im Gegensatz zur reinen Lösungsverwitterung ist die Hydrolyse jedoch kein reversibler Vorgang. Ihre Intensität steigt mit zunehmender Temperatur und Feuchtigkeit sowie einem höheren Säuregehalt (pH-Wert) des Wassers. In den inneren Tropen ist daher wegen der hohen Niederschläge und Temperaturen sowie der hohen biologischen Aktivität im Boden diese Form der chemischen Verwitterung etwa um den Faktor 1000 intensiver als zum Beispiel in den mittleren Breiten.

Nicht im Sickerwasser abtransportierte Verwitterungsrückstände der Hydrolyse können sich wieder zu neuen, jedoch völlig andersartig zusammengesetzten Mineralen, den sogenannten Tonmineralen, verbinden. Die tonigen („schmierigen") Bestandteile eines Bodens entstehen also immer erst im Zuge der Hydrolyse von Gesteinen.

Bei der allgegenwärtigen Oxidationsverwitterung lagert sich Sauerstoff zum Beispiel an Eisen-, Mangan- und Schwefel-Ionen an und lockert auf diese Weise das Kristallgitter. Auch dieser Vorgang findet in der Natur immer nur in Gegenwart von Wasser statt. Das „Rosten" des Gesteins ist leicht an seiner Farbänderung erkennbar: Die Braunfärbung entsteht durch die Bildung von Goethit (FeOOH), die in sehr warmen Klimaten auftretende Rotfärbung durch Hämatit (Fe_2O_3). Alle „verrosteten" Teile lösen sich leicht aus ihrem ursprünglichen Verband.

Biogene Verwitterung

Die biogene Verwitterung umfasst sowohl physikalische als auch chemische Prozesse: Einerseits wird durch Wurzelsprengung beim Dickenwachstum von Pflanzenwurzeln das Gestein gelockert. Andererseits erhöht sich die Konzentration von CO_2 im Boden gegenüber der Atmosphäre um das 10- bis 40-Fache, indem Bodenlebewesen dieses Gas bei der Atmung ausscheiden. Dadurch wird die Hydrolyse erheblich gesteigert.

Die indirekt von allen atmenden Bodenlebewesen ausgehende Säureproduktion wird durch Pflanzenwurzeln noch direkt verstärkt. Sie nehmen durch die Zellmembranen ihrer Wurzelzellen Nährstoffe, wie zum Beispiel K^+ oder Na^+, auf und geben dafür die in ihrem wässrigen Zellplasma überall verfügbaren H^+-Ionen nach außen in die Bodenlösung ab. Selbst nach ihrem Tod verstärken Pflanzen noch die Verwitterung, wenn bei der Zersetzung organischer Substanz Huminsäuren entstehen.

Seit es Lebewesen auf dem Planeten gibt, haben sich die Verwitterungsprozesse auf der Erde daher insgesamt beschleunigt. Bei Basaltgesteinen zum Beispiel erfolgt die Verwitterung zusammen mit Lebewesen etwa 1000-mal schneller als im „sterilen" Zustand.

Aufgaben
1 Beschreiben Sie die verschiedenen Vorgänge der Verwitterung (Text und Abbildungen).
2 Welche Bedeutung hat der Eispfropfen in Abb. 40.1?
3 Begründen Sie, welshalb es in der Antarktis kaum Frostsprengung gibt.
4 Erläutern Sie die unterschiedliche Intensität der Verwitterungsprozesse in verschiedenen Klimaten.
5 Unter welchen Bedingungen gilt der Spruch „Steter Tropfen höhlt den Stein"?
6 Inwiefern beschleunigen Lebewesen die Verwitterungsprozesse?

DIE WIRKUNG EXOGENER KRÄFTE

3.2 Massenselbstbewegungen

Bergstürze, Lawinenabgänge oder Schlammströme sind Formen der sogenannten Massenselbstbewegung mit sehr hoher Geschwindigkeit und oft katastrophalen Auswirkungen. Aber auch die nur im Ergebnis nach langer Zeit festzustellenden, nur wenige Millimeter pro Jahr betragenden Bewegungen des Bodenfließens zählen zu diesem Phänomen der denudativen, das heißt meist flächenhaft wirkenden Abtragung und Umformung der Landoberfläche (Abb. 43.1 und 43.2). Alle Arten der Massenselbstbewegung haben aber eines gemeinsam: Sie unterliegen dem Einfluss der Schwerkraft. Das heißt, sie bewegen sich ohne ein Transportmittel, wie zum Beispiel fließendes Wasser, Eis oder Wind. Die Grundvoraussetzung für Massenselbstbewegungen ist daher eine gewisse Hangneigung.

Neben der Hangneigung spielt auch die Beschaffenheit des Hangmaterials eine wichtige Rolle, vor allem die innere Bindung (Kohäsion) zwischen den Gesteinskomponenten. Kohäsionsarme Lockersedimente (wie trockener Sand) leisten einen geringen Bewegungswiderstand, der lediglich von der inneren Reibung des Materials abhängt. Die Stärke der Reibung hängt wiederum von der Kornform ab (z. B. eckig oder rund). Bei Material mit großer Kohäsion und damit großer Hangstabilität (z. B. Fels) muss erst eine gewisse Instabilität geschaffen werden, damit es in Bewegung geraten kann. Die Lockerung des Gesteinsverbandes insgesamt beziehungsweise die Verringerung der Kohäsion zwischen den Gesteinskomponenten ist das Ergebnis vor allem der physikalischen, aber auch der chemischen Verwitterung.

Der Wassergehalt des Materials stellt einen dritten entscheidenden Faktor bezüglich der Neigung zur Massen-selbstbewegung dar. So lassen sich zum Beispiel am Strand mit feuchtem Sand steilere Hänge formen als mit trockenem. Enthalten die Poren im Sand außer Wasser auch noch Luft, bildet sich aufgrund der vielen kleinen Oberflächen und ihrer Oberflächenspannung eine Art Sog, der die Sandteilchen stärker aneinander bindet. Ist das Substrat allerdings mit Wasser gesättigt, entsteht ein positiver Porenwasserdruck, der die Teilchen auseinanderdrückt – aus wassergesättigtem Sand lassen sich keine Sandburgen bauen!

Dadurch, dass das Bodenwasser zum Beispiel Lockermassen instabil macht, wird es oft zum Auslöser von Massenselbstbewegungen oder dient als Gleitfläche, zum Beispiel an der Grenzfläche zwischen wasserdurchlässigem Gestein wie Kalk und wasserstauendem Gestein wie Ton.

Viele Massenselbstbewegungen haben natürliche Ursachen, manche werden jedoch begünstigt durch Eingriffe des Menschen. Beispiele dafür sind die Destabilisierung von Hängen durch Entwaldung, das Anschneiden von natürlichen Böschungen durch Verkehrswege oder die Zerstörung der ursprünglichen Sedimentstruktur wie beim Verdichten des Lösses bei der Neuterrassierung von Rebflächen.

Aufgabe

Stellen Sie die unterschiedlichen Formen der Massenselbstbewegung in einer Präsentation dar. Unterscheiden Sie dabei zwischen natürlichen Ursachen und durch menschliche Eingriffe begünstigte Massenselbstbewegungen.

Name	Definition	Vorkommen (vorw.)/ Geschwindigkeit
Mure (Pl.: Muren)	Schuttlawine, -strom; starke Durchnässung des Lockermaterials durch Starkregen oder Schmelzwasser	Hochgebirge *bis 70 km/h*
Lahar (Pl.: Lahare)	vulkanischer Schlammstrom; wassergesättigte Aschemassen	vulkanisches Hochgebirge *bis 200 km/h*
Bergsturz, -rutsch	Abriss und Absturz bzw. Abrutschen großer Teile übersteilter Hänge	Hochgebirge *bis Fallgeschwindigkeit*
Lawine	abgehende Schnee- oder Eismassen	Hochgebirge *bis 300 km/h*
Bodenfließen (= Solifluktion)	Fließ- oder Kriechbewegung des Oberbodens in feuchten Klimaten	Periglazial- und Frostwechselgebiete *1–10 mm/a*

43.1 Formen der Massenselbstbewegung

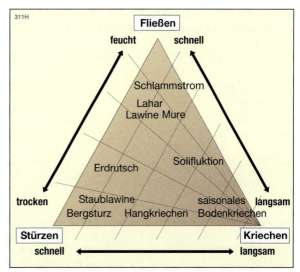

43.2 Klassifizierung von Massenselbstbewegungsprozessen

DIE WIRKUNG EXOGENER KRÄFTE

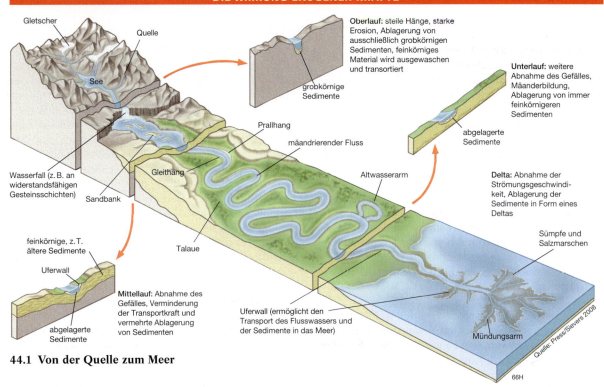

44.1 Von der Quelle zum Meer

3.3 Formenbildung durch fließendes Wasser

Die Schwerkraft ist schuld daran, dass letztlich „alles den Bach runtergeht". In welchem Umfang und wie schnell dies geschieht, hängt aber wesentlich ab von der Art der Wasserführung, von den Verwitterungsbedingungen, der Widerstandskraft des Gesteins, von den zu überwindenden Höhenunterschieden sowie von der Bodenbedeckung im Einzugsgebiet des Flusses. Fließendes Wasser nimmt das bei der Verwitterung aufbereitete Material auf und transportiert es als Geröll, Schweb- und Lösungsfracht ab; es bearbeitet mit dem Geröll den Untergrund und die Seiten, zerkleinert und rundet dabei das Material und lagert es bei nachlassender Transportkraft ab (Abb. 45.1). Bäche, Flüsse und Ströme sind daher nicht nur die Entwässerungsadern des Festlandes. Sie tragen durch Abtragung (Erosion), Transport und Ablagerung (Sedimentation) entscheidend zur exogenen Formung einer Landschaft bei. Im Zusammenspiel von linienhaft wirkender Tiefenerosion, der Seitenerosion und der eher flächenhaft wirkenden Hangabtragung (Denudation) entstehen dabei sehr unterschiedliche Tal- und Oberflächenformen.

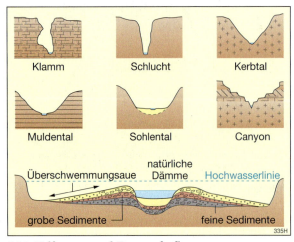

44.2 Talformen und Dammuferfluss

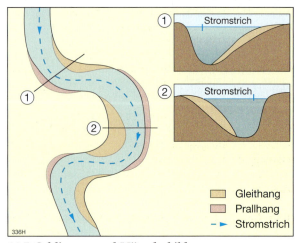

44.3 Schlingen- und Mäanderbildung

DIE WIRKUNG EXOGENER KRÄFTE

Von der Quelle zum Meer

Im Oberlauf der Flüsse sind die Reliefunterschiede meist sehr groß. Trotz der noch geringen Wasserführung besitzen die Bäche und Flüsse wegen ihrer hohen Fließgeschwindigkeit und den zahlreich mitgeführten „Erosionswaffen" (Geröll) eine starke Tiefenerosion. Es entstehen tief eingeschnittene, enge Täler, deren Sohlen ganz vom tosenden Wasser eingenommen werden, mit steilen oder sogar überhängenden Wänden (Schlucht bzw. Klamm, Abb. 44.2). Die häufigen Stromschnellen und Wasserfälle beseitigt der Fluss dabei allmählich durch rückschreitende Erosion (flussaufwärts erfolgende Tieferlegung der Sohle). Wenn Tiefenerosion und Hangabtragung im Gleichgewicht stehen, bilden sich Kerbtäler mit V-förmigem Querschnitt. Beim Durchsägen verschieden widerständiger Schichten entstehen dagegen Canyons mit gestuftem Hangprofil.

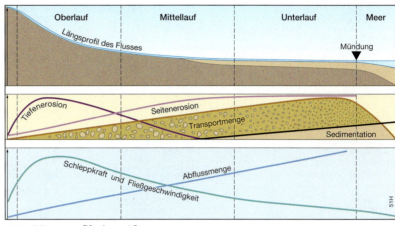

45.1 Längsprofil eines Flusses

Im Mittellauf wird die Abtragung der Hänge dann meist stärker als die Eintiefung der Talsohle, und es entstehen flache Muldentäler. Bei sehr geringem Gefälle lagert der Fluss an der Sohle fast nur noch ab und pendelt auf seinen Ablagerungen hin und her. Dabei können die Ufer unterschnitten und das Tal verbreitert werden. Solche Kastentäler mit breiten, ebenen Sohlen und scharfem Hangknick bilden sich jedoch auch bei der Aufschotterung von Kerb- oder Muldentälern.

Starke seitliche Auslenkungen des Stromstrichs – der Linie der stärksten Strömung – führen zur Schlingen- und Mäanderbildung (Abb. 44.3, 45.2). Der Fluss erodiert dabei am Außenbogen (Prallhang) und lagert am Innenbogen wegen der geringeren Fließgeschwindigkeit ab (Gleithang). Durch die asymmetrisch wirkende Seitenerosion werden auch die Hälse der Schlingen verschmälert, bis sie schließlich durchbrochen werden. Wegen der Verkürzung der Laufstrecke tieft sich der Fluss an der Durchbruchstelle rasch ein. Die frühere Schlinge bleibt als Altwasser zurück und verlandet schließlich.

Im Unterlauf kommt es häufig zu Überschwemmungen, wobei die mitgeführte Fracht bevorzugt auf der Sohle und in Ufernähe abgelagert wird. Es entstehen natürliche Dämme, die den Fluss „einmauern" und ihn so allmählich über die Umgebung hinausheben (Dammuferfluss, Abb. 44.2).

Beim Einmünden des Flusses in einen See oder ins Meer kommt es wegen der plötzlichen Verringerung der Fließgeschwindigkeit zu einer abrupten Abnahme der Transportkraft. Es bildet sich ein Schwemmkegel, auf dem sich der Fluss zunehmend verästelt und den er als Delta immer mehr ins Meer vorschiebt, sofern die Ablagerungen nicht sofort durch starke Gezeiten oder küstenparallele Strömungen weiterverfrachtet werden.

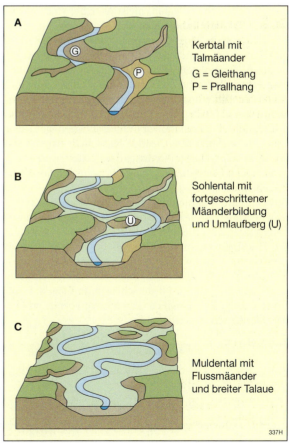

45.2 Mäander

DIE WIRKUNG EXOGENER KRÄFTE

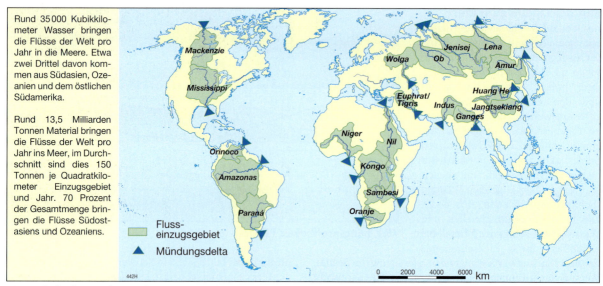

46.1 Die bedeutendsten Flusseinzugsgebiete und ihre Mündungsdeltas

Bei einer Tieferlegung des Vorfluters (= tiefstgelegenes Gewässer des Einzugsgebiets), bei einer tektonischen Hebung der durchflossenen Region, meist aber bei stark wechselnder Wasserführung bilden sich Flussterrassen. Hierbei gräbt sich der Fluss in seine zuvor abgelagerten Kiese und Sande ein. Manchmal sind an den Talhängen sogar mehrere übereinandergelegene „Terrassengenerationen" ausgebildet. Aufgrund der Rundung, der Schichtung und der Größensortierung des Materials sowie der sanften Neigung dieser Verebnungen in Fließrichtung ist ihre Herkunft als fluviatile Akkumulationen (= Flussablagerungen) aber leicht zu erkennen. Der heutige Fluss fließt dann – eingetieft in seine jüngste Terrasse, die Niederterrasse – in einem mehr oder weniger breiten Überschwemmungsbett, der Flussaue.

Auf den jeweils aktuellen Flusswasserspiegel, den regionalen Vorfluter, ist auch der Grundwasserspiegel der Umgebung ausgerichtet. Beide beeinflussen einander erheblich. Bei Trockenheit kann das Absinken des Flusspegels zum Beispiel durch seitlich einsickerndes Grundwasser verzögert werden. Hochwasser im Zuge der Schneeschmelze oder nach ausgiebigen Niederschlägen im Oberlauf füllt dagegen auch die flussnahen Grundwasservorräte im Mittel- oder Unterlauf wieder auf.

Flüsse außerhalb der Mittelbreiten

In zeitweilig oder ganzjährig trockenen Gebieten reicht nach den zwar heftigen, aber seltenen und kleinräumigen Niederschlägen die Wassermenge des Flusses meist nicht aus, die umliegenden Grundwasserspeicher zu füllen. Die Erosionsleistung und Schuttführung in den Wadis der Wüsten oder in den Wildbächen der Mittelmeerländer ist aber wegen der plötzlich auftretenden hohen Wassermenge enorm (Abb. 47.2). Häufig erreichen Flüsse der Trockengebiete gar nicht das Meer, weil sie schon vorher versickern und verdunsten. In abflusslosen Senken bilden sich so ausgedehnte Salztonebenen und verkrustete Salzseen.

Flüsse, die in Trockengebiete hineinfließen, sie eventuell sogar durchqueren, heißen Fremdlingsflüsse. Ihre Ursprungsregionen besitzen ganzjährig ausreichende Niederschläge oder ein hohes Retentionspotenzial (= Speicher). Die Hochgebirge zum Beispiel der Subtropen bieten mit ihren Schnee- und Eismassen und ihren wasserdurchtränkten Schuttdecken hierfür ideale Voraussetzungen. Aber auch Seen und Sümpfe können Wasser vorübergehend speichern und dann kontinuierlich abgeben.

Die Flusssysteme der wechselfeuchten Tropen besitzen eine von anderen Klimaregionen völlig abweichende Ge-

	Westalpen-Flüsse	Rhein	schwedische Flüsse	Flüsse wechselfeuchter Tropen	gesamte Erde
Geröllfracht	0,1	0,006	> 0,003	0,02	0,005
Schwebfracht	0,3	0,1	–	0,1	0,045
Lösungsfracht	0,1	0,022	> 0,009	0,28	0,01
Insgesamt	0,5	0,038	0,012	0,4	0,6

46.2 Abtragungsbeträge in Millimeter pro Jahr (Oberfläche des Flusseinzugsgebietes)

DIE WIRKUNG EXOGENER KRÄFTE

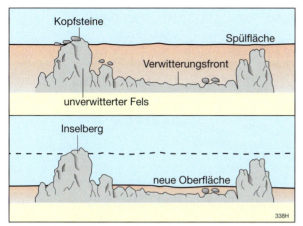

47.1 Flächenbildung und Inselberge

47.3 Inselberg

staltung und Morphologie. Durch hohe Feuchtigkeit und Temperaturen dominiert in der Regenzeit die chemische Verwitterung. Die Zersatzzone des Gesteins liegt dabei oft viele Meter tief und hinterlässt nur tonreichen Feinboden. Seine Oberfläche wird gegen Ende der Trockenzeit durch die verdorrten Gräser immer weniger vor der intensiven Sonnenstrahlung geschützt und verhärtet zunehmend. Die ersten Platzregen der Regenzeit können deshalb nur oberflächlich abfließen. Als sogenannte Schichtfluten spülen die anwachsenden Wassermassen auf breiter Front oberflächlich alles Lockermaterial ab.

Trotz relativ starkem Gefälle und zeitweise hoher Wasserführung ist die Tiefenerosion dieser „Flüsse" relativ gering, da ihre Fließgeschwindigkeit durch die hohe Schlammfracht gebremst wird und sie keine größeren Steine als „Erosionswaffen" besitzen. Gefällsknicke, wie z. B. Wasserfälle, bleiben daher lange Zeit erhalten. Im Gegensatz zu anderen Klimazonen, in denen die linienhafte Erosion der Flüsse dominiert, führt die Flächenspülung in den wechselfeuchten Tropen also zur Tieferlegung der gesamten Landfläche. Nur einzelne, aus härterem Gestein aufgebaute „Inselberge" überragen die breiten Flachmuldentäler.

Aufgaben

1 Charakterisieren Sie die verschiedenen Vorgänge entlang des Idealprofils eines Flusses (Abb. 44.1).
2 Stellen Sie zeichnerisch dar, welche Auswirkungen Meeresspiegelsenkungen, -hebungen, Hebung des Quellgebiets beziehungsweise Einbruch eines Grabens auf die Gefällskurve eines Flusses haben.
3 Ordnen Sie die Talformen den entsprechenden Flussabschnitten zu und erklären Sie ihre Entstehung (Abb. 44.2, 45.1).
4 Unterscheiden Sie Tal- und Flussmäander und erklären Sie jeweils die Entstehung (Abb. 44.3, 45.2).
5 Erklären Sie, mit welchen Kriterien Flussablagerungen von Wind- oder Gletscherablagerungen unterschieden werden können (Text).
6 Erläutern Sie die Besonderheit von Fremdlingsflüssen.
7 Vergleichen Sie die Talbildung der Außertropen und die Flächenbildung der wechselfeuchten Tropen.
8 Begründen Sie die hydrologische Ausnahmestellung von Südasien, Südostasien und Ozeanien (Abb. 46.1).

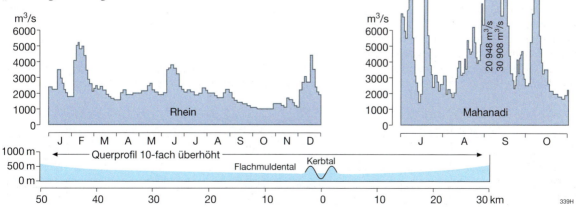

47.2 Querprofil und Abflussgang von Rhein sowie Abflussgang von Mahanadi

GEO-EXKURS

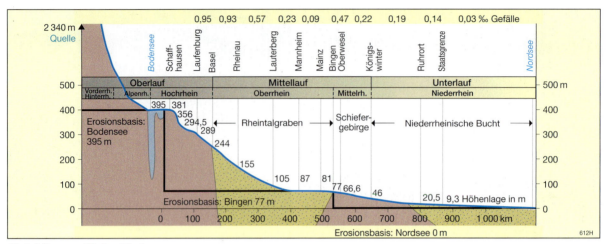

48.1 Längsprofil des Rheins

Die Gesichter des Rheins

Kein anderer Strom in Europa hat so viele Gesichter wie der Rhein. Dies liegt daran, dass er auf seinem Lauf von den Alpen zur Nordsee geologisch und tektonisch unterschiedlich geformte Gebiete Mitteleuropas durchfließt und dabei die verschiedensten Talformen ausgebildet hat.

Oberlauf des Rheins

Vor 15 Mio. Jahren lag das Quellgebiet des Rheins noch am Kaiserstuhl. Seitdem hat der Fluss sein Einzugsgebiet auf Kosten der Donau und des Doubs immer weiter ausgedehnt. Dadurch wurde auch die europäische Hauptwasserscheide, die wichtigste Trennlinie der verschiedenen Flusssysteme, verlagert.

Heute hat der Rhein zwei Quellflüsse. Der Vorderrhein entspringt in 2340 m Höhe dem Tomasee und stürzt als Wildbach in einem Kerbtal auf nur 40 km Laufstrecke bereits 1600 m in die Tiefe. Bei Flims erreicht er die Schuttmassen eines gewaltigen Bergsturzes, die ihn am Ende der letzten Eiszeit zu einem 600 m tiefen See aufstauten. Als dieser überlief, konnte der Vorderrhein durch rückschreitende Erosion eine tiefe Schlucht in die Trümmermassen sägen.

Der Hinterrhein entspringt als Gletscherbach am Rheinwaldhorn, donnert durch die Rofflaschlucht und die teilweise nur 3–5 m breite, aber 500 m tiefe Via-Mala-Schlucht. Bei Reichenau oberhalb Chur vereinigen sich Vorder- und Hinterrhein zum Alpenrhein. Dieser erreicht am Bodensee seine Erosionsbasis (das Niveau, bis zu dem die Erosion wirken kann).

Der Bodensee entstand, als eine durch die Gletscherzunge des eiszeitlichen Rheingletschers geschaffene Vertiefung nach Abschmelzen des Gletschers allmählich mit Wasser aufgefüllt wurde. Wegen des Wasserspiegelanstiegs im See musste auch der Alpenrhein sein Mündungsdelta und seinen Unterlauf

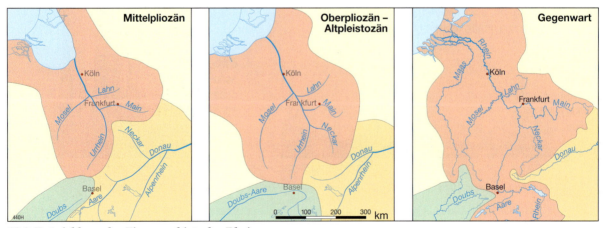

48.2 Entwicklung des Einzugsgebiets des Rheins

GEO-EXKURS

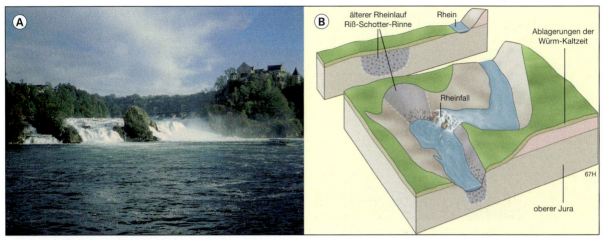

49.1 Rheinfall bei Schaffhausen

ständig erhöhen und die Talsohle des vom Rheingletscher geschaffenen Trogtals kräftig aufschottern. Dadurch verringerte sich sein Gefälle flussaufwärts und der Alpenrhein pendelte in dem so entstandenen Kastental auf seinen Ablagerungen hin und her. Wegen der häufigen Überschwemmungen ist dieser Flussabschnitt heute durch Dämme reguliert. 2–3 Mio. Kubikmeter Geröll, Sand und Kies pro Jahr schüttet der Alpenrhein in den Bodensee. Dessen Oberflächenwasser ist 6–8 °C wärmer als das Flusswasser, sodass dieses am „Rheinbrech" in einem „Unterwasser-Wasserfall" bis in gleich kalte Tiefen hinabstürzt. In 5–30 m Tiefe durchquert das Rheinwasser dann den See und verlässt ihn als Hochrhein bei Stein.

Zahlreiche Stromschnellen („Laufen") und Wasserfälle kennzeichnen diesen gefällereichsten Stromabschnitt Deutschlands bis zum Rheinknie bei Basel. Die im Bodensee „verlorenen" „Erosionswaffen" ersetzt der Fluss rasch, denn er räumt die mächtigen Schmelzwasserablagerungen und Moränen aus, die während der Eiszeit sein altes, in die Jurakalke eingetieftes Tal begraben haben. Bei Schaffhausen traf er dabei von der Seite kommend auf sein altes Bett. Im Gegensatz zu den widerständigen Kalken war dessen lockere Füllung jedoch leicht erodierbar. Auf 150 m Breite stürzt das Wasser des Flusses heute über das alte Steilufer am Rheinfall 25 m in die Tiefe (Abb. 49.1).

Unterhalb des Wasserfalls hat es der Hochrhein auf der Strecke bis Waldshut wegen seiner hohen Erosionsleistung geschafft, nach dem Abräumen der Eiszeitablagerungen auch den darunterliegenden, quer zum Fluss verlaufenden Kalkriegel des Schweizer Tafeljuras zu zersägen. Das dabei entstandene, von steilwandigen Kalkflanken begleitete Kerbtal wird als epigenetisches Durchbruchstal (Abb. 49.2) bezeichnet. Mit der starken Tiefenerosion wurde auch die Erosionsbasis der Rheinzuflüsse aus dem Schweizer Jura und dem Schwarzwald in die Tiefe verlagert.

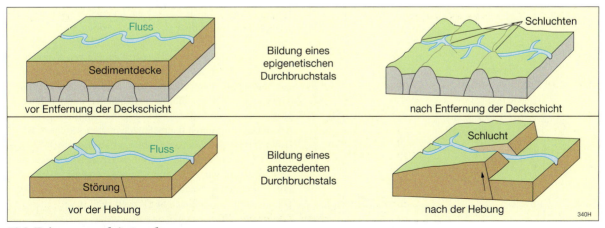

49.2 Epigenese und Antezedenz

GEO-EXKURS

50.1 Oberrhein bei Istein (1825), Blick nach Süden

Mittel- und Unterlauf des Rheins

Zwischen Basel und Bingen durchfließt der Rhein die markanteste tektonische Störungszone Mitteleuropas, den 300 Kilometer langen und bis zu 40 Kilometer breiten Oberrheingraben. In der seit dem Tertiär langsam absinkenden Grabenzone hat der Rhein zusammen mit seinen Nebenflüssen bis zum Ende der letzten Eiszeit eine riesige, flach geneigte Aufschüttungsebene geschaffen. Dort, wo die Transportkraft des Hauptflusses zu gering war, um die Schottermassen der Zuflüsse aufzunehmen, wurde sein Lauf durch deren Schwemmfächer zur Seite gedrängt. Hauptstrom und Nebenflüsse fließen daher oft weite Strecken nebeneinander her („verschleppte Mündungen"). Ab Karlsruhe wird das Gefälle geringer und der Rhein beginnt wie viele andere Tieflandflüsse zu mäandrieren. Wie schon flussaufwärts wurde auch hier der Fluss begradigt.

Am sogenannten Binger Loch erreicht der Rhein das Rheinische Schiefergebirge und fließt – entgegen der üblichen Erfahrung – in das Gebirge hinein. Bereits vor der Hebung des Gebirges durchquerte der Ur-Rhein auf seinem Weg zur Nordsee dieses Gebiet (Abb. 48.2). Als das Gebirge gegen Ende des Tertiärs und im Quartär langsam gehoben wurde, hat der Fluss mit der Hebung Schritt gehalten und sich in den alten aufsteigenden Gebirgsrumpf tiefergesägt. Dabei entstand das enge und steilwandige Mittelrheintal (antezedentes Durchbruchstal, Abb. 49.2). Den Beweis für diesen Vorgang liefern alte Flussterrassen, die von 120 m bei Mainz – entgegen der Fließrichtung – bis zur Loreley auf 205 m ansteigen und bis Bonn wieder auf das heutige Flussniveau absinken. Die zahlreichen Stromschnellen und Felsenriffe im Strombett zeigen dagegen, dass der Fluss in diesem Abschnitt immer noch Schwerstarbeit leistet.

Ab Koblenz ändert sich die Wasserführung des Rheins grundlegend, denn die Mosel führt ihm – zu den durchschnittlich 1500 m³/s bei Mittelwasser – weitere 500 m³/s Wassermenge zu, die allerdings im Winter bis auf das 20-Fache ansteigen können. Die Hochwasserspitze des Rheins verschiebt sich da-

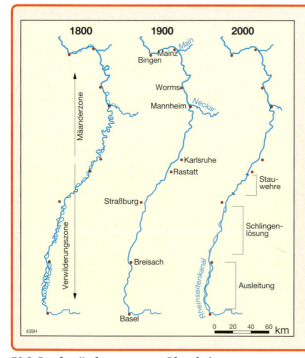

Gegen Ende der Eiszeit wurde die Erosionskraft des Rheins durch die Schmelzwasser und den Zugewinn der Aare (Abb. 48.2) erhöht. Auf 3–4 km Breite räumte der Fluss seine früheren Ablagerungen mehrere Meter tief aus. Es entstand die Niederterrasse und die darin eingesenkte, bei frühsommerlichen Hochwässern regelmäßig überflutete Talaue. In Zeiten geringerer Wasserführung gabelte der Fluss dagegen in zahlreiche Arme mit dazwischenliegenden, häufig umgelagerten Sand- und Kiesbänken auf („Verwilderungszone"). Der Hauptstrom verlagerte dabei oft seinen Lauf. So lag zum Beispiel das heute östlich des Stroms gelegene Breisach noch während der Römerzeit westlich des Flusses. Wegen der gefährlichen Unterschneidungen der Niederterrassenkante, zur Gewinnung von Acker- und Siedlungsflächen, zur Verbesserung der Schifffahrtsmöglichkeiten und zur Energiegewinnung wurde dieser Flussabschnitt seit Ende des letzten Jahrhunderts durch Baumaßnahmen stark verändert. Die dadurch bedingten Laufverkürzungen haben zu erheblichen Erosionen der Rheinsohle, zu Grundwasserabsenkungen, zu Veränderungen der Tier- und Pflanzenwelt und zu einem immer rascheren Ablaufen der Hochwasserwelle bei der Schneeschmelze und nach Starkregen geführt.

50.2 Laufveränderungen am Oberrhein

GEO-EXKURS

51.1 Flussdeltas von Rhein und Maas

51.5 Am Oberrhein (Breisach)

her vom Sommer in den Winter, sodass der ab Königswinter bei Bonn in das Flachland eintretende Niederrhein (= Unterlauf) Wasserspiegelschwankungen bis zu 10 m und mehr besitzt. Er überschwemmt daher regelmäßig nicht nur die Flussaue, die er in der Nacheiszeit in den gemeinsam mit der Maas aufgebauten Schwemmfächer eingetieft hat, sondern häufig auch noch weite Teile der 4–6 m höher gelegenen Niederterrasse.

Kurz nach der deutsch-niederländischen Grenze teilt sich der Niederrhein in die zwei Arme Waal und Lek, die im Rheindelta noch weiter auffächern (Abb. 51.1).

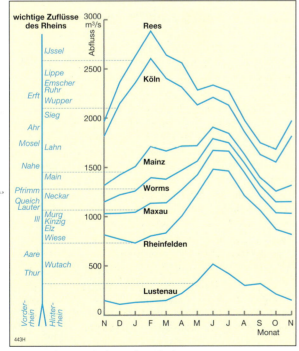

51.2 Abflussverhalten des Rheins

51.4 Am Mittelrhein (Loreley)

51.3 Am Niederrhein (Rheinberg)

DIE WIRKUNG EXOGENER KRÄFTE

3.4 Formenbildung durch Eis

Tal- und Vorlandvergletscherung

Rund 4000 Jahre war der bronzezeitliche Gletschermann Ötzi im Eis eines Gletschers eingeschlossen, ehe er 1991 entdeckt wurde. Der archäologische Jahrhundertfund wurde nur möglich, weil die Alpengletscher seit dem Ende der sogenannten Kleinen Eiszeit (ca. 16. bis Mitte 19. Jahrhundert) immer mehr abschmelzen. So wurden vom Gletscher geschaffene Kleinformen freigelegt und können in unversehrtem Zustand beobachtet werden.

Die Talgletscher benutzen ehemalige Flusstäler als Leitlinien. Sie übertiefen und verbreitern diese Täler, es entsteht ein Trogtal mit U-förmigem Querschnitt. Durch physikalische Verwitterung an den eisfreien Hängen wird Gesteinsmaterial gelockert und fällt auf den Gletscher. Die Schuttakkumulation am Rand des Gletschers wird Seitenmoräne genannt. Ufermoränen, das sind alte, fossile Seitenmoränen, zeugen oft hoch oberhalb des heutigen Gletschers von einem früheren Eisrand. Fließen zwei Gletscher zusammen, bilden die zusammentreffenden Seitenmoränen eine Mittelmoräne. Die Endmoränen werden an der Gletscherstirn abgelagert. Vielmals sind die Gletscher so stark mit Schutt durchsetzt, dass sie eine dunkle Farbe haben. Dieses Material bildet zusammen mit dem Lockermaterial an der Gletschersohle die Grundmoräne.

Die Wiege der Talgletscher ist das Kar, eine Hangmulde oberhalb der klimatischen Schneegrenze (= der durchschnittlich höchsten Lage der Schneegrenze). Durch die Verlagerung der Schneegrenze können im Laufe der Zeit übereinanderliegende Kare entstehen, die zusammen eine sogenannte Kartreppe bilden.

Während der Kaltzeiten sank die Schneegrenze in unseren Breiten um ca. 1200–1500 m. Durch andauernde Schneeakkumulation bildete sich Eis und die entstandenen Gletscher plombierten die ehemaligen Flusstäler. Zum Teil überdeckten sie auch niederere Teile der Bergkämme und schliffen sie ab. Auf diese Weise entstanden einige Passübergänge über die Alpen (Transfluenzpässe, von lat.: transfluere = überfließen).

Frühere Gletscherhöchststände sind an der Schliffgrenze zu erkennen. Bis zu dieser Linie reichten die Gletscher, die das Felsmaterial schrammten und polierten. Der Hangbereich oberhalb der Schliffgrenze weist dagegen scharfkantige Formen auf, die von der physikalischen Verwitterung geschaffen wurden. Unterhalb der Schliffgrenze schuf der Gletscher auch Verebnungen, die Trogschultern. Diese flachen Bereiche dienten früher den Bauern als Almen, heute liegen auf diesen Sonnenterrassen oft Ferienorte.

Häufig münden kleinere Seitengletscher in einen Hauptgletscher. Nach Abschmelzen beider Eismassen liegen die Talsohlen aufgrund der unterschiedlichen Eismächtigkeit

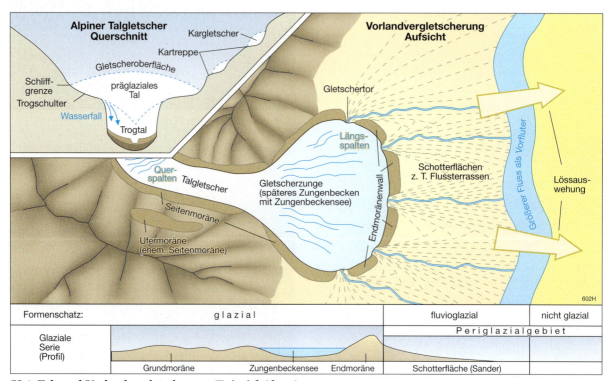

52.1 Tal- und Vorlandvergletscherung (Beispiel Alpen)

DIE WIRKUNG EXOGENER KRÄFTE

und Schürfleistung in verschiedenen Niveaus – die Seitentäler wurden zu Hängetälern. Die in ihnen fließenden Bäche müssen den Niveauunterschied zum Haupttal entweder durch Wasserfälle überwinden oder bilden später durch rückschreitende Erosion tief eingeschnittene Täler.

Das Eis im oberen Bereich eines Gletschers wird bei der Gletscherbewegung als starrer Festkörper passiv mitgeschleppt. Gletscherspalten als Bruchflächen entstehen vor allem an Gefällsknicken, im Randbereich durch erhöhte Reibung des anstehenden Felses (Querspalten) oder bei Vergrößerung des Gletscherquerschnitts (Längsspalten).

In den Kaltzeiten quollen die Talgletscher aus den Gebirgstälern in das Vorland und vereinigten sich zu breiten Gletscherloben (Vorlandvergletscherung), deren Endmoränen noch heute als bogenförmige Moränengirlanden erkennbar sind. Dort, wo Gletscherzungen das Lockermaterial im Vorland wannenförmig ausschürften, entstanden später Zungenbeckenseen, wie z. B. die Seen im Alpenvorland.

Anders als bei der nordischen Inlandvereisung konnten die Schmelzwasser der Alpengletscher auf ihrem Weg zum Vorfluter (z. B. Donau) der präglazialen Abdachung (Oberflächenneigung) folgen. Sie lagerten jenseits der Endmoränen Schotterfächer ab, die aufgrund der kürzeren Transportwege meist grobkörnigere Materialien enthalten als die norddeutschen Sander.

Da in unseren Breiten die Jahresmitteltemperaturen während der Kaltzeiten viel tiefer lagen als heute, wurden auch die nicht von Eis bedeckten Räume (Periglazialgebiet) durch das kalte Klima geprägt. Dieses Periglazialgebiet umfasste das ganze eisfreie Europa nördlich der Pyrenäen. Der Boden war dauernd tiefgefroren (Permafrostboden) und taute nur während der kurzen Sommer oberflächlich auf. Der wassergetränkte Oberboden war sehr mobil und floss auch bei geringer Hangneigung hangabwärts (Solifluktion, S. 41). Im gesamten Periglazialgebiet gab es keine Waldlandschaften, sondern lediglich Tundrenvegetation.

Durch die Untersuchung von Seesedimenten (Bändertone) und durch Pollenanalyse in vermoorten ehemaligen Seen im Glazialbereich gelang es, eine Zeitskala für das Holozän zu entwickeln. Sedimente in kaltzeitlich entstandenen Seen weisen eine typische Bänderung aus hellen und dunklen Schichten auf. Eine solche Doppelschicht wird als Warve bezeichnet. Sie umfasst die Sedimentationsrate eines Jahres: die von Schmelzwassern abgelagerte Sommerschicht (hell und grobkörnig; Sand) und die dunkle, feinkörnige (Ton) Winterschicht aus der Ablagerung feiner Schwebstoffe. Die Analyse bestimmter Pollen lässt Rückschlüsse auf die Zusammensetzung der Flora und damit auf die jeweils herrschenden Klimaverhältnisse zu.

53.1 Gletscher

53.2 Trogtal

53.3 Zungenbeckensee

DIE WIRKUNG EXOGENER KRÄFTE

54.1 Abtragungsgebiet (Gletscherschrammen)

54.2 Ablagerungsgebiet (Findling)

Inlandvereisung

Wie von Geisterhand scheinbar willkürlich verstreut, liegen im Norddeutschen Tiefland vielerorts große Felsbrocken (Abb. 54.2). Sie wirken wie Fremdkörper in dieser Landschaft, da Gesteine dieser Mineralzusammensetzung in einem weiten Umkreis als anstehender Fels nicht zu finden sind. Als Wissenschaftler herausfanden, dass diese Findlinge aus Skandinavien stammen, glaubten sie lange Zeit, dass nur sintflutartige Überschwemmungen in der Lage gewesen sein konnten, so große Felsblöcke über Hunderte von Kilometern zu bewegen.

Heute wissen die Forscher, dass sich während der Kaltzeiten vor allem auf der Nordhalbkugel große Inlandeismassen bildeten, die in Europa zum Beispiel ganz Skandinavien unter einem 2,5–3 Kilometer dicken Eispanzer begruben. Vom Kernbereich in Skandinavien aus flossen die Gletscher radial nach außen und überdeckten beispielsweise das ganze Norddeutsche Tiefland bis fast an den Mittelgebirgsrand. Bei einer Eismächtigkeit von drei Kilometern beträgt der Druck auf die Unterlage etwa 3000 Tonnen pro Quadratmeter. Bei hohem Druck entsteht auf der Unterseite des Eises eine Schmierschicht aus Wasser, auf der das Eis gleiten kann (Schlittschuheffekt). Setzt sich eine solche Eismasse in Bewegung, wird der Untergrund stark beansprucht. Im Abtragungsgebiet (z. B. Skandinavien) wird vorhandenes Lockermaterial und auch Festgestein ausgeschürft (Exaration), es werden Felsteile aus dem Gesteinsverband herausgebrochen (Detraktion) und das verbleibende Festmaterial wird geschliffen und geschrammt (Detersion, Abb. 54.1).

Die heutige Landschaft Skandinaviens ist das Ergebnis dieser glazialen Abtragungsarbeit: weite Flächen mit glatt polierten Felsbuckeln (Rundhöcker) und nur wenig Lockermaterial, das sich durch Verwitterung erst seit dem Ende der letzten Eiszeit bilden konnte.

Die riesigen Mengen an aufgenommenem Gesteinsmaterial wurden von den Eismassen über weite Strecken verfrachtet und im Ablagerungsbiet (z. B. Norddeutsches Tiefland) nach Abschmelzen der Gletscher zurückgelassen. Das vom Eis mitgeführte Material nennt man Geschiebe, die glazialen Ablagerungen Moränen. Die jeweils weiteste Ausdehnung der Vereisung wird durch Endmoränenwälle markiert, da an der Gletscherfront Lockermaterial abgelagert und teilweise zusammengeschoben wurde.

Hinter den Endmoränen wird die Grundmoräne abgelagert. In diesem Bereich finden sich oft viele Hügel aus Moränenmaterial, die wie umgedrehte Löffel aussehen, die Drumlins. Wo Eisblöcke vom Hauptgletscher abgetrennt und zum Teil von Sedimenten überlagert werden, entstehen später Toteislöcher (Sölle), die heute oft kleinere Seen in der Moränenlandschaft bilden.

Beim Abschmelzen der Eismassen entstehen große Schmelzwasserströme. Sie nehmen feinkörnigeres Moränenmaterial auf und lagern es nach Durchbrechen der Endmoränenwälle in flach geneigten Schwemmfächern, den Sandern, wieder ab. Diese fluvioglazialen Ablagerungen sind geschichtet und nach Korngrößen sortiert, während die glazialen Sedimente (Moränen) völlig ungeordnet alle Korngrößen enthalten.

Da das natürliche Gefälle in Norddeutschland von Süden nach Norden verläuft, die Schmelzwasser des Inlandeises jedoch von Norden kamen, war ihnen der direkte Abfluss ins Meer versperrt. Es bildeten sich viele Kilometer breite Talungen, die Urstromtäler, als Sammelrinnen für die Schmelzwasser und die aus den Mittelgebirgen kommenden Flüsse.

Die typische Abfolge glazialer und fluvioglazialer Formen – Grundmoräne, Endmoräne, Sander, Urstromtal – wird als glaziale Serie bezeichnet. Im Norddeutschen Tiefland finden sich weitflächig lediglich Formen

DIE WIRKUNG EXOGENER KRÄFTE

der beiden letzten Kaltzeiten. Die Saale-Vereisung reichte weiter nach Süden, ihre Ablagerungen bilden das Altmoränenland; das weichseleiszeitliche Jungmoränenland schließt sich nach Norden an.

Die heutige Form der Ostsee ist ein Produkt der Nacheiszeit (Postglazial, Holozän). Vor circa 20 000 Jahren waren in der kältesten Phase der letzten Kaltzeit weltweit etwa 70 Millionen Kubikkilometer Wasser in Eis gebunden. Dies führte zu einer Absenkung des Meeresspiegels um über 100 Meter. Dabei wurden große Teile des Schelfgebiets trockengelegt.

Der gewaltige Druck der Inlandeismassen führte aber auch zu einer Absenkung der darunterliegenden Erdkruste. Nach Abschmelzen des Inlandeises stieg der Meeresspiegel wieder an und die Landmassen konnten sich nach Druckentlastung wieder heben (vgl. auch S. 192 f.).

Aufgaben

1 Stellen Sie ein Schema der glazialen Serie grafisch dar. Ordnen Sie den Teilbereichen typische Landformen zu und erklären Sie deren Genese (Abb. 55.1, Text, Lexikon, Internet).

2 Nennen Sie Merkmale, an denen die frühere Ausdehnung eines Gletschers festgestellt werden kann (Abb. 52.1).

3 Die Strahlungskurve (Exkurs, Abb. 56.2) wurde für den 65. Breitengrad erstellt.
  a) Ermitteln Sie den Zeitraum des größten Strahlungsdefizits und damit der maximalen Vereisung.
  b) Auch innerhalb der Kaltzeiten gab es beträchtliche Strahlungsschwankungen. Nennen Sie am Beispiel der letzten Kaltzeit für die höchsten und niedrigsten Strahlungswerte die Breitengrade, in denen heute vergleichbare Bedingungen herrschen.

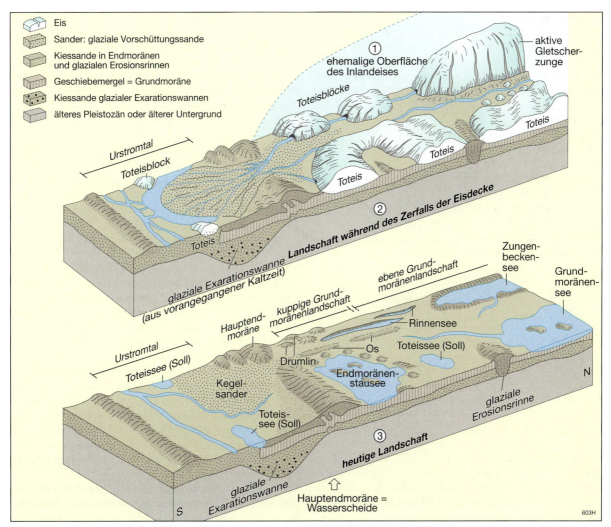

55.1 Entwicklung der kaltzeitlich geformten Landschaft im norddeutschen Tiefland

GEO-EXKURS

Kaltzeiten und Warmzeiten

Kohlenflöze in der Antarktis oder uralte Gletscherspuren zum Beispiel in der Sahara bezeugen, dass in heute eisbedeckten Regionen einst ein feuchtwarmes und in Gebieten der heutigen Tropen früher einmal ein kaltes Klima herrschte. Wie die Theorie der Plattentektonik beweist, ist die Lage der Kontinente (in geologischen Zeiträumen gemessen) lediglich eine Momentaufnahme. Genauso verhält es sich mit dem Klima.

Abgesehen von den frühesten Vereisungsphasen im Kambrium beziehungsweise Karbon/Perm lassen sich in den letzten 1–1,5 Millionen Jahren mindestens vier Kaltzeiten (Glaziale, Eiszeiten) nachweisen, in denen zum Beispiel in den gemäßigten Breiten der Nordhalbkugel die Jahresmitteltemperaturen rund 10–15 °C unter den gegenwärtigen Werten lagen. Zwischen den Kaltzeiten gab es Warmzeiten (Interglaziale) mit zum Teil höheren Temperaturen als heute. Der jüngste Zyklus von Kalt- und Warmzeiten ereignete sich im Tertiär bzw. Quartär. Um die unvorstellbar langen geologischen Zeiträume in nachvollziehbare Größen umzusetzen, dient als Vergleichszeitraum für die Zeit seit Entstehung der Erde ein Kalenderjahr. Dann ergibt sich folgendes Bild (Abb. 8.1): Das Quartär begann am 31. Dezember. Die letzte Eiszeit dauerte etwa von 23.45–23.59 Uhr an diesem Tag. Die ca. 10 000 Jahre der Jetztzeit (Holozän) umfassen lediglich die letzte Minute.

Als Verursacher der Klimaschwankungen und des Wechsels von Kalt- und Warmzeiten kommen verschiedene Faktoren infrage, die den Wärmehaushalt der Erde beeinflussen (Abb. 57.2):
- Die Form der Erdumlaufbahn um die Sonne (Exzentrizität) verändert sich im Rhythmus von ca. 92 000 Jahren zwischen einer Kreis- und einer Ellipsenform.
- Der Neigungswinkel der Rotationsachse der Erde (Schiefe der Ekliptik), der heute bei 23°27' liegt, schwankt mit einer Periode von 41 000 Jahren zwischen 24°36' und 21°58'.
- Die Rotationsachse führt eine Kreiselbewegung (Präzession) durch, wobei ein Umlauf 22 000 Jahre dauert.

Die durch diese Faktoren verursachten veränderten Strahlungsbedingungen wurden von M. Milankovic (1879–1958) am Beispiel verschiedener Breitengrade über einen langen Zeitraum errechnet. Das Ergebnis war eine Strahlungskurve, die eine deutliche Übereinstimmung mit dem Zyklus der Kalt- und Warmzeiten aufweist (Abb. 56.2).

Durch die Analyse eines 400 000 Jahre „langen" Bohrkerns vom Grund des antarktischen Ross-Meeres konnte im Jahr 2001 die letzte Beweislücke bezüglich dieser Theorie geschlossen werden. Wissenschaftlern gelang der Nachweis der zyklischen Schwankungen der Erdbahnparameter. Dazu wiesen sie vulkanische Aschen bekannten Ausbrüchen zu, bestimmten das Alter von Mikrofossilien und erfassten den in bestimmten Mineralien konservierten magnetischen Kalender (Polumkehrung).

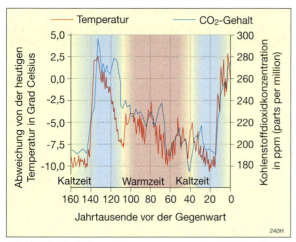

56.1 CO_2-Gehalt u. Temperaturen seit 160 000 Jahren

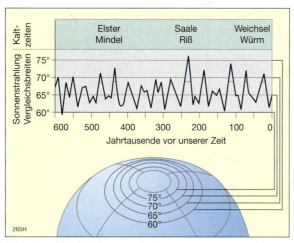

56.2 Strahlungskurve nach Milankovic

	Höhe (cm) (Beispiel)	Luft-gehalt (%)	Dichte (g/cm³)
	Neuschnee		
	80	90	0,05–0,1
	Firn		
	10	40	0,5–0,6
	Gletschereis		
	1	10 (weißes Gletschereis) 2 (blaues Gletschereis)	0,8–0,9

56.3 Vom Schneekristall zum Gletschereis

GEO-EXKURS

Auch die Abnahme des CO_2-Gehalts der Atmosphäre könnte aufgrund der damit verbundenen Verminderung des natürlichen Treibhauseffekts zu einer Klimaverschlechterung beigetragen haben. Waren erst einmal weite Gebiete von Eis bedeckt, führte dies zu einer weiteren globalen Temperaturabsenkung und damit zu einem Absinken der Schneegrenzen, da die Sonnenstrahlen auf hellen Flächen verstärkt reflektiert werden (Albedo).

In den Kaltzeiten lag die klimatische Schneegrenze, das heißt die Linie, oberhalb der im langjährigen Mittel mehr Schnee fällt, als durch Abschmelzen verloren geht, um 1200–1500 m tiefer als heute. Dies hatte zur Folge, dass sich auch in heute eisfreien Gebieten mächtige Eisdecken bildeten. Dieses Inlandeis, das das vorhandene Relief vollständig einhüllt, findet sich heute noch in der Antarktis und in Grönland. Ein weiterer Haupttyp der Vergletscherung ist die Talvergletscherung der Hochgebirge, wie z. B. der Alpen. Die Talgletscher ordnen sich dem Relief unter und fließen in vorhandenen Flusstälern. Große Mengen Neuschnee sind erforderlich zur Bildung von dicken Eisschichten, die ab einer bestimmten Mächtigkeit als Gletscher plastisch zu fließen beginnen. Während der maximalen Vereisung waren mit ca. 50 Millionen Quadratkilometer etwa 30 Prozent der Festlandsfläche der Erde von Eis bedeckt, heute sind es etwa 10 Prozent. Nimmt man die eisfreien, von Dauerfrost geprägten Gebiete hinzu, steht heute ein Viertel der Landfläche unter dem Einfluss von Kälte und Eis.

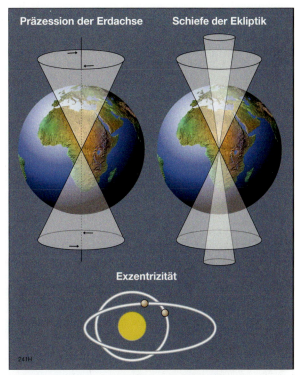

57.2 **Astronomische Einflüsse auf das Klima**

Zeitskala	erdgeschichtliche Gliederung			Durchschnitts-temperatur °C	Vegetation	Kultur und Mensch
2 1 **0** 1 2 3 4 5 6 7 8 9 10 (Alter in 1000 Jahren)	Q U A R T Ä R	H O L O Z Ä N	Subatlantikum	0 bis +10	Fichtenzeit Buchenzeit	**Historische Zeit** Germanen Römer Kelten **Eisenzeit** **Bronzezeit**
			Subboreal		Eichen- und Buchenzeit	
			Atlantikum	+12 bis +13	Eichenmischwaldzeit	Bandkeramiker **Jungsteinzeit**
			Boreal		Haselzeit	**Mittelsteinzeit**
			Präboreal	+3 bis +2	Kiefernzeit Birkenzeit	
70 130 270 330 440 750 950 1500		P L E I S T O Z Ä N	Würm-Kaltzeit (Alpen und Alpenvorland) / Weichsel-Kaltzeit (Norddeutschland)	2 bis –6	Tundra	**Altsteinzeit**
			Riß-Würm-Interglazial / Eem-Warmzeit	+4 bis +11	**Kaltzeiten:** Tundra im eisfreien Gebiet **Warmzeiten:** artenreichere Flora als heute	
			Riß-Kaltzeit / Saale-Kaltzeit	–1 bis –6		Neandertaler
			Mindel-Riß-Interglazial / Holstein-Warmzeit	+6 bis +13		Steinheimer
			Mindel-Kaltzeit / Elster-Kaltzeit	–3 bis –6		
			Günz-Mindel-Interglazial / Cromer-Warmzeit	+3 bis +13		Heidelberger
			Günz-Kaltzeit / Menap-Kaltzeit	–2 bis +2		
			ältere Kalt- und Warmzeiten			

57.1 **Pleistozän und Holozän: Klima, Vegetation, Kulturstufen**

DIE WIRKUNG EXOGENER KRÄFTE

58.1 Steilküste

58.3 Flachküste

3.5 Formenbildung an Küsten

Die morphologisch wirksame Arbeit des Meeres vollzieht sich an der Küste, dem unterschiedlich tiefen Grenzbereich zwischen Land und Meer. Meerwärts reicht eine Küste bis zu der Linie, an der die Brandung einsetzt, landeinwärts über den Strand hinaus bis zu eventuell vorhandenen Dünen oder bis zum Kliff (Abb. 58.2).

Die meisten Küstenformen sind geologisch sehr jung. Ihre Bildung begann vor etwa 5000 bis 6000 Jahren nach dem Ende der sogenannten Flandrischen Transgression, dem Anstieg des Meeresspiegels um über 100 m aufgrund des Abschmelzens der Eismassen nach der letzten Kaltzeit. Welche Küstentypen im Einzelnen entstehen, hängt sowohl von der Wellen- und Strömungsdynamik des Meeres als auch von der geologischen und morphologischen Struktur des Festlandes im Küstenbereich ab (Abb. 59.1).

Im offenen Meer führen die Wasserteilchen einer Welle eine Kreisbewegung durch, sie bewegen sich nicht mit der Welle vorwärts (vgl. wogende Ähren in einem Getreidefeld). Erst im flachen Wasser, wenn die Wassertiefe geringer ist als eine halbe Wellenlänge, nehmen sie aufgrund der Berührung mit dem Meeresboden eine strandwärts geneigte, elliptische Form an und „brechen" schließlich. Da die Wellenenergie in diesen Brechern schlagartig freigesetzt wird, hat die Brandung eine große zerstörerische Wirkung, vor allem an Steilküsten. Wellen können einen Druck von 10 000 kg/m^2, in Stürmen das Dreifache, ausüben. An Kliffwänden bilden sich Brandungshohlkehlen bzw. -höhlen, denn das mit großem Druck in die Gesteinsfugen gepresste Wasser komprimiert die dort vorhandene Luft so stark, dass explosionsartige Sprengungen ausgelöst werden. Durch die Unterschneidung des Kliffs brechen im Lauf der Zeit die überhängenden Teile ein und das Kliff verlagert sich landeinwärts, während sich meerwärts die Schorre (Abrasionsplattform) verbreitert.

An Flachküsten dagegen verteilt sich die Wellenenergie über eine größere Fläche, wodurch die zerstörende Wirkung der Wellen reduziert wird. Die Küstenformung erfolgt hier vor allem durch Akkumulation und Verlagerung von meist feinkörnigem Material (vgl. S. 190–193).

Aufgabe
Bestimmen Sie die Küstenformen (Abb. 59.2) mithilfe der Abb. 59.1 und des Atlasses.

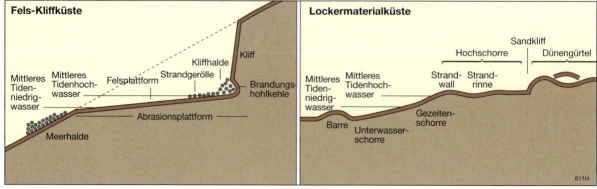

58.2 Litorale Serie (schematisch)

DIE WIRKUNG EXOGENER KRÄFTE

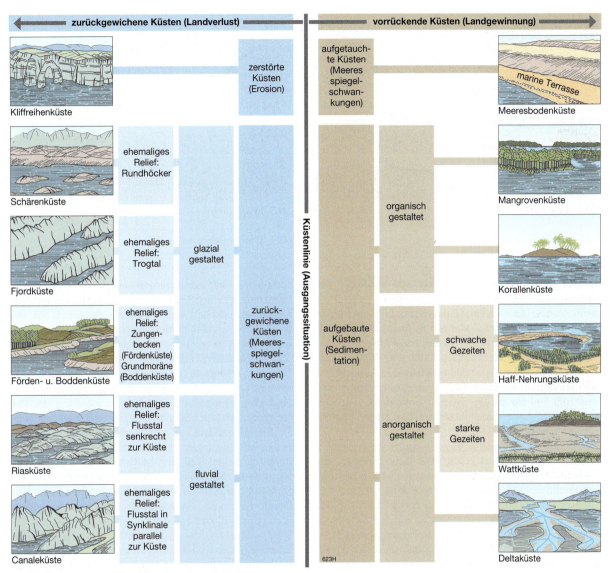

59.1 Küstentypen: Klassifikation (vereinfacht)

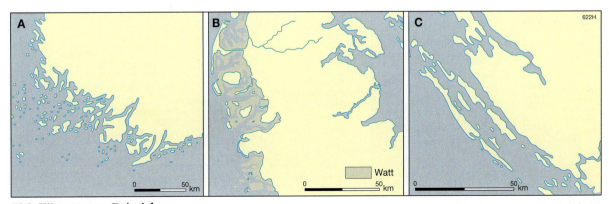

59.2 Küstentypen: Beispiele

DIE WIRKUNG EXOGENER KRÄFTE

60.1 Sandwüste

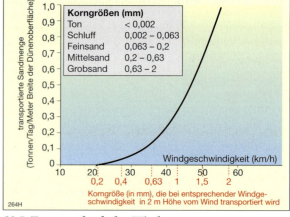

60.3 Transportkraft des Windes

3.6 Formenbildung durch Wind

Beim Ausbruch des Vulkans Pinatubo auf den Philippinen (1991) wurden gewaltige Mengen Asche hoch in die Atmosphäre geschleudert und die kleinsten Partikel kreisen jahrelang um die Erde. Nach einer längeren Dürreperiode wurden 1933 in den Great Plains (USA) Hunderttausende von Tonnen Ackerboden bei Staubstürmen ausgeweht und zum Teil bis an die Ostküste transportiert. Immer wieder wird feiner roter Saharastaub bis nach Mitteleuropa geweht.

Außergewöhnliche Ereignisse wie diese belegen die enorme Fähigkeit der Luftströmungen, feste Partikel aufzunehmen und über weite Strecken zu verfrachten. Die Transportleistung des Windes hängt dabei im Wesentlichen von der Windstärke ab. Lediglich trockenes Lockermaterial kann vom Wind aufgenommen werden. Die Gesteinsaufbereitung bis hin zu kleinsten Korngrößen ist vor allem das Ergebnis intensiver physikalischer Verwitterungsprozesse (Abb. 60.2, 60.3).

Diese Voraussetzungen werden hauptsächlich in den Trockenzonen der Erde erfüllt. Fehlende oder nur spärliche Vegetation erhöhen dabei die Angriffsflächen für den Wind. In einem Gebiet mit Materialien unterschiedlicher Korngröße werden die feinkörnigeren Partikel ausgeweht und – je nach Windstärke und Korngröße – unterschiedlich weit verfrachtet. Als Ergebnis dieser Deflation (Ausblasung, Auswehung) wird die Landoberfläche tiefergelegt. Nach Auswehung des Feinmaterials sacken die größeren Gesteine nach und bilden mit der Zeit weite Steinpflaster, die den Untergrund vor weiterer Auswehung schützen.

Im bodennahen Teil der Luftströmung befinden sich die meisten Sandpartikel. Dieser Flugsand wirkt wie ein Sandstrahlgebläse, wenn er auf ein Hindernis stößt. Durch Korrasion (Windschliff) entstehen oft bizarre Formen wie Pilzfelsen oder Felsentore. Der ausgewehte Sand wird bei nachlassender Windströmung wieder abgelagert. Sanddünen sind die bekanntesten dieser äolischen Sedimente (Äolus: griechischer Gott des Windes). Der Sandtransport auf der Luvseite einer Düne (Abb. 60.2)

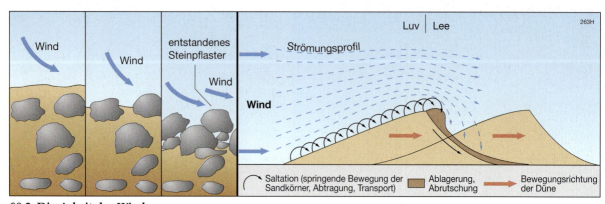

60.2 Die Arbeit des Windes

DIE WIRKUNG EXOGENER KRÄFTE

erfolgt oberflächennah durch Schieben oder Springen (Saltation) der Sandkörner. Am Boden aufschlagende Körner üben einen Stoßeffekt auf andere Körner aus, die dann – je nach Korngröße – selbst eine springende Bewegung ausführen oder ein Stück nach vorne geschoben werden (Reptation). Durch ständiges Abtragen auf der Luvseite und Ablagerung auf der Leeseite bewegt sich die Gesamtdüne in Windrichtung weiter.

Auch in Mitteleuropa finden sich Dünen. Die Küstendünen entstehen durch Verwehung der Strandsande. Dünen im Landesinneren stammen aus dem Glazial, als Feinmaterial aus vegetationslosen fluvioglazialen Schotterfeldern ausgeblasen wurde. Aus dieser Zeit stammen auch die Lössablagerungen (Abb. 61.1). Löss als sehr feinkörniges Material wurde zum Beispiel in Norddeutschland bei vorherrschenden Nordwinden (Kältehoch im Norden) bis an den Rand der Mittelgebirge verweht, wo er an den Gebirgshindernissen abgelagert wurde und am Rand des Gebirges in den Börden äußerst fruchtbare Böden bildet. Die mächtigsten Lössdecken Deutschlands mit zum Teil über 30 Meter Löss bildeten sich im Kaiserstuhl, einer Vulkanlandschaft im Oberrheingraben. Alpines Material wurde vom Rhein verfrachtet und aus den im Winter trockenliegenden Schottern ausgeblasen.

Aufgabe
Erklären Sie das Vorhandensein unterschiedlicher Wüstentypen wie Felswüste, Steinwüste und Sandwüste zum Beispiel in der Sahara.

Der Löss Mitteleuropas ist ein gelbliches, staubfeines, vom Wind verfrachtetes (äolisches), kaltzeitliches Sediment. Die Korngröße liegt bei 0,01–0,05 mm. Hauptbestandteile sind von Kalziumkarbonatkrusten überzogene Quarzkörnchen. Das Lockersediment Löss ist von feinsten Röhrchen durchzogen. Diese Haarröhrchen, nach Zersetzung der ehemaligen Tundrengräser entstanden, bewirken eine sehr gute Durchlüftung und Wasserhaltung der sich auf ihm bildenden Böden (ursprünglich Schwarzerde). Die Haarröhrchen als Kapillaren ermöglichen den Wasseraufstieg in Trockenperioden; sie sind auch die Ursache für die Standfestigkeit des Lösses. Im Löss bilden sich oft senkrechte Wände (Hohlwege).

Der lockere Lössboden ist leicht zu bearbeiten. Im humiden Klima wird der Löss durch CO_2-haltige Sickerwasser zu Lösslehm. Dabei wird der obere Bodenhorizont entkalkt und der Kalk reichert sich in tieferen Horizonten zu eigenartig geformten Konkretionen, den sogenannten Lösskindln, wieder an. Bei Verfrachtung durch Flüsse und erneute Ablagerung bilden sich Schwemmlösse.

B: Verbreitung des Löss in Mitteleuropa

A: Magdeburger Börde

C: Lösshohlweg

61.1 Löss

DIE WIRKUNG EXOGENER KRÄFTE

3.7 Formenbildung in Karstgebieten

Als Karst werden allgemein Gebiete bezeichnet, in denen durch Korrosion („Kohlensäureverwitterung", Abb. 41.1) von leicht löslichen Gesteinen und nachfolgender Ausfällung des gelösten Materials ein charakteristischer ober- und unterirdischer Formenschatz entstanden ist. Der Begriff „Karst" ist der gleichnamigen kalkreichen Landschaft Sloweniens entlehnt, wo diese Karsterscheinungen beispielhaft ausgeprägt sind.

Typisch für alle Karstgebiete ist ihre Armut an Oberflächengewässern, denn in den Spalten und Klüften des Kalks versickert Wasser rasch. Bereits an der Oberfläche setzt dabei die Auflösung des Gesteins durch kohlensäurehaltiges Wasser ein. Abfließendes Regenwasser erzeugt scharfkantige Furchen (Karren) und erweitert die Spalten zu metertiefen senkrechten Schächten (Karstschlote), in die häufig unlösliches Material wie Lehm oder Sand eingeschwemmt wird (geologische Orgel).

Größer und trichterförmig in die Erdoberfläche eingetieft sind die Dolinen, die ebenfalls durch Lösung (Lösungsdolinen), aber auch durch Einsturz einer Höhlendecke entstehen können (Einsturzdolinen). Die größten oberflächlichen Karsterscheinungen sind Poljen, lang gestreckte, talartige Hohlformen, deren Untergrund durch eingeschwemmtes unlösliches Material abgedichtet ist. Bei Durchfeuchtung dieser lehmig-tonigen Schicht bewirkt die Korrosion einerseits eine langsame flächenhafte Tieferlegung des Poljenbodens, andererseits aber auch seine ständige seitliche Erweiterung. Häufig werden Poljen von Bächen durchquert, die aus Speilöchern heraussprudeln und nach kurzer Laufstrecke in Schlucklöchern verschwinden.

Täler ohne Fließgewässer sind dagegen die Trockentäler. Sie können bei tektonischen Hebungen trockengefallen sein. Die meisten entstanden aber während der Eiszeit, als ihr klüftiger Untergrund durch Dauerfrost „plombiert" war und fließendes Wasser linienhaft erodieren konnte. Beim Tauen des Eises versickerte dann das Wasser.

In Kalkgebieten mit oberflächlicher Humusdecke („bedeckter Karst" im Gegensatz „zum nackten Karst") wird das versickernde Regenwasser zusätzlich mit dem CO_2 aus der Atmung der Bodenlebewesen angereichert. Es kann daher im Untergrund verstärkt Kalk lösen. Viel bedeutsamer für die Korrosion im Untergrund ist jedoch die Mischungskorrosion (Abb. 62.2): Mischen sich zwei bereits gesättigte Lösungen, so bildet sich eine ungesättigte Lösung. Das Mischwasser kann daher in der Tiefe erneut kräftig Kalk lösen und Spalten und Klüfte zu teilweise riesigen Höhlensystemen erweitern.

Kalklösung
- 1 m Kalkstein in ca. 50 000 Jahren (in Mitteleuropa)
- ca. 1 m Lehm als Lösungsrückstand von 20 m Jurakalk

Kalkausfällungen
- Wachstum von Tropfsteinen: 0,004–10 cm/Jahr
- größter Stalaktit: 11,5 m (Irland)
- größter Stalagmit: 20,5 m (Aven Armand, Frankreich)
- höchste Kalksinterterrassen: bis 100 m hoch (Türkei)

Karsthöhlen
- längste Höhle: 315 km (Mammuthöhle, Kentucky)
- tiefste Höhle: 1330 m (Pierre-Saint-Martin, Frankreich)

wasserreichste Schüttungen von Karstquellen
- in Deutschland: 9 m³/s: Aachquelle (Schwäbische Alb)
- global: bis 150 m³/s: Fontaine de Vaucluse (Frankreich)

62.1 Karst in Zahlen

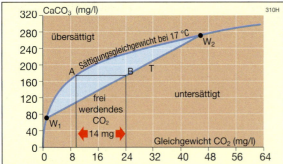

W_1 und W_2 kennzeichnen die Konzentrationen der beiden mit Kalk gesättigten Lösungen vor der Mischung. Nach der Mischung im Verhältnis 1:1 kommt es zum Ungleichgewichtszustand T. Nun wird erneut Kalk gelöst, und zwar so lange, bis wieder Gleichgewicht besteht.

62.2 Mischungskorrosion

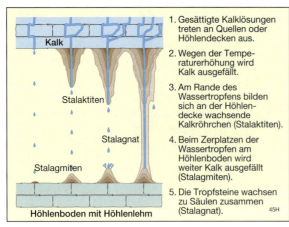

62.3 Tropfsteinbildung

DIE WIRKUNG EXOGENER KRÄFTE

63.1 A: Dolinen, B: Tropfsteine, C: Sinterterrassen

Neben den durch Kalkauflösung entstandenen Formen gibt es in Kalkgebieten immer auch die durch Kalkablagerungen gebildeten Formen. Diese Sinterbildungen sind gewissermaßen das Ergebnis einer Umkehrung der Korrosionsvorgänge und entstehen durch Ausfällen von Kalk. Dies geschieht immer dann, wenn der CO_2-Gehalt einer gesättigten Lösung verringert wird, weil zum Beispiel ihre Temperatur beim Kontakt mit wärmerer Luft erhöht wird. In Höhlen bilden sich dabei einzeln stehende Tropfsteine oder tapetenartige Wandüberzüge, an Quellaustritten Sinterterrassen, die ständig wachsen.

Werden Pflanzen (z. B. Quellmoose) von Kalkausfällungen überzogen und sterben dann ab, entsteht der lockere Kalktuff. Das im klüftigen Kalkgestein zirkulierende Wasser kann maximal bis zur nächsten undurchlässigen Schicht absinken. Wo diese an Hängen angeschnitten ist, liegen daher oft viele Quellen nebeneinander (Quellhorizont). Da sie aus weit verzweigten und großen Sammeladern im Untergrund gespeist werden, haben Karstquellen eine kräftigere, oft aber unregelmäßigere Schüttung als andere Quellen.

Aufgaben

1 Erklären Sie die Mischungskorrosion und ihre Bedeutung (Abb. 62.2, Text).
2 Beschreiben Sie die in Abb. 63.2 dargestellten Karstformen und erklären Sie deren Entstehung.

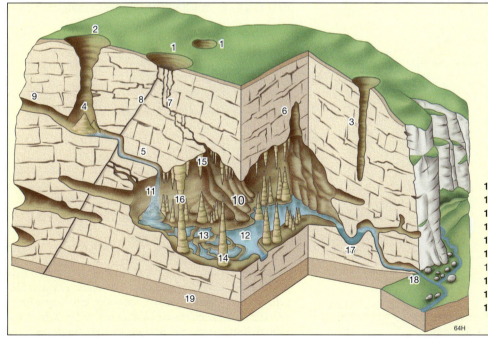

1 Dolinen und Schluckstellen
2 Einsturzdoline mit Verstürzung
3 Naturschacht
4 Versturzkegel
5 unterirdischer Wasserlauf
6 Kamin
7 Kluftfugen
8 Bruch- oder Verwerfungsfuge
9 alter Wasserlauf
10 Höhle
11 Wasserfall
12 Höhlensee
13 Sinterbecken
14 Stalagmit
15 Stalagtit
16 Stalagnat
17 Siphon
18 Karstquelle
19 undurchlässiges Gestein

63.2 Ober- und unterirdische Karstformen

ANWENDEN & VERTIEFEN

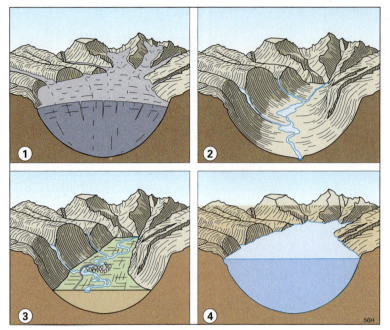

64.1 Weiterentwicklung eines Gletschertrogs

Aufgaben

1 Charakterisieren Sie die Bilderfolge in Abb. 64.1.
2 Beschreiben Sie die Entwicklungsgeschichte des in Abb. 64.1 dargestellten Flussabschnitts.
3 Vergleichen Sie die in Abb. 64.3 dargestellten tektonischen und morphologischen Entwicklungen und Erscheinungen.
4 Ordnen Sie den Deltaformen die jeweiligen Flüsse zu (Abb. 65.1, Atlas).
5 Nennen Sie die für die Genese eines Deltas notwendigen Rahmenbedingungen.
6 Beschreiben Sie den Aufbau und die inhaltlichen Aussagen der in Abb. 65.2 dargestellten Diagramme.
7 Erläutern sie die Hintergründe und Folgen der in Abb. 65.2 jeweils dargestellten Prozesse.

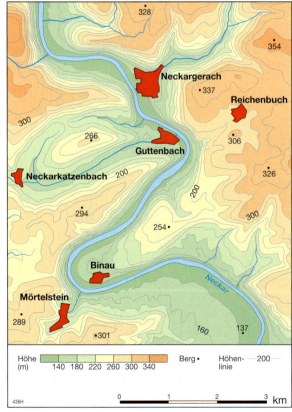

64.2 Flussabschnitt des Neckars

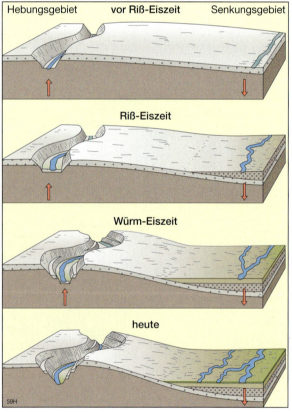

64.3 Hebungs- und Senkungsgebiet im Vergleich

64

ANWENDEN & VERTIEFEN

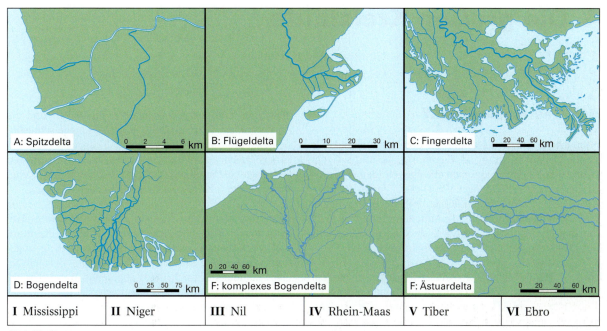

65.1 Deltatypen

| I Mississippi | II Niger | III Nil | IV Rhein-Maas | V Tiber | VI Ebro |

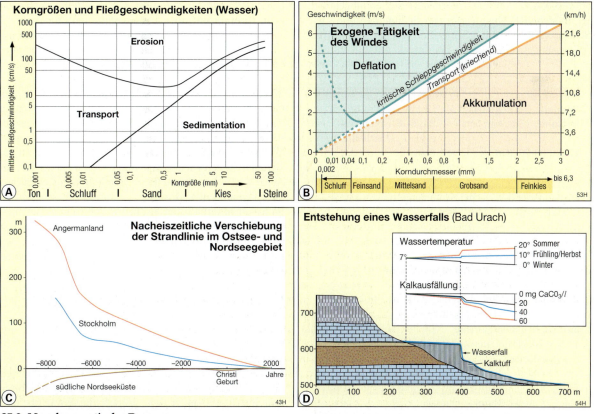

65.2 Morphogenetische Prozesse

4 Die großen Kreisläufe

4.1 Gesteinskreislauf

Nur wenige Elemente können in der Natur elementar existieren. Außer Au, Ag, Pl, Cu, Pb, Hg, As, Am, S, C, O, N und den Edelgasen kommen alle übrigen Elemente nur in chemischen Verbindungen vor. Diese bilden in der Erdkruste je nach Anordnung der Atome oder Ionen meist typische Kristallformen aus, die Minerale. Gesteine bestehen dagegen aus einem Gemenge verschiedener Minerale, aus Gesteinsbruchstücken oder Organismenresten.

Ändern sich die Bedingungen, unter denen sie entstanden sind, so verändern sich auch die Minerale und Gesteine. An der Erdoberfläche verwittern sie unter dem Einfluss von geringerem Druck, Sonneneinstrahlung, Frost, Regen und Chemikalien. Die Verwitterungsprodukte werden als Bruchstücke oder gelöst von Wasser, Eis und Wind abtransportiert und an geeigneten Stellen abgelagert. Es entstehen noch unverfestigte Sedimentgesteine wie Schutt, Kies oder Sand. Unter der Last immer weiterer Ablagerungen erhöht sich der Druck auf die unteren Schichten. Durch das Auspressen von Wasser und die Auskristallisationen mineralhaltiger Lösungen schließen sich die Porenräume. Bei diesem als Diagenese (Verfestigung) bezeichnetem Vorgang werden aus Lockergesteinen verfestigte Sedimentgesteine mit etwas veränderten chemischen und mineralogischen Merkmalen.

Beide Sedimenttypen können durch tektonische Hebung wieder dem oberflächennahen „kleinen" Kreislauf von Verwitterung, Abtragung und Ablagerung zugeführt werden. Sie können aber auch zum Beispiel bei Gebirgsbildungen noch tiefer abgesenkt, durch Druck- und Temperaturerhöhung weiter verfestigt und in ihrem Mineralbestand und Gefüge noch stärker umgewandelt werden. Bei dieser Regionalmetamorphose entsteht aus Sandstein Quarzit, aus Kalkstein Marmor, aus Tonstein Schiefer.

Diese und andere metamorphe Gesteine bilden sich auch beim Kontakt mit noch heißen Plutonen oder Vulkangesteinen (Kontaktmetamorphose). Metamorphe Gesteine sind zwar nicht mehr deutlich geschichtet, besitzen aber oft noch eine erkennbare Einregelung ihrer Minerale.

Beim Überschreiten der Schmelztemperatur wird das Gestein schließlich aufgeschmolzen (Anatexis), häufig danach auch noch mit anderen Schmelzen vermischt. Wegen der geringer gewordenen Dichte steigt die mehr als 1000 °C heiße Gesteinsschmelze, das Magma, an geeigneten Stellen wieder nach oben. Durch Abkühlen und Auskristallisieren seiner Bestandteile bilden sich daraus die magmatischen Gesteine. Erstarren sie langsam in Plutonen innerhalb der Erdkruste, entstehen Tiefengesteine mit relativ großen Kristallen, z. B. Granit. Aus der im Pluton nicht erstarrten Restschmelze bilden sich in angrenzenden Spalten und Klüften die oft erzreichen Ganggesteine.

Erreicht das Magma die Erdoberfläche, entstehen aus der ausfließenden oder ausgeworfenen Schmelze die Vulkangesteine, die wegen ihrer raschen Erstarrung nur kleine Kristalle ausbilden können, oft auch durch nicht entwichene Gase aufgeblähte Hohlräume mit Kristallen erkalteter Lösungen besitzen. Mit Vulkangesteinen und der Entblößung der Tiefengesteine durch Hebung und Erosion ist auch der „große", die Erdkruste und den Erdmantel einschließende Kreislauf der Gesteine geschlossen.

Magmatite (Erstarrungsgesteine)	
Plutonite (Tiefengesteine)	Granit, Gabbro, Diorit
Vulkanite (Ergussgesteine)	Basalt, Rhyolith, Tuff, Andesit, Obsidian
Subvulkanite (Ganggesteine)	Pegmatit

Sedimentite (Ablagerungsgesteine)	
mechanische (klastische) Sedimentgesteine	
• unverfestigt:	Kies, Sand, Ton, Moränen, Löss
• verfestigt:	Konglomerat, Sandstein, Tonstein, Tillit, Löss
chemische Sedimentgesteine	
• unverfestigt:	Kalkschlamm, Kalktuff
• verfestigt:	Kalkstein, Travertin
• fest abgelagert:	Kalksinter, Kieselsinter, Steinsalz, Gips, Kalisalze
biogene Sedimentgesteine	
Torf, Kohle, Erdöl, Bernstein, Asphalt, Korallen- und Schwammkalk	

Metamorphite (Umwandlungsgesteine)
Gneis, Schiefer, Marmor, Quarzit

66.1 Einteilung der Gesteine

DIE GROSSEN KREISLÄUFE

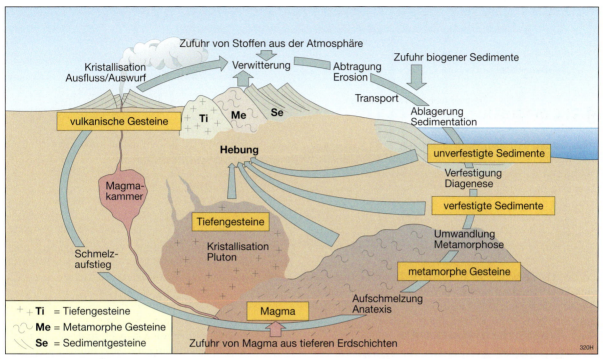

67.1 Der Kreislauf der Gesteine

„Ewig" wird dieser Kreislauf aber nicht weitergehen. Irgendwann wird das Wärmeungleichgewicht im Erdinnern – der Motor des geologischen Geschehens – durch Auskühlung abgebaut sein. Wenn dann alle tektonischen Vorgänge zum Erliegen gekommen sein werden und die Erosion die letzten Erhebungen dem Meeresspiegel angeglichen haben wird, dann wird – geologisch gesehen – Ruhe einkehren auf dem bis dahin ruhelosen Planeten.

Aufgaben

1 Beschreiben Sie den Gesteinskreislauf (Abb. 67.1).
2 Erläutern Sie die Antriebskräfte dieses Kreislaufs.
3 Charakterisieren Sie die Hauptgesteinsarten nach Entstehung und Merkmalen.
4 Stellen Sie den Gesteinskreislauf mithilfe von Bildern oder ausgewählter Handstücke für Ihre Lerngruppe dar.

67.2 Beispiele für Magmatite (A), Sedimentite (B) und Metamorphite (C)

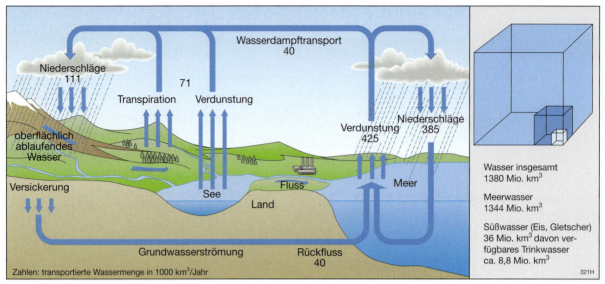

68.1 H$_2$O-Kreislauf und H$_2$O-Vorräte

4.2 Wasserkreislauf und biogeochemische Kreisläufe

Neben den tektonischen Prozessen ist die Sonne die wichtigste Energiequelle für die zahlreichen Stoffströme der Erde. Anders als die Energie, die als Wärmestrahlung letztlich ins Weltall abgegeben wird, bleibt die Materie jedoch innerhalb des Systems Erde. Die verschiedenen Stoffe zirkulieren dabei in meist geschlossenen Kreisläufen, die untereinander vielfältig gekoppelt sind und sich dadurch gegenseitig beeinflussen. Im Grunde sind alle Stoffkreisläufe biogeochemische Kreisläufe, weil die Elemente einerseits in anorganischen Molekülen das Gestein, den Boden, das Wasser und die Luft, andererseits in organischen Molekülen die Lebewesen durchlaufen. Atmosphäre und Hydrosphäre haben aber jeweils wichtige Transportfunktionen.

Der Wasserkreislauf ist einer der ältesten und bedeutendsten Kreisläufe, sein Umsatz ist nach Volumen und Gewicht am größten. Wasser spielt für die globalen Austauschprozesse eine zentrale Rolle, denn Kohlenstoff, Stickstoff, Phosphor und Sauerstoff werden größtenteils durch dieses Medium transportiert. Der größte Speicher des hydrologischen Kreislaufs sind die Ozeane. Sie enthalten etwa 97 Prozent des irdischen Wassers und bilden für die Atmosphäre eine unerschöpfliche Feuchtequelle.

An Land hat die Verteilung von Verdunstung, Niederschlag und Abfluss direkten Einfluss auf die Biosphäre und die exogenen Formungsprozesse. Auf seinem Weg zum Meer nimmt das Wasser zudem zahlreiche gelöste und ungelöste Stoffe mit und koppelt so das Land an die Ozeane. Durch Erwärmung und Abkühlung beziehungsweise Energieumsetzungen beim Wechsel zwischen den Aggregatzuständen (Abb.. 93.1) ist das Wasser der Erde außerdem mit dem regionalen und globalen Wärmehaushalt gekoppelt.

Im Gegensatz zum Kreislauf des Wassers besitzt der CO$_2$-Kreislauf (genauer Kohlenstoffkreislauf) bedeutende Senken, das heißt Mechanismen, durch die bestimmte Mengen des Stoffs zeitweilig oder dauerhaft dem Kreislauf entzogen werden können. Im Laufe der Erdgeschichte ist durch die Bildung von Torf, Kohle, Erdöl und Erdgas, vor allem aber durch die Bildung von kalkhaltigen Sedimenten die Menge des im Kreislauf zirkulierenden Kohlenstoffs in großem Umfang vermindert worden. Durch Verbrennung fossiler Brennstoffe und durch von Menschen verursachte Waldbrände – zum Beispiel bei der Abholzung des Regenwalds – steigt der CO$_2$-Gehalt in der Atmosphäre jedoch wieder. Nur etwa die Hälfte des dabei freigesetzten CO$_2$ wird von den Ozeanen absorbiert (Abb. 69.1).

Der Stickstoffkreislauf besitzt dagegen kaum sedimentäre Anteile. Stickstoff (N$_2$) kommt in Gesteinen praktisch nicht vor, ist aber ein elementarer Baustein nahezu aller lebenswichtigen organischen Moleküle (DNA, RNA, Proteine, Chlorophyll). Er muss daher aus der Luft entnommen und in eine von Pflanzen aufnehmbare Form (meist NO$_3^-$) umgewandelt werden. Das hierfür notwendige Aufbrechen der stabilen Dreifach-Atombindung von N$_2$ geschieht durch energiereiche Höhenstrahlung in der Atmosphäre oder im Boden durch eine nur kleine

DIE GROSSEN KREISLÄUFE

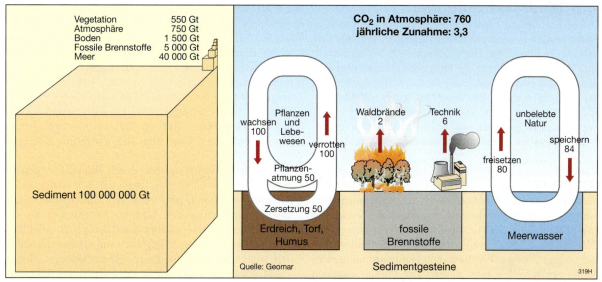

69.1 CO₂-Senken (links) und CO₂-Kreislauf (Angaben in Gigatonnen = Milliarden Tonnen)

Gruppe von Lebewesen (frei lebende Cyanobakterien oder in Symbiose mit Leguminosen lebende Bakterien). Sie besitzen dafür eine bestimmte Enzymausstattung. Da die fotochemische Umwandlung beziehungsweise die biologische Stickstofffixierung den N-Kreislauf nur um etwa 6,7 Prozent anreichern, ist die Rückführung von Stickstoffverbindungen aus Abfallstoffen in den Kreislauf von entscheidender Bedeutung. Dieses Recycling wird von Mikroorganismen betrieben, die Licht nicht als Energiequelle nutzen können. Sie gewinnen die für ihre Synthesen notwendige Energie durch Oxidation beziehungsweise Reduktion stickstoffhaltiger Verbindungen (Abb. 69.2).

Aufgaben

1 Beschreiben Sie die für den Wasserkreislauf typischen Prozesse und Umsetzungen (Abb. 68.1).
2 Begründen Sie die über Land und Meer unterschiedlichen Niederschlagsmengen.
3 Erstellen Sie eine mathematische Formel, die den Wasserhaushalt eines bestimmten Gebietes darstellt.
4 Charakterisieren Sie die Besonderheiten des Kohlenstoff- und des Stickstoff-Kreislaufs (Abb. 69.1, 69.2, Text).
5 Stellen Sie mithilfe unterschiedlich komplexer Schemata die Rolle der Lebewesen innerhalb des Systems Erde dar.

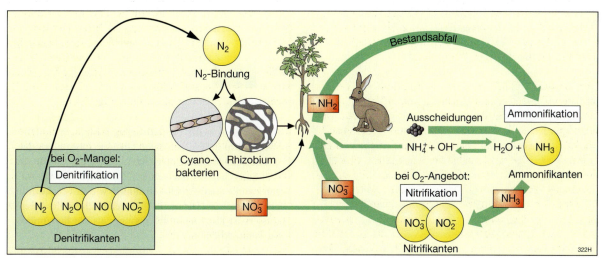

69.2 Stickstoff-Kreislauf

DIE GROSSEN KREISLÄUFE

4.3 Meeresströmungen

Diese riesigen Wassermassen des Wasserplaneten Erde sind ständig in Bewegung. Die großräumigen Verlagerungen von Wassermassen durch die Meeresströmungen sind zum Beispiel von globaler Bedeutung für das Weltklima. Meeresströmungen werden hervorgerufen durch Windschub, Gezeiten sowie durch Dichteunterschiede im Meerwasser – bedingt durch unterschiedliche Temperaturen beziehungsweise Salzgehalte (thermohaline Zirkulation).

Das Grundmuster (Abb. 70.1) zeigt in den niederen und gemäßigten Breiten zwei große Kreisläufe mit einer in Äquatornähe westwärts gerichteten Strömung (Äquatorialstrom) und einer ostwärts gerichteten Komponente im Bereich der gemäßigten Zone. Die Strömungskreise drehen sich auf der Nordhalbkugel im Uhrzeigersinn und auf der Südhalbkugel in gegenläufiger Richtung. Die Hauptströmungsrichtungen entsprechen dabei in etwa den vorherrschenden Windrichtungen, z. B. den Passaten oder den Westwinden. Der Richtungsverlauf wird zusätzlich beeinflusst durch die ablenkende Kraft der Erdrotation („Corioliskraft"), die sowohl Luft- als auch Wassermassen – in Bewegungsrichtung gesehen – auf der Nordhalbkugel nach rechts, auf der Südhalbkugel nach links ablenkt. Zudem wird der Verlauf der Meeresströmungen beeinflusst durch die Verteilung und Form der die Ozeane begrenzenden Landmassen beziehungsweise durch das untermeerische Relief.

Da Wasser eine hohe Wärmespeicherkapazität besitzt und die aufgenommene Wärme nur langsam an die Atmosphäre abgibt, üben Meer und Meeresströmungen regional und global einen großen Einfluss auf das Klima aus. Sie wirken zum Beispiel wie gigantische Wärmetauscher, die warmes, tropisches Wasser in höhere Breiten transportieren. Dort tragen sie dazu bei, dass das Klima gemäßigter ist, als es aufgrund der Breitenlage zu erwarten wäre. So sind z. B. alle norwegischen Häfen als Folge der „Warmwasserheizung" des Nordatlantikstroms (Abb. 71.3) ganzjährig eisfrei.

Neben diesen hauptsächlich durch Windschub gesteuerten oder beschleunigten, maximal 300 Meter tiefen Oberflächenströmungen existieren Tiefenströmungen, die oft unterschiedliche Strömungsrichtungen als die Oberflächenströmungen aufweisen. Beide sind verbunden durch „Wasseraufzüge", Regionen mit enormen vertikalen Wasserbewegungen. Diese „Wasseraufzüge" dienen als Motoren oder Pumpen für das Förderband des transozeanischen Wassertransports in unterschiedlichen Tiefen (Abb. 71.1).

Dieses thermohalin (Abb. 71.2) angetriebene Förderband befördert schweres Wasser in die Tiefe und die kalten ozeanischen Tiefenwasser an die Oberfläche („Aufstiegfenster"), von wo es wieder als Oberflächenwasser strömt. Dieser Zyklus dauert zwischen einigen Hundert und bis über tausend Jahre. Fast ein Drittel des Ozeanwassers ist in diesen Prozess einbezogen.

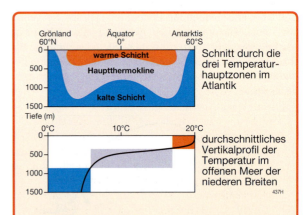

Außer in den Polarregionen, in denen durchgängig kalte Meerwasserschichten vorherrschen, lassen sich die Ozeane vertikal in drei Schichten gliedern. Obwohl an den Grenzschichten die Unterschiede bezüglich Temperatur und Salzgehalt oft nur gering sind, bleiben die Wasserstockwerke relativ stabil – so ähnlich wie die Stockwerke der Atmosphäre. Die vertikale Durchmischung des Meerwassers ist also wesentlich geringer als die horizontale Strömungskomponente.

70.1 Oberflächenströmungen (Ausschnitt)

70.2 Vertikale Schichtung des Meeres

DIE GROSSEN KREISLÄUFE

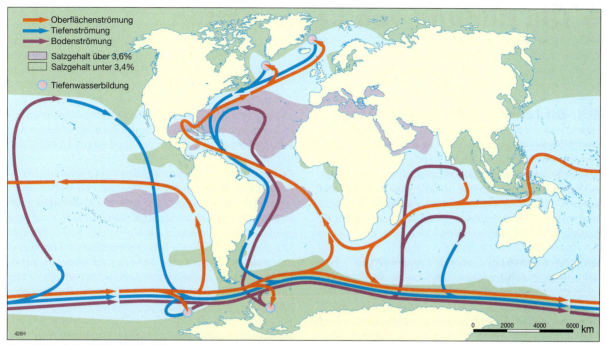

71.1 Das globale Förderband – eine Folge der thermohalinen Zirkulation

Kaltes Wasser ist schwerer als warmes, weil es eine höhere Dichte hat. Und Salzwasser ist schwerer als Süßwasser, weil das Salz zusätzliches Gewicht mitbringt. Unterschiede in Temperatur- und Salzgehalt lösen daher die sogenannte thermohaline Zirkulation (griech.: thermos=Wärme, halos=Salz) aus.

Auf seinem Weg nach Norden verliert der Golfstrom viel Wasser durch Verdunstung, wodurch der Salzgehalt des Oberflächenwassers steigt. Im Nordatlantik treffen die Ausläufer der warmen Meeresströmung auf arktische Polarluft und kühlen dabei stark ab. Zwischen Grönland und Nordnorwegen ist das Wasser schließlich so schwer geworden, dass es in die Tiefe sinkt. Diese vertikale Wasserverlagerung ist ein entscheidender Motor (nordatlantische Pumpe) für das weltumspannende Strömungssystem, denn das absinkende Wasser „saugt" neues Oberflächenwasser aus Süden nach. Das kalte Tiefwasser strömt zurück bis in den Indischen und Pazifischen Ozean, gelangt dort an die Oberfläche, wird erwärmt und wieder in den Nordatlantik bewegt.

Auch im Antarktischen Ozean gibt es eine thermohaline Zirkulation, denn bei der Bildung von Seeeis reichert sich im umgebenden Meerwasser Salz an. Vor allem entlang der Küste des antarktischen Kontinents sinkt dadurch das dichte Wasser zum Ozeanboden. Das antarktische Bodenwasser breitet sich unter dem nordatlantischen Tiefenwasser aus.

71.2 Thermohaline Zirkulation

Der Golfstrom trägt seinen Namen eigentlich zu Unrecht, da er seinen Ursprung nicht im Golf von Mexiko hat, sondern lediglich ein Teil der nordhemisphärischen Strömungszirkulation im Atlantik darstellt. Die warme Strömung des Äquatorialstroms wird durch die Meeresstraßen im Bereich des Golfs von Mexiko eingeengt. Dieser „Düseneffekt" erhöht die Strömungsgeschwindigkeit auf ca. 15 km/h und wirkt als Anschub für den Weitertransport des warmen Wassers über dem Atlantik. Auf dem Weg bis vor Neufundland verringert sich die Strömungsgeschwindigkeit auf 2–3 km/h, bei einem Transportvolumen von etwa 140 Mio. m³/s. Seine polwärtige Fortsetzung findet der Golfstrom im Nordatlantikstrom, der von großer Bedeutung für das Klima in Europa ist.

Aufgrund der Erdrotation werden die Strömungen wie der Golfstrom zu Strömungswirbeln umgelenkt und ihre Zentren weiter nach Westen verlagert. Bei gleich bleibendem Wasserdurchsatz führt dies zum Beispiel am Westrand des Atlantiks zu einer beschleunigten Strömung („Düseneffekt") und am Ostrand des Meeres zu einer langsameren Oberflächenströmung.

71.3 Der Golfstrom

Aufgabe
Erklären Sie das Prinzip der „nordatlantischen Pumpe" sowie die möglichen Auswirkungen einer klimabedingten Störung.

5 Die Bildung von Lagerstätten

5.1 Bildung von Erzlagerstätten

Die meisten Elemente kommen in der Erdkruste nicht in reiner Form vor, sondern als Verbindungen, als Minerale. Erze sind Minerale oder Mineralgemenge, aus denen mit wirtschaftlichem Erfolg Metalle gewonnen werden können. Als Erzlagerstätten werden geologisch begrenzte Körper bezeichnet, in denen metallhaltige Minerale auf natürliche Weise angereichert worden sind.

Primäre oder magmatische Lagerstätten
Sie entstehen bei der Erstarrung von glutflüssigen Gesteinsschmelzen, zum Beispiel bei der Bildung eines Plutons. Bei der Abkühlung des aus leicht- und schwerflüchtigen Bestandteilen bestehenden Gemischs werden nach und nach seine Bestandteile unlöslich und kristallisieren entsprechend ihrer Erstarrungspunkte aus. Die dadurch erfolgende Entmischung des Magmas beginnt als Frühkristallisation im noch flüssigen Zustand, wenn Schwermetalle aufgrund ihrer hohen Dichte in der Schmelze absinken und sich am Grunde des Plutons ansammeln (Abb. 72.1). Während der Hauptkristallisation kristallisieren viele gesteinsbildende Minerale auf einmal aus, sodass keine nennenswerte Anreicherung stattfindet (Bildung von Granit als Tiefengestein). Am Ende dieser Abkühlungsphase sind aber in der verbleibenden Restschmelze alle Elemente angereichert, deren Atome beziehungsweise Ionen in den Kristallgittern des Tiefengesteins keinen Platz gefunden haben. Hierbei handelt es sich vor allem um Metalle.

Die gasreiche, noch unter hohem Druck stehende Restschmelze dringt in Spalten und Hohlräume des Nebengesteins ein und kühlt dort beim weiteren Vordringen langsam ab. Bei dieser Restkristallisation werden Erzgänge gebildet. Hydrothermale Lösungen und heiße Dämpfe können schließlich bis zur Erdoberfläche vordringen und dort die mitgeführten Minerale ablagern. Im Idealfall kommt es also wegen der allmählichen Abnahme von Druck und Temperatur entlang der Gänge zu einer zonalen Anordnung der einzelnen Erze um den Granitpluton.

Sekundäre oder sedimentäre Lagerstätten
Sie entstehen dann, wenn die Verwitterungsprodukte primärer Lagerstätten abtransportiert und unter bestimmten Bedingungen andernorts wieder abgelagert werden.

Mechanisch-sedimentäre Erzlagerstätten: Minerale, die auch durch die chemische Verwitterung kaum zersetzt werden und die eine große Dichte besitzen, werden in einem Flusslauf überall dort sedimentiert, wo die Transportkraft des Flusses nachlässt. Die dabei entstehenden, als Seifen bezeichneten Lagerstätten liegen deshalb häufig

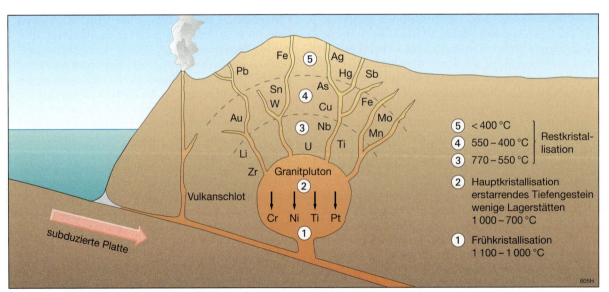

72.1 Entstehung primärer Lagerstätten

DIE BILDUNG VON LAGERSTÄTTEN

am Gefällsknick beim Übergang vom Gebirge ins Flachland (z. B. Platin im Ural, Gold in Kalifornien, Zinn in Malaysia), im Bereich von Schwemmkegeln und Deltas beziehungsweise in der Brandungszone ehemaliger Meere (Eisenerze bei Salzgitter).

Chemisch-sedimentäre Lagerstätten: Kupfer beispielsweise ist als Sulfat leicht löslich und wurde vor Jahrmillionen in sauerstoffreichen Flüssen aus dem Harz in das ihn damals umgebende sauerstoffarme Zechsteinmeer transportiert. Dort fiel es in Anwesenheit von H_2S als unlösliches Sulfid aus (Mansfelder Kupferschiefer).

Auch die Eisenerzlager Süddeutschlands und Lothringens sind marinen Ursprungs. Wegen intensiver chemischer Verwitterung war in den Flüssen viel Eisen gelöst, das beim Kontakt mit Meerwasser ausgefällt wurde und sich schalenförmig um Kristallisationskerne anlagerte. Die aus winzigen Eisenkügelchen (Eisenoolithe) bestehenden Brauneisenlager werden wegen ihres geringen Eisengehalts von 20 bis 40 Prozent Minette (= kleine Erze) genannt.

Metamorphe Lagerstätten

Sowohl primäre als auch sekundäre Lagerstätten können nach ihrer Bildung durch tektonische Einflüsse in sogenannte metamorphe Lagerstätten umgeformt werden. Die Eisenerze vom „Schneehuhnberg" Kirunavaara in Nordschweden sind zum Beispiel metamorph überprägte Produkte der Früh- und Hauptkristallisation. Die nach der brasilianischen Stadt Itabira „Itabirite" genannten Eisenerze sind dagegen sedimentären Ursprungs. Sie werden wegen der Wechsellagerung von roten Eisenoxidschichten und helleren kalk- und kieselsäurehaltigen Lagen auch als „Bändererze" bezeichnet und entstanden im Präkambrium vor 3,8 bis 2,0 Milliarden Jahren, als alle Meere „rosteten" (vgl. S. 9). Die Bändererze wurden bereits im Präkambrium metamorph überprägt und liegen heute oberflächennah auf allen alten Kontinentalschilden, zum Beispiel in der Mesabi Range in Minnesota, in Cero Bolivar in Venezuela, in Minas Gerais in Brasilien und Krivoi Rog in der Ukraine, außerdem in Westafrika, Transvaal und Westaustralien. Bei der Kursker Magneteisen-Anomalie liegen unter einer 150 Meter dicken, bauxithaltigen Sedimentschicht Bändererze in einer Menge, dass es lokal zu erheblichen Störungen des Erdmagnetfeldes kommt. Besonders abbauwürdig sind bei Itabiriten die obersten Schichten, da dort durch die lange Verwitterungsdauer die Kieselsäure abgeführt und so das verbleibende Eisen von ursprünglich 15 bis 40 Prozent auf 60 bis 70 Prozent angereichert wurde.

Verwitterungslagerstätten

Bauxit ist der bei intensiver chemischer Verwitterung übrig bleibende Verwitterungsrest. Bei hohen Temperaturen, hohen Niederschlägen, saurem ph-Wert und ausreichend langer Zeit werden die Alkali- und Erdalkalimetalle durch Hydrolyse vollständig aus den Mineralen gelöst und im Grund- und Oberflächenwasser abgeführt. Zurück bleibt ein Gemisch von schwer zersetzbaren und schlecht löslichen Stoffen. Der rot gefärbte Bauxit enthält daher neben Titanoxid, 5 % SiO_2 und 25 % Fe_2O_3 bis zu 60 % Al_2O_3. Bauxit ist somit Ausgangsstoff zur Aluminiumgewinnung.

Aufgabe

Erklären Sie mithilfe der Abb. 72.1 und 73.1 die Entstehung primärer und sekundärer Lagerstätten.

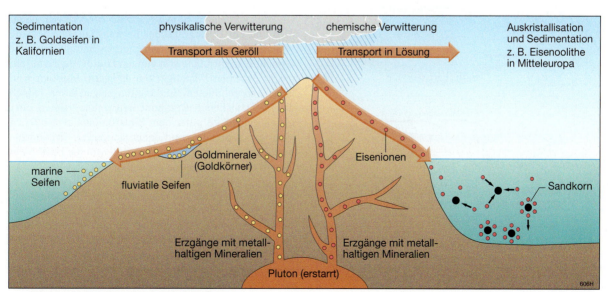

73.1 Entstehung sekundärer Lagerstätten

DIE BILDUNG VON LAGERSTÄTTEN

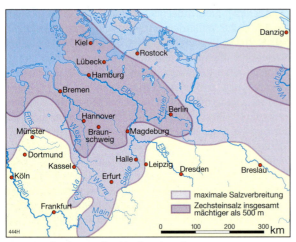

74.1 Verbreitung der Zechsteinsalze

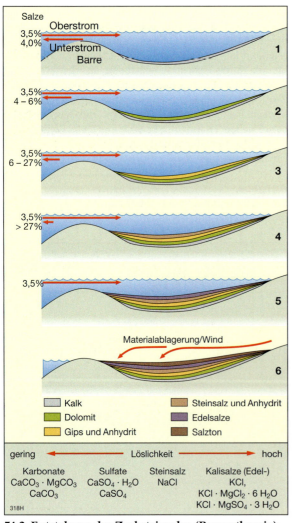

74.2 Entstehung der Zechsteinsalze (Barrentheorie)

5.2 Bildung von Salzlagerstätten

Europas größter Schatz ist etwa 250 Millionen Jahre alt, bis zu 1000 Meter mächtig und erstreckt sich im Untergrund zwischen England und Polen, Dänemark und Mitteldeutschland über eine Fläche von fast 500 000 Quadratkilometern: Er besteht aus Salz und bildet eine unentbehrliche Rohstoffquelle für die Landwirtschaft, für die Nahrungs- und Arzneimittelindustrie, für die kosmetische und vor allem für die chemische Industrie.

Diese nahezu unerschöpfliche Lagerstätte entstand, wie alle bedeutenden Salzlagerstätten, unter trockenheißen Klimabedingungen durch Ausfällung der im Meerwasser gelösten Salze. Da eine 1000 Meter mächtige Meerwassersäule bei vollständiger Verdunstung aber nur eine etwa 15 Meter dicke Salzschicht hinterlässt, müsste das Zechsteinmeer, dem die gewaltigen norddeutschen Lager entstammen, die unvorstellbare Tiefe von 60 Kilometer gehabt haben.

In Wirklichkeit war das Zechsteinmeer ein Randmeer mit seichten Becken und Untiefen, das sich über weite Schelfbereiche Mitteleuropas erstreckte und nur über eine Schwelle (Barre, Abb. 74.2) hinweg im Nordwesten mit dem offenen Ozean verbunden war. Durch Verdunstung des Wassers erhöhte sich in diesem Flachmeer zunehmend die Konzentration der darin gelösten Stoffe. Als ihre Sättigungsgrenze erreicht war, schieden sich am Grund des Zechsteinbeckens zunächst die am schwersten löslichen Salze, die Karbonate und Sulfate, danach auch Steinsalz und zuletzt die am leichtesten löslichen, die Kalium- und Magnesiumsalze, ab.

Da über die Barre hinweg laufend Meerwasser nachfloss und der Untergrund des Beckens langsam absank, konnten sich jeweils die Salze, deren Sättigungsgrenze erreicht war, im Laufe von einigen Hunderttausend Jahren in enormen Mächtigkeiten ablagern. Meistens sind in den so gebildeten Eindampfungslagerstätten jedoch die leicht löslichen Komponenten untervertreten oder fehlen ganz, weil unter dem Einstrom aus dem offenen Meer ein salzreicher und daher schwererer Unterstrom das übersalzene Becken verließ und ihm die noch nicht ausgefällten Bestandteile entzog.

Trocknete das Zechsteinbecken durch eine tektonisch bedingte Hebung der Barre zeitweilig vollständig aus, wurden die riesigen Salzflächen bei den herrschenden wüstenhaften Bedingungen unter angewehtem Staub und Ton begraben und so vor nachfolgenden Wassereinbrüchen bei erneutem Absinken der Barre geschützt. Dieser Zyklus wiederholte sich in Mitteleuropa in der Zechsteinzeit (vor 257 bis 251 Millionen Jahre) insgesamt fünfmal.

DIE BILDUNG VON LAGERSTÄTTEN

Salzabbau weltweit (Mio. Tonnen)				
1900	1925	1960	1995	2007
10	24	85	197	257

Quelle: Salzkontor

75.1 Salzgewinnung

Beim weiteren Absinken des Untergrundes wurde in den folgenden Erdzeitaltern durch Meere, Flüsse und Gletscher eine bis zu vier Kilometer mächtige Deckschicht über die Zechsteinsalze abgelagert. Da Salz wie Gletschereis bei anhaltendem starkem Druck plastisch wird und sich verformt, begann es zu fließen, sammelte sich in „Salzkissen" und drang – begünstigt durch seine gegenüber dem Deckgebirge geringere Dichte – entlang von Schwächezonen nach oben. Dabei wurden die überlagernden Schichten durchstoßen und am Rand des sich bildenden Salzstocks (Diapirs) mit aufgeschleppt, während die Salz- und Tonschichten innerhalb des Diapirs intensiv „durchgeknetet" und gefaltet wurden. Dort, wo das Salz im Untergrund seitlich abgeflossen war, sackte das Deckgebirge nach und verstärkte den Druck auf das Restsalz. Somit wurde immer mehr Salz in den aufsteigenden Diapir, dessen oberer Teil sich oft pilzartig erweiterte, einbezogen (Abb. 75.2 A).

Beim Eindringen in oberflächennahe Grundwasserbereiche wird das Dach eines Diapirs rasch aufgelöst. Zurück bleibt ein schwer löslicher Hut aus Gips auf einer geologischen Struktur, deren Dimensionen die der höchsten Berge Europas weit überschreiten kann.

Aufgaben
1. Beschreiben Sie die Entstehung von Salzlagern nach der Barrentheorie (Text, Abb. 74.2).
2. Begründen Sie, weshalb sich Salzlagerstätten an passiven Kontinentalrändern besonders häufig bilden.
3. Erläutern Sie die Entstehung von Salzstöcken (Text, Abb. 75.2,) und beschreiben Sie die Verteilung der Diapire in Norddeutschland.
4. Begründen Sie, weshalb sich Hohlräume in Salzbergwerken wieder schließen.

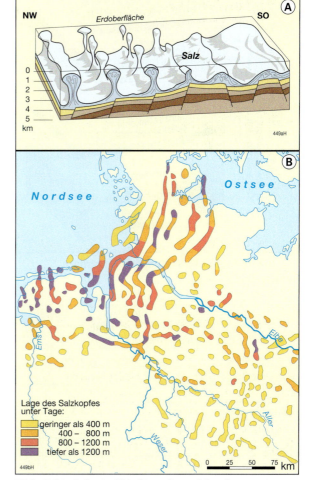

75.2 Salzstöcke in Nordwestdeutschland

DIE BILDUNG VON LAGERSTÄTTEN

5.3 Bildung von Kohlenlagerstätten

Immer wieder stoßen Bergarbeiter beim Kohleabbau auf Pflanzen- und Tierfossilien, organische Überreste eines urzeitlichen Lebensraumes. Durch Altersbestimmung der Fossilien können die sie umgebenden Kohlenschichten bestimmten Erdzeitaltern zugeordnet werden. Die Zusammensetzung der gefundenen Tier- und Pflanzenarten lässt Rückschlüsse auf die klimatischen Verhältnisse zur Zeit ihrer Entstehung zu.

Alle Kohlenlagerstätten sind in einem feuchtwarmen Klima aus Waldsumpfmooren mit einer üppigen Vegetation entstanden. Abgestorbene Pflanzen sanken in den wasserdurchtränkten Moorboden ein und wurden so bei Luftabschluss vor der völligen Verwesung bewahrt. Durch Mikroorganismen wurden die Pflanzenreste zunächst zu Torf, auf dem wieder neue Pflanzen wuchsen. Dieser Prozess vollzog sich immer wieder und die Torfschicht konnte mächtig anwachsen, wenn sich das Gebiet über lange Zeiträume hinweg stetig senkte. Durch die Absenkung wurde das organische Material durch Meeressedimente oder von Sanden, die von Flüssen aus nahe gelegenen Gebirgen herantransportiert wurden, überschüttet. Der immer größer werdende Überlagerungsdruck dieser Deckschichten hatte zur Folge, dass der Torf zusammengepresst und dadurch teilweise entwässert wurde. Im Zuge des Inkohlungsprozesses (Abb. 76.1) entstand aus Torf durch chemische Umwandlung zunächst Braunkohle, aus der sich bei noch höherer Temperatur und höherem Druck in großer Tiefe schließlich Steinkohle bilden konnte.
Aufgrund der genannten Entstehungsbedingungen finden sich in den Lagerstätten Flöze (Kohleschichten) in Wechsellagerung mit taubem Gestein (flözfreie Schichten).

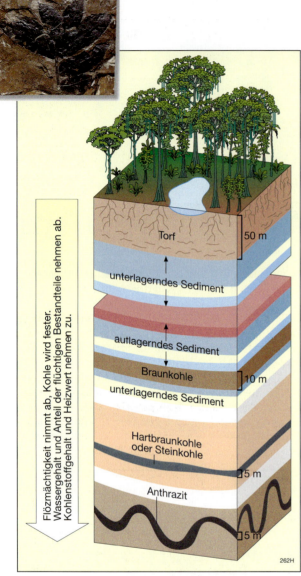

76.1 Inkohlungsprozess (kleines Bild: tertiäre Blattfossilien)

Die Braunkohlenlagerstätten entstanden im Tertiär. Wegen des relativ geringen Alters und des geringen Überlagerungsdrucks sind die Flöze meist mächtig und liegen nahe an der Erdoberfläche, sodass sie nach Abräumen der Deckschichten im Tagebau abgebaut werden können. Deutschland ist der größte Braunkohlenproduzent der Welt vor den USA und Russland.
Die Steinkohle ist wesentlich älter. Sie bildete sich vorwiegend im Karbon vor über 300 Millionen Jahren zur Zeit der variskischen Gebirgsbildung. Im Verlauf dieser Gebirgsbildung senkten sich die Vorländer immer weiter ab und wurden vom Ablagerungsschutt der damals hohen Gebirge zusedimentiert. Bei der Steinkohle unterscheidet man verschiedene Grade, die sich für unterschiedliche Verwendungsmöglichkeiten eignen (Abb. 76.2).

Die Abbauwürdigkeit eines Kohlenvorkommens hängt von verschiedenen Faktoren ab. Neben der Mächtigkeit (Dicke) und Tiefe der Flöze in der Erde ist es ihre

	flüchtige Bestand-teile in %	Kohlen-stoffanteil in %	Heizwert in MJ/kg
Flammkohle	45–40	75–82	30
Gasflammkohle	40–35	82–85	31
Gaskohle	35–28	85–87	32
Fettkohle	28–19	87–89	32
Esskohle	19–14	89–90	32
Magerkohle	14–10	90–91,5	34
Anthrazitkohle	10– 6	über 91,5	36

76.2 Inkohlungsgrade der Steinkohle

DIE BILDUNG VON LAGERSTÄTTEN

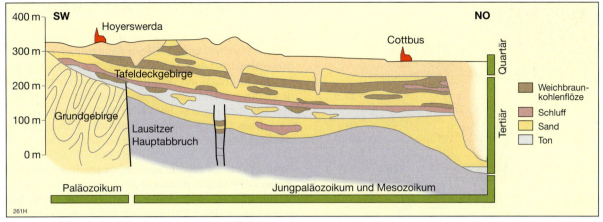

77.1 Profil durch das Niederlausitzer Braunkohlenrevier

Zerstückelung. Denn am Rand der Gebirge wurden die Kohlenschichten oft in die Faltungsprozesse einbezogen; während des Tertiärs zerbrachen sie im Zuge der Bruchschollenbildung und wurden an Verwerfungen gegeneinander versetzt.

Die Braunkohlenflöze in der Niederlausitz sind nur geringfügig von Zerstückelung betroffen. Anders die Steinkohlenflöze im Rheinischen Revier: Aufgrund der gestörten Lagerung, der geringen Flözmächtigkeit und der nach Norden immer tiefer liegenden Flöze ist der Abbau der Steinkohle zum Beispiel im Ruhrgebiet technisch sehr aufwendig und kostenintensiv und damit gegenüber anderen Kohleförderländern, in denen günstigere Lagerungsverhältnisse herrschen, nicht konkurrenzfähig.

Aufgaben

1 Erläutern Sie den Prozess der Inkohlung (Abb. 76.1, Abb. 76.2).
2 Suchen Sie im Atlas einige große Kohlenvorkommen. Beschreiben Sie ihre Lage und versuchen Sie, einen Zusammenhang zwischen Lagerstätte und Oberflächenformen/Tektonik herzustellen.
3 Beschreiben Sie die Lagerungsverhältnisse der Steinkohle im Ruhrgebiet und nennen Sie daraus entstehende Probleme für den Bergbau (Abb. 77.2).
4 Begründen Sie, warum die Braunkohlenflöze im Rheinischen Revier und in der Niederlausitz oberflächennah liegen und nicht gefaltet sind (Atlas).

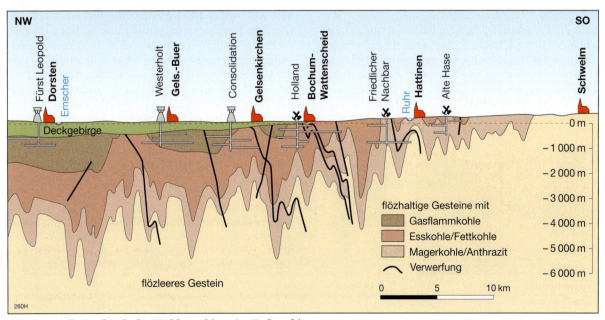

77.2 Querschnitt durch das Kohlengebirge im Ruhrgebiet

DIE BILDUNG VON LAGERSTÄTTEN

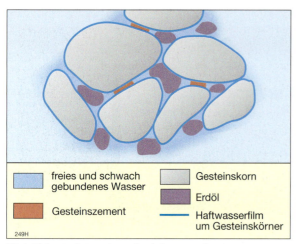

78.1 Feinstruktur eines Speichergesteins

5.4 Bildung von Erdöl- und Erdgaslagerstätten

Obwohl die Entstehung von Erdöl und Erdgas bis heute nicht in allen Einzelheiten geklärt ist, gilt folgende Entwicklungskette als die wahrscheinlichste: Das Plankton, organische Substanz in der oberen Wasserschicht der Meere, bildet das Ausgangsmaterial. Ein Teil des abgestorbenen Planktons sinkt auf den Meeresboden und wird dort – vor allem in seichten, schlecht durchlüfteten Meeresbuchten und besonders vor Flussmündungen – rasch von tonigen Sinkstoffen überdeckt. Diese organischen und anorganischen Sinkstoffe bilden Faulschlamm. Durch anaerobe (ohne Sauerstoff lebende) Bakterien wird der Faulschlamm zu Primärbitumen umgewandelt. Bei weiterem Absinken des Meeresbeckens, zunehmender Mächtigkeit der Sedimentschichten und damit verbundenem Anstieg von Druck und Temperatur in der Tiefe entstehen aus dem Bitumen durch chemische Umsetzung flüssige und gasförmige Kohlenwasserstoffe – Erdöl und Erdgas. Durch weitere Druckzunahme – Überlagerungsdruck oder seitlichen Druck bei der Entstehung eines Gebirges – werden Erdöl und Erdgas aus dem tonigen Entstehungsgestein, dem Muttergestein, ausgepresst. Es wandert durch Klüfte und Spalten in poröse Speichergesteine wie Kalk- oder Sandsteine. Diese Wanderung (Migration) wird dort unterbrochen, wo eine undurchlässige Schicht wie Salz oder Ton den weiteren Weg versperrt: Das Öl „sitzt in der Falle". In diesen Erdölfallen sammeln sich die Kohlenwasserstoffe in den Poren des Speichergesteins wie das Wasser in den Poren eines Schwammes (Abb. 78.1). Wegen der geringeren Dichte sammeln sich Erdöl und Erdgas über dem Grundwasser in den höchsten Bereichen dieser Strukturen.

Es werden drei Haupttypen von Erdölfallen unterschieden: Antiklinale, Verwerfung, Salzstock (Abb. 78.2). Die Lagerstätten im Bereich des Kontinentalschelfs (Offshorebereich) gehören genetisch auch zu diesen Haupttypen.

Riesige Ölvorräte finden sich auch in Ölschiefern und Teersanden, vor allem in Nord- und Südamerika und in Australien. Ölschiefer sind feinkörnige Sedimentgesteine mit einem hohen Anteil an Kohlenwasserstoffen. Aus einer Tonne Gestein können durch Erhitzung bis zu 700 Liter Öl gewonnen werden.

Teersande bestehen aus sandigen Ablagerungen, die mit asphaltartigen organischen Substanzen durchtränkt sind. In Alberta (Kanada) werden die Athabaska-Teersande bereits zur Ölgewinnung genutzt. Die Weltressourcen an Ölen aus Teersanden und Ölschiefern betragen etwa 50 Prozent aller Erdölressourcen der Erde. Da das Gewinnungsverfahren sehr teuer ist, lohnt sich der Abbau aber nur bei einem hohen Rohölpreis auf dem Weltmarkt.

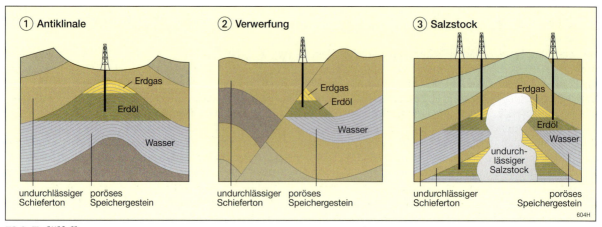

78.2 Erdölfallen

DIE BILDUNG VON LAGERSTÄTTEN

„Brennendes Eis" wurden die Methanhydratbrocken genannt, bei deren Zersetzung das frei werdende, angezündete Methangas brannte und das frei werdende Wasser abtropfte.
Wasser und Gas können bei hohem Druck und niedriger Temperatur einen eisähnlichen Zustand bilden, der als Gashydrat bezeichnet wird. Die Wassermoleküle bilden dabei eine käfigartige Kristallstruktur, in der Gasmoleküle eingeschlossen sind. Seit den 1980er-Jahren wurden über hundert Gashydratregionen nachgewiesen. Gashydrate bilden sich in Meeressedimenten oder in den Permafrostböden.
Gashydratvorkommen sind meist nicht klar umgrenzt, und das Gashydrat ist unregelmäßig verteilt. Eine Reservoirabschätzung ist daher schwierig und hat zur Folge, dass Angaben über förderbare Erdgasmengen mit großen Unsicherheiten behaftet sind. Die Schätzungen für marine Gashydratvorkommen schwanken zwischen 3,1 und 7600 Billiarden Kubikmeter, für die in den Permafrostgebieten zwischen 0,014 und 34 Billiarden Kubikmetern. Verglichen mit konventionellem Erdgas ist etwa die zwei- bis zehnfache Menge an Erdgas in Gashydrat gebunden.

Aktuelle Prognosen gehen davon aus, dass allein im Gashydrat halb so viel Kohlenstoff wie in allen anderen fossilen konventionellen Energieträgern gebunden ist. Eine Gewinnung von Erdgas aus Gashydrat wird sich daher auch auf den CO_2-Haushalt auswirken. Von der Exploration über die Produktion bis hin zum Erdgastransport ist jede Phase mit potenziellen Auswirkungen auf die lokale Umwelt verbunden. Darüber hinaus sind Auswirkungen auf die marinen Ökosysteme zu befürchten. Insbesondere der Abbau durch Abgraben des Gashydrates würde das Ökosystem der tiefen Biosphäre nachhaltig zerstören. Des Weiteren sind Gasaustritte und untermeerische Rutschungen in den Förderregionen zu befürchten. Erschwerend kommt hinzu, dass sich bei geänderten Druck- und Temperaturbedingungen – zum Beispiel bei der Förderung – das Gashydrat zersetzen kann.

Brennendes Methanhydrat

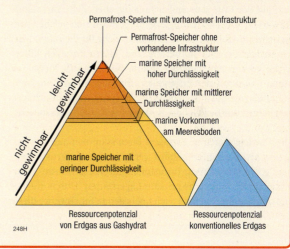

79.1 Gashydrat – Energiequelle der Zukunft?

Um die Ölausbeute aus den bekannten Öl- und Gasfeldern zu erhöhen, werden heute durch sogenannte Injektionsbohrungen Wasser, Dampf oder CO_2 in die Lagerstätten gepresst. Dadurch werden die Kohlenwasserstoffe stärker mobilisiert. Durch neue Explorations- und Gewinnungstechniken werden immer wieder neue Lagerstätten entdeckt und ausgebeutet, sodass die Statistiken bezüglich der Verfügbarkeit von Öl und Gas oft keine große Aussagekraft besitzen.
Die bestätigten Welterdöl- und -erdgasreserven steigen trotz zunehmender Fördermengen ständig an. Sie betragen derzeit (Jahr 2010) bei Erdöl über 182 Milliarden Tonnen, bei Erdgas etwa 177 Milliarden Kubikmeter.

Aufgaben

1 Suchen Sie im Atlas einige große Erdöl- beziehungsweise Erdgasvorkommen. Beschreiben Sie ihre Lage und versuchen Sie, einen Zusammenhang zwischen Lagerstätte und Oberflächenformen/Tektonik herzustellen.

2 Nennen Sie Ähnlichkeiten/Unterschiede bei der Entstehung von Erdöl-/Erdgaslagerstätten und Kohlenlagerstätten.

3 Suchen Sie im Internet nach weiteren Informationen über Gashydrate, zum Beispiel unter www.geomar.de oder www.gashydrate.de. Diskutieren Sie Chancen und Risiken dieser potenziellen Energiequelle.

GEO-EXKURS

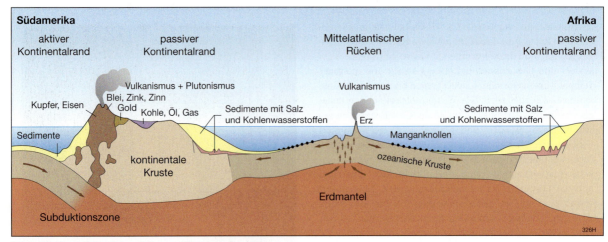

80.1 Plattentektonik und Lagerstättenverbreitung

Verteilung von Lagerstätten

Die Lagerstätten der mineralischen und organischen Rohstoffe sind auf der Erde sehr ungleichmäßig, aber nicht unregelmäßig verteilt. Die „Verteilungsregeln" ergeben sich aus den geologischen Prozessen und Strukturen, welche für die Bildung der Lagerstätten jeweils notwendig sind. Hinzu kommen klimatische Voraussetzungen, der Faktor Zeit sowie die fortschreitende Evolution der Lebewesen: Erst die Entwicklung von Landpflanzen mit ausreichend hoher Biomasseproduktion ermöglichte zum Beispiel die Bildung der Kohlenlagerstätten.

Die ältesten primären Erzlagerstätten stammen aus der Erdurzeit, als die sich allmählich verfestigende Erdkruste noch häufig von granitischen Intrusionen durchsetzt wurde. Dabei bildeten sich zahlreiche primäre Lagerstätten. Durch die lang andauernde Erosion sind auch tief liegende Stockwerke dieser Plutone freigelegt worden. Die heute meist im Kontinentinnern gelegenen Kratone besitzen daher ein sehr reichhaltiges Lagerstättensortiment mit zum Teil seltenen Erzen (z. B. Sudbury in Kanada, Bushveld in Südafrika).

An die Ränder dieser tektonisch stabilen „Alten Schilde" wurden im Laufe der Erdgeschichte immer wieder Gebirge „angeschweißt". Aus den dabei entlang der Subduktionszone in die Tiefe geführten Gesteinen bildeten sich – je nach Druck- und Temperaturverhältnissen – Magmen unterschiedlicher Zusammensetzung. Ihre Intrusionen führten zu einer zonalen Anordnung von Gürteln oder Provinzen mit typischen Mineralkombinationen parallel zum aktiven Kontinentalrand (Abb. 80.2).

Sekundäre Lagerstätten erfordern geeignete Sedimentationsbedingungen und -räume. Im Innern der Kontinente sind dies meist durch Bruchtektonik entstandene Becken und

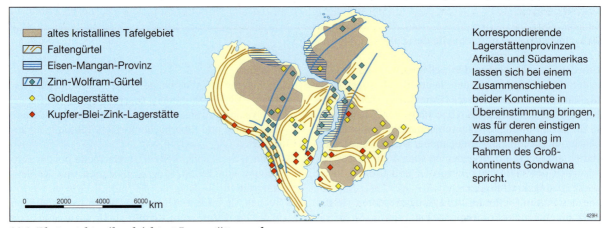

80.2 Plattentektonik erleichtert Lagerstättensuche

GEO-EXKURS

Im Bereich der mittelozeanischen Rücken dringt laufend Meerwasser mehrere Kilometer tief in die poröse Basaltkruste ein und wird in der Umgebung von Magmakammern aufgeheizt. Es entstehen hydrothermale Lösungen mit saurem, aggressivem Charakter, die das Gestein korrodieren und die mit hoher Geschwindigkeit (2–3 m/s) wieder am Meeresboden austreten. Beim Kontakt mit dem kalten Wasser werden die gelösten Stoffe ausgefällt. An der Austrittsöffnung bilden sich Wolken von dunklen Sulfidkristallen – vor allem Eisen-, Zink- und Kupfersulfide. Sie lagern sich permanent rings um die Öffnung ab. Dadurch wachsen bis zu 10 m hohe Erzschlote in die Höhe, aus deren Öffnung es scheinbar fortwährend qualmt („Black Smoker"). In nicht subduzierten Ophiolith-Komplexen sind diese Lagerstätten zugänglich (z. B. Zypern).

81.1 Untermeerische Lagerstätten – „Black Smoker"

Gräben oder durch Epirogenese gebildete Senken (z. B. die Randsenken von Gebirgen). Die reichsten Konzentrationen schwerer, chemisch resistenter Minerale wie Gold, Silber, Wolfram und Zinn liegen dabei nahe des Erosionsgebiets. Leichter lösliche Mineralien wie Kupfer, Blei- und Zinksalze werden weitertransportiert und erst in reduzierenden, an organischer Substanz reichen Gewässern ausgefällt.

Häufig führt eine intrakontinentale Grabenbildung bis zur Entstehung eines Ozeans. Die passiven Kontinentalränder bieten dann ideale Voraussetzungen für die Entstehung von Öl- und Gaslagerstätten sowie – bei geeignetem Klima – von Salzlagerstätten (vgl. S. 74). Meist bricht ein Kontinent entlang von benachbarten „triple points" auseinander. Dabei vereinigen sich zwei aufeinander zulaufende Riftvalleys schließlich zu einer durchgehenden mittelozeanischen Spreizungszone. Der jeweils dritte, in großem Winkel dazu stehende Grabenbruch ist daran nicht beteiligt. Er bildet aber einen sich teilweise weit in den Kontinent erstreckenden Sedimentationsraum. Bei der Öffnung des Atlantiks entstanden zahlreiche solcher als Aulakogen bezeichneter Strukturen (z. B. Benue-Aulakogen, Abb. 81.2). Sie enthalten meist umfangreiche Öl- und Gaslager, zahlreiche Seifen sowie Vererzungen entlang der Grabenränder.

Die Bildung von Lagerstätten geht fortwährend weiter. Besonders eindrucksvoll ist dies zu sehen an den „Black Smokers" im Bereich der mittelozeanischen Rücken (Abb. 81.1). Durch Ausfällungen aus gesättigten hydrothermalen Lösungen bilden sich in Senken dort auch umfangreiche Erzschlämme. Das in den Lösungen ebenfalls enthaltene Mangan wird weitertransportiert und kann sich zusammen mit Fe, Ni, Co und Cu um Konzentrationskerne schalenförmig anlagern. Die so entstehenden kartoffelgroßen Manganknollen liegen in Bereichen mit geringer Sedimentation frei auf dem Tiefseeboden.

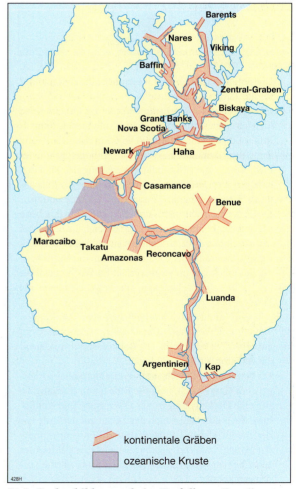

81.2 Grabenbildungen beim Zerfall von Pangäa

81

6 Die Dynamik der Atmosphäre

6.1 „Akteure" im Wetter- und Klimageschehen

„Wenn ein Sonnenring die Sonne umgibt, wird Regen fallen. Wenn eine Wolke am Himmel dunkelt, wird Wind blasen." Diese auf einer 6000 Jahre alten babylonischen Tontafel in Keilschrift festgehaltene Vorhersage belegt, dass Menschen sich schon lange mit dem Wetter beschäftigen. Es ist bis heute ein schier unerschöpfliches Thema. Dabei spielt sich das Wettergeschehen nahezu ausschließlich in der nur wenige Kilometer mächtigen untersten Schicht der Atmosphäre, der Troposphäre, ab (griech.: tropos = Wendung). In dieser „Wettersphäre" wenden, das heißt verändern sich die Werte der Wetter- und Klimaelemente (Abb. 83.2) ständig. Als Wetter wird daher der mess- und beobachtbare Zustand der Atmosphäre über einem Ort zu einem bestimmten Zeitpunkt bezeichnet. Aussagen wie „In Dresden ist es 25 Grad warm" oder „Gestern hat es geschneit" beziehen sich auf das Wetter.

Aussagen wie „In Andalusien ist es im Sommer sehr heiß" oder „In Schottland regnet es im Sommer häufig" beziehen sich dagegen auf das Klima (griech.: klimatos = Neigung; gemeint ist die Neigung der Erdachse; Abb. 82.1). Als Klima wird der statistisch erfasste Ablauf des Wetters an einem Ort über einen längeren Zeitraum bezeichnet. Datengrundlage sind die meist über 30 Jahre gemittelten Werte der Klimaelemente.

Anders als der meist kurzfristige Wechsel des Wetters ändert sich das Klima eines Ortes nur langsam und nur über längere Zeiträume. Die Ursachen hierfür sind
- Veränderungen in der Atmosphärenchemie/-physik (z. B. Änderungen der Gaszusammensetzung der Atmosphäre oder des Reflexionsgrades der Sonnenstrahlen),
- Veränderungen astronomischer Grunddaten (z. B. Änderungen des Neigungswinkels der Erdachse),
- Veränderungen von Kontinentkonstellationen und Luftmassenströmungen (z. B. durch Gebirgsbildungen).

Aufgaben
1 Erklären Sie den Unterschied zwischen Wetter und Klima.
2 Begründen Sie die Entstehung der Jahreszeiten in Mitteleuropa (Abb. 82.1).
3 Beschreiben Sie mithilfe der Abb. 83.3 die Komplexität des Wetter- und Klimageschehens.

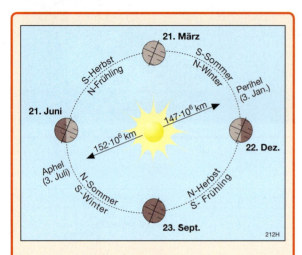

- Die Sonne ist der einzige wesentliche Energiespender für das Leben auf der Erde.
- Die Erde wandert im Laufe eines Jahres auf einer fast kreisförmigen Bahn in rund 150 Millionen Kilometer Entfernung um die Sonne (Revolution der Erde). Eine Entfernungsveränderung von zehn Millionen Kilometer mehr würde zur vollständigen Vereisung des Planeten bzw. von zehn Millionen Kilometer weniger zur vollständigen Verdampfung des Wassers auf der Erde führen.
- Die Erdachse steht nicht senkrecht zur Erdbahnebene (= Ekliptik), sondern ist um 23,5° geneigt. Sie behält bei der Revolution diese Neigung bei gleichbleibender Richtung im Weltraum bei. Dadurch werden die Nord- bzw. die Südhalbkugel im Jahresverlauf im Wechsel stärker bzw. schwächer beschienen. Als Folge entstehen die Jahreszeiten.
- Die Erde dreht sich innerhalb von etwa 24 Stunden einmal von West nach Ost um ihre Achse. Dadurch entstehen Tag und Nacht. Die Rotationsgeschwindigkeit am Äquator beträgt 1670 km/h.
- Die Atmosphäre (griech.: atmos = Dampf, sphaira = Kugel), ein Gasgemisch, hüllt die Erde ein und schützt sie wie eine Decke vor zu großer Erwärmung und Abkühlung. Sie schützt aber auch das Leben auf der Erde vor der energiereichen Ultraviolett- und Röntgenstrahlung der Sonne, während sichtbares Licht sowie infrarotes Licht beinahe ungehindert bis zur Erdoberfläche vordringen können.

82.1 Die Erde im Weltraum

DIE DYNAMIK DER ATMOSPHÄRE

83.1 Wettererscheinungen

Wetter- und Klimaelemente	Maßeinheiten		Messgeräte	Klimafaktoren
Temperatur	°C °F	Grad Celsius bzw. Grad Fahrenheit	Thermometer	• Meeresnähe
Luftdruck	hPa	Hektopascal	Barometer	• Höhenlage
Luftfeuchtigkeit	%	relative Feuchte	Hygrometer	
Windstärke / Windrichtung	m/s	Meter pro Sekunde Himmelsrichtung	Anemometer Windfahne	• Geländeneigung
Strahlung	W/m²	Watt pro Quadratmeter	Radiometer	• Exposition
Bewölkung	● ◕ ◑ ◔ ○		Schätzung durch Beobachter	• Art der Bodenbedeckung
Niederschlag	mm l/m²	Millimeter Liter pro Quadratmeter	Regenmesser	• Bios

83.2 Wetter- und Klimaelemente sowie Klimafaktoren

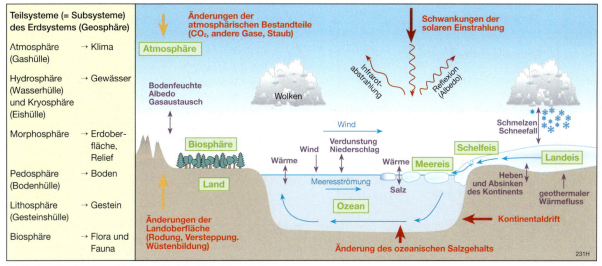

83.3 Das Erdsystem (System Erde) und seine Teilsysteme

DIE DYNAMIK DER ATMOSPHÄRE

6.2 Vom Strahlungs- und Wärmehaushalt zur Lufttemperatur

Strahlungs- und Wärmehaushalt

Seit Milliarden Jahren schickt die Sonne einen gewaltigen Strom von Energie ins All. Sie ist damit die wichtigste Energiequelle für das Leben auf der Erde und für das Wettergeschehen. Die Solarstrahlung hat wegen der hohen Oberflächentemperatur der Sonne von 5700 °C ihre maximale Intensität im kurzwelligen Bereich. Sie erzeugt an der Außenseite der Atmosphäre, wo die Sonnenstrahlen aufgrund der großen Entfernung fast parallel ankommen, auf einer zur Strahlungsrichtung senkrecht gedachten Fläche einen Strahlungsenergiefluss von 1360 W/m² (Watt pro Quadratmeter). Dieser wird als Solarkonstante bezeichnet.

Ein Teil der Solarstrahlung wird bereits durch die Atmosphäre in Abhängigkeit von der Wellenlänge (Absorptionsfenster) absorbiert. Die Energieflussdichte ist wellenlängenspezifisch und wird in W/(m²·µm) (Watt pro Quadratmeter und Wellenlänge) angegeben (Abb. 84.2). Die Erde und die Atmosphäre sind aber auch „Körper mit Temperatur" und strahlen daher. Wegen ihrer im Vergleich zur Sonne weit geringeren Temperatur geben sie nur langwellige Strahlung im Infrarotbereich ab (Abb. 84.1, 84.2).

Die Energieflüsse an den Grenzflächen und innerhalb des Systems Weltall – Atmosphäre – Erde werden im Strahlungs- und Wärmehaushalt dargestellt (Abb. 85.1). Daraus ergeben sich folgende grundlegende Aussagen:
- Die Erde und die Atmosphäre verlieren durch ihre langwellige Ausstrahlung ständig Energie.

„Jeder Körper mit Temperatur strahlt." Hinter dieser so einfach und doch so merkwürdig klingenden Feststellung verbirgt sich eine grundlegende physikalische Tatsache: Jeder Körper, egal ob fest, flüssig oder gasförmig, dessen Temperatur oberhalb des absoluten Nullpunkts liegt (null Kelvin bzw. −273 °C) gibt elektromagnetische Strahlung – und damit Energie – ab. Da diese Art des Energietransfers im Gegensatz zu Wärmeleitung oder Konvektion nicht an Materie gebunden ist, kann sie z. B. selbst den gasleeren Weltraum zwischen Sonne und Erde überwinden.

Das abgestrahlte Wellenlängenspektrum und die Intensität der Strahlung werden ausschließlich von der Temperatur der Strahlungsquelle bestimmt: Je höher deren Temperatur ist, desto kurzwelliger und desto energiereicher ist die abgegebene (emittierte) Strahlung. Diese kann von anderen Körpern entweder aufgenommen (absorbiert) oder zurückgeworfen (reflektiert) werden oder diese ungehindert durchdringen (Transmission). Welche Wellenlängen und mit welcher Intensität ein Körper absorbiert, wird durch dessen atomare bzw. molekulare Zusammensetzung bestimmt. Durch die Absorption erhöht sich der Energiegehalt des Körpers. Er wird damit wärmer und strahlt daher nun in einem etwas kürzeren Wellenlängenbereich und mit einer etwas höheren Intensität als zuvor.

Im Extremfall absorbiert ein Körper die einfallende Strahlung vollständig; zugleich strahlt er aber auch Energie ab, weil er Temperatur hat („schwarzer Strahler").

Langfristig gesehen befindet sich ein Körper dann im Strahlungsgleichgewicht, wenn die aufgenommene Energiemenge genau der abgestrahlten entspricht.

84.1 Strahlungsgesetze

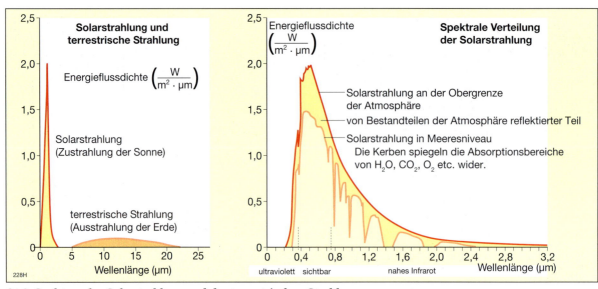

84.2 Spektren der Solarstrahlung und der terrestrischen Strahlung

DIE DYNAMIK DER ATMOSPHÄRE

- Der zur Erde gerichtete Teil der atmosphärischen Strahlung (Gegenstrahlung) kompensiert weitgehend die ausstrahlungsbedingte Abkühlung der Erde und erzeugt dadurch den natürlichen Treibhauseffekt.
- Die von Erde und Atmosphäre zusammen in den Weltraum abgestrahlte Energiemenge entspricht genau ihrer Strahlungseinnahme durch die Sonne. Die Strahlungsbilanz des Systems ist damit ausgeglichen.
- Die Atmosphäre wird durch die Absorption der kurzwelligen Sonnenstrahlung kaum erwärmt.
- Nur etwa die Hälfte der solaren Zustrahlung kommt auf direktem oder indirektem Weg überhaupt an der Erdoberfläche (Globalstrahlung) an und erwärmt diese.
- Die durch die Sonne erwärmte Erdoberfläche heizt die Lufthülle darüber ständig von unten her an, wie eine Kochplatte den darauf gestellten Wassertopf. Diese Aufheizung von unten erfolgt nicht durch Strahlung, sondern durch andere Energieströme. Sie führen der Atmosphäre Energie in Form von erwärmter Luft (fühlbare Wärme) und der Energie, die durch Verdunstung in Wasserdampf gespeichert ist (latente Wärme), zu.
- Der Transport fühlbarer und latenter Wärme erfolgt jedoch nicht nur in vertikaler, sondern auch in horizontaler Richtung und kann damit die Strahlungsbilanzüberschüsse oder -defizite einzelner Orte oder Regionen der Erdoberfläche ausgleichen.

Der Wärmehaushalt eines bestimmten Ortes – und damit auch seine Lufttemperatur – ergibt sich also aus dem Zusammenwirken von lokalen Strahlungsumsätzen („solares oder Strahlungsklima") sowie der Zufuhr von fühlbarer und latenter Wärme durch Luftmassen aus der näheren und weiteren Umgebung.

Die Atmosphäre verhält sich gegenüber der von der Sonne bzw. von der Erde ausgehenden Strahlung wie die Glashülle eines Treibhauses: Sie lässt die kurzwellige solare Strahlung großteils passieren, absorbiert jedoch die langwellige terrestrische Strahlung weitgehend. Dadurch erhitzt sie sich wie die Luft im Treibhaus. Ohne diesen „Treibhauseffekt" wäre die Erde nicht der an Ozeanen, Seen und Flüssen reiche „blaue Planet", sondern eine lebensfeindliche Eiswüste. Die globale Mitteltemperatur würde nicht +15 °C, sondern −18 °C betragen. Diese durch den natürlichen Treibhauseffekt bedingte Temperaturerhöhung ist zu etwa zwei Drittel auf den Wasserdampf der Atmosphäre zurückzuführen. Den Rest erbringen v.a. CO_2 und in geringerem Umfang die Spurengase und Aerosole. Deren „Treibhausrelevanz" ist allerdings, bezogen auf den Effekt eines CO_2-Moleküls, um ein Vielfaches höher.

85.2 Der natürliche Treibhauseffekt

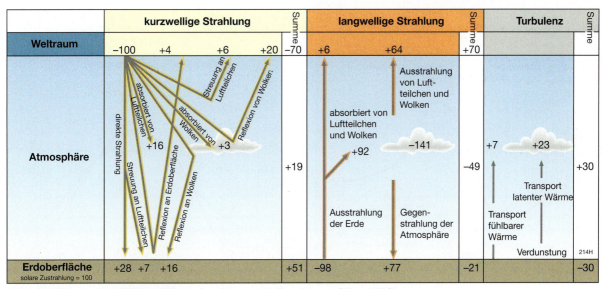

85.1 Strahlungs- und Wärmebilanz des Systems Erde – Atmosphäre – Weltraum

DIE DYNAMIK DER ATMOSPHÄRE

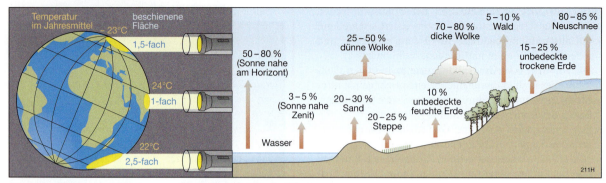

86.1 Strahlungsverhältnisse am 21. Juli und Albedo-Werte

Lufttemperatur
Im solaren Klima wird die Temperatur an der Erdoberfläche ausschließlich durch das Verhältnis von ausstrahlungsbedingtem Energieverlust zu einstrahlungsbedingtem Energiegewinn bestimmt. Ohne Zufuhr von Sonnenenergie kühlt daher die Erdoberfläche und damit auch die Luft darüber nachts rasch ab. In wolkenlosen „reinen Strahlungsnächten" ist die Abkühlung besonders stark, bei Bewölkung wegen der Gegenstrahlung dagegen deutlich geringer.

Mit einsetzendem Tageslicht beginnt morgens die Erwärmung der Erdoberfläche und damit langsam auch die Aufheizung der darüberliegenden Luftschichten. Die Lufttemperatur steigt dabei etwas verzögert an, da die Nettostrahlung noch bis etwa eine Stunde nach Sonnenaufgang negativ bleibt. Die höchsten Lufttemperaturen werden daher tagsüber erst nach dem mittäglichen Sonnenhöchststand erreicht. Mit abnehmender Sonneneinstrahlung setzt gegen Abend dann wieder Abkühlung ein, wobei die niedrigsten Boden- und Lufttemperaturen am frühen Morgen erreicht werden (Abb. 86.2).

In welchem Umfang sich bei den gegebenen Ein- und Ausstrahlungsbedingungen ein bestimmter Ausschnitt der Erdoberfläche erwärmen kann, hängt aber nicht nur von der Intensität und der Dauer der kurzwelligen Zustrahlung ab, sondern auch davon, in welchem Umfang diese jeweils reflektiert wird. Das Verhältnis von reflektierter zu einfallender Strahlung in Prozent der einfallenden Strahlung wird als Albedo bezeichnet. Ihre Größe wird von den physikalischen und chemischen Oberflächeneigenschaften, z.B. der Farbe, beeinflusst (Abb. 86.1).

Seen und Ozeane können viel Energie aufnehmen und über längere Zeit speichern, da die Sonnenstrahlen tief eindringen, ein großes Volumen erwärmen und die Wärme durch Konvektionsvorgänge eventuell noch in tiefere Wasserschichten eingemischt wird. Landoberflächen werden dagegen meist rasch, aber nur oberflächlich erwärmt, kühlen daher auch schnell wieder ab. Dieses ganz unterschiedliche Erwärmungs- und Abkühlungsverhalten von Festland und Meer macht sich im Tages- und im Jahresgang der Lufttemperatur deutlich bemerkbar (Land- bzw. Seeklima, Abb. 86.3).

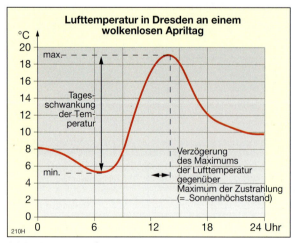

86.2 Tagesgang der Temperatur

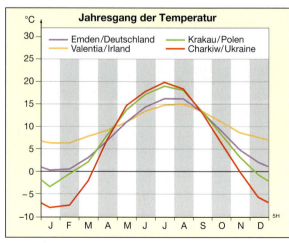

86.3 Jahresgang der Temperatur in den Mittelbreiten

DIE DYNAMIK DER ATMOSPHÄRE

Das globale Wärmeungleichgewicht

Aufgrund der Kugelgestalt der Erde, ihrer Rotation, der Neigung der Erdachse und der Erdrevolution ändern sich Sonnenhöhe (Einstrahlungswinkel) und Tageslängen beständig (Abb. 82.1, 87.1). Einstrahlungsdichte und -dauer unterliegen daher je nach Breitengrad erheblichen Schwankungen. Die sich im Jahresgang daraus ergebenden Beleuchtungsverhältnisse und Strahlungsbilanzen führen zu einer globalen Einteilung der Erde in fünf breitenkreisparallele, durch die Wende- und Polarkreise mathematisch exakt abgrenzbare Beleuchtungszonen mit ganz unterschiedlichen Strahlungsbilanzen und Wärmehaushalten (Abb. 87.1):

- Die Tropen erhalten die größte Energiezufuhr aufgrund des ganzjährig sehr hohen Sonnenstands.
- Die beiden Polarzonen besitzen – trotz hoher Energiegewinne während des maximal halbjährigen Polartages – im Jahresmittel eine negative Strahlungsbilanz.
- Die mittleren (gemäßigten) Breiten bilden jeweils die Übergangszone zwischen diesen extremen Zonen. Sie zeigen strahlungsklimatisch und thermisch deutlich unterscheidbare Jahreszeiten und werden in niedere (Subtropen) und hohe Mittelbreiten untergliedert. Die Subtropen besitzen im Sommer noch hohe Sonnenstände und relativ lange Nächte, im Winter dagegen relativ lange, lichte Tage mit immer noch wärmender Sonne. Die zwischen 45 Grad und den Polarkreisen gelegenen hohen Mittelbreiten haben im Sommer dagegen lange Tage mit hohem Sonnenstand und im Winter kurze Tage mit tiefem Sonnenstand (Abb. 87.1).

Ohne Wärmeenergietransporte würden die Polarzonen dauernd kälter, die Tropen immer wärmer werden (Abb. 87.1). Die mittleren Breiten sind damit die Zone, in der der notwendige Energieaustausch zwischen Tropen und Polarzonen durch Luftmassen- und Meeresströmungen stattfinden muss.

Aufgaben

1 Charakterisieren Sie die in Abb. 84.1 dargestellten Sachverhalte.
2 Erläutern Sie das Schema des Strahlungs- und Wärmehaushalts (Abb. 85.1).
3 Erklären Sie die Entstehung des natürlichen Treibhauseffekts (Abb. 85.2).
4 Vergleichen Sie die in Abb. 86.2 und 86.3 dargestellten Temperaturverläufe.
5 Charakterisieren Sie die in Abb. 87.1 dargestellte klimatische Zonierung der Erde.

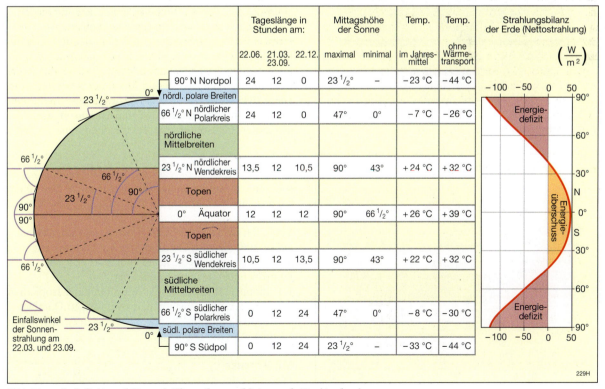

87.1 Energiedefizit und Energieüberschussgebiete nach Breitenkreisen

DIE DYNAMIK DER ATMOSPHÄRE

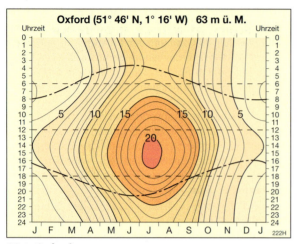

88.1 Oxford

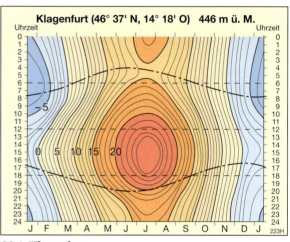

88.4 Klagenfurt

Thermoisoplethendiagramme

Isoplethen (griech.: plethos = Fülle, Menge) sind Linien, die gleiche Werte einer Messgröße verbinden und die in Bezug zu zwei anderen Variablen gesetzt werden.
In Thermoisoplethendiagrammen ist daher die Veränderung der Temperatur eines Ortes (Messgröße) sowohl im Tages- als auch im Jahresverlauf (Variablen) erfasst. Datengrundlage sind dabei stets die mittleren Stundentemperaturen während des gesamten Tages. Zur Verdeutlichung der jeweiligen Temperaturverhältnisse und zur besseren Lesbarkeit sind die Thermoisoplethendiagramme meist farbig unterlegt. Neben der geographischen Position der jeweiligen Station enthalten diese Diagramme oft auch noch weitere Angaben, zum Beispiel zum Zeitpunkt des Zenitstandes oder zum Beginn bzw. Ende der Polarnacht. Diese 1943 von C. TROLL entwickelte Diagrammart eignet sich damit besonders gut zur Veranschaulichung von sogenannten Tageszeiten- und Jahreszeitenklimaten.

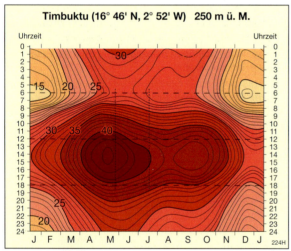

88.2 Timbuktu

Tropen

Die gepunkteten senkrechten Linien geben den Zenitstand der Sonne an. Die waagerecht gestrichelten Linien bei 6, 12 und 18 Uhr sind zur Unterstützung des Ablesens der Tageseinteilung eingetragen.
Verlaufen die Isolinien weitgehend parallel zur Monatsachse, sind die jahreszeitlichen Temperaturunterschiede sehr viel geringer als die tageszeitlichen (Abb. 88.3). Dies kennzeichnet ein Tageszeitenklima.
Eine doppelt ellipsenförmige Anordnung der Isoplethen („liegende Acht") weist auf den zweimaligen Durchgang des Zenitstandes der Sonne im Bereich zwischen den Wendekreise hin (Abb. 88.2).

Mittelbreiten

Die Strich-Punkt-Linien geben den jeweiligen Auf- und Untergang der Sonne an.

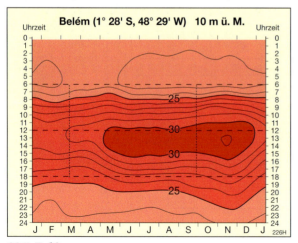

88.3 Belém

DIE DYNAMIK DER ATMOSPHÄRE

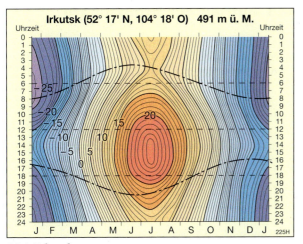

89.1 Irkutsk

Eine kreisähnliche Anordnung der Isoplethen zeigt Temperaturunterschiede sowohl im Jahres- als auch im Tagesgang an. Diese Grundform tritt immer den Jahreszeitenklimaten der gemäßigten Breiten auf (Abb. 88.1, 88.4, 89.1). Aus der Dichte der Linien lässt sich die Stärke der Tages- und Jahresschwankungen mit einem Blick erkennen.
Unterschiedliche Temperaturamplituden weisen auf den Grad der Ozeanität und Kontinentalität hin. Je mehr Isoplethen vorhanden sind, umso größer ist die natürliche Schwankung der Temperatur und damit die Kontinentalität des Klimas der Station.

Polarzonen

Bei Stationen in den Polarzonen kann aus den Strich-Punkt-Linien des Sonnenauf- und untergangs auch auf die Länge von Polartag und Polarnacht geschlossen werden. Bei annähernd parallelem Verlauf der Isoplethen zur Tageszeitenachse ist die Tagesamplitude der Temperatur gering, die Jahresamplitude dagegen sehr groß (Abb. 89.2). Hierbei handelt es sich um ein Jahreszeitenklima der Polarzonen.

Aufgaben

1 Werten Sie die Thermoisoplethendiagramme 88.1–3 nach den vorgegebenen Arbeitsschritten aus (Abb. 89.2). Vergleichen Sie Ihr Ergebnis mit einer Klimakarte im Atlas.
2 Begründen Sie den Jahresverlauf der Temperaturen um 12.00 Uhr für die Stationen Oxford, Klagenfurt und Irkutsk (Abb. 88.1, 88.4, 89.1).
3 Erläutern Sie die Unterschiede der Sonnenaufgangs- beziehungsweise Sonnenuntergangskurve (Abb. 88.4, 89.2).
4 Vergleichen Sie die Zeitpunkte der Zenitstände der Sonne in Abb. 88.2 und 88.3.

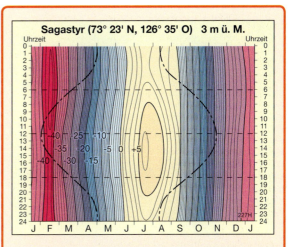

1. Lagebeschreibung: Die Stadt Sagastyr liegt auf der Nordhalbkugel auf der gleichnamigen Insel im Delta des Flusses Lena, welcher in den Arktischen Ozean mündet. Sie liegt mit 3 m ü. M. fast auf Meeresspielniveau.

2. Beschreibung des Diagramms: Die Isoplethen verlaufen das gesamte Jahr annähernd parallel zur Tageszeitenachse, das heißt, die Tagesamplitude der Temperatur ist mit 1 bis 3 Kelvin sehr gering. Im Jahresverlauf variieren die Temperaturen dagegen sehr stark, z. B. in der Mittagszeit von −48 °C im Januar bis +6 °C im Juli. Die Jahresamplitude beträgt da also 54 Kelvin. Wärmster Monat ist der Juli, kältester Monat ist der Januar. Von Mitte Juni bis Mitte September ist es frostfrei. Von Anfang November bis Ende Januar dauert die Polarnacht; Polartag ist von Anfang Mai bis Mitte August. Von Ende Januar bis Ende April werden die Tage immer länger und von Mitte August bis Ende Oktober immer kürzer.

3. Einordnung: Sagastyr hat ein thermisches Jahreszeitenklima. Die Station liegt im nördlichen Polargebiet.

4. Erklärung: Die ganzjährig niedrigen Temperaturen sind auf die Lage im nördlichen Polargebiet mit geringer positiver Strahlungsbilanz zurückzuführen. Während der drei Monate andauernden Polarnacht erfolgt keine Sonneneinstrahlung, bei Polartag ist 24 Stunden Sonneneinstrahlung vorhanden. Der niedrige Sonnenstand auch während des Polartages bedingt eine geringe Tagesamplitude. Die Höhenlage spielt keine Rolle.

5. Schlussfolgerungen: Das Temperaturbedinungen sind für Pflanzen und Tiere ungünstig. Wahrscheinlich tritt Permafrost auf. Der Inwertsetzung dieses Gebietes durch den Menschen sind enge Grenzen gesetzt.

89.2 Auswertung eines Thermoisoplethendiagramms

DIE DYNAMIK DER ATMOSPHÄRE

6.3 Aufbau der Atmosphäre

Die Erde besitzt eine in unserem Sonnensystem einzigartige Atmosphäre. Sie ist in ihrer heutigen Zusammensetzung und in ihrem Aufbau ein Produkt der Evolution des Planeten und seiner Lebewesen. Das nur wenige Kilometer mächtige Gemisch aus Gasen, Flüssigkeiten und festen Stoffen umhüllt den Planeten wie ein durchsichtiger Schutzmantel. Es rotiert mit der Erde und kann aufgrund der Gravitationskraft der Erde nicht ins Weltall entweichen.

Die Atmosphäre ist die an Masse ärmste Hülle der Erde und hat im Vergleich zu allen anderen Sphären auch die geringste Dichte (griech.: atmos = Dampf, Dunst). Hätte die Atmosphäre die Dichte von Wasser, wäre sie nur etwa 10,13 m mächtig. Der von einer Wassersäule dieser Dicke ausgeübte Druck entspricht daher in Meereshöhe exakt dem Luftdruck der Luftsäule in Meeresspiegelniveau. Dieser sogenannte Normaldruck beträgt im Mittel 1013 Hektopascal (hPa).

Da die Atmosphäre von der Schwerkraft der Erde festgehalten wird, ist der größte Teil ihrer Bestandteile in den untersten Schichten konzentriert; nach oben wird der Luftdruck geringer, da immer weniger Masse auflastet.

Mit abnehmendem Luftdruck nimmt auch die Temperatur mit der Höhe ab. Die Temperaturveränderungen verlaufen jedoch nicht gleichmäßig. Daher lässt sich die bis etwa 1000 Kilometer Höhe reichende Atmosphäre in verschiedene Stockwerke gliedern, die durch sogenannte Pausen (= Bereiche mit mehr oder weniger raschen Temperaturwechseln) gegeneinander abgegrenzt sind (91.1).

Die unterste Schicht, die Troposphäre, reicht an den Polen bis in 8 Kilometer, am Äquator bis in 18 Kilometer Höhe. Innerhalb der Troposphäre nimmt die Temperatur im Mittel um 0,65 K je 100 m ab und erreicht an der Tropopause Werte unter −60 °C. Darüber bleibt die Temperatur zunächst gleich. Oberhalb von etwa 20 Kilometer steigt sie aber bis zur Stratopause wieder kräftig an, weil dort Sauerstoff und Ozon einen Großteil der energiereichen und für alle Lebewesen des Planeten gefährlichen UV-Strahlung der Sonne absorbieren. Da das Ozon durch die UV-Absorption wieder zerfällt, unterliegt die Ozonschicht einem ständigen Wandel von Auf- und Abbau (vgl. Abb. 133.1). Die insgesamt relativ tiefen Temperaturen im Bereich der Tropopause sind daher auch eine Folge der starken Energieabsorption innerhalb der darüberliegenden Stratosphäre. Diese lässt nur einen Teil der von der Sonne zugestrahlten Energie überhaupt bis in die unteren Schichten der Atmosphäre und zur Erdoberfläche vordringen.

Hauptbestandteile der Atmosphäre sind:

Stickstoff (N_2)	78,08 Vol.-% = 75,46 Gewichts-%
Sauerstoff (O_2)	20,95 Vol.-% = 23,19 Gewichts-%
Argon (Ar)	00,94 Vol.-% = 01,30 Gewichts-%
Kohlenstoffdioxid (CO_2)	00,03 Vol.-% = 00,05 Gewichts-%

Diese Zahlen ergeben zusammen nahezu 100 %.

Die Atmosphäre enthält jedoch noch zahlreiche weitere Gase, die meist nach Millionstel oder Milliardstel gemessen werden (ppm bzw. ppb = parts per million bzw. billion). Sie werden daher als Spurengase bezeichnet:

Neon (Ne)	18,20 ppm	Xenon (Xe)	0,08 ppm
Helium (He)	5,20 ppm	Kohlenmonoxid (CO)	0,05 ppm
Methan (CH_4)	1,50 ppm		
Krypton (Kr)	1,14 ppm	Schwefelwasserstoff (H_2S)	0,10 ppb
Wasserstoff (H_2)	0,50 ppm		
Lachgas (N_2O)	0,50 ppm	Ozon (O_3)	20-50 ppb

Seit Jahrmillionen hat sich die Zusammensetzung der Atmosphäre, vor allem der Anteil ihrer Hauptbestandteile, kaum verändert. Bei den Spurengasen und CO_2, die entscheidend den Strahlungshaushalt beeinflussen, gibt es seit Beginn der Industrialisierung (Bildung von CO_2 bei Verbrennung fossiler Brennstoffe) und der Intensivierung der Landwirtschaft (Freisetzung von Methan aus Reisfeldern und aus Massentierhaltungen) jedoch erhebliche Veränderungen. Auch künstlich hergestellte Stoffe wie zum Beispiel Fluorchlorkohlenwasserstoffe (FCKW) oder Chlorfluormethane (CFM) sind in die Atmosphäre gelangt. Durch menschliche Aktivitäten (Ruß, Staub) ebenfalls gestiegen ist der Anteil der Aerosole (fest und flüssige Teilchen), die natürlicherweise nur durch Vulkanausbrüche oder Aufwirbelungen in die Atmosphäre gelangen (vgl. S. 128 ff.).

90.1 Zusammensetzung der Atmosphäre

DIE DYNAMIK DER ATMOSPHÄRE

Die an der Tropopause einsetzende Temperaturumkehr (= Inversion) verhindert vertikale Luftströmungen weitgehend. Dadurch kann besonders der Wasserdampf aus der Troposphäre nicht in den Weltraum entweichen. Das Wettergeschehen findet daher hauptsächlich in der Troposphäre („Wetterschicht") statt, in der aufwärts gerichtete und horizontale Luftbewegungen ständig für kräftige Durchmischungen sorgen. In der Stratosphäre gibt es dagegen praktisch kaum vertikale, wohl aber sehr starke horizontale Durchmischungen.

Oberhalb der Stratopause sinkt die Temperatur wieder und erreicht an der Mesopause bei −80°C ihren niedrigsten Wert. Darüber ist die Gasdichte bereits so gering, dass atomarer Sauerstoff O, der mithilfe des Sonnenlichts durch Spaltung aus dem Sauerstoffmolekül O_2 hervorgeht, stabil existieren kann. Wegen der Absorption von UV-Strahlung durch molekularen Sauerstoff steigt die Temperatur innerhalb der Thermosphäre jedoch wieder an. In diesen hohen Atmosphärenschichten bilden sich über den Polargebieten oft faszinierende Leuchterscheinungen, die sogenannten Polarlichter (Abb. 91.2). Sie entstehen dadurch, dass in Polnähe die Feldlinien des irdischen Magnetfeldes jeweils senkrecht zur Erdoberfläche gerichtet sind und daher die Partikel des Sonnenwinds hier bodenwärts geleitet werden. Bei ihrem Durchgang durch die Atmosphäre ionisieren sie deren Gasmoleküle und bringen sie so zum Leuchten.

Alle oberhalb der Stratosphäre liegenden Schichten haben für das jeweils aktuelle Wettergeschehen nur geringe

91.2 Polarlichter

Bedeutung. Sie filtern allerdings – wie die Ozonschicht das UV-Licht – aus der Sonnenstrahlung den ebenfalls gefährlichen Röntgenanteil heraus. Trotz ihrer geringen Gasdichte sind sie so effektiv wie eine mehrere Meter dicke Bleiplatte.

Aufgaben
1 Nennen Sie generelle Merkmale der Atmosphäre der Erde.
2 Charakterisieren Sie das Vertikalprofil der Atmosphäre (Abb. 91.1).
3 Erläutern Sie die Entstehung und Bedeutung von Tropopause und Ozonschicht.

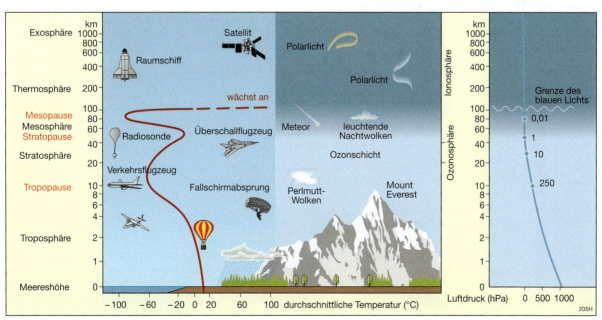

91.1 Stockwerkbau der Atmosphäre

6.4 Wasser in der Atmosphäre

Die irdische Atmosphäre enthält im Durchschnitt etwa 15 Billiarden Liter Wasser – genug, um den Bodensee rund 300-mal zu füllen. Statistisch gesehen wird diese riesige Wassermenge in zehn bis elf Tagen einmal völlig umgewälzt. Damit ändert sich der Wassergehalt der Luft rascher und in weit größerem Umfang als der aller anderen Bestandteile der Atmosphäre. Wasser kommt zudem in der Lufthülle des Planeten in allen drei Aggregatzuständen vor. Da jeder Wechsel des Aggregatzustandes mit einem Energieumsatz verbunden ist, trägt der dabei ausgelöste latente Wärmestrom entscheidend zum horizontalen und vertikalen Energietransport innerhalb der Atmosphäre bei (Abb. 93.1).

Die Menge des in der Luft enthaltenen Wasserdampfs, die sogenannte absolute Feuchte, wird in Gramm pro Kubikmeter (g/m^3) angegeben. Die größtmögliche Menge Wasserdampf, die ein Kubikmeter Luft bei einer bestimmten Temperatur aufnehmen kann, wird als maximale Feuchte bezeichnet. Sie wird ebenfalls in Gramm pro Kubikmeter angegeben und lässt sich aus der sogenannten Taupunktkurve entnehmen. Der Taupunkt ist diejenige Temperatur, bei der Wasserdampf kondensiert. Das Verhältnis von absoluter zu maximaler Feuchte wird als relative Feuchte bezeichnet und in Prozent angegeben. Beim Erreichen des Taupunkts beträgt die relative Feuchte somit 100 Prozent (Abb. 93.3).

Bei der Kondensation entstehen aus dem unsichtbaren gasförmigen Wasserdampf Wassertröpfchen, die als Nebel oder Wolken sichtbar werden. Sie bilden sich aber nur, wenn Kondensationskerne in der Luft sind (z. B. Ruß- und Staubpartikel, Salzkristalle, Algenskelette).

Eine Erwärmung über den Taupunkt hinaus führt zu erneutem Verdunsten der Tröpfchen, zu Wolkenauflösung und gesteigerter Wasserdampfaufnahmefähigkeit.

Die meisten Abkühlungsvorgänge werden in Bodennähe durch Wärmeabstrahlung in wolkenarmen Nächten oder durch Aufsteigen von Luftmassen in Gang gesetzt. Im letzteren Fall dehnt sich ein Luftvolumen wegen des mit der Höhe geringer werdenden Luftdrucks aus und kühlt dadurch ab. Ohne Wärmeaustausch mit der Umgebung (adiabatisch) beträgt die Temperaturabnahme 1 K pro 100 Meter (trockenadiabatischer Temperaturgradient). Wird der Taupunkt unterschritten, kondensiert der mitgeführte Wasserdampf. Dabei werden bei 0 °C pro kondensiertem Gramm Wasserdampf 2512 Joule Kondensationswärme frei (Abb. 93.1). Diese frei werdende Energie bewirkt, dass die weiter aufsteigende Luft nur noch um 0,5 K pro 100 Meter abkühlt (feuchtadiabatischer Temperaturgradient).

Föhn und Schichtungstypen

Die wetterwirksamen Folgen von Kondensations- und Verdunstungsvorgängen lassen sich anschaulich am Beispiel des Föhns darstellen (Abb. 92.1): Nach trockenadiabatischer Abkühlung im Luv eines Gebirges folgt oberhalb des Kondensationsniveaus bis zum Kamm feuchtadiabatische Abkühlung mit intensivem Steigungsregen. Jenseits des Kamms wird die Luft beim Absinken durch Kompression wieder erwärmt. Nach einer kurzen Phase der Wolkenauflösung erfolgt das Absinken ausschließlich trockenadiabatisch, die relative Feuchte sinkt dabei rasch. Die Leeseite des Gebirges hat durch den trockenen und warmen Fallwind, den Föhn, auf gleichem Höhenniveau daher höhere Temperaturen als die Luvseite. Während die Wolken der Luvseite wie eine Mauer über dem Hauptkamm scheinbar stehen bleiben („Föhnmauer", Abb.

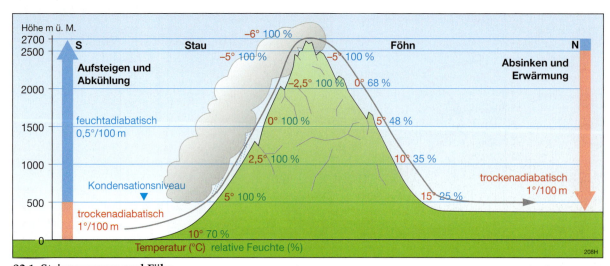

92.1 Steigungsregen und Föhn

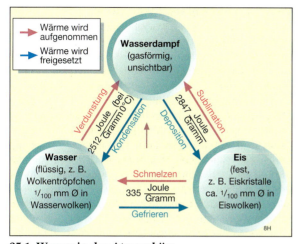

93.1 Wasser in der Atmosphäre

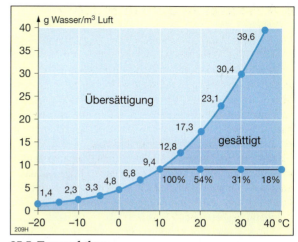

93.3 Taupunktkurve

93.2), bildet sich im Regenschatten eine kammparallele, mehr oder weniger breite wolkenlose Zone („Föhnlücke"). Da der Staub mit dem Steigungsregen auf der Luvseite ausgewaschen wurde, herrscht in der dunstarmen Luft der Leeseite zudem eine gute Fernsicht.

Föhneffekte entstehen immer dann, wenn beiderseits von Gebirgen unterschiedlicher Luftdruck herrscht. Zum Massenausgleich wird dann Luft selbst über die höchsten Erhebungen hinweg von der Seite mit dem jeweils geringeren Luftdruck angesaugt. Aber auch in der freien Atmosphäre werden Luftvolumina ständig vertikal verlagert, zum Beispiel wenn am Tage bodennahe Luftschichten erwärmt werden. Mehr oder weniger große Warmluftblasen lösen sich dann vom Untergrund und schlingern in die Höhe. Zum Massenausgleich sinkt in ihrer Umgebung Luft ab, sodass sich – ausgelöst durch die Thermik – überall kleine Konvektionszellen bilden. Innerhalb der aufsteigenden Warmluftblase ändert sich die Temperatur rein adiabatisch. Die Temperaturverhältnisse ihrer Umgebung sind davon unberührt, entscheiden aber über den weiteren Weg des Luftvolumens (Abb. 93.4): Im Normalfall kann ein Luftvolumen nur so weit aufsteigen, bis es eine Luftschicht gleicher Dichte erreicht.

- Ist die umgebende Luftschicht kälter, bleibt der Auftrieb der Warmluftblase wegen ihrer noch geringeren Dichte erhalten und sie steigt weiter auf (labile Schichtung).
- Ist die Umgebung dagegen wärmer, sinkt sie wegen ihrer größeren Dichte zurück (stabile Schichtung);
- Eine äußerst stabile Schichtung liegt bei einer Temperaturumkehr (Inversion) vor. Diese wirkt als Sperre und erlaubt Vertikalbewegungen nur bis zu ihrer Unterseite, sodass sich dort zum Beispiel Luftverunreinigungen ansammeln.

93.2 Föhnmauer

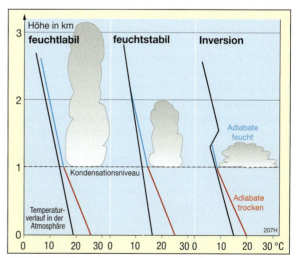

93.4 Schichtungstypen

DIE DYNAMIK DER ATMOSPHÄRE

Wolken und Niederschlag

Bei labiler Schichtung der Atmosphäre können Warmluftblasen bis in große Höhen aufsteigen. Kommt es dabei zur Kondensation, verstärkt die frei werdende Energie den Auftrieb. Im Innern der so entstehenden blumenkohlförmigen Quell- oder Haufenwolken (Cumulus) steigt die warmfeuchte Luft aber nicht nur nach oben. Sie sinkt an den Rändern auch wieder nach unten, bevor sie von nachrückender Warmluft wieder in die Höhe getrieben wird. Weil sich die Wolke dadurch immer weiter aufbläht, verdrängt sie kältere Luft zur Seite, wo diese absinkt und so die Zwischenräume zwischen den einzelnen Wolkentürmen erhält.

Ein völlig anderer Wolkentyp – eine geschlossene Wolkendecke (Stratus) – bildet sich durch das großflächige Aufgleiten warmfeuchter Luft über schwerere, am Boden liegende Kaltluft. Als Nimbus werden hoch reichende, vom Boden daher dunkel erscheinende Schicht- oder Haufenwolken bezeichnet, als Federwolken (Cirrus) dagegen dünne, durch Luftströmungen in großer Höhe auseinandergezogene Eiswolken. Eine Wolke ist also gebauscht (cumulus), geschichtet (stratus), zerzaust (cirrus) oder regnerisch (nimbus).

Diese vier Wolkenfamilien werden heute in Wolkengattungen unterteilt, die drei Stockwerken zugeordnet werden (Abb. 95.1). Im unteren Stockwerk sind es reine Wasserwolken, im mittleren Mischwolken aus unterkühltem Wasser und Eis und im oberen reine Eiswolken.

Die mögliche Vertikalerstreckung einer Wolke wird durch die Höhe des Kondensationsniveaus, durch ihren Energieinhalt sowie durch die Temperaturschichtung der umgebenden Atmosphäre bestimmt. Spätestens an der Inversionsschicht der Tropopause endet aber die Vertikalbewegung; die Wolke muss dann seitlich ausweichen.

Nicht aus jeder Wolke fallen Niederschläge. Aber je höher eine Wolke aufragt, desto wahrscheinlicher ist dies der Fall. In den mittleren und höheren Breiten entstehen Regentropfen meist aus Eiskörnern, die durch die Turbulenz innerhalb der Wolke hochgerissen werden, zurückfallen und wieder hochgerissen werden etc. Durch das Anlagern von Wolkentröpfchen oder anderen Eiskörnern wachsen sie dabei Schicht um Schicht, bis sie durch den Auftrieb nicht mehr im Schweben gehalten werden können. Die Art des Niederschlags, der dann letztlich den Boden erreicht, hängt von den Temperaturen zwischen Wolkenbasis und Boden ab. Im Extremfall fallen Hagelkörner mit fast 100 km/h zu Boden. Das größte je gefundene Hagelkorn wog 1,5 kg, obwohl es beim Fall schon teilweise abgeschmolzen war.

Nur Nieselregen, der aus tiefen Schichtwolken fällt, entsteht aus ungefrorenen Wolkentröpfchen, die beim Fallen innerhalb der Wolke andere an sich reißen und dadurch

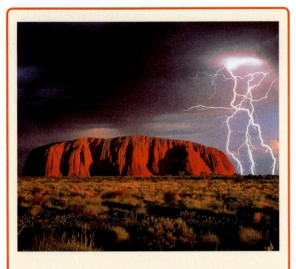

Kaum eine Naturerscheinung hat die Fantasie der Menschen so angeregt wie das Gewitter. In der Mythologie verfügen nur mächtige Götter wie Zeus oder Jupiter über den Blitzstrahl. Noch heute erinnert der Donnerstag an den germanischen Gott Thor, der den Blitzhammer schwang und dessen Wagenräder mit Donnerhall rasselten.

Aus heutiger Sichtweise ist das von Blitz und Donner begleitete Wetterphänomen Gewitter der Ausdruck sehr heftiger Turbulenzen innerhalb der Atmosphäre – und damit eigentlich eine überaus häufige Erscheinung: 2000 Gewitter registriert die Statistik pro Stunde auf der Erde, 200 Gewittertage im Bereich der tropischen Regenwälder, 20 bis 30 in Mitteleuropa.

Gewitter entstehen immer dann, wenn bei labiler Schichtung der Atmosphäre wasserdampfreiche Warmluft sehr rasch aufsteigt und durch frei werdende Kondensationswärme geradezu explosiv weiter nach oben getrieben wird. Die dadurch ausgelöste, heftige Turbulenz führt sogar zur Trennung elektrischer Ladungen zwischen Erdoberfläche und Wolke sowie innerhalb der Wolke: Die sich in großer Höhe bildenden Eiskristalle werden positiv aufgeladen, die Wassertropfen im mittleren und unteren Teil negativ. Die Erdoberfläche bleibt positiv. Übersteigt die Aufladung einer solchen Gewitterwolke eine bestimmte Stärke, erfolgt ein Überschlag, ein Blitz. Etwa zwei Drittel der Spannungsausgleiche erfolgen dabei innerhalb der Wolke, ein Drittel zwischen Wolkenunterseite und Erde. Die explosionsartige Ausdehnung der plötzlich auf 5–10 000 °C erhitzten Luft innerhalb des nur 0,5 m breiten Blitzkanals erzeugt die als Donner wahrnehmbaren Luftdruckwellen (Schall). Die Schallgeschwindigkeit beträgt etwa 0,3 km/s, der Blitz besitzt dagegen Lichtgeschwindigkeit (300 000 km/s). Die Zeit zwischen Blitz und Donner in Sekunden durch 3 geteilt ergibt die Entfernung des Gewitters in Kilometern.

94.1 **Gewitter: Folge heftiger Konvektionsvorgänge**

DIE DYNAMIK DER ATMOSPHÄRE

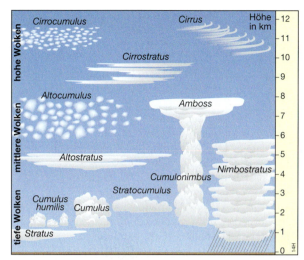

95.1 Wolkengattungen

95.3 Stratus (A) und Cirrus (B)

wachsen. Dieser Vorgang überwiegt auch bei der Niederschlagsbildung in den Tropen. Da Warmluft sehr viel Wasser enthalten kann, bringen die überwiegend konvektiv bedingten Regenfälle in den Tropen – im Regenwald wie in der Wüste – mit großen Tropfen in kurzer Zeit meist sehr hohe Niederschlagssummen (Platzregen).

Schnee bildet sich beim Gefrieren von unterkühlten Wassertropfen bei Temperaturen von – 12 bis – 16 °C. Dabei entstehen Schneekristalle mit exakten geometrischen Formen, die sich nahe des Nullpunkts zu Schneeflocken verketten. Da kalte Luft nur wenig Feuchtigkeit enthält, treten ergiebige Schneefälle aber nicht in den Polarregionen, sondern vor allem in meernahen Regionen der mittleren Breiten auf.

Aufgaben

1 Erläutern Sie Entstehung, Merkmale und Auswirkungen des Föhns (Abb. 92.1, 93.2).

2 Bestimmen Sie Lufttemperatur und relative Feuchte auf der Leeseite eines 2000 m hohen Gebirges, wenn auf der Luvseite Luft mit 20 °C und 54 % relativer Feuchte in 200 m Höhe gegen und über das Gebirge strömt.

3 Erläutern Sie die Begriffe „labile Schichtung", „stabile Schichtung", „Inversion" (Abb. 93.4).

4 Charakterisieren Sie Entstehung und Aussehen der in Abb. 95.1 dargestellten Wolkengattungen.

5 Vergleichen Sie die Entstehung verschiedener Arten von Niederschlag (Abb. 95.2).

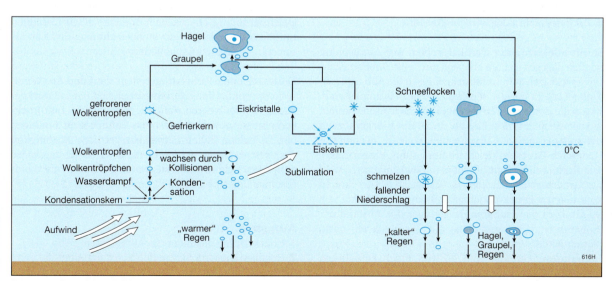

95.2 Niederschlagsbildung

96.1 Orkan (Windstärke 12)

Windstärke	Bezeichnung	Windgeschwindigkeit
1	leiser Zug	2 – 6 km/h
2	leichte Brise	7 – 12 km/h
3	schwache Brise	13 – 19 km/h
4	mäßige Brise	20 – 28 km/h
5	frische Brise	29 – 39 km/h
6	starker Wind	40 – 50 km/h
7	steifer Wind	51 – 61 km/h
8	stürmischer Wind	62 – 74 km/h
9	Sturm	75 – 87 km/h
10	schwerer Sturm	88 – 102 km/h
11	orkanartiger Sturm	103 – 117 km/h
12	Orkan	>118 km/h

96.2 Beaufort-Skala

6.5 Luftdruck und Wind

„Luft" ist unsichtbar, aber überall auf der Erde vorhanden. Sie übt durch ihr Gewicht auf jede gewählte Bezugsfläche einen Druck aus, den Luftdruck. Im Meeresniveau beträgt der Luftdruck der gesamten darüberstehenden Luftsäule durchschnittlich 1013 Millibar bzw. 1013 Hektopascal (hPa). Ein Pascal entspricht dem Druck, den eine Kraft von 1 Newton auf einen Quadratmeter ausübt.

Um den an verschiedenen Orten gemessenen Luftdruck vergleichbar zu machen, wird dieser jeweils auf das Meeresniveau (Normal-Null, NN) umgerechnet und als Normaldruck in Wetterkarten eingetragen. Orte mit gleichem Druck werden dabei durch Isobaren verbunden. Diese umschließen Gebiete mit relativ hohem Luftdruck (= Hoch = Antizyklone) und Gebiete mit tieferem Luftdruck (= Tief = Zyklone) mehr oder weniger kreisförmig.

In Blockbildern oder Vertikalprofilen der Atmosphäre werden dagegen isobare Flächen, das heißt Höhenniveaus mit jeweils gleichem Luftdruck, dargestellt (Abb. 97.1). In kalter Luft, in der die Moleküle dicht beisammen sind, liegen die isobaren Flächen enger geschart als in warmer, weniger dichter Luft (vgl. Abb. 98.2). Ein Blockbild zeigt dadurch plastisch das Druckgefälle, welches zu einer horizontalen Druckausgleichsströmung führt, einem Wind. Die Kraft, welche die Luft dabei in Bewegung setzt, wird als Gradientkraft bezeichnet. Sie ist stets vom hohen zum tieferen Druck gerichtet und wirkt im Winkel von 90 Grad zu den Isobaren. Je geringer der Abstand der Isobaren ist, desto größer ist die Gradientkraft, desto stärker ist der Wind.

Luftdruckunterschiede und die von ihnen ausgelösten Winde entstehen in der Regel durch unterschiedliche Erwärmung der Luft.

Land-Seewind-System

In der Natur wird die Luft stets von unten angeheizt, durch die von der Erdoberfläche ausgehende Wärmestrahlung. Bei Tage geschieht dies über Land weitaus intensiver als über einer Wasserfläche. Die Erwärmung führt zu einer – nur nach oben möglichen – Volumenausdehnung der Luft, und zwar umso mehr, je geringer der auflastende Druck ist. Es entstehen Luftdruckunterschiede in jeweils gleichem Höhenniveau. Über Land liegen die isobaren Flächen dabei zunächst generell höher als über dem Wasser, das heißt, in gleichem Höhenniveau herrscht über Land ein höherer Luftdruck (= Hoch) als über dem Wasser. Aus diesem Höhenhoch entsteht eine seewärts gerichtete Luftmassenströmung, die zu insgesamt mehr Luftmasse über dem Wasser führt. Dort entsteht so ein Bodenhoch, über dem Land ein Bodentief und dazwischen der landwärts gerichtete Seewind als Druckausgleichsströmung. Die aus dem Bodenhoch ausfließenden Luftmassen werden durch von oben absinkende Luftmassen ständig ergänzt (Abb. 97.2).

Dieses regionale Zirkulationssystem, das Land-See-Windsystem, resultiert aus rein thermisch bedingten Druckgebilden. Daher kehren sich in der Nacht die Luftdruckverhältnisse und damit auch die Luftmassenströmungen um. In beiden Fällen beträgt die vertikale Mächtigkeit des Systems kaum 500 Meter, die land- beziehungsweise seewärtige Reichweite höchstens 50 Kilometer, die Windgeschwindigkeit bleibt meist unter 50 km/h.

Aufgaben
1 Erläutern Sie das Land-See-Windsystem (Abb. 97.2).
2 Erstellen Sie eine Skizze der Nachtsituation.
3 Vergleichen Sie das Land-See-Windsystem mit dem Windsystem in Tälern (Abb. 97.3).

DIE DYNAMIK DER ATMOSPHÄRE

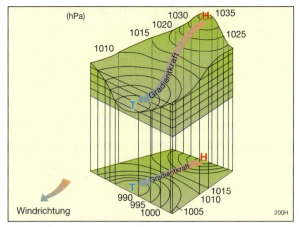

97.1 Luftdruckunterschiede

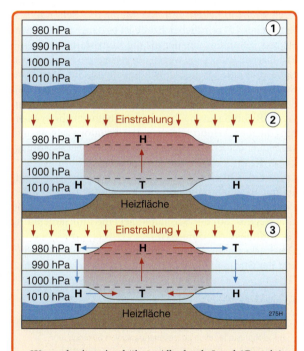

- Wasser besitzt eine höhere Albedo als Land (Gestein).
- Zur Erwärmung um jeweils ein Grad Celsius wird bei Wasser mehr Energie benötigt als bei Land. Bei gleicher Wärmezufuhr steigt die Temperatur des Wassers daher weniger stark an als die des Landes.
- Während die Sonnenstrahlen im Wasser tief eindringen und das erwärmte Wasservolumen auch noch turbulent durchmischt wird, bleibt die einer Landoberfläche zugeführte Sonnenenergie auf eine dünne oberflächennahe Schicht begrenzt. Die wirkt dadurch wie eine Heizplatte.
- Land kühlt schneller ab als Wasser.

97.2 Land-See-Windsystem (Tagsituation)

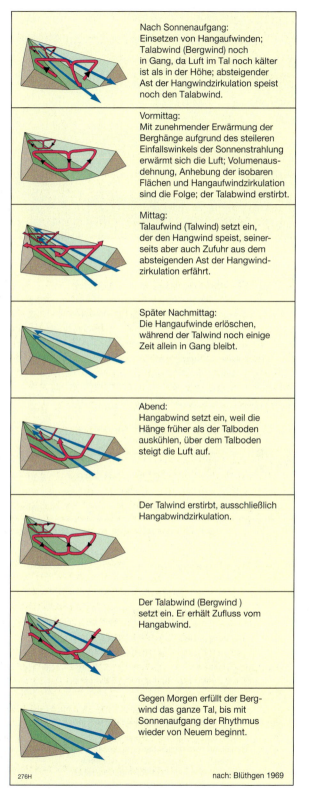

97.3 Berg-Tal-Windsystem

nach: Blüthgen 1969

97

DIE DYNAMIK DER ATMOSPHÄRE

6.6 Grundlagen der globalen atmosphärischen Zirkulation

Bei einer ruhenden, nicht rotierenden Erde würde sich aufgrund der Temperatur- und Luftdruckgegensätze zwischen den Tropen und den Polarregionen eine dem Land-See-Windsystem vergleichbare, aber weitaus großräumigere Zirkulation einstellen: In der Höhe jeder Halbkugel würden Luftmassen vom Äquator Richtung Pol und in Bodennähe von dort zurückfließen. Wegen der Rotation der Erde gibt es dieses einfache Zirkulationsmuster und den dadurch möglichen Energieaustausch jedoch nicht.

98.1 Jetstream

Jedes Luftvolumen, das aufgrund des Druckgradienten in meridionaler Richtung vom Äquator polwärts bewegt wird, behält als träge Masse seine am Äquator erhaltene Drehgeschwindigkeit von 465 Meter pro Sekunde bei. Bereits bei 40° nördlicher Breite ist es daher um 110 Meter pro Sekunde schneller als die Luftvolumina und die Erdoberfläche dort, die wegen des geringeren Breitenkreisradius nur eine Drehgeschwindigkeit von 355 Meter pro Sekunde besitzen (Abb. 98.3). Das Luftvolumen eilt also der Erdoberfläche voraus und biegt von der ursprünglichen Richtung aus nach rechts ab. In umgekehrter Richtung bleiben Winde, die vom Pol äquatorwärts wehen, gegenüber der Erdoberfläche zurück. Die scheinbar ablenkende Kraft heißt nach ihrem Entdecker „Corioliskraft", ist in Wirklichkeit aber nur eine Geschwindigkeitsüberlagerung. Sie wirkt immer im rechten Winkel zur jeweiligen Bewegungsrichtung. Auf der Nordhalbkugel bewirkt sie eine Rechts-, auf der Südhalbkugel eine Linksablenkung der Luftmassenströmungen.

Die Stärke dieser Ablenkung steigt mit der Geschwindigkeit der Strömung und mit der geographischen Breite.

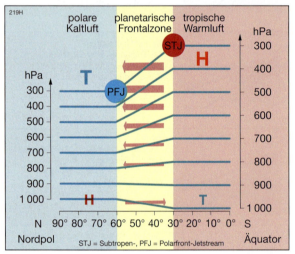

98.2 Planetarische Druckverteilung in der Atmosphäre

Konsequenzen:

a) In der Höhe werden bewegte Luftmassen nicht durch Bodenreibung gebremst; wegen großer Coriolisablenkung C werden Höhenwinde rasch zu isobarenparallelen Strömungen; daher maximale Ablenkung wegen hoher Windgeschwindigkeiten v des Luftvolumens in der Höhe der planetarischen Frontalzone; kein Luftdruckausgleich.

b) In Bodennähe sinkt durch Reibung die Geschwindigkeit des Luftvolumens v und damit auch die Coriolisablenkung C: Luftmassen strömen wegen größerer Gradientkraft vom Hoch zum Tief; Abbau von Luftdruckgegensätzen.

c) In niederen Breitengraden tendiert $\sin \varphi$ und damit die Coriolisablenkung C gegen null; Luftmassen fließen direkt vom Hoch zum Tief; rascher Abbau von Luftdruckgegensätzen in Äquatornähe.

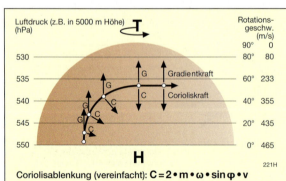

98.3 Ablenkung des Windes durch die „Corioliskraft" auf der Nordhalbkugel

DIE DYNAMIK DER ATMOSPHÄRE

Ihre größte Stärke erreicht sie daher dort, wo bewegte Luftmassen nicht durch Reibung am Boden gebremst bzw. durch hohe Luftdruckgegensätze stark beschleunigt werden. Diese Bedingungen sind besonders im Bereich der sogenannten planetarischen Frontalzone gegeben, die auf beiden Halbkugeln als Übergangsgebiet zwischen der hoch reichenden Warmluftsäule der Tropen und den weniger hoch reichenden Kaltluftsäulen der polaren Gebiete liegt (Abb. 98.2). Aufgrund der Coriolisablenkung entwickelt sich hier in den mittleren Breiten ein breites Band beständig wehender Westwinde, die Westwindzone. Da in der Frontalzone das Luftdruckgefälle mit der Höhe zunimmt, kommt es dort auch zu den größten Windgeschwindigkeiten. Die sich dadurch in 7–12 km Höhe entwickelnden Höhenstrahlströme (Jetstreams) umtosen mit Geschwindigkeiten von 100–600 km/h bei 500–1000 km Breite die Erde (Abb. 98.1, 99.1, 99.2).

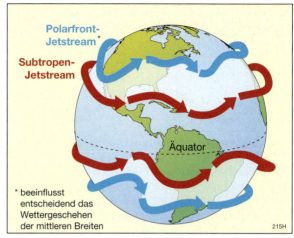

99.2 Jetstreams

Die Westwindströmung und der darin eingebettete Jetstream blockieren auf den ersten Blick den Luftmassen- und Energieaustausch zwischen Tropen und Polargebieten. Tatsächlich verläuft dieses Windband aber nie ganz breitenkreisparallel, sondern immer in einer mehr oder weniger stark ausgeprägten Wellenbewegung.

Hochragende, in meridionaler Richtung verlaufende Gebirgszüge, wie zum Beispiel die nord- und südamerikanischen Kordilleren, lenken die Strömung ab: Vor dem Gebirge kommt es durch erhöhte Reibung zum „Stau", zur Verringerung der Geschwindigkeit und damit auch der Coriolisablenkung. Da die Druckgradientkraft gleich bleibt, wird die Strömung polwärts gelenkt. Jenseits des Hindernisses kommt es wegen sinkender Reibung wieder zur Erhöhung der Strömungsgeschwindigkeit; die Coriolisablenkung wächst und die Strömung wird wieder äquatorwärts gelenkt. In unregelmäßiger Reihenfolge wird ein stärkeres Mäandrieren der Höhenströmung zudem dadurch ausgelöst, dass der Temperaturunterschied zwischen tropisch-subtropischen und polaren Luftmassen den Grenzwert von 6 K/100 km überschreitet.

Die Anzahl der Mäanderwellen pendelt so ständig zwischen drei, vier oder fünf Ausschlägen hin und her. In allen Fällen werden entlang der Wellen Luftmassen weit pol- und äquatorwärts bewegt. Gelegentlich werden durch rasche Änderungen des Wellenausschlags auch einzelne Zellen abgeschnürt und blockieren dann vorübergehend die Westströmung.
Insgesamt gleicht sich die Temperatur der vorgestoßenen polaren Kaltluft und subtropischen Warmluft durch Erwärmung beziehungsweise Abkühlung allmählich der Umgebungstemperatur an. So wird das globale Wärmeungleichgewicht zumindest teilweise abgebaut.

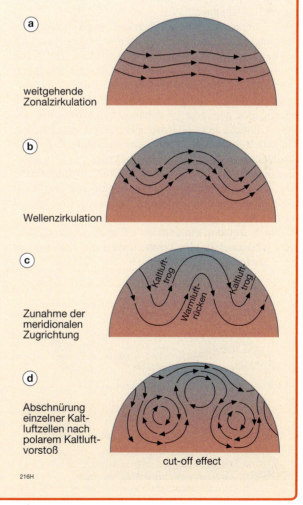

99.1 Abbau des globalen Wärmeungleichgewichts durch Wellenströmung

DIE DYNAMIK DER ATMOSPHÄRE

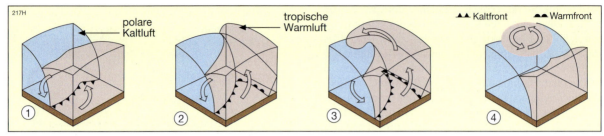

100.1 Luftmassenverwirbelungen in einer Zyklone

Dynamische Hoch- und Tiefdruckgebiete

Neben dem Energietransfer durch Kaltluft- beziehungsweise Warmluftvorstöße gibt es in den mittleren Breiten noch einen weiteren Mechanismus. Auch hierbei ist der Polarfront-Jetstream in entscheidender Weise beteiligt, denn er verursacht ständig auch starke vertikale Luftmassenbewegungen und verbindet damit die Dynamik der oberen Troposphäre mit dem Geschehen in den bodennahen Luftschichten.

Immer wenn der Jetstream langsamer wird, drücken die nachfolgenden Luftmassen infolge des „Staueffekts" Luft wie bei einer Druckpumpe bodenwärts (Abb. 100.2). Die so entstehenden Hochdruckgebiete (Antizyklonen) reichen also von großen Höhen bis zum Boden und werden von oben ständig „nachgefüttert". Sie driften als ständig neu gebildete (= dynamische) Wirbel mit der Westströmung mehr oder weniger schnell ostwärts. Ein Teil schert dabei äquatorwärts aus und bildet als lockere Aneinanderreihung von Hochdruckzellen den „subtropisch-randtropischen Hochdruckgürtel". In Bodennähe strömen die Luftmassen vom Kernbereich dieser Antizyklonen weg und werden dabei – auf der Nordhalbkugel nach rechts – abgelenkt. Ein Teil fließt als Passatströmung Richtung Äquator, ein anderer Teil wird polwärts Richtung subpolarer Tiefdruckrinne bewegt und trifft dort an der Polarfront auf Kaltluftmassen.

Beim Beschleunigen saugt der Jetstream dagegen wie ein riesiger Staubsauger Luftmassen selbst aus Bodennähe noch in die höhere Troposphäre. In Polarfrontnähe werden in die durch diese Saugwirkung des Jets ausgelösten dynamischen Tiefdruckgebiete (Zyklonen) subtropische Warmluft- und polare Kaltluftmassen gegen den Uhrzeigersinn (Nordhalbkugel) eingesogen und miteinander verwirbelt (Abb. 100.1). Bei diesen Verwirbelungen muss die warme, leichte und meist feuchte Subtropikluft auf die kältere und daher schwere Polarluft aufgleiten. Beim Anheben der Warmluft entlang der Warmfront kommt es zu Kondensation und Niederschlagsbildung. Das Gleiche geschieht, wenn sich an der Kaltfront schwere Kaltluft unter die Warmluft schiebt und diese nach oben verdrängt. In beiden Fällen wird durch die Kondensation diejenige Wärmemenge freigesetzt, die in niederen Breiten zur Verdunstung benötigt wurde.

Dabei gilt generell: Je größer das meridionale Energieungleichgewicht ist, desto stärker mäandriert der Jet, desto mehr Zyklonen werden gebildet, desto größer ist der Umsatz von latenter Wärme. Die Zyklonentätigkeit ist daher im Winter jeweils stärker als im Sommer und auf der Südhalbkugel wegen des „Eisschranks" Antarktis generell stärker als auf der Nordhalbkugel.

Wie die dynamisch entstehenden Antizyklonen driften auch die dynamisch entstehenden Zyklonen mit der Westströmung ostwärts. Einige scheren dabei polwärts aus und bilden so als lockere Aneinanderreihung von Tiefdruckzellen die „subpolare Tiefdruckrinne".

Aufgaben

1 Erläutern Sie die Coriolisablenkung für ein Luftpaket, welches auf der Südhalbkugel vom Äquator polwärts bewegt wird (Abb. 98.3).

2 Erläutern Sie die Pump-Saug-Wirkung des Jetstreams und die Entstehung dynamischer Druckgebiete (Antizyklone, Zyklone) (Abb. 100.1, 100.2).

3 Erklären Sie die Mechanismen des Ausgleichs der Energieunterschiede der Erde (Abb. 99.1, 100.2).

4 Beschreiben und begründen Sie die Verteilung der Luftdruckgebiete und Windgürtel der Erde (Abb. 101.1).

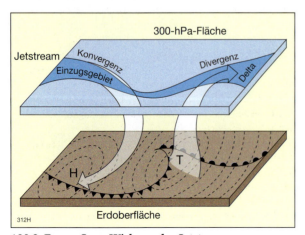

100.2 Pump-Saug-Wirkung des Jetstreams

DIE DYNAMIK DER ATMOSPHÄRE

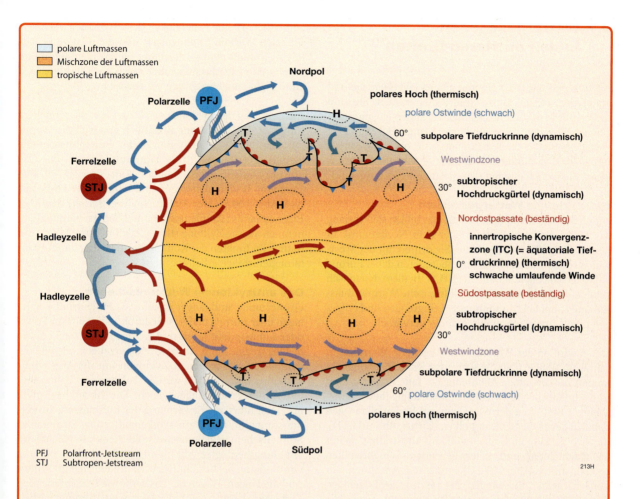

Die je nach Breitengrad unterschiedlichen Strahlungsbilanzen und die dynamischen Prozesse innerhalb der Atmosphäre führen zu einer zonalen Abfolge verschiedener Luftdruckgebilde und infolgedessen auch zur Ausbildung etwa zonal angeordneter Windgürtel.

Die als mehr oder weniger geschlossenes Band entlang des Äquators entstehenden Hitzetiefs markieren dabei die innertropische Konvergenzzone (ITC). Polwärts folgen bei etwa 30–35 Grad nördlicher bzw. südlicher Breite die dynamisch entstandenen subtropischen Hochdruckgebiete (z. B. Azorenhoch, Hawaiihoch). Bei etwa 60 Grad Nord bzw. Süd folgt die subpolare Tiefdruckrinne mit dynamisch entstandenen Tiefdruckgebieten (z. B. Islandtief, Aleutentief). Diese jeweils nur im statistischen Mittel als „Gürtel" vorhandene Druckverteilung wird je nach Jahreszeit über den Kontinenten durch Kältehochs beziehungsweise Hitzetiefs unterbrochen. An den Polen liegt schließlich jeweils ein stabiles Kältehoch, das Polarhoch.

Zwischen diesen Druckgebieten sind in Bodennähe Windgürtel mit mehr oder weniger starken und unterschiedlich beständigen Luftmassenströmungen ausgebildet: In den Tropen die Passate, in den mittleren Breiten die Westwinde und in den Polargebieten die polaren Ostwinde.

Mit der Veränderung des Sonnenstands im Jahresverlauf kommt es zu einer Verlagerung der Druck- und Windgürtel um fünf bis acht Breitengrade. Einige Breitenzonen werden daher je nach Jahreszeit von unterschiedlichen Luftdruck- und Windverhältnissen geprägt (alternierende Klimabereiche), bei anderen ändern sich diese dagegen kaum (stetige Klimabereiche).
Das europäische Mittelmeergebiet liegt daher zum Beispiel im Nordsommer unter dem Einfluss des subtropischen Hochdruckgürtels (absteigende Luftmassen, Wärme, Trockenheit) und im Winter unter dem Einfluss der Westwindzone mit dem Wechsel von Zyklonen und Antizyklonen (häufiger Bewölkungswechsel, Niederschläge, Winterregen).

101.1 Übersicht über die Luftdruck- und Windgürtel der Erde

6.7 Wettergeschehen in den mittleren Breiten

Auch in den mittleren Breiten gibt es Hagelschläge und Platzregen, Hitze-, Dürre- und Kälteperioden. Sie sind jedoch selten so stark ausgeprägt wie anderswo, meist regional begrenzt und nur von kurzer Dauer: Das Wetter ist eben gemäßigt in der gemäßigten Zone, aber es wechselt rasch. Dabei dominieren zwei ganz verschiedene Wetterlagen, die jedoch eng mit dem Jetstream verknüpft sind.

Das zyklonale Wettergeschehen
Durch die Saugwirkung des Jetstreams bilden sich entlang der Polarfront zum Beispiel über dem Nordatlantik in rascher Folge Tiefdruckgebiete. Sie driften mit der Westwindströmung nach Osten und überqueren dabei Europa auf unterschiedlichen Bahnen (103.1). In diese dynamisch gebildeten Zyklonen werden subtropische Warmluftmassen und subpolare Kaltluftmassen eingesogen und entgegen dem Uhrzeigersinn miteinander verwirbelt.

Dabei wird an der Warmfront die leichtere Warmluft in schrägem Winkel über die schwerere Kaltluft gehoben, es kommt zur langsamen Abkühlung der Luft, Kondensation und allmählicher Entwicklung einer Aufgleitbewölkung. Weit vor Eintreffen der Warmfront am Boden bilden sich dabei in der Höhe Schleierwolken (Cirrus, Abb. 103.2 D), die sich zu dünnen Schichtwolken (Altostratus), später zu mächtigeren und tiefer liegenden Schichtwolken (Nimbostratus, Abb. 103.2 C) verdichten. Aus ihnen fällt zunächst feiner Nieselregen, der rasch in großflächigen Regen mit relativ kleinen Tropfen übergeht. Bleibt die Kaltluft ortsfest, kann dieser sogenannte Landregen tagelang andauern.

Nach dem Durchzug der Warmfront (= Aufgleitfront) gibt es keine Aufgleitbewegungen mehr. Im Warmluftsektor findet daher in der Regel keine Kondensation mehr statt. Je nach Feuchte und Temperatur der Luft können die Schichtwolken verdunsten oder noch einige Zeit als Wolkendecke (Cumulus humilis, Abb. 103.2 B) erhalten bleiben.

An der Kaltfront stößt kalte Luft gegen die vorgelagerte warme Luft vor. Die schwerere Kaltluft bricht regelrecht in den Warmluftsektor ein und verdrängt die leichtere Warmluft nach oben, wobei diese rasch abkühlt: Es bilden sich hochreichende Konvektions- oder Haufenwolken (Cumulus, Abb. 103.2 A), die zu heftigen Schauerregen mit großen Regentropfen, mitunter auch zu Hagel- und Gewitterbildung, führen. Meistens dauern diese „Wolkenbrüche" aber nicht lange. Nach dem Durchzug der Kaltfront sind die Bedingungen in der Luftsäule wieder einheitlich. Da die Feuchtigkeit der zuvor nach oben verdrängten Warmluft kondensiert und die relative Feuchte von Kaltluft gering ist, nimmt die Wolkenbildung im sogenannten Rückseitenwetter rasch ab. Die klare Luft ermöglicht eine hervorragende Fernsicht.

Auf dem Weg der Zyklone nach Osten holt die schnellere Kaltfront die Warmfront allmählich ein, weil die Warmluft bei den Aufgleitvorgängen an Bewegungsenergie verliert. Letztlich wird der Warmluftsektor in der Okklusion (Aufeinandertreffen von Kalt- und Warmfront) ganz vom Boden abgehoben und kühlt in der Höhe aus (vgl. Abb. 100.1). Der Tiefdruckwirbel verliert damit an Eigendynamik; Kondensation und Niederschlagsbildung nehmen ab; die Zyklone stirbt. „Zyklonenfriedhöfe" sind Räume im Inneren der Kontinente, die daher kaum Frontalniederschläge erhalten.

Das antizyklonale Wettergeschehen
Großräumige und länger anhaltende Hochdruckwetterlagen über Europa bilden sich durch Vorstöße von Polar- oder Subtropikluftmassen. Aber auch die Druckpumpe des Jetstreams kann Antizyklonen erzeugen, die wie die dynamisch entstandenen Zyklonen mit der Westwindströmung weitergeführt werden. In allen drei Fällen sind die Wettererscheinungen gleich: Die Absinkbewegung im Hoch führt zur Erwärmung der Luftmassen, zu Verdunstung und damit zur Wolkenauflösung. Strahlender Sonnenschein beziehungsweise sternenklare Nächte mit strahlungsbedingter Abkühlung und teilweise Bildung von Bodennebel beziehungsweise Bodenfrost im Winter sind die Folgen. Wegen der aus dem Hoch ausströmenden Luft können andere, mit der Westwindströmung herbeigeführte Luftmassen nicht in dessen Zentrum vordringen. Luftmassenfronten mit ihren typischen Erscheinungen bilden sich bei Antizyklonen daher nur in deren Randbereich.

Aufgaben
1 Erläutern Sie den „Lebenslauf" (Geburt, Entwicklung, Alterung, Tod) einer Polarfrontzyklone (Abb. 103.1).
2 Erläutern Sie die Vorgänge im Bereich der Warmfront und der Kaltfront.
3 Beschreiben Sie, wie ein Beobachter in Punkt P (Abb. 103.2) das nachfolgende Wettergeschehen erlebt. Berücksichtigen Sie dabei Temperaturverlauf, Wind, Niederschlag und Sicht.
4 Vergleichen Sie zyklonales und antizyklonales Wettergeschehen.
5 Begründen Sie das Entstehen von Bodennebel beziehungsweise Bodenfrost im Winter bei antizyklonalem Wetter.

DIE DYNAMIK DER ATMOSPHÄRE

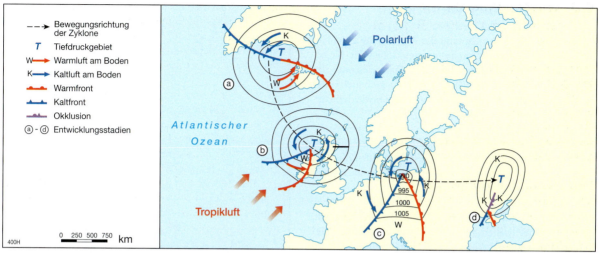

103.1 Bewegung und Entwicklung einer Zyklone

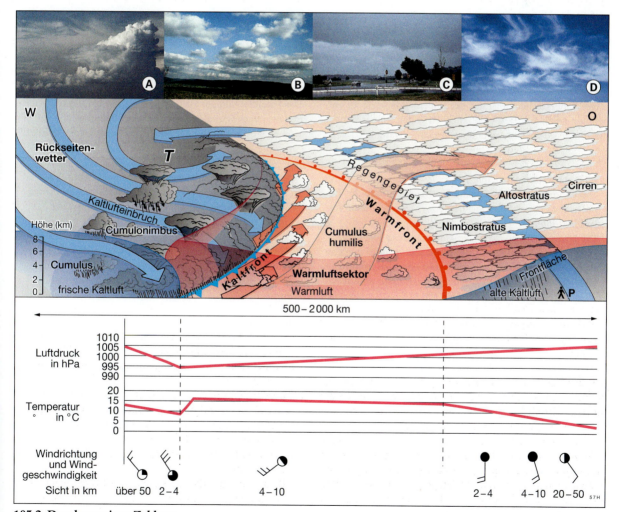

103.2 Durchzug einer Zyklone

GEO-EXKURS

Auswertung einer Wetterkarte

Wetterkarten stellen den Zustand der Atmosphäre zu einem bestimmten Zeitpunkt für ein bestimmtes Gebiet dar. Sie geben damit eine Momentaufnahme der Wetterelemente des erfassten Gebietes und ermöglichen dadurch auch mehr oder weniger exakte Vorhersagen über die weitere Entwicklung des Wetters.

Weltweit erfassen mehr als 10 000 Landstationen sowie zahlreiche Stationen auf Handels- und Passagierschiffen die Wetterdaten zu exakt festgelegten Zeiten. Hinzu kommen noch weitere Daten von Wettersatelliten.

Die Messwerte werden schließlich auf Wetterkarten dargestellt. Neben den Bodenwetterkarten, die üblicherweise in den Medien publiziert werden, gibt es auch Höhenwetterkarten. In ihnen ist dargestellt, in welcher Höhe sich eine bestimmte Luftdruckfläche, zum Beispiel die 500 hPa-Fläche, befindet (Abb. 104.2). Daraus lässt sich zum Beispiel der Verlauf der Frontalzone ablesen. Diese wird erkennbar an der besonders engen Scharung der Isohypsen.
Aus den Luftdruckverhältnissen und den Luftmassenströmungen in der Höhe lassen sich auch Rückschlüsse auf die bodennahe Entwicklung des Wetters gewinnen. Dieses konkrete Wettergeschehen ist aus der Bodenwetterkarte zu entnehmen (Abb. 105.1). Deren Angaben gelten immer nur für die angegebene Uhrzeit und das jeweilige Datum.

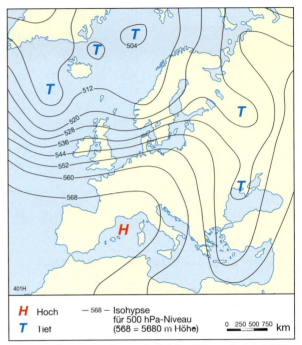

104.2 Höhenwetterkarte (500 hPa-Niveau), 4.1.2000

Das Satellitenbild der Großwetterlage, die Höhenwetterkarte und die zugehörige Bodenwetterkarte können ständig auf der Homepage des Deutschen Wetterdienstes abgefragt werden.

---

1. Höhenwetterkarte (Abb. 104.2)
Die vorherrschende Wetterlage lässt sich mithilfe des Bereichs der engsten Scharung der Isohypsen und deren Verlauf bestimmen.
Der Jetstream ist an der engen Isohypsenscharung erkennbar. Er bildet ein nur schmales Band und verläuft von den Britischen Inseln bis zu den baltischen Staaten in direkter West-Ost-Richtung. Für Mitteleuropa ist damit eine Westwetterlage bestimmend (vgl. Abb. 106.1).

2. Bodenwetterkarte (Abb. 105.1)
a) Einzelne Stationen können aufgrund der beigegebenen Messwerte charakterisiert werden.
Zum Beispiel Station Warschau: Lufttemperatur 2 °C, heiter, kein Niederschlag, Wind aus SW mit 10 km/h.

b) Aus der räumlichen Verteilung der Wetterdaten lässt sich die aktuelle Wetterlage ablesen. Darauf aufbauend kann eine Wettervorhersage erstellt werden.
Wetterbestimmend für Mitteleuropa ist ein Tiefdruckgebiet mit Kern über Skandinavien (970 hPa), dem weitere Zyklonen folgen werden. Während des Durchzugs dieser Zyklone ist Mitteleuropa von starken Luftdruckänderungen geprägt. Die Iberische Halbinsel und Nordafrika stehen unter dem Einfluss eines Hochs mit 1030 hPa.

c) Die Position und die räumlich-zeitliche Verlagerung der Fronten ermöglichen Aussagen über aktuelle und zukünftige Art und Bewegung der Luftmassen, Temperaturveränderungen, Bewölkung, Niederschlagsbildung, Windrichtung und -geschwindigkeit.
Das Wettergeschehen in Mitteleuropa wird geprägt vom Durchzug einer Zyklone. Die Warmfront ist bereits weit nach Osten vorgerückt, Warschau, Dresden und Brüssel liegen alle im Warmluftsektor mit entsprechend hohen Temperaturen (2 °C, 5 °C, 7 °C), hohem Luftdruck, geringer Bewölkung und Niederschlagsarmut. Die aus Nordwesten vorrückende Kaltfront hat über Mittelskandinavien die Warmfront bereits eingeholt (Okklusion) und bringt Mitteleuropa in nächster Zeit kühlere Temperaturen und maritim-feuchte Luft. Der gesamte Mittelmeerraum wird von einem kräftigen Hoch geprägt.

104.1 Arbeitsschritte zu Interpretation von Wetterkarten (Beispiel Mitteleuropa)

GEO-EXKURS

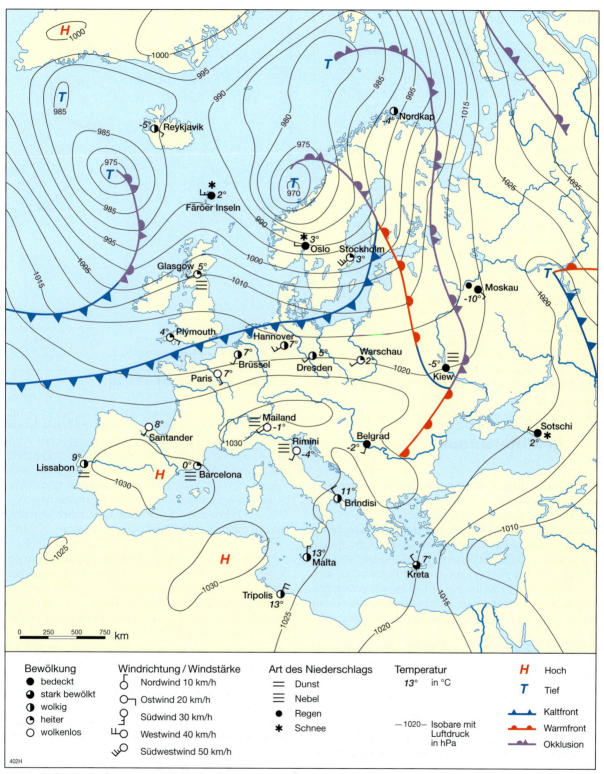

105.1 Bodenwetterkarte, 4.1.2000, 12 Uhr

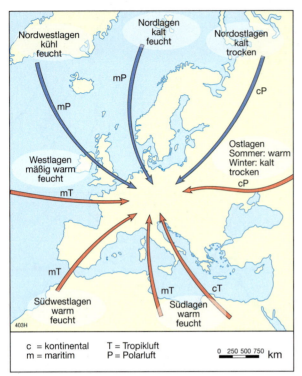

106.1 Hauptluftmassen und Wetterlagen Mitteleuropas

106.3 SW-Lage (7.4.2004, 12 Uhr)

6.8 Großwetterlagen in Mitteleuropa

Jede Großwetterlage ist durch die Wirkung einer oder mehrerer Luftmassen gekennzeichnet, die entsprechend der Lage der planetarischen Frontalzone nach Europa herangeführt werden. Die einströmenden Luftmassen beeinflussen häufig die Temperaturen stärker als die direkte Einstrahlung durch die Sonne. Am häufigsten wird das Wettergeschehen in Mitteleuropa durch Tropikluft (warm) und Polarluft (kalt) bestimmt. Die Luftmassen unterscheiden sich noch dadurch, ob sie kontinentalen (trocken) oder maritimen (feucht) Ursprungs sind (Abb. 106.1).

Wetterlage	Januar	Juli	Jahr
SW-Lage	6,2	1,0	2,8
W-Lage	24,0	28,4	25,1
NW-lage	8,8	17,4	9,2
N-Lage	11,1	16,0	16,2
O-Lage	18,1	10,0	16,0
zentrales Hoch	17,6	15,2	17,3
restliche Wetterlagen	14,2	12,0	13,4

106.2 Durchschnittliche Häufigkeit der Hauptwetterlagen über Mitteleuropa (in %)

Lage und Stärke des Jetstream in der höheren Troposphäre bestimmen den Verlauf der planetarischen Frontalzone und steuern damit den Weg der großen Zyklonen und Antizyklonen. Bei Zonalzirkulation (vgl. Abb. 99.1) werden mit der Westströmung Luftmassen vom Atlantik her nach Europa geführt. Diese Westwetterlage (vgl. Abb. 105.1) bringt durch den meist mehrfachen Durchzug von Zyklonen ein sehr wechselhaftes Wetter.

Bei vorherrschender Wellenzirkulation gibt es wechselnde Strömungsrichtungen. Bei einer Nordwestwetterlage wird mit der Nordwestströmung feucht-kühle maritime Polarluft, bei einer Südwestwetterlage (Abb. 106.3) mit der Südwestströmung feucht-warme maritime Tropikluft nach Mitteleuropa geführt.

Bei annähernd meridionalem Verlauf der Höhenströmung treten noch unterschiedlichere Wetterlagen auf. Dabei können bei Nord- oder Nordostwetterlagen sehr kalte und feuchte oder extrem kalte oder trockene Luftmassen aus der Arktis nach Mitteleuropa gelangen. Umgekehrt kann aber auch bei Süd- beziehungsweise Südostwetterlagen trocken-heiße Luft aus dem Mittelmeerraum beziehungsweise aus Nordafrika nach Europa einströmen.

DIE DYNAMIK DER ATMOSPHÄRE

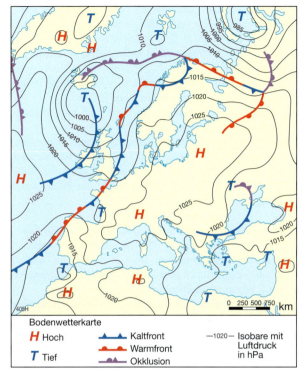

107.1 Hoch über Mitteleuropa (13.6.2006, 12 Uhr)

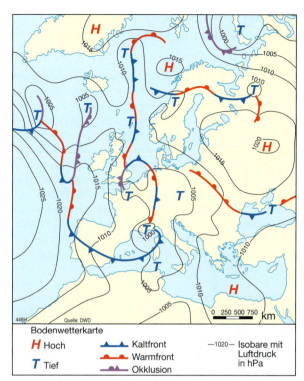

107.2 Vb-Wetterlage (10.8.2002, 12 Uhr)

Führt die Frontalzone in West-Ost-Richtung über Skandinavien hinweg, entsteht über Mitteleuropa meist ein Hoch, das sich nur wenig verlagert. Diese Wetterlage Hoch über Mitteleuropa (Abb. 107.1) bedeutet für längere Zeit geringe Bewölkung sowie Niederschlagsarmut. Im Sommer kann es bei hohen Temperaturen zu Wärmegewittern kommen; im Winter treten durch intensive Ausstrahlung sehr niedrige Temperaturen und Hochnebel auf.

Bei einer Ostlage blockiert ein Hoch über Skandinavien die Westwindströmung, sodass den atlantischen Tiefdruckgebieten der Weg auf den Kontinent versperrt bleibt. Die Frontalzone verläuft über den Mittelmeerraum. In Mitteleuropa kommt es zu einer Ostströmung, bei der polare Luftmassen aus Osteuropa herangeführt werden. Im Winter führt das zu strenger Kälte, im Sommer zu starker Erwärmung, jeweils bei Wolkenarmut und niederschlagsfreiem Wetter.

Eine besondere Wetterlage ist die Vb (Fünf-B)- oder Troglage. Sie ist gekennzeichnet durch einen längere Zeit ortsfesten Tiefdruckwirbel über Norditalien. Er führt warmfeuchte Luft aus dem Mittelmeerraum über den Balkan und das östliche Mitteleuropa. Dort kommt es besonders bei Gebirgshindernissen zu lang anhaltenden und starken Niederschläge, die häufig zu Hochwasser führen. Die Bezeichnung Vb stammt von W. van Bebber (1881), der fünf Hauptzugstraßen von Tiefdruckgebieten über Europa ermittelte und charakterisierte. Die Vb-Zugstraße verläuft von Oberitalien über den Balkan, Ungarn und Polen in das Gebiet des Ladogasees.

Im Jahresverlauf treten am häufigsten Westwetterlagen auf, wobei das Maximum im August liegt. Das bedeutet, dass ein regenreicher Sommer das „Normale" für Mitteleuropa darstellt. Ein sekundäres Maximum tritt im Dezember auf, wodurch es zu anhaltendem Tauwetter kommt. Es folgen Hochdruckwetterlagen, die hauptsächlich im September, Januar und Februar auftreten. Nordlagen zeigen ein deutliches Maximum im April, Mai und Juni.

Aufgaben

1 Erläutern Sie die Begriffe „Wetterlage" und „Hauptluftmassen" (Abb. 106.1).
2 Charakterisieren Sie die Südwestwetterlage und die damit verbunden Wettererscheinungen (Abb. 106.3).
3 Erläutern Sie die Besonderheiten der Wetterlage „Hoch über Mitteleuropa" (107.1).
4 Begründen Sie, weshalb die Vb-Wetterlage zum Beispiel in Österreich sowie in Ost- und Südostdeutschland zu Extrem-Niederschlägen führen kann.
5 Werten Sie die Tabelle 106.2 aus.

GEO-EXKURS

Hundertjähriger Kalender, Bauernregeln, Witterungssingularitäten

Nach dem Dreißigjährigen Krieg entstand der Hundertjährige Kalender, dessen Existenz einem verhängnisvollen Irrtum zu verdanken ist. Der fränkische Abt Mauritius Knauer beobachtete über sieben Jahre hinweg (1652–1659) das Wetter und schrieb seine Beobachtungen auf. Eine Abschrift der Aufzeichnungen gelangte im Jahre 1700 an einen geschäftstüchtigen Erfurter Buchhändler, der diese unter dem Namen „Hundertjähriger Kalender" zum einem dann weit verbreiteten und viel gelesenen Buch zusammenstellte. Beim Druck waren aber viele Wettervorhersagen durcheinandergeraten und der Text umfasste nur unvollständige und sehr fehlerhafte Wiedergabe der ursprünglichen Aufzeichnungen. Dennoch genießt dieses meteorologisch praktisch nutzlose Werk bis heute eine gewisse Popularität.

Immer schon beobachtete der Mensch das Wettergeschehen, sammelte Erfahrungen und brachte sie in Regeln zum Ausdruck (Bauernregeln). Die meisten dieser Regeln eignen sich nicht als Wetterprognose, geschweige denn zur Voraussage für die kommende Jahreszeit oder ein ganzes Jahr. Die Übereinstimmungen von eigenartigem Tierverhalten und bestimmten Wettermerkmalen beziehen sich immer nur auf das gerade stattfindende Wetter, nicht auf das zu erwartende. Das Absteigen von Schafen in Gebirgen bei einer Aufgleitbewölkung ist nichts weiter als die Reaktion der Tiere auf die zunehmende Luftfeuchtigkeit, da die Haare von Schafen sehr feuchtigkeitsempfindlich sind. Es bedeutet auf keinen Fall, dass sie ein zu erwartendes Regenwetter voraussagen, denn das kann genauso gut auch ausbleiben.

Manche sogenannte „Bauernregeln" sind nichts weiter als:
- willkürliche Verbindungen zufälliger Beobachtungen („*Ziehn die Vögel vor Michael [29.9.], blickt von fern der Winter scheel*" oder „*Je größer die Ameisenhügel, je straffer des Winters Zügel*"),
- beinhalten „Binsenweisheiten" („*Oktobersonne kocht den Wein und füllt auch große Körbe ein*"),
- sind amüsant formuliert („*Ist der April auch noch so gut, er schneit dem Bauern auf den Hut*"),
- oder beruhen auf der Beobachtung sogenannter Witterungssingularitäten („*Pankratius [12.5.] hält den Nacken steif, sein Harnisch klirrt von Frost und Reif*" oder „*Ist Sankt Regine [7.9.] warm und wonnig, bleibt das Wetter lange sonnig*").

Bei der Auswertung sehr langer Beobachtungsreihen lassen sich häufig wiederkehrende Phasen mit charakteristischen Wetterbedingungen feststellen. Diese Zeitabschnitte werden Witterungssingularitäten genannt. Als Witterung wird generell wird ein Wetterablauf über mehrere Tage bezeichnet.
Allerdings sind diese Witterungssingularitäten weit weniger an feste Zeiten und Zeiträume gebunden als es der Volksmund meint. So ist beispielsweise die Verknüpfung der Kälterückfälle des Frühjahrs mit den Daten der „Eisheiligen" nur so weit richtig, als dass diese Daten stellvertretend für einen längeren Zeitraum stehen, in dem Großwetterlagen mit Kältezufuhr nach Mitteleuropa (NW- bis N-Lagen) statistisch dominieren.
Mit relativ großer Häufigkeit treten im Jahresgang 12 bis 15 der Witterungssingularitäten in Mitteleuropa in Erscheinung. Im Einzeljahr können sie völlig ausbleiben. Deshalb sind die Singularitäten für die Wettervorhersage nur mit Vorsicht zu verwenden.

Bezeichnung	Zeitraum	Wetterlage und Witterungsmerkmale
Hochwinter	15.–26. Januar	Hochdruckwetterlagen (Häufigkeit: 78 %) mit Zufuhr sehr kalter kontinentaler Luft, wenig Schnee
Aprilwetter	April	NW- und N-Lagen, zum Teil Vb-Lagen, sehr wechselhaftes zyklonales Wetter mit Schauern und Sonnenschein
Eisheilige (Mamertus, Pankratius, Servatius)	11.–13. Mai	NW- und N-Lagen mit Zufuhr sehr kalter Luft, Kälterückfälle, Gefahr für Obstbaumblüte
Spätfrühling	22. Mai–2. Juni	Hochdrucklage (Häufigkeit: 80%), Schönwetterperiode mit schon sommerlichen Tagen, aber noch kalten Nächten
Schafskälte	12.–14. Juni	W- und NW-Lagen mit kühlem, regnerischem Wetter
Hundstage	um den 10. August	Hochdruckwetterlage mit großer Wärme und Trockenheit (letzte Hochsommerphase)
Altweibersommer	23.–30. September	Hochdruckwetterlage (Häufigkeit: 76%), Schönwetter, trockene und warme Herbsttage
Weihnachtstauwetter	23.–30. Dezember	W-Lagen mit Warmluftzufuhr, die die zuvor gebildete Schneedecke abschmelzen lässt und daher meist weiße Weihnachten verhindert

108.1 Ausgewählte Witterungssingularitäten

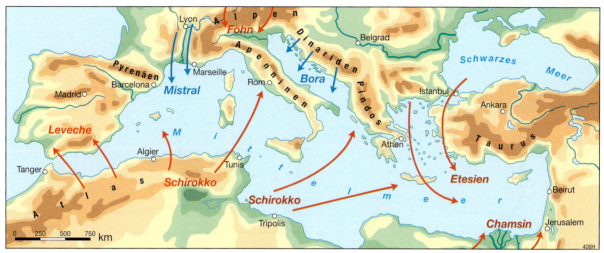

109.1 Regionalwinde im Mittelmeerraum

Regionale Windsysteme im Mittelmeerraum

In allen Regionen der Welt gibt es regionale Windsysteme. Sie erreichen aber nur Ausdehnungen von wenigen bis einigen Hundert Kilometern und erhalten ihre charakteristischen Merkmale oft durch besondere topographische Bedingungen oder Strömungsverhältnisse.

Der Mistral in Südfrankreich ist ein Fallwind und daher in gewisser Weise mit dem Föhn vergleichbar. Er entsteht an der Ostseite eines Hochdruckgebietes über der Biskaya und Südwestfrankreich als Druckausgleichsströmung hin zu einem Tiefdruckgebiet über dem Mittelmeer. Der aus nördlichen und nordwestlichen Richtungen wehende Mistral wird zwischen Alpen und Zentralmassiv in der Verengung des Rhônetals wie in einer Düse auf hohe Windgeschwindigkeiten beschleunigt. Wegen dieser hohen Windgeschwindigkeiten und der Herkunft der Luft aus polaren oder gemäßigten Breiten wird der Mistral im sonst warmen Mittelmeerraum als kalt und trocken empfunden, obwohl er als Fallwind am Südrand der Cevennen wie der Föhn trockenadiabatisch erwärmt wird. Kälteempfindliche Nutzpflanzen müssen durch Windschutzhecken geschützt werden.

Die Bora der dalmatinischen und istrischen Adriaküste entsteht ebenfalls im Grenzgebiet zwischen mediterranem und gemäßigt kontinentalem Klima. Insbesondere bei Hochdruckwetterlagen im Winter bildet sich im pannonischen Becken östlich des Dinarischen Küstengebirges durch Ausstrahlung oder durch Zufuhr osteuropäischer kontinentaler Kaltluft ein Kaltluftsee aus. Bei tiefem Druck über der Adria entstehen dadurch große Luftdruckgegensätze, die zum Überströmen dieser Kaltluft über das Gebirge führen. Die Kaltluft fällt als schwere Luft mehr als 1000 Meter hinunter zur Adria und erreicht in einzeln auftretenden Böen Sturmstärken von bis zu 12 Beaufort (vgl. Abb. 96.2). Im warmen Mittelmeerraum wird sie ebenfalls als relativ kalt und trocken empfunden, obwohl auch sie sich trockenadiabatisch erwärmt.

Im Osten des Mittelmeeres wehen die Etesien im Sommerhalbjahr regelmäßig von Osteuropa mit hohem Luftdruck über die Ägäis nach Süden.

Der Schirokko, der Leveche und der Chamsin sind dagegen heiße und zunächst trockene Wüstenwinde, die dem Hochdruck Nordafrikas entstammen. Sie können Wüstensand aus der Sahara weit nach Norden verfrachten und beim Überströmen des Mittelmeers auch viel Feuchtigkeit aufnehmen.

109.2 Durch den Schirokko ausgewehter Saharasand

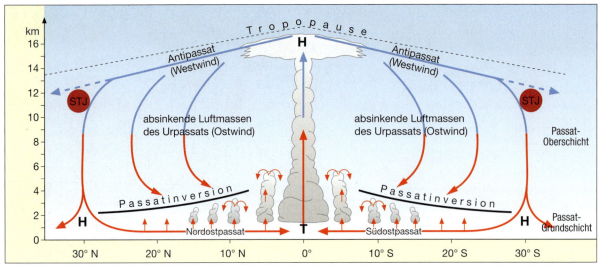

110.1 Passatzirkulation

6.9 Wettergeschehen in den Tropen

Passatzirkulation

In den Tropen ist das Wetter im Vergleich zu den mittleren Breiten großräumig weitaus gleichförmiger und wechselt weniger rasch. Es wird vor allem bestimmt von der Passatzirkulation (Abb. 110.1), die in Bodennähe durch den Luftdruckgegensatz zwischen den subtropisch-randtropischen Hochdruckgebieten und der äquatorialen Tiefdruckrinne angetrieben wird.

Durch die starke Erwärmung kommt es in dem äquatornahen Gürtel von thermischen Tiefs (= äquatoriale Tiefdruckrinne) zu raschen und hoch reichenden Vertikalbewegungen der feuchtheißen, labil geschichteten Tropikluft. Diese erreicht bei sehr turbulenter Thermik bereits in 1000–1500 m ihr Kondensationsniveau, wird aber durch die bei der Kondensation frei werdenden großen Mengen von latenter Wärme meist bis zur Obergrenze der Troposphäre hochgetrieben. Dazu saugen sie häufig in Gruppen mit einem Durchmesser von 100 km oder mehr auftretenden Wolkentürme feuchte Warmluft aus einem weiten Umkreis an. Da warme Luft sehr viel Wasserdampf speichern kann, sind die aus diesen Gewitterwolken (Cumulonimbus) fallenden Platzregen heftig: Sie betragen am Tage 100 mm und mehr und setzen mit großer Regelmäßigkeit am Nachmittag ein. Im Jahresverlauf erreichen sie ihre höchste Intensität, wenn die Sonne im Zenit steht (Zenitalregen). Zwischen den Gewitterwolken verhindern jedoch kräftige, zum Massenausgleich notwendige Abwinde die Niederschlagsbildung. Auch in den immerfeuchten Tropen regnet es daher nicht überall jeden Tag.

Die kräftige Konvektion führt unterhalb der Tropopause zu einem Luftmassenüberschuss, einem Höhenhoch. Von dort strömen die Luftmassen polwärts. Durch die Coriolisablenkung entsteht dabei ein Westwind (Antipassat). Teilweise sinken bereits in niederen Breiten aus dem Antipassat Luftmassen ab und fließen zurück Richtung Äquator. Dabei entsteht durch die Coriolisablenkung ein Wind aus östlichen Richtungen (Urpassat), dessen Luftmassen sich beim Absinken zunehmend erwärmen.

Andere Luftmassen des Antipassats sinken im Bereich der Wendekreise ab und schließen als bodennahe, beständig wehende Winde (Nordost-/Südostpassat) die Zirkulation der tropischen Hadleyzelle. Entsprechend ihrer Herkunft aus den subtropisch-randtropischen Hochdruckzellen ist diese nur ein bis zwei Kilometer mächtige Passatgrundschicht eine sehr warme, wolken- und niederschlagsarme Strömung. In ihr kommt es selbst über dem Meer zunächst nicht zur Niederschlagsbildung, weil die dafür notwendige hoch reichende Konvektion durch die sogenannte Passatinversion unterbunden wird. Diese durch die absinkende Passatoberschicht entstehende Temperaturumkehr begrenzt die Passatgrundschicht nach oben.

Die großräumige Absinkbewegung ist eine Folge der Flächendivergenz. Da sich wegen der Kugelgestalt der Erde die Abstände zwischen den Meridianen zum Äquator hin vergrößern, müssen die Luftmassen eine immer größer werdende Grundfläche überdecken: Ein bestimmtes Luftvolumen verbreitet sich daher äquatorwärts immer mehr, schrumpft dabei jedoch in seiner vertikalen Erstreckung. Dadurch wird von oben immer mehr Luft angesaugt. Äquatorwärts steigt der „Inversionsdeckel" aber allmählich an, weil die Luftmassen der Grundströmung vom Boden

DIE DYNAMIK DER ATMOSPHÄRE

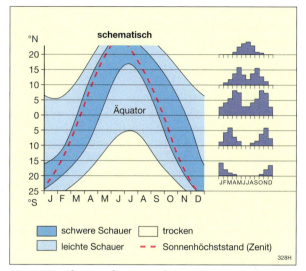

111.1 Wanderung der Konvektionszone und der Niederschlagsbereiche

111.2 Cumulonimbuswolke über Afrika

her zunehmend aufgeheizt werden und immer mehr Wasserdampf aufnehmen. Schließlich reicht die angesammelte Energie aus, um die Inversionsschicht zu durchbrechen, zunächst nur lokal, äquatorwärts dann immer großflächiger. Die Konvektionsvorgänge werden zudem begünstigt durch die wegen des geringer werdenden Luftdruckgegensatzes allmählich abflauende Horizontalbewegung.

In dieser „Auslaufzone" der Passate werden lokal entstehende Hitzetiefs rasch wieder aufgefüllt, da die Luftmassen wegen der in Äquatornähe sehr geringen Corioliskraft direkt vom Hoch zum Tief fließen. Die meist schwachen und rasch abflauenden Winde strömen daher aus allen Richtungen in das Tief ein („umlaufende Winde" oder „Mallungen", niederdeutsch: mall = unberechenbar). In früheren Zeiten der Segelschifffahrt war diese wegen ihrer Windarmut auch „Kalmen" (franz.: calme = ruhig) genannte Zone ebenso gefürchtet wie die zum Teil völlig windstillen Kerngebiete der subtropisch-randtropischen Hochdruckzellen, die „Rossbreiten". Hier wurden Segelschiffe oft solange in einer Flaute festgehalten, bis die Vorräte für die mitgeführten Pferde aufgebraucht waren und die Tiere notgeschlachtet werden mussten.

Sind die Passatströmungen beider Halbkugeln stärker ausgebildet, konvergieren ihre Luftmassen in einer etwa 100 bis 200 Kilometer breiten Zone. Diese „Innertropische Konvergenzzone" (ITC) entspricht der äquatorialen Tiefdruckrinne.

Wie alle Luftdruck- und Windgürtel verlagern sich auch die Einzelbereiche der Passatzirkulation mit dem jahreszeitlichen Wechsel des Sonnenstands. Für die davon betroffenen Regionen ergibt sich daraus ein markanter jahreszeitlicher Wechsel von Trockenzeiten (Passateinfluss) und Regenzeiten (Einfluss der ITC). Direkt am Äquator setzen sich die Regenzeiten aber nur als besonders niederschlagsreiche Zeiten während des zweimaligen Zenitstandes der Sonne von dem die täglichen Niederschläge bringenden Konvektionsgeschehen ab. In Richtung Wendekreis verschmelzen die zunächst zwei Regenzeiten zu einer. Die Dauer der Regenzeit verkürzt sich, die Niederschlagssummen werden insgesamt geringer. Zugleich wächst aber die für die wechselfeuchten Tropen typische Variabilität der Niederschläge hinsichtlich Menge sowie räumlicher und zeitlicher Verteilung.

Über den Ozeanen wandert die ITC 6–8 Breitengrade nördlich oder südlich des Äquators, über den Kontinenten dagegen bis zu 20. Die Passatströmungen der jeweils anderen Halbkugel müssen daher mehr oder weniger großräumig den Äquator überqueren. Beim Übertritt wirkt auf sie die Coriolisablenkung in eine andere Richtung als zuvor: Äquatornah entstehen dadurch Winde aus vorwiegend westlicher Richtung (äquatoriale Westwinde).

Dieses einfache Grundmuster von trockenen Randtropen, wechselfeuchten und immerfeuchten Tropen zeigt regional markante Abwandlungen durch
- Steigungsniederschläge, die bei auflandigem Passat Küstengebirge ganzjährig bis in die Randtropen befeuchten,
- monsunale Effekte, Starkniederschläge im Zuge von El Niño oder im Bereich tropischer Wirbelstürme,
- die von den Außertropen abweichende Vertikalverteilung der Niederschläge in tropischen Gebirgen.

Hinzu kommen gelegentlich auftretende, bis in die Randtropen reichende Vorstöße außertropischer Kaltluft („Nortes" in der Karibik, „friagems" oder „Pamperos" in Brasilien), die typische Frontalniederschläge erzeugen.

DIE DYNAMIK DER ATMOSPHÄRE

112.1 Überschwemmungen infolge Monsunregens

Monsunzirkulation

Die Monsunzirkulation kann als Sonderfall der Passatzirkulation betrachtet werden. Sie bildet sich überall dort aus, wo ausgedehnte Landmassen am Rande und große Wasserflächen im Zentrum der Tropen liegen. Besonders im Bereich des indischen Subkontinents, aber auch in Südostasien, an der Guineaküste Westafrikas, und – in abgeschwächter Form – auf der Südhalbkugel werden die Landmassen im Sommer stark aufgeheizt. Im Bereich der Indus- und Gangesebene bildet sich dadurch ein kräftiges Hitzetief, das durch die großen Heizflächen der Hochländer von Innerasien noch verstärkt wird. Daher ist die Monsunzirkulation nirgendwo sonst auf der Erde so kräftig und so hochreichend wie in Südasien. Der Luftdruck innerhalb dieses „Monsuntrogs" liegt noch tiefer als normalerweise in der äquatorialen Tiefdruckrinne. Die Passatströmung wird daher weit über den Äquator hinweg in dieses Tief eingesaugt, das als eine weit nach Norden verlagerte ITC aufgefasst werden kann. Weil der in Äquatornähe liegende Gürtel von thermischen Tiefdruckgebieten jedoch erhalten bleibt, wird diese Situation als Aufspaltung der ITC in einen nördlichen (NITC) und in einen südlichen Ast (SITC) bezeichnet.

Durch die auf der Nordhalbkugel nach rechts gerichtete Coriolisablenkung wird aus dem Südostpassat nach Überquerung des Äquators eine südwestliche Strömung, der Südwest- oder Sommermonsun. Auf seinem langen Weg über den tropisch warmen Indischen Ozean nimmt er durch Verdunstung große Mengen an Wasserdampf auf. Er trifft daher mit feuchtheißer, labil geschichteter Äquatorialluft auf den erhitzten indischen Subkontinent. Die über Land rasch einsetzende Konvektion führt zu heftigen Niederschlägen, welche im Luv zum Beispiel der Westghats oder des Himalayas durch Steigungsniederschläge verstärkt werden können. Die Stationen Mamsynram und Cherrapunji im Khasi-Gebirge gehören mit 11 407 bzw. 10 798 mm Jahresniederschlag zu den regenreichsten Orten.

Im Winterhalbjahr weht über Indien der Nordostpassat der Nordhalbkugel, der hier Nordostmonsun genannt wird (Abb. 113.1). Durch die Auskühlung Zentralsibiriens bildet sich dort ein kräftiges Kältehoch, aus dem kalte Luft nach Indien abfließt. Beim Absinken in die Gangesniederung erwärmt sich die Luft, zugleich sinkt ihre relative Feuchte. Auf ihrem Weg über den indischen Subkontinent vermischt sie sich mit der absinkenden trockenen Luft der Passatoberschicht. Die sich dadurch ausbildende Passatinversion verhindert über dem ganzen Land hochreichende Konvektionen. Das Klima zur Zeit des Nordostmonsuns (Winter-

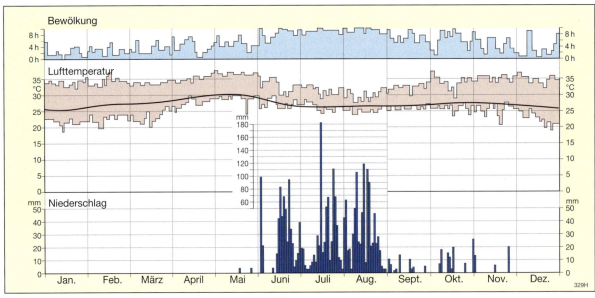

112.2 Typischer Wetterablauf im Monsunklima Indiens (Beispiel Goa)

DIE DYNAMIK DER ATMOSPHÄRE

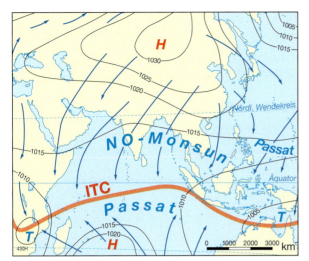

113.1 Wintermonsun

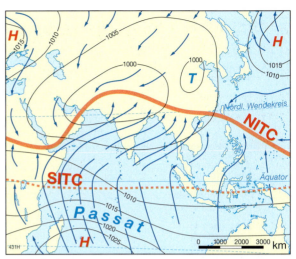

113.3 Sommermonsun

monsun) ist daher extrem trocken (Abb. 112.2). Wo der Nordostmonsun allerdings über den warmen Golf von Bengalen weht, kann er Wasserdampf aufnehmen, sodass an den Ostghats und an der Nordostküste Sri Lankas auch im Winter kräftige Niederschläge fallen.

Mit dem zum Sommer hin steigenden Sonnenstand erhitzt sich dann der Subkontinent wieder stärker. Die dritte Jahreszeit Indiens, die Vormonsunzeit, ist daher durch steigende Hitze bei monatelanger Trockenheit gekennzeichnet. Das erneute Eintreffen des Sommermonsuns wird deshalb in Indien sehnlichst erwartet. Er ist allerdings nicht sehr zuverlässig: Mal kommt er zu früh, mal zu spät, mal bringt er zu viel, mal zu wenig Niederschläge. Arabische Seefahrer nutzten die jahreszeitlich wechselnden Winde des Monsuns (arabischen „mausim" = Jahreszeit) zwischen den afrikanisch-arabischen und den indischen Küsten. Heute werden alle großräumigen Windpaare als Monsun bezeichnet, die durch zwei völlig unterschiedliche, je nach Jahreszeit aus entgegengesetzten Richtungen kommende Luftmassenströmungen gekennzeichnet sind. In Westafrika besteht dieses Windpaar z. B. aus dem feuchtschwülen Südwestmonsun vom Golf von Guinea im Sommer und dem im Winter dominierenden Nordostpassat, der als „Harmattan" (Wüstenwind) Hitze, Trockenheit und Staub aus der Sahara mit sich führt.

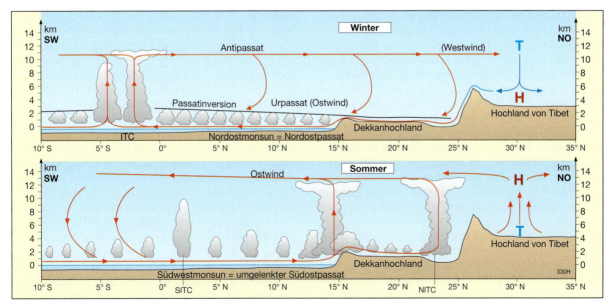

113.2 Tropische Monsunzirkulation in Südasien

DIE DYNAMIK DER ATMOSPHÄRE

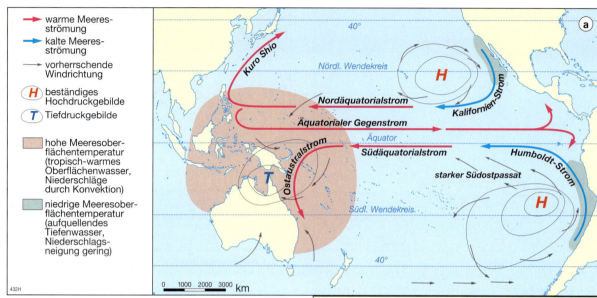

114.1 Normalzustand

Walker-Zirkulation und El Niño

Neben der überwiegend Nord-Süd-gerichteten Passatzirkulation gibt es in Äquatornähe auch eine in West-Ost-Richtung angeordnete Reihe von Zirkulationszellen, die den Globus umspannen. Diese nach ihrem Entdecker Sir G. WALKER (1868–1958) benannte Walker-Zirkulation ist im Pazifik besonders deutlich ausgebildet (Abb. 114.1, 115.1).

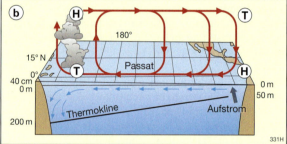

Im Pazifik verursacht das im Südwinter (Juni bis August) kräftige Hoch im Südpazifik (Abb. 114.1a) starke Südostpassate, die auf dem langen Weg über den warmen Pazifik große Mengen Wasserdampf aufnehmen. Diese ermöglichen in den Hitzetiefs der ITC im Westpazifik zusammen mit den dort hohen Wassertemperaturen hohe Konvektionsniederschläge. Um die oberflächennahe Strömung auszugleichen, fließt die aufgestiegene Luft in der Höhe zurück nach Osten, sinkt vor Südamerika ab und schließt die pazifische Walker-Zelle.

Der Windschub der Passate bewegt auch große Wassermassen westwärts, die sich auf dem Weg nach Südostasien auf bis zu 30 °C erwärmen. Dort staut sich das Warmwasser um 40–50 Zentimeter über NN auf und drückt zugleich die Thermokline (= Trennschicht zwischen dem warmen Oberflächen- und dem kalten Tiefenwasser) auf etwa 200 Meter Tiefe hinab (Abb. 114.1b).

Zum Ausgleich des nach Westen wegdriftenden Oberflächenwassers quillt vor der Westküste Südamerikas ständig kaltes antarktisches Tiefenwasser auf (Aufstrom). Dieses verhindert eine Erwärmung des kühlen Humboldtstroms und ermöglicht durch seinen hohen Nährstoffgehalt eine hohe Produktion von Biomasse (Fischreichtum).

Mitte September beginnt sich das Strömungssystem umzustellen: Das Hoch im Südostpazifik verlagert sich im Südsommer (Dezember bis Februar) in Richtung Südpol (Abb. 115.1a), die Passatwinde und der Windschub im Äquatorbereich werden schwächer, das im Westpazifik aufgestaute Warmwasser schwappt zurück. Es erreicht nach einigen Monaten die südamerikanische Küste, überströmt dort die Auftriebsgebiete des kalten Tiefenwassers und drückt die Thermokline abwärts (Abb. 115.1b). Als Folge brechen die Biomasseproduktion und die damit zusammenhängenden Nahrungsketten mehr oder weniger zusammen. Dieses alljährlich um Weihnachten erfolgende Verschwinden ertragreicher Kaltwasserfischschwärme bezeichnen die einheimischen Fischer traditionell als El Niño (span. = der Knabe, das Christkind). Die Auswirkungen des von den Fischern „ungeliebten Christkinds" verflüchtigen sich aber meist schon nach wenigen Wochen, da sich die vorherigen Strömungsverhältnisse wieder einstellen.

Dieses System von im Jahresrhythmus hin und her schwappendem Oberflächenwasser und der damit korrespondierenden Luftdruckwippe wird Southern Oscillation oder ENSO (El Niño Southern Oscillation) genannt.

DIE DYNAMIK DER ATMOSPHÄRE

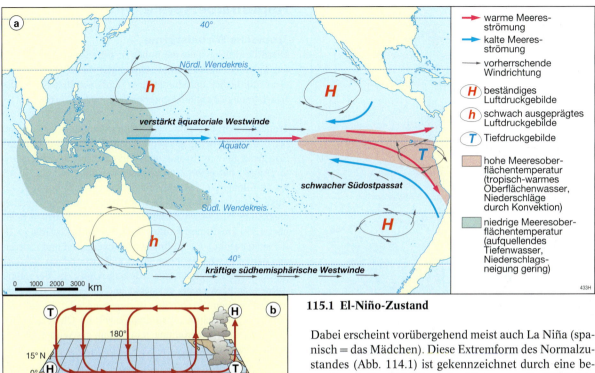

115.1 El-Niño-Zustand

Dabei erscheint vorübergehend meist auch La Niña (spanisch = das Mädchen). Diese Extremform des Normalzustandes (Abb. 114.1) ist gekennzeichnet durch eine besonders starke Abkühlung des Meeres vor der Westküste Südamerikas, verbunden mit einer dort vorübergehend sehr starken Trockenheit. In Südostasien sowie in Australien werden dagegen steigende Niederschlagsmengen beobachtet.

Das El-Niño-Phänomen

Aus bisher ungeklärten Gründen tritt etwa alle vier bis neun Jahre eine über mehrere Monate anhaltende El-Niño-Situation mit extremen Auswirkungen auf (sogenanntes El-Niño-Phänomen). Regelmäßig beobachtet wird dabei eine außergewöhnlich starke Abschwächung des südostpazifischen Hochdruckgebietes. Zeitweise erlischt der Südostpassat sogar völlig. Dies ermöglicht ein lange anhaltendes Zurückströmen sehr großer Warmwassermassen. Mit ihnen verlagern sich auch die Tiefdruckgebiete zunehmend von Südostasien Richtung Südamerika.

Dadurch kehrt sich die Walker-Zirkulation im Pazifik für längere Zeit völlig um: Die nun vor der südamerikanischen Küste aufsteigenden warmen und sehr feuchten Luftmassen verursachen im Küstenbereich von Ecuador, Peru und Nordchile heftige Starkniederschläge mit oft verheerenden Überschwemmungen. Im Westpazifik entsteht dagegen eine stabile Hochdrucklage. Südostasien und Australien leiden unter einer anhaltenden Trockenheit und sind zunehmend durch Waldbrände gefährdet.

Nach mehreren Monaten kehrt das System vom extremen El-Niño-Zustand zum Normalzustand zurück.

Aufgaben

1 Erläutern Sie Entstehung und Merkmale der Passatzirkulation (Abb. 110.1, Text).
2 Erklären Sie das Modell der Niederschlagsverteilung in den Tropen (Abb. 111.1)
3 Beschreiben Sie den typischen Wetterablauf im Monsunklima Indiens am Beispiel Goa (Abb. 112.2).
4 Analysieren Sie die Windströmungen und die Niederschlagsverteilung in Südasien während des Sommermonsuns (Abb. 113.3, Atlas).
5 Erklären Sie folgende Tatsachen mithilfe der Materialien auf S. 114/115: 1983 fielen auf den Galapagosinseln statt durchschnittlich 374 mm 3325 mm Niederschlag. Die Wüste Atacama verwandelte sich in eine blühende Landschaft, in der sogar Überschwemmungsschäden zu verzeichnen waren. Gleichzeitig litten die Ostküsten Indonesiens, Lateinamerikas und Afrikas unter Dürre.
6 Charakterisieren Sie die Verbreitungsgebiete und die Entwicklung von tropischen Wirbelstürmen (GEO-Exkurs S. 116).
7 Erläutern Sie die Niederschlagsverteilung in tropischen und in außertropischen Hochgebirgen (GEO-Exkurs S. 117).

GEO-EXKURS

Regionalbeispiele

Tropische Wirbelstürme

Diese Tiefdruckgebiete mit hoher zerstörerischer Energie treten unter bestimmten Voraussetzungen zwischen 5 und 25 Grad nördlicher beziehungsweise südlicher Breite auf. Die Bezeichnung ist regional unterschiedlich (Abb. 116.2).

Tropische Wirbelstürme haben einen Durchmesser von 300 bis 600 Kilometern, gelegentlich auch mehr. Das wolkenlose Zentrum eines tropischen Wirbelsturms, das sogenannte „Auge", hat einen Durchmesser von durchschnittlich 15 bis 30 Kilometern, manchmal auch bis zu 60 Kilometern. Im Auge herrscht Windstille. Der Rotationsring ist der Bereich maximaler Windgeschwindigkeit (150 bis 200 km/h, in Böen bis zu 350 km/h) und größter Wolkenmächtigkeit (bis zu 18 Kilometer Höhe). Die Luftmassen konvergieren und rotieren am Boden in Drehrichtung einer außertropischen Zyklone (Nordhalbkugel: gegen den Uhrzeigersinn). In der Höhe werden sie nach rechts abgelenkt und divergieren daher im hochreichenden Zirrenschirm in entgegengesetzter – antizyklonaler – Drehrichtung (Nordhalbkugel: im Uhrzeigersinn). Abwärtsgerichtete Strömungen innerhalb des Wirbels dienen dem Massenausgleich.

Tropische Wirbelstürme sind nur über aufgeheizten Meeresoberflächen stabil, da sie ihre Energie aus verdunstetem Wasserdampf beziehen, der beim Kondensationsvorgang Energie abgibt. Beim Übertritt auf das Land erlahmt die Eigendynamik des Wirbels rasch, da die Zufuhr latenter Wärme fehlt und durch die höhere Bodenreibung die Luftmassen in das Zentrum des Tiefs eingelenkt werden und es auffüllen. Gelegentlich können nach Norden abdrifte Hurrikans in die Westwindzone eingeschleust werden.

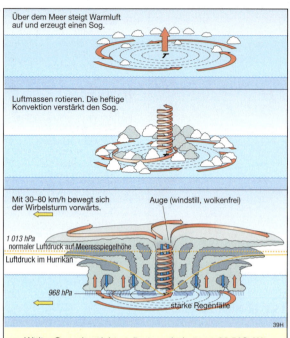

- Weite Ozeanbereiche müssen mindestens 26,5 °C Wassertemperatur aufweisen und die Mächtigkeit der warmen Wasserschichten muss mehr als zehn Meter betragen.
- Auslöser für die Entstehung sind meist kleinere Tiefs innerhalb der Passatströmungen.
- Erst ab fünf bis acht Grad polwärts ist die Ablenkung der Corioliskraft groß genug für eine Rotation.
- Je mehr Wasser kondensiert, desto intensiver wird die Konvektion, desto mehr Luftmasse wird eingesaugt, desto schneller dreht der Wirbel, desto größer wird der Wirbel (Selbstverstärkungseffekt).
- Die Wirbel wandern mit der Passatströmung westwärts.

116.1 Entstehung und Entwicklung

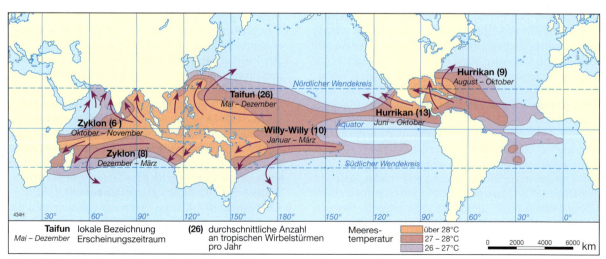

116.2 Verbreitung und durchschnittliches Auftreten tropischer Wirbelstürme

GEO-EXKURS

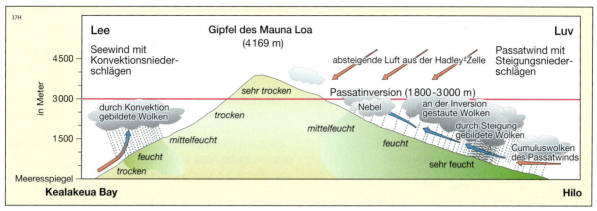

117.1 Hawaii – Niederschlagsverteilung im Profil

Luv-Lee-Effekte auf tropischen Inseln

Tropische Meeresgebiete erhalten meist nur geringe Niederschläge, da die Passatinversion die Bildung hochreichender Konvektionswolken verhindert. Rings um die Insel Hawaii ("Big Island"), die Hauptinsel der Hawaii-Gruppe, fällt daher durchschnittlich weniger als 250 mm Jahresniederschlag. Auf den Inseln selbst kann auf der Nordostseite der Inseln, im Luv der sehr beständigen Passatströmung, die Passatinversion jedoch durchbrochen wurden. Die höchsten Niederschlagsmengen der Steigungsregen fallen dabei in einer Höhenlage um 1500 Meter über NN. Der Gipfelbereich der nördlichen Hawaii-Insel Kauaʻi (Kawaikini, 1598 m) gilt mit einem Jahresniederschlag von 11 811 mm sogar als „the wettest place on earth".

Die trockenere Leeseite der Hawaii-Inseln wird dagegen durch Föhneffekte und wenig beständige südwestlichen Winde geprägt. Die von diesen herbeigeführten Luftmassen bringen in höheren Lagen ebenfalls Niederschläge, aber deutlich weniger als im NO registriert werden.

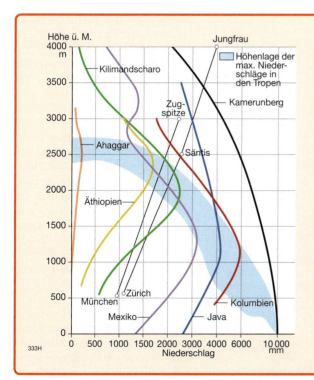

Die Niederschlagssummen nehmen in den tropischen Hochgebirgen zwar vom Fuß des Gebirges bis zu einer Höhenstufe maximalen Niederschlags zu, in den Höhenstufen darüber nehmen sie aber auch sehr deutlich wieder ab. Dies liegt daran, dass die Niederschläge in den Tropen fast ausschließlich thermisch, also durch Konvektion warmer Luftmassen, entstehen. Außerdem nimmt in den Tropen – im Gegensatz zu den Alpen – die Windstärke oberhalb von 1000 m ab. Deshalb ist die Zufuhr feuchter Luftmassen begrenzt. Mit zunehmender Luftfeuchtigkeit verlagert sich die Stufe des maximalen Niederschlags von größeren Höhen in den Randtropen zum Gebirgsfuß in den immerfeuchten inneren Tropen. In der Passatzone sind diejenigen Hochgebirge besonders niederschlagsreich, die über längere Zeit des Jahres quer zu einer feuchten Luftströmung liegen, wie z. B. Hawaii.

In der außertropischen Westwindzone dominieren dagegen die Aufgleitniederschläge oder Steigungsregen, die durch ständige Zufuhr (Advektion) relativ warmer und feuchter Luftmassen entstehen. Bei diesem Advektionstyp der vertikalen Niederschlagsverteilung liegt die Höhenstufe des maximalen Niederschlags zwischen 3500 und 4000 m, da hier die horizontale Luftbewegung am stärksten ist.

117.2 Vertikale Niederschlagsverteilung in tropischen und außertropischen Hochgebirgen

DIE DYNAMIK DER ATMOSPHÄRE

6.10 Vom Wetter zum Klima

Klimaklassifikationen erfassen die regional unterschiedlichen Ausprägungen des Klimas.
Genetische Klimaklassifikationen gehen dabei von der Entstehung des Klimas aus, während effektive Klimaklassifikationen den Effekt, die Auswirkungen des Klimas auf Landschaft und Lebewelt, in den Vordergrund der Systematisierung stellen.

Genetische Klimaklassifikationen

Ein Beispiel für eine genetische Klimaklassifikation, die mit wenigen und groben Grundüberlegungen auskommt, stammt von W. WEISCHET (Abb. 118.1): Die Beleuchtungszonen der Erde lassen drei große Zonen unterscheiden, nämlich die Tropen zwischen den Wendekreisen, die sich polwärts anschließenden Mittelbreiten (gemäßigte Breiten) und polwärts davon schließlich die Polargebiete jenseits der Polarkreise. Innerhalb dieser Zonen ergibt sich wegen der jahreszeitlichen Verschiebung des Sonnenstandes eine Verlagerung der Druck- und Windgürtel. So entstehen ganzjährig beständige und halbjährlich wechselnde Klimate.

In den immerfeuchten inneren Tropen dominieren bei ganzjährig fast senkrechtem Sonnenstand die Vorgänge der tropischen Konvektion mit Wärmegewittern und Starkregen.
In den äquatorfernen sommerfeuchten Tropen gibt es nach Senkrechtstand der Sonne im Sommer der jeweiligen Halbkugel Regenzeiten. Während der restlichen Zeit des Jahres herrscht Trockenzeit. Regenzeit und Trockenzeit variieren in ihrer Zeitdauer (1–12 Monate).
Am Rand der Tropen befindet sich wegen der absteigenden Luftmassen der Passatzirkulation das subtropisch-randtropische Trockenklima.

Außerhalb der Tropen folgen die Subtropen. An der Westseite der Kontinente liegen sie im Sommer im Einflussbereich des erwähnten Trockenklimas, im Winter dagegen im Einflussbereich des Westwindklimas der Mittelbreiten. Nach dem halbjährlich typischen Wechsel des Klimas wird es das Klima der Winterregensubtropen (= Mittelmeerklima) genannt.
Polwärts folgt das Westwindklima der Mittelbreiten mit ganzjährig typischem Wechsel von Zyklonen und Antizyklonen, die mit der Westströmung nach Osten ziehen.

Das Polarklima der Polkappen wird durch ein Kältehoch im Winter und polare Ostwinde charakterisiert. Im Sommer können die außertropischen Zyklonen weit in die Polarregionen vordringen.

Eine weitere Differenzierung der Klimazonen erfolgt durch die unterschiedliche Verteilung von Land und Meer. An der Ostseite der Kontinente entstehen durch das Monsunsystem, welches bis in die Subtropen reicht, die Sommerregensubtropen. Im Kontinentinneren der gemäßigten Breiten entsteht das Kontinentalklima der Mittelbreiten mit Trockenheit und großen jährlichen Temperaturgegensätzen. Das außertropische Ostseitenklima zeigt ebenfalls große Temperaturgegensätze, aber vorwiegend sommerliche Feuchtigkeit.

Die „Klimarübe" (Abb. 118.1) zeigt diese Klimazonen auf einem Idealkontinent, der alle Landmassen auf dem jeweiligen Breitenkreis zusammenfasst. Eine weitere genetische Klimaklassifikation wurde von E. NEEF entwickelt (Abb. 119.1).

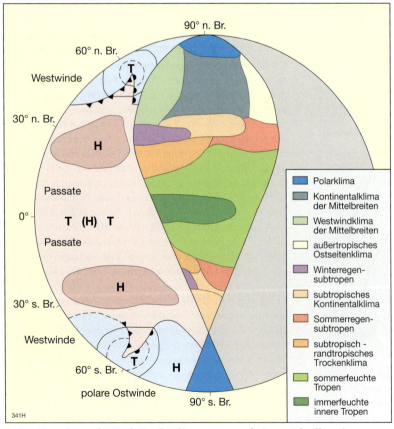

118.1 Druck- und Windgürtel, Klimazonen auf einem Idealkontinent

DIE DYNAMIK DER ATMOSPHÄRE

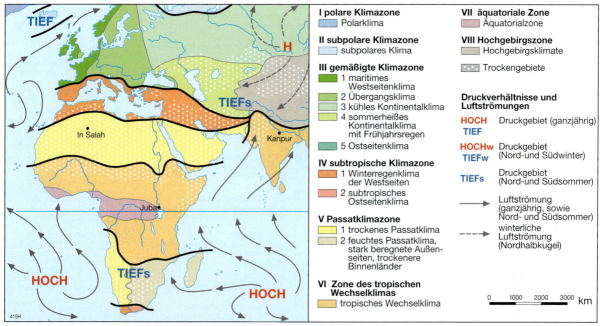

119.1 Genetische Klimaklassifikation nach Neef (Ausschnitt)

Das Satellitenbild zeigt die Tagseite der Erde von der arabischen Halbinsel bis Südamerika. Die Schneebedeckung der Pyrenäen, der Alpen und von Gebirgen im Mittleren Osten deutet auf ein Aufnahmedatum im Winter bzw. Frühjahr oder Herbst der Nordhalbkugel hin. Wegen der Lage der innertropischen Konvergenzzone nahe bzw. südlich des Äquators können die Übergangsjahreszeiten jedoch ausgeschlossen werden.

Der Verlauf der ITC ist durch das vom Kongo über Westafrika und den Atlantik bis zur Amazonasmündung reichende, mehr oder weniger breite und dichte Wolkenband aus Konvektionswolken markiert.
Südlich dieser innertropischen Regenzone kennzeichnen über Südamerika und vor allem dem südlichen Afrika zahlreiche einzelne Haufenwolken die Zone der sommerfeuchten Tropen während der Regenzeit. Im deutlich wolkenärmeren Bereich der gleichen Zone zwischen ITC und der Sahara herrscht dagegen Trockenzeit, erkennbar auch an den schmalen und weit äquatorwärts reichenden Wolkenstreifen, die vom Nordostpassat mitgeführt werden. Die Zone der subtropisch-randtropischen Trockengebiete ist nahezu wolkenlos und zudem durch das fehlende Grün der Vegetation identifizierbar, von der Sahara bis zum Arabischen Golf auf der Nord-, im Bereich der Namib und der Kalahari auf der Südhalbkugel.

Auch die Südspitze Afrikas ist nahezu wolkenfrei (Sommersituation), das europäische Mittelmeergebiet dagegen teilweise deutlich bewölkt (Wintersituation). Wie die bei den sommerfeuchten Tropen belegt das Bild damit auch bei den Winterregensubtropen die Charakteristik dieser alternierenden Klimazone. Polwärts schließt sich auf beiden Halbkugeln die Zone des Westwindklimas der Mittelbreiten an, erkennbar an den Wolkenfeldern, deren spiralige Anordnung die Fronten der Zyklonen abbilden.

119.2 Satellitenbild (aufgenommen von METEOSAT in ca. 30 000 km Höhe)

DIE DYNAMIK DER ATMOSPHÄRE

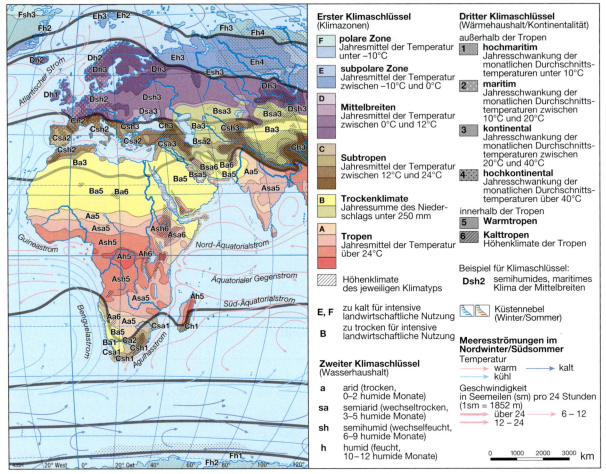

120.1 Klimaklassifikation nach SIEGMUND/FRANKENBERG

Effektive Klimaklassifikationen

Ziel jeder Klimaklassifikation ist die Erfassung und Abgrenzung von Räumen mit jeweils klimatisch einheitlichen Verhältnissen. Anders als die genetischen sind die effektiven Klimaklassifikationen detailgenauer und auch weiter verbreitet. Am bekanntesten sind diejenigen, die von W. KÖPPEN und R. GEIGER beziehungsweise von C. TROLL und K.-H. PAFFEN oder in jüngerer Zeit von A. SIEGMUND und P. FRANKENBERG entwickelt wurden.

Alle effektiven Klimaklassifikationen basieren auf Messwerten der leicht erfass- und verfügbaren Klimaelemente Temperatur und Niederschlag sowie auf den dafür gesetzten Schwellenwerten. Die Festlegung der zur Abgrenzung einheitlicher Klimagebiete notwendigen Schwellenwerte (Grenzwerte) erfolgt aber nicht willkürlich. Sie orientiert sich an der Vegetation. Diese unterscheidet sich je nach Klimabedingungen erheblich und dient somit als natürlicher Indikator für Feuchte- und Temperaturbedingungen. Damit können dann auch Regionen erfasst werden, aus denen keine Messwerte, wohl aber Charakteristika der Vegetation vorliegen. Basis jeder effektiven Klimaklassifikation ist daher die Abgleichung der Messwerte mit der jeweils vorgefundenen Vegetation.

Aus ökologischer Sicht ist dabei aber die Höhe des Niederschlags weniger wichtig als die Verfügbarkeit von Wasser für die Pflanzen. Diese wird vor allem von der jahreszeitlichen Verteilung und Höhe der Verdunstung bestimmt. Bei hohen Niederschlägen und gleichzeitig hoher Verdunstung im Sommer bleibt zum Beispiel nur wenig Wasser für die Vegetation übrig. Ein Zeitraum oder eine Region werden daher als arid (= trocken) bezeichnet, wenn die mögliche (potenzielle) Verdunstung größer ist als der Niederschlag. Umgekehrt bedeutet humid, dass der Niederschlag größer als die Verdunstung ist, die Pflanzen also ausreichend Wasser haben.

Eine physikalisch korrekte Bestimmung der Verdunstung gleich großer Ausschnitte der Erdoberfläche ist aber wegen der unterschiedlichen Gestalt und Vegetationsbedeckung

DIE DYNAMIK DER ATMOSPHÄRE

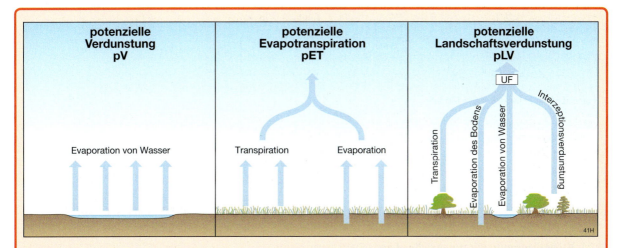

Die potenzielle Landschaftsverdunstung (pLV) wird u.a. abgeleitet aus der potenziellen Verdunstung (pV), die der Verdunstung über offenen Wasserflächen entspricht. Die potenzielle Evapotranspiration (pET) setzt sich zusammen aus der Verdunstung des jeweiligen Bodentyps (Evaporation) und aus der Transpiration von Pflanzen. Letztere hat den höchsten Anteil an der pLV. Dazu kommt noch die Interzeptionsverdunstung, das heißt die unmittelbare Verdunstung des Niederschlags, der von der Pflanze abgefangen wurde.

Je nach Vegetationstyp und Vegetationsbedeckung einer Region wird die potenzielle Landschaftsverdunstung durch einen Umrechnungsfaktor (UF) hochgerechnet. Diese Umrechnungsfaktoren unterscheiden sich je nach Vegetationszone und Jahreszeit erheblich.

Die Extrapolation der pLV von der Mikroebene (kleinräumige Messungen) auf die Makroebene ist aber auch umstritten.

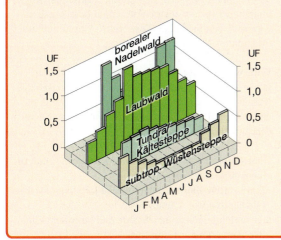
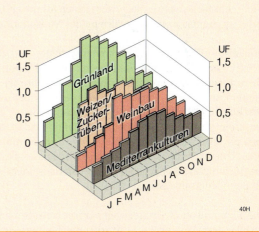

121.1 Ableitung der potenziellen Landschaftsverdunstung

sehr aufwendig. Vereinfachend wird daher oft nur die potenzielle Verdunstung berücksichtigt. Weitaus genauer und ökologisch aussagekräftiger sind die Werte der potenziellen Landschaftsverdunstung (Abb. 121.1). Auch hier gilt: N ≥ pLV: humid
   N < pLV: arid.

Die in Abb. 120.1 dargestellte Klimaklassifikation berücksichtigt die potenzielle Landschaftsverdunstung. Sie unterteilt die Erde zunächst grob in sechs Klimazonen. Fünf davon sind durch thermische Schwellenwerte abgegrenzt, die sechste durch hygrische (= durch Feuchte bedingte). Höhenklimate sind gesondert ausgewiesen.

Der zweite Buchstabe der Klimakennzeichnung bezieht sich auf den Wasserhalt. Dieser kann in thermisch unterschiedlichen Klimazonen durchaus der gleiche sein.

Die dritte Kennzeichnung im Klimaschlüssel charakterisiert schließlich die Nähe bzw. Ferne des Meeres.

DIE DYNAMIK DER ATMOSPHÄRE

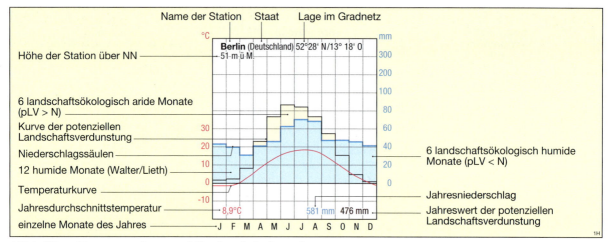

122.1 Klimadiagramm mit potenzieller Landschaftsverdunstung

Klimadiagramme – Steckbriefe des Klimas

Klimadiagramme stellen in einer einheitlichen und übersichtlichen Form die wichtigsten klimatischen Kennzeichen einer Station dar. Sie enthalten alle neben den Angaben zu der jeweiligen Station (Name, Staat, geographische Koordinaten, Höhe über dem Meeresspiegel) die über eine Messperiode von 30 Jahren gemittelten Werte der jährlichen bzw. monatlichen Niederschlagsmengen und der Durchschnittstemperaturen. Hinzu kommen Angaben zur durchschnittlichen Jahresniederschlagsmenge und zur Jahresdurchschnittstemperatur während der Messperiode.

Klimadiagramme sind Koordinatensysteme mit drei Achsen: Die waagerechte gibt die einzelnen Monate des Jahres wieder. Auf der linken senkrechten Achse ist die Temperatur in Grad Celsius, auf der rechten der Niederschlag in Millimeter (= Liter pro Quadratmeter) eingezeichnet. In vielen neueren Diagrammen sind zudem noch die durchschnittliche Jahresmenge und die monatlichen Durchschnittswerte der potenziellen Landschaftsverdunstung (pLV) angegeben. Deren Skala ist identisch mit der Niederschlagsskala.

In Anlehnung an die früher weit verbreiteten Klimadiagramme nach WALTER/LIETH werden die Temperatur (T) und Niederschlagswerte (N) auf den beiden senkrechten Achsen im Verhältnis 1:2 einander gegenübergestellt. 10 °C auf der Temperaturachse entsprechen 20 mm auf der Niederschlagsachse, 20 °C entsprechen 40 mm etc. Damit lässt sich grob erkennen, ob in einem Monat humide oder aride Klimaverhältnisse herrschen: Liegt die N über T, so ist der Monat humid, andernfalls arid. Physikalisch korrekter ist es, den monatlichen Niederschlägen direkt die entsprechenden pLV-Werte gegenüber zu stellen. Auf diese Weise lassen sich humide (N ≥ pLV) und aride Zeiträume (N < pLV, gelbe Fläche) exakter definieren.

1. **Beschreibung der Lage des Ortes:** geographische Breite und Länge, Höhenlage; Lage zum Meer, Nähe zu Gebirgen etc.; regionale Besonderheiten (z. B. Tal-, Hang-, Berglage, Landnutzung)

2. **Untersuchung der Temperaturwerte:** Jahresdurchschnittstemperatur; Maximum/Minimum der Temperatur (Wert, Monat) sowie Besonderheiten im jahreszeitlichen Temperaturverlauf (z. B. Maximum vor/nach sommerlicher Regenzeit); Jahresamplitude (Maximum/Minimum)

3. **Untersuchung der Niederschlags- und pLV-Werte:** Jahressummen; Maxima/Minima der Niederschläge (Regen- und Trockenzeiten) und der pLV (Werte, Monate); Anzahl und jahreszeitliche Verteilung der humiden und ariden Monate

4. **Zuordnung der Station zu einer Klimazone und zu einem Klimatyp** (Abb. 120.1):
   - Jahresdurchschnittstemperatur und Jahressumme des Niederschlags → Klimazone
   - Anzahl humider/arider Monate und Jahresamplitude der Temperatur → Klimatyp

5. **Erklärung möglicher Ursachen für die klimatischen Gegebenheiten des Ortes:** globale atmosphärische Zirkulation; regionale/lokale Besonderheiten

6. **Beurteilung** der Auswirkungen der klimatischen Gegebenheiten auf die Böden, die natürliche Vegetation und die landwirtschaftlichen Nutzungsmöglichkeiten

122.2 Leitfaden zur Auswertung und Interpretation von Klimadiagrammen

DIE DYNAMIK DER ATMOSPHÄRE

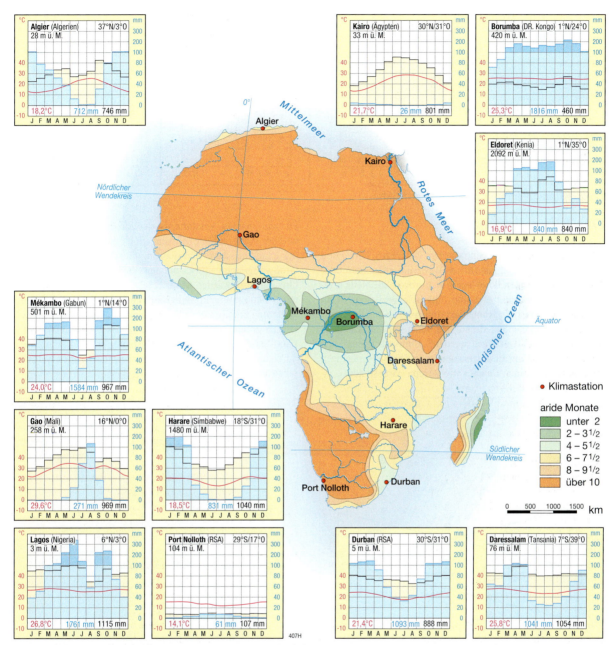

123.1 Klimazonen und Klimadiagramme (Beispiel Afrika)

Aufgaben

1 Beschreiben Sie die Verteilung der Klimazonen auf dem Idealkontinent (Abb. 118.1).

2 Vergleichen Sie die beiden genetischen Klimaklassifikationen nach WEISCHET und NEEF (Abb. 118.1, 119.1, Atlas).

3 Erläutern Sie den Begriff „potenzielle Landschaftsverdunstung" (Abb. 121.1).

4 Vergleichen Sie die genetische Klimaklassifikation nach NEEF mit der effektiven von SIEGMUND/FRANKENBERG (Abb. 119.1, 120.1, Atlas).

5 Wählen Sie ein Klimadiagramm in Abb. 123.1 und werten Sie es nach dem Leitfaden Abb. 122.2 aus.

6 Recherchieren Sie im Internet ein dem Satellitenbild in Abb. 119.2 vergleichbare Aufnahme und interpretieren Sie diese.

GEO-EXKURS

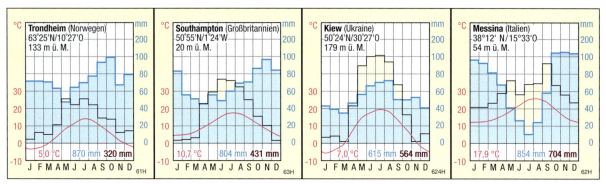

124.1 Klimadiagramme europäischer Städte

Das Klima Europas

Orkanböen, Hagelschläge, sintflutartige Platzregen, Hitze- und Kälteperioden gibt es im jährlichen Wetterablauf in mehr oder weniger ausgeprägter Form auch in Europa. Sie bleiben jedoch regional begrenzt und sind innerhalb der langjährigen Messreihen, die einem Klimadiagramm zugrunde liegen, nur gelegentlich auftretende Extremwerte, die durch die statistische Mittelbildung „glatt gebügelt werden". Dennoch eignen sich Klimadiagramme, um die unterschiedlichen Klimaausprägungen selbst eines so kleinen Raumes wie Europa darzustellen.

Für ein tieferes Verständnis der einzelnen Klimaregionen und der Wetterabläufe müssen jedoch die Gesetzmäßigkeiten der planetarischen Zirkulation, die daraus resultierenden Großwetterlagen sowie die jeweils beteiligten Luftmassen hinzugezogen werden (Abb. 125.1, S. 106/107). Bei kleinräumiger Betrachtung können schließlich noch regionale, oft die Witterung dominierende Windsysteme berücksichtigt werden. Hierzu zählen zum Beispiel die tageszeitlich wechselnden Land-See- bzw. Berg-Tal-Windsysteme. Hinzu kommen die durch überregionale Druckgegensätze entstehenden Luftmassenströmungen (Abb. 109.1).

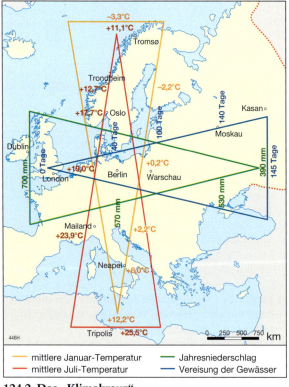

124.2 Das „Klimakreuz"

124.3 Klimazonen Europas

GEO-EXKURS

Europa ist der sich vom Ural bis zum irischen Slea Head, von Kreta bis zum Nordkap erstreckende Westteil der riesigen Landmasse Eurasiens. Der mit 10,5 Millionen Quadratkilometern fünftgrößte Kontinent besitzt eine vergleichsweise starke klimatische Differenzierung, die aus dem Zusammenwirken verschiedener Faktoren resultiert.

Dabei ist von grundlegender Bedeutung, dass
1. durch die von den Subtropen über die mittleren Breiten der gemäßigten Zone bis zur Polarzone abnehmende Zufuhr von Strahlungsenergie ein markanter S-N-Wandel im Strahlungshaushalt und damit im Tages- und Jahreszeitenablauf entsteht,
2. durch den aus dem Golfstrom hervorgehenden Nordatlantikstrom der Westrand Europas eine Wärmezufuhr erhält wie kein anderes Gebiet der Erde in vergleichbarer Breitenlage,
3. durch die starke Gliederung in große Halbinseln und Meeresbuchten der maritime Einfluss bis relativ weit ins Kontinentinnere hinein wirksam bleibt,
4. durch die Offenheit des Kontinents je nach Großwetterlage Luftmassen verschiedenster Herkunft nahezu ungehindert nach Europa gelangen können,
5. durch den unterschiedlichen Verlauf der jungen Hochgebirge sowie der Skanden großräumig wirksame Klimascheiden gebildet werden.

Die mittleren Bereiche Europas liegen ganzjährig im Westwindgürtel und damit in der „Kampfzone der Luftmassen". Sie besitzen deutlich ausgeprägte, thermisch bedingte Jahreszeiten mit insgesamt wechselhaftem Wetter. Die Ursache hierfür liegt in den vom Atlantik kommenden, auf unterschiedlichen Bahnen von West nach Ost ziehenden Zyklonen, deren Wetterwirksamkeit in unregelmäßigen Abständen von kurzen Zwischenhochs oder länger andauernden Hochdrucklagen unterbrochen wird. Milde Winter, kühle Sommer und über das ganze Jahr verteilte, überwiegend zyklonale Niederschläge charakterisieren die meernahen Gebiete.

Die zyklonalen und maritimen Einflüsse schwächen sich vom ozeanisch geprägten Westsaum Mitteleuropas über ein breites Übergangsgebiet nach Osten hin zunehmend ab, das Klima wird kontinentaler: Die jahreszeitlichen Temperaturunterschiede werden größer, die Winter länger, die Übergangsjahreszeiten kürzer, die insgesamt geringeren Niederschläge sind überwiegend konvektiven Ursprungs und fallen vor allem im Sommer. Wegen der auch im Winter geringen Luftfeuchtigkeit bildet sich eine nur wenig mächtige Schneedecke aus.

Im Gegensatz zu dem ganzjährig wechselhaften Wetterablauf in der Mitte Europas sind die klimatischen Bedingungen der subtropischen und der subpolaren/polaren Regionen insgesamt weitaus beständiger.
Wie alle an der Westseite der Kontinente gelegenen Winterregengebiete gelangt auch der Südteil Europas durch die jahreszeitlich bedingte Verschiebung der Luftdruck- und Windgürtel im Sommerhalbjahr unter den dominierenden Einfluss der subtropisch-randtropischen Hochdruckzellen und der Passate. Weil das kräftige Azorenhoch Zyklonen weitgehend vom Mittelmeergebiet fernhält, sind die Sommermonate wolkenarm, trocken und beständig warm. Extremwerte können dabei vor allem im Binnenland, wie zum Beispiel in Zentralspanien, erreicht werden. Im Winterhalbjahr steuert dagegen der nun etwas südlicher verlaufende Jetstream die vom Atlantik kommenden Zyklonen mit ihren Frontalniederschlägen auch über den Mittelmeerraum, sodass während dieser Monate auch dort das unbeständige Wetter der Westwindzone dominiert. Obwohl die Wintertemperaturen weitaus milder als in Mitteleuropa bleiben, treten fast alljährlich auch im Mittelmeerraum Fröste auf. Sie sind aber meist nur kurzfristig, weniger stark als in Mitteleuropa und vor allem durch nächtliche Ausstrahlung bedingt, denn der breitenkreisparallele Verlauf der Hochgebirge Pyrenäen, Alpen und Karpaten schirmt den Süden Europas gegen Kaltlufteinbrüche aus dem Norden einigermaßen ab.

Wie das Winterregengebiet ist auch der Nordsaum der mittleren Breiten, die subpolare Region, ein typisches Wechselklima. Die nördliche Lage verringert jedoch insgesamt die Unterschiede in der Wetterwirksamkeit zwischen den im Sommer vorherrschenden Westwinden und den im Winter dominierenden polaren Ostwinden. Der Einfluss dieser unterschiedlichen Luftmassen wechselt rasch während des ganzen Jahres. Die Sommer bleiben kühl und niederschlagsreich. In den östlich der Klimascheide des Skandinavischen Gebirges gelegenen Regionen sinken die Wintertemperaturen tief und lang anhaltend unter den Gefrierpunkt. Jenseits des Polarkreises wird das Klima schließlich ganzjährig durch die Vorherrschaft kalter, arktischer Luftmassen sowie das winterliche Strahlungsdefizit bestimmt.

Im Norden und Nordwesten des Kontinents ist der Einfluss des warmen Nordatlantikstroms stärker als sonstwo in Europa bemerkbar. Ohne die vor allem im Winter bedeutsame natürliche „Warmwasserheizung" wären die Fjorde Norwegens und die Häfen Schottlands nicht eisfrei, hätten weite Teile des Kontinents Wintertemperaturen wie Ostkanada. So aber hat zum Beispiel Trondheim (64° N) eine Jahresmitteltemperatur wie Bukarest (44,5° N).

125.1 Das Klima Europas

DIE DYNAMIK DER ATMOSPHÄRE

6.11 Natürliche Klimaschwankungen

Nichts ist beständig auf dem Planeten Erde. Plattentektonische Prozesse führen zu immer neuen Konstellationen von Ozeanen und Kontinenten, zu Gebirgsbildungen und Vulkanaktivitäten. Änderungen der solaren Einstrahlung, des Aerosol- und Gasgehalts und der Gaszusammensetzung der Atmosphäre verursachen weitere Veränderungen: im Strahlungshaushalt, bei den Luft- und Wassertemperaturen, beim Salzgehalt der Meere. Sie stoßen damit Veränderungen der atmosphärischen und marinen Zirkulation sowie der Niederschlagsverteilung an. Auch Lebewesen haben im Laufe ihrer Evolution nachhaltig in das Wirkungsgeflecht der Atmosphäre eingegriffen.

Für die Frühzeit der Erde werden Lufttemperaturen von teilweise +200°C angenommen. Dieses extreme Treibhausklima wurde verursacht vor allem durch eine hohe Konzentration von Wasserdampf und CO_2, die mit anderen Gasen bei Vulkanausbrüchen in die Atmosphäre gelangten („CO_2-Quellen"). Die Temperaturen sanken jedoch nach und nach, weil CO_2 durch Niederschläge aus der Atmosphäre gewaschen und zusammen mit dem aus der Verwitterung stammenden Kalzium als Kalziumkarbonat (Kalk) im Meer sedimentiert wurde. Riffbildende Korallen verstärkten diesen Effekt ebenso wie die fotosynthetisch aktiven Pflanzen oder Plankton, wenn deren organische Substanz nicht wieder vollständig zersetzt wurde. Kalkgestein, Kohlen- und Erdöl/Erdgaslagerstätten sind daher bedeutende CO_2-Deponien („Senken"). Im Gegenzug reicherte sich der bei der Fotosynthese als Abfallprodukt entstehende Sauerstoff in der Atmosphäre an und führte dort zum Aufbau der Ozonschicht, die vor der gefährlichen UV-Strahlung schützt. Beides erst ermöglichte den Lebewesen den Schritt an Land. Ozon verstärkt aber zugleich wieder den natürlichen Treibhauseffekt.

All dies zeigt bereits, dass das irdische Klima eine wechselvolle Geschichte hat. Ein „stabiles Klima" gibt es daher nicht. Mehrfach schon pendelte die Erde zwischen wärmeren und kälteren Phasen hin und her. Dabei lässt sich auch für die letzte große Vereisungsphase (1,5 Mio. bis ca. 10 000 Jahre vor heute) ein paralleler Verlauf von Temperatur und CO_2-Gehalt belegen. Innerhalb dieses gemeinhin als Eiszeit bezeichneten Zeitraums lassen sich mindestens vier Kalt- und Warmzeiten identifizieren. Dieser Temperaturwechsel korreliert gut mit den von M. MILANCOVIC für verschiedene Breiten errechneten Veränderungen der solaren Zustrahlung (Abb. 56.2, 127.2).

Außerirdische Einflüsse allein genügen jedoch nicht, um bestimmte Regionen des Planeten mehr oder weniger re-

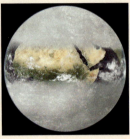

Beim Aufbrechen eines Superkontinents entstehen vor rund 770 Millionen Jahren äquatornah zahlreiche kleine Landmassen. Bisher trockene Binnenländer werden so zu feuchten Küstenregionen. Verstärkte Niederschläge waschen vermehrt CO_2 aus der Atmosphäre aus. Mit Wasser entsteht daraus Kohlensäure, die zur immer intensiveren Verwitterung der kontinentalen Gesteine führt. Die in Lösung gehenden Kalziumionen werden mit dem im Wasser gelösten CO_2 als Kalziumhydrogenkarbonat abtransportiert und im Meer als Kalk abgelagert. Durch die „CO_2-Abreicherung" sinken die Globaltemperaturen, dicke Eisschichten überziehen rasch die polarnahen Ozeane. Da Eis mehr Sonnenstrahlen reflektiert als Meerwasser, sinkt die Temperatur weiter. Innerhalb von nur etwa 1000 Jahren friert der Planet zu. Die globale Mitteltemperatur sinkt auf −50°C, eine mehr als ein Kilometer dicke Eisschicht bedeckt die Ozeane, die aber nicht bis zum Grund gefrieren, weil dauernd Wärme aus dem Erdinnern kommt. Nur wenige Organismen überleben in der Nähe von heißen Quellen.

An Land verhindert kalte, trockene Luft, dass die Gletscher weiter wachsen. Ohne Niederschläge wird aber das CO_2, das die Vulkane weiter ausgasen, nicht ausgewaschen. Seine Konzentration steigt im Laufe von nur wenigen Millionen Jahren um das 1000-Fache. Der dadurch sich verstärkende Treibhauseffekt erwärmt den Planeten wieder. Das Meereis und die kontinentalen Gletscher schmelzen, aus den tropischen Ozeanen verdunstet mehr Wasser, was den Treibhauseffekt verstärkt. Die Temperaturen klettern auf +50°C und intensivieren wiederum den Wasserkreislauf. Heftiger werdende Regen waschen das CO_2 wieder aus der Atmosphäre, verstärken die Verwitterung des Gesteinsschutts der abschmelzenden Gletscher. Flüsse transportieren die dabei entstehenden Kalklösungen ins Meer.

Vermutlich wiederholte sich dieses Wechselspiel von „Tiefkühltruhe" und „Sauna" vor 750–580 Millionen Jahren viermal. Seitdem sind alle Klimaänderungen weniger dramatisch ausgefallen, wahrscheinlich weil die Kontinente nie mehr diese Konstellation besaßen.

(nach: Spektrum der Wissenschaft, 4/2000)

126.1 Klimadrama in der Vergangenheit

DIE DYNAMIK DER ATMOSPHÄRE

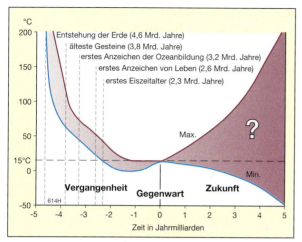

127.1 Veränderung bodennaher Lufttemperaturen

„Launische Heizquelle"
Aus ungeklärten Gründen steigert und reduziert die Sonne ihre Energieabgabe im Rhythmus von etwa 200 Jahren, ablesbar an den Sonnenflecken (dunkle, kältere Bereiche ihrer Oberfläche).

„Wechselnde Energieimporte"
Beim Lauf um die Sonne unterliegt die Erde auch dem je nach Konstellation unterschiedlichen Schwerkrafteinfluss von Saturn und Jupiter. Ihre Bahn pendelt dabei zwischen kreis- und ellipsenförmig, die Ekliptikschiefe wackelt um etwa 2,3° und die Erdachse trudelt wie ein langsamer werdender Kreisel. Alle drei periodisch auftretenden Variationen verändern jeweils die zugestrahlte Sonnenenergie (vgl. S. 56/57).

„Veränderte Kontinent-Ozean-Konstellationen"
In Polnähe driftende Kontinente vereisen schnell und erhöhen zusammen mit dem sich bildenden Meereis die Albedo des Planeten: Die Atmosphäre kühlt ab. Auch ein äquatornahes „Kleinkontinent-Puzzle" führt zu einer globalen Abkühlung. Äquatornahe Superkontinente begünstigen dagegen eine Erwärmung (Abb. 126.1).

„Veränderte Energietransportwege"
Gebirgsbildungen können den Verlauf der Strahlströme beeinflussen und so zumindest regional bedeutsame Änderungen des Feuchte- und Wärmetransports verursachen. Auch Änderungen der Ozeanzirkulation können wichtige Weichenstellungen für Klimaänderungen sein. Vor Schließung der Landbrücke von Panama (vor 3 Mio. Jahren) strömte z. B. kaltes Pazifikwasser in den Atlantik. Wegen des dadurch stark verringerten Salzgehalts sank im Nordatlantik kaum Wasser in die Tiefe und die zum Aufbau der nordischen Eisschilde notwendige Luftfeuchte fehlte.

„Kosmische Bomben"
Die beim Einschlag eines gewaltigen Meteoriten vor etwa 68 Mio. Jahren in die Atmosphäre geschleuderten Staub- und Wasserdampfmengen reduzierten die Sonneneinstrahlung; Luft- und Ozeantemperaturen sanken rapide, was wie mehrfach zuvor ein globales Massensterben verursachte.

„Irdische Rülpser"
Je nach Menge und Art verursachen vulkanische Asche und Gase eine Erhöhung der Albedo (Abkühlung) oder eine Erhöhung der Gegenstrahlung (Erwärmung). Steigende Meerestemperaturen und/oder Erdbeben destabilisierten riesige Gashydratlagerstätten v. a. im NO-Atlantik, ließen riesige Methanblasen aufblubbern, in die Atmosphäre entweichen, und beschleunigten so die postglaziale Erwärmung.

gelmäßig vereisen zu lassen. Sonst müsste die Erde ständig zwischen Warm- und Kaltzeiten hin und her pendeln. Bei bestimmten Konstellationen der von außerirdischen Kräften beeinflussten Parameter kann es aber zu wichtigen Weichenstellungen in der Temperaturentwicklung kommen (Abb. 127.2). Da die Konzentration der wichtigsten Treibhausgase stark temperaturabhängig ist, setzen schon kleine Änderungen weitere Kettenreaktionen in Gang, denn eine einmal durch die Treibhausgase angestoßene Temperaturänderung führt zu dramatischen Veränderungen im Wasserkreislauf: Wasserdampf ist nicht nur das wichtigste Treibhausgas. Meere und Seen sind die am stärksten absorbierenden natürlichen Flächen, Eis und Schnee dagegen die am stärksten reflektierenden natürlichen Flächen. Wasser greift daher entscheidend in den Strahlungshaushalt ein. Kommt es dann auch noch zu Veränderungen der globalen Energie- und Feuchteverteilungssysteme, der Luftmassen- und Meeresströme, kann sich das globale Klima in kurzer Zeit, mitunter in wenigen Jahrzehnten, dramatisch ändern und zu einer Kalt- oder Warmzeit führen.

Da die einzelnen Faktoren des Klimasystems jedoch nicht nur über positive (sich verstärkende), sondern auch über negative (sich abschwächende) Rückkopplungen miteinander verbunden sind, wird der jeweilige Trend allmählich wieder umgekehrt. Der Bewölkungsgrad spielt dabei eine entscheidende Rolle: Wird es kälter und der Planet damit heller, gibt es weniger Wolken, sodass wieder mehr Sonnenenergie vom Meer absorbiert werden kann. Wird es dagegen wärmer, nimmt die Bewölkung zu und schützt den Planeten vor noch mehr Sonne.

Diese ganze Komplexität der irdischen Klimaentwicklung wird noch erhöht durch plötzlich eintretende Katastrophen kosmischen oder irdischen Ursprungs (Abb. 127.2).

127.2 Periodizitäten, Trends und Schockereignisse

DIE DYNAMIK DER ATMOSPHÄRE

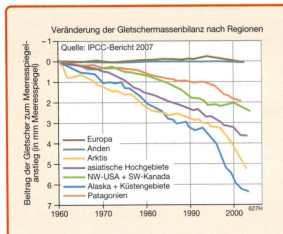

- Seit dem Beginn systematischer Messungen (1861) lagen die zehn wärmsten Jahre zwischen 1997 und 2008, 1998 und 2005 waren die wärmsten. Die Landflächen haben sich dabei fast doppelt so stark erwärmt wie die Meeresoberflächen, auf der Nordhalbkugel vor allem im Winter und im Frühjahr. In den letzten 50 Jahren sind dadurch kalte Tage, kalte Nächte und Frost seltener, heiße Tage, heiße Nächte und Hitzewellen häufiger geworden.
- Die Jahresniederschläge variieren regional stärker als die Temperaturen: Der Osten Nord- und Südamerikas, Nordeuropa sowie Nord- und Zentralasien erhielten seit 1900 deutlich mehr, Teile Südasiens, Süd- und Westafrikas sowie der Mittelmeerraum weniger Niederschläge. In den Alpen fielen die Niederschläge weniger als Schnee denn als Regen. Die Schneebedeckung der Nordhalbkugel hat sich seit 1960 insgesamt um etwa zehn Prozent verringert.
- Die Permafrostböden der Hochgebirge sowie der polaren und subpolaren Gebiete tauen großräumig auf. Weltweit schmelzen die Gebirgsgletscher. Die vom Meereis bedeckte Fläche der Arktis ist in den letzten dreißig Jahren um neun Prozent je Jahrzehnt geschrumpft, die Eisdicke hat stark abgenommen.
- Der Meeresspiegel ist seit 1880 um 10–20 cm gestiegen, ab 1961 um 1,8 mm, ab 1993 pro Jahr um 3,1 mm.
- Tropische Wirbelstürme treten seit etwa 1950 immer häufiger und mit wachsender Intensität auf.
- Seit 1950 hat sich die Vegetationsperiode vor allem in den höheren Breiten um ein bis vier Tage pro Jahrzehnt verlängert: Pflanzen knospen, blühen und fruchten, Vögel nisten und brüten früher.
- Das Verbreitungsgebiet einzelner Pflanzen und Tiere hat sich pro Jahrzehnt um sechs Kilometer polwärts und in den Bergen um 6,1 Meter nach oben verschoben. In der Antarktis bildete die zuvor nur einzeln wachsende Antarktische Grasschmiele 2004 erstmals Wiesen.

128.1 Indizien des Klimawandels

6.12 Anthropogen bedingte Klimaänderungen

Der anthropogene Treibhauseffekt

Seit Beginn der Industrialisierung hat sich die Konzentration treibhausrelevanter Gase und Aerosole in der Atmosphäre durch die Verbrennung fossiler Energieträger sowie durch Freisetzung aus zahlreichen anderen Quellen erheblich erhöht. Der Anteil von zum Beispiel CO_2 ist seit 1750 von 280 ppm auf 389 ppm (ppm = parts per million) in 2009 angestiegen. Die Anreicherung erfolgte nicht kontinuierlich, sondern nahm besonders in den letzten Jahrzehnten immer rascher zu. Parallel dazu wurde eine – seit Mitte des 20. Jahrhunderts bemerkenswert rasche – globale Temperaturerhöhung registriert (Abb. 129.1).

Diese vom Menschen verursachte (= anthropogene) Veränderung der Zusammensetzung der Atmosphäre ergibt zusätzlich zum natürlichen den sogenannten anthropogenen Treibhauseffekt. CO_2 und die anderen Spurengase absorbieren einen immer größer werdenden Teil der langwelligen Abstrahlung der Erde. Die erhöhte Absorption in der Atmosphäre führt einerseits zu einer stärkeren Abstrahlung in das Weltall, andererseits zu einer verstärkten Gegenstrahlung, sodass sich die unteren Troposphärenschichten erwärmen. Dadurch ist die Energiebilanz der Erde bereits um 0,5 bis 1 Watt pro Quadratmeter aus dem Gleichgewicht geraten (Abb. 129.3).

Insgesamt wären im 20. Jahrhundert die bodennahen Mitteltemperaturen um 1 K gestiegen, hätte die ebenfalls gestiegene SO_2-Konzentration nicht den Anstieg gebremst. Einen entgegengesetzten Effekt verursacht die Sonne, denn Sonnenaktivität und Temperaturentwicklung verlaufen seit gut 120 Jahren außerordentlich parallel. Nach neueren Klimamodellen könnte die Temperaturerhöhung daher bis zu einem Drittel auch auf einer verstärkten Sonnenaktivität beruhen. Unabhängig davon, wie stark die Aufheizung durch die Sonne noch werden könnte, steht jedoch ohne Zweifel fest: Seit einiger Zeit besitzt die Erde einen neuen Klimafaktor: den Menschen.

Selbst wenn die Zusammensetzung der Atmosphäre ab sofort unverändert bliebe, würde sich wegen der zum Teil langen Verweildauer einzelner Treibhausgase die bodennahe Luft global noch um weitere 0,4 bis 0,7 °C erwärmen. Registriert wird aber bis heute ein global weiterhin steigender Ausstoß der Treibhausgase.

2007 veröffentlichte der IPCC (Intergovernmental Panel on Climate Change) eine Zusammenschau der derzeit besten Modellrechnungen zum Klimawandel. In diesem Bericht wurde die bis 2100 mögliche globale Temperatur-

DIE DYNAMIK DER ATMOSPHÄRE

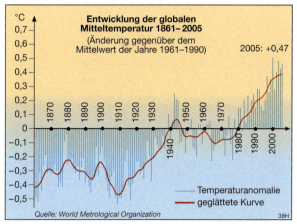

129.1 Global gemittelte Temperatur (1860–2005)

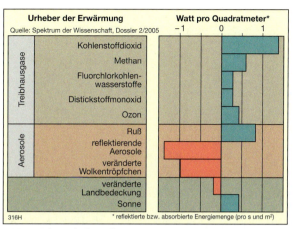

129.3 Die Urheber der Erwärmung

erhöhung mit einer Spannbreite von 1,1 bis 6,4 K angegeben. Die Differenz ergibt sich aus den je nach Klimamodell unterschiedlichen Ausgangsannahmen.

Die damit verbundenen Veränderungen von Verdunstung, Luftfeuchte, atmosphärischer Zirkulation und Verteilung der Niederschläge werden jedoch regional sehr unterschiedlich ausfallen und der vorhergesagte Meeresspiegelanstieg wird nicht für alle Regionen von gleicher Bedeutung sein: Auch beim anthropogenen Treibhauseffekt wird es „Sieger" und „Verlierer" geben.

Verlieren wird auf jeden Fall das Ökosystem Erde. Eine Erwärmung um 2–3 °C bis 2100 bedroht weltweit 20–30 % aller Arten, bei vier bis fünf Grad Celsius verschwindet mit großer Wahrscheinlichkeit etwa die Hälfte.

Von Jahr zu Jahr gibt es mehr Indizien dafür, dass sich der anthropogen verursachte Klimawandel beschleunigt (Abb. 130.1). Manche Vorhersagen früherer Klimamodelle sind daher bereits eingetroffen – zum Teil sogar in größerem Umfang als erwartet. Das arktische Meereis zum Beispiel schwindet deutlich rascher als vorhergesagt.

Die Wechselwirkungen der einzelnen Klimafaktoren, vor allem die positiven Rückkopplungen (= sich selbst verstärkende Prozesse), machen das irdische Klimasystem zu einem chaotischen System. Jedes seiner Teilsysteme kann dank eines guten Pufferungsvermögens Störungen bis zu einem Schwellenwert tolerieren – um dann abrupt in einen anderen, ebenfalls stabilen, aber unvorhersagbaren und irreversiblen Zustand umzukippen. Ein steigender Meeresspiegel kann zum Beispiel das Schelf-Eis der Westantarktis anheben und abbrechen lassen. Damit fehlte dem Inlandeis der Halt. Es würde schneller in den Ozean fließen und den Meeresspiegel rasch anheben. Sechzehn solcher großräumiger Kipp-Punkte („Tipping-Points") sind inzwischen identifiziert, bei Meeresströmungen (zum Beispiel Nordatlantikstrom oder El Niño im Pazifik), beim indischen Monsun beziehungsweise bei der Entwicklung verschiedener, von Dürre bedrohter Regionen. Die Schwellenwerte aber sind noch weitgehend unbekannt.

129.4 Tipping Points – die kritischen Punkte

Treibhausgase	CO_2	CH_4	N_2O	O_3	FCKW
aktuelle Konzentration in ppm	389	1,78	0,32	0,02	0,00052
Verweildauer in der Atmosphäre in Jahren	5–200	12	114	0,10	90
gegenwärtiger atmosphärischer Trend in % pro Jahr	+0,4	+1,10	+0,25	ungewiss	+5
Beitrag zum Treibhauseffekt in %	50–60	15	4	9	10
Klimawirksamkeit bezogen auf ein Molekül CO_2	1	23	150	2000	16000
anthropogene Hauptquellen	fossile Brennstoffe, Waldrodung, Bodenerosion	Reisanbau, Rinderhaltung, Deponien, Verbrennung von Biomasse	fossile Brennstoffe, Verbrennung von Biomasse, N-haltiger Dünger	indirekt durch NO_2, CH_4, CO und Kohlenwasserstoffe in Troposphäre	Kältemittel, Verschäumungsmittel, Treibgase

129.2 Charakteristische Daten von Treibhausgasen (2009)

DIE DYNAMIK DER ATMOSPHÄRE

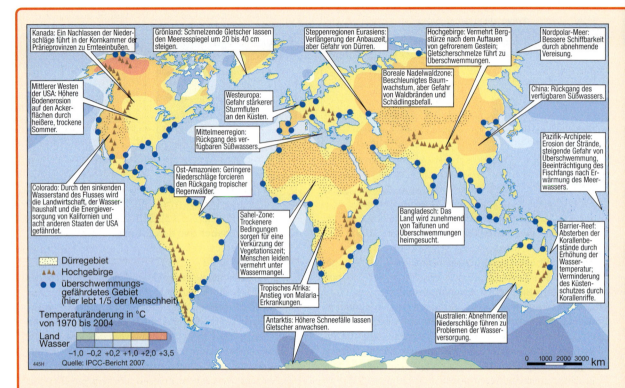

Für den ungünstigen Fall der weiterhin kaum gebremsten Emission von Treibhausgasen kommen die derzeit verwendeten globalen Klimamodelle im Zeitraum bis 2100 übereinstimmend zu folgenden Trendaussagen:

- Die Ozeane haben bisher etwa die Hälfte aller anthropogenen CO_2-Emissionen absorbiert. Die dadurch entstandene Versauerung vermindert den Kalkgehalt des Meerwassers. Dies bedroht alle Meeresorganismen, die zum Aufbau ihrer Skelette Kalk benötigen. Allerdings wird sich wegen der steigenden Wassertemperaturen zukünftig weniger CO_2 lösen können, bis 2100 rund zehn Prozent weniger.

- Die oberflächennahe Temperaturerhöhung erzeugt eine stabile Schichtung der Wassersäule und verringert deren vertikale Durchmischung. Damit gelangen weniger Sauerstoff und CO_2 in die Tiefe. Zugleich reduziert sich der Rücktransport von Nährstoffen zur Oberfläche. Dies schwächt dort die Primärproduktion. Die schwindende Effektivität dieser „physikalischen Pumpe" verringert auch die Effektivität der „biologischen Pumpe". Dies ist der Prozess, bei dem CO_2 über die Fotosynthese des Planktons in organische Substanz eingebaut wird, die beim Tod der Organismen den Kohlenstoff in die Tiefe und in das Sediment verlagert.

130.1 Mögliche Auswirkungen des Treibhauseffekts (Auswahl)

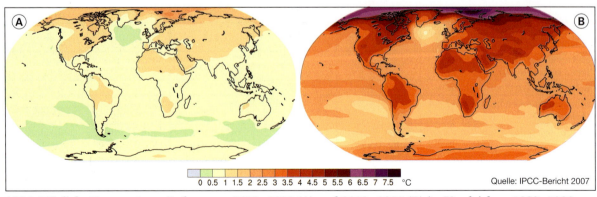

130.2 Mögliche Temperaturveränderungen 2020–2029 (A) und 2090–2099 (B) im Vergleich zu 1980–1999

DIE DYNAMIK DER ATMOSPHÄRE

- Die Atmosphäre wird sich sehr ungleichmäßig erwärmen. Über den tropischen Meeren wird es 5 bis 20 Prozent feuchter werden und in den Savannengebieten und im Monsungürtel wird es mehr regnen. Wirbelstürme werden häufiger auftreten, da immer größere Meeresregionen die für ihre Bildung erforderlichen 26,5 °C Oberflächentemperatur erreichen. Insgesamt wird die Temperatur in den unteren Luftschichten der Tropen jedoch nur gering steigen; denn die zusätzliche Energie wird durch die verstärkte Konvektion weit in die obere Troposphäre transportiert werden.
- In den Polargebieten überwiegen dagegen wegen der kalten Oberflächen stabile Luftschichtungen. Die zusätzliche Energie bleibt daher in den untersten Schichten der Troposphäre. Das arktische Meereis wird schmelzen und sich – da die sommerliche Zustrahlung vermehrt im Meerwasser gespeichert werden kann – im Herbst immer später und auf immer kleinerer Fläche wieder regenerieren. Dasselbe gilt für die Schneedecken an Land. Schließlich werden auch die riesigen subpolaren Gebiete mit Dauerfrostboden auftauen. Große Mengen des bei der unvollständigen Zersetzung der organischen Substanz entstandenen und bisher im Boden eingefrorenen Methans werden dadurch freigesetzt und den Treibhauseffekt verstärken. Wegen dieser positiven Rückkopplungen wird der Temperaturanstieg in der Arktis stärker ausfallen als anderswo.
- Durch Schmelzwasser und erhöhte Niederschläge gelangt immer mehr Süßwasser in den Nordatlantik. Dort sinkt der Salzgehalt und schwächt damit die thermohaline Zirkulation, die den Golfstrom antreibt (vgl. Abb. 71.2). Die meisten Klimamodelle simulieren bis 2100 aber nur eine mäßige Abschwächung der Strömung und keine Abkühlung Europas, denn die globale Erwärmung entwickelt sich schneller und kompensiert die mögliche Auskühlung.
- Mit den Klimazonen werden sich die Vegetationszonen verschieben. Flora und Fauna werden aber den raschen Klimawandel selten mitvollziehen können.
- Auch in der Antarktis wird es wärmer werden, aber wegen der geringen Ausgangstemperatur selbst in den Sommermonaten kaum mehr als null Grad. Die Erwärmung wird dennoch zu einem höheren Wasserdampfgehalt der Luft führen. Es wird mehr schneien und die Schnee- und Eismassen werden daher noch lange erhalten bleiben, wahrscheinlich sogar anwachsen. Da das Wasser für diese Niederschläge aus dem Meer stammt, müsste der Meeresspiegel weltweit um etwa 10–50 cm sinken. Dies wird jedoch kompensiert werden durch das Tauen von Gletschern in den gemäßigten Breiten und durch die Volumenausdehnung des sich erwärmenden Meerwassers. Der seit etwa 100 Jahren registrierte Anstieg des Meeresspiegels beruht zu etwa einem Drittel auf dem Schmelzen von Eis, zu etwa zwei Dritteln auf dieser thermischen Ausdehnung.
- Für die Klimaentwicklung der mittleren Breiten ist entscheidend, dass sich der Temperaturgegensatz zwischen Äquator- und Polarregionen abschwächt. Das Wetter Mitteleuropas wird daher weniger zyklonal beeinflusst, weniger wechselhaft werden. Durch die polwärtige Ausdehnung der Subtropenhochs werden die mittleren Breiten aber insgesamt trockener. Die mediterranen Gebiete werden wüstenhafter, ihre Böden werden zunehmend versalzen und durch Starkregen und Wind erodiert. Auch die „Brotkörbe" der Welt, die kontinentalen Steppen Eurasiens und Nordamerikas, sind von immer extremeren Dürre- und Hitzeperioden bedroht. Neue Ackerflächen werden in den sich erwärmenden nördlicheren Gebieten wegen der schlechteren Bodenqualität kaum zu erschließen sein.
- In Hochgebirgen wird es mehr regnen als schneien. Wegen der schwindenden Bergwälder und Gletscher vermindert sich die Wasserspeicherung im Gebirge. Im Winter werden häufigere und größere Überschwemmungen auftreten. Im Sommer gibt es dagegen zunehmend Probleme bei der Energiegewinnung, der Flussschifffahrt, bei der Trinkwasserversorgung sowie bei der Bereitstellung von Brauchwasser.

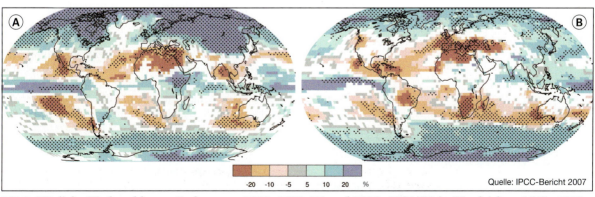

131.1 Mögliche Niederschlagsveränderungen 2020–2029 (A) und 2090–2099 (B) im Vergleich zu 1980–1999

Quelle: IPCC-Bericht 2007

DIE DYNAMIK DER ATMOSPHÄRE

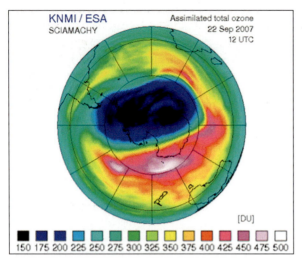

132.1 Ozonloch (DU=Dobson Unit, Einheit für die Stärke der Ozonschicht)

132.2 Das Ozonloch

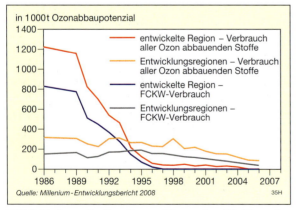

132.3 Verbrauch aller Ozon abbauenden Stoffe und Fluorkohlenwasserstoffe (FCKW) 1986–2006

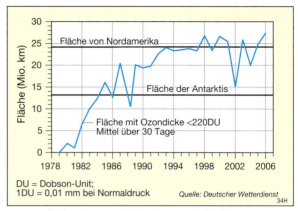

DU = Dobson-Unit;
1DU = 0,01 mm bei Normaldruck   Quelle: Deutscher Wetterdienst

132.4 Fläche des antarktischen Ozonlochs

Das Ozonproblem: Oben zu wenig …

Fluorchlorkohlenwasserstoffe (FCKW) werden seit 1930 synthetisch hergestellt. Jahrzehntelang galten sie wegen ihrer Ungiftigkeit, Unbrennbarkeit und ihrer Reaktionsträgheit als ideale Kühlmittel und Treibgase sowie als Reinigungsmittel für elektronische Bausteine.

1974 kam jedoch die Vermutung auf, dass diese weltweit in großem Umfang eingesetzten Gase die schützende Ozonschicht, die „Sonnenbrille der Atmosphäre", zerstören könnten. Tatsächlich wurde 1985 erstmals eine erhebliche Ausdünnung der Ozonkonzentration in der antarktischen Stratosphäre, verbunden mit einem überhöhten Anteil von Chlormonoxid, gemessen. Dieses „Ozonloch" ist seitdem immer wieder im antarktischen Frühling beobachtet worden, jedes Mal mit geringerer Ozonkonzentration und zwischenzeitlich bis auf die Südspitzen der Südkontinente ausgreifend.

Die inzwischen als „Ozonkiller" identifizierten FCKW werden wegen ihrer Langlebigkeit durch Luftströmungen global verbreitet. Sie gelangen durch den starken Auftrieb in den Tropen bis in die Stratosphäre und werden von dort aus global verteilt. Normalerweise werden die FCKW in der Stratosphäre durch die energiereiche UV-Strahlung der Sonne allmählich abgebaut. Über der Antarktis werden sie jedoch während der Wintermonate „eingeschlossen und kaltgestellt": In der langen Polarnacht entsteht bei Temperaturen von −80 °C eine stabile zirkumpolare Luftströmung, die jeden horizontalen Luftaustausch unterbindet. Zugleich bilden sich in etwa 20 Kilometer Höhe Stratosphärenwolken, an die die FCKW anfrieren. Mit Beginn des antarktischen Frühlings werden die FCKW von dort rasch und in großer Menge freigesetzt und durch die nun wieder verstärkt einfallende UV-Strahlung gespalten. Wie „aggressive Massenmörder" beginnen die dabei entstehenden Chlor-Radikale dann als Katalysatoren das vorhandene Ozon in einem Kreisprozess zu zerstören (Abb. 133.1).

DIE DYNAMIK DER ATMOSPHÄRE

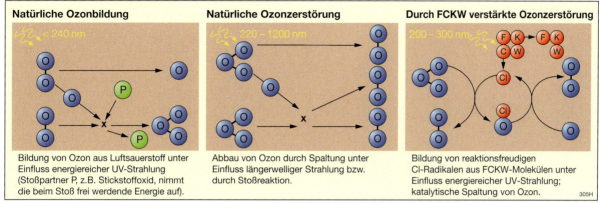

133.1 Bildung und Abbau von stratosphärischem Ozon

Bis zu 100 000 Ozonmoleküle kann ein Chlor-Radikal vernichten, ehe es durch Bindung an andere Stoffe unschädlich gemacht wird. Der Ozonabbau ist inzwischen so stark, dass er durch Neubildung vor Ort und durch Zufluss aus niederen Breiten nach Abklingen des winterlichen Polarwirbels nie mehr vollständig ausgeglichen wurde. Die Strahlungsbedingungen auf der Südhalbkugel haben sich daher bereits stark verändert.

Seit 1992 wird auch in der Arktis ein Ozonloch registriert. Es ist wegen der etwa 10 K höheren Wintertemperaturen und der stärkeren Durchmischung der Atmosphäre durch Luftströmungen aber nicht so kräftig ausgeprägt wie über der Antarktis. Auch außerhalb der Polargebiete wurden bereits deutliche Ozonrückgänge gemessen, über zum Beispiel Mitteleuropa um etwa fünf Prozent pro Jahrzehnt. FCKW und ihre noch aggressiveren Verwandten (z. B. Halogene) bedrohen also nicht „nur Pinguine und Eisbären", sie gefährden alle Ökosysteme der Welt, auch durch ihren nicht unerheblichen Beitrag zum Treibhauseffekt. Als Faustregel gilt: Eine Ozonabnahme von einem Prozent erzeugt eine Zunahme der UV-B-Strahlung um zwei Prozent und eine ebenso hohe Zunahme des Hautkrebsrisikos.

Vor diesem Hintergrund entstand 1987 das Montrealer Abkommen: Erstmals einigte sich der größte Teil der Menschheit auf eine völkerrechtlich verbindliche Regelung zum Schutz der Umwelt; 150 Länder beschlossen einen raschen Ausstieg aus der Produktion und Verwendung der FCKW. Bis 2060 könnte sich die Ozonschicht dadurch wieder auf das Niveau der 1980er-Jahre regenerieren.

... und unten zuviel

Im Gegensatz zur Stratosphäre ist die durchschnittliche Ozonkonzentration der bodennahen Troposphäre in den letzten Jahrzehnten um das Zwei- bis Dreifache gestiegen. Auch hier bildet sich Ozon bei UV-Einfluss durch Spaltung von molekularem Sauerstoff, meist aber aus Stickoxiden (NO_x). Diese entstehen bei Verbrennungsvorgängen und entweichen bei der Düngemittel- und Lackproduktion. Unter UV-Einfluss wird NO_2 in NO und O gespalten, der sich mit O_2 zu Ozon verbindet (Fotosmog). Normalerweise wird das Ozon in Anwesenheit von NO sofort wieder gespalten. Unvollständig oxidierte Kohlenwasserstoffe, die ebenfalls bei allen Verbrennungsprozessen auftreten, können NO jedoch binden, sodass Ozon nicht mehr vollständig abgebaut wird. Erst nachts bzw. bei geringeren Kohlenwasserstoffemissionen überwiegt der Ozonabbau.

Aufgaben

1 Beschreiben Sie die Abb. 128.1.
2 Erklären Sie die Entstehung des „natürlichen" und „anthropogenen" Treibhauseffekts.
3 Charakterisieren Sie die unterschiedliche Bedeutung der sogenannten Treibhausgase (Abb. 129.2, 129.3).
4 Erstellen Sie mithilfe der Abb. 128.1 eine Mindmap zum Thema „Indizien des Klimawandels" und ergänzen Sie diese mit eigenen Kenntnissen.
5 Vergleichen Sie Ihre Mindmap mit der Abb. 130.1.
6 Stellen Sie „Gewinner" und „Verlierer" des Klimawandels gegenüber (Abb. 130.1, 130.2, 131.1).
7 Erläutern Sie die Bedeutung positiver Rückkopplungen und der sogenannten Kipp-Punkte für die weitere Entwicklung des Klimawandels (Abb. 129.4, 130.1).
8 Stellen Sie auf Basis einer Internetrecherche in einem Kartogramm die regionale Verteilung verschiedener Kipp-Punkte und die dort möglichen Prozesse dar.
9 Charakterisieren Sie mögliche Folgen des Klimawandels in Europa (Abb. 130.1).
10 Vergleichen Sie die im Klimabericht des IPCC 2007 dargelegten Prognosen (Abb. 130.2, 131.1).
11 Begründen Sie, weshalb das „Ozonloch" gerade über der Antarktis am schnellsten gewachsen ist.

ANWENDEN & VERTIEFEN

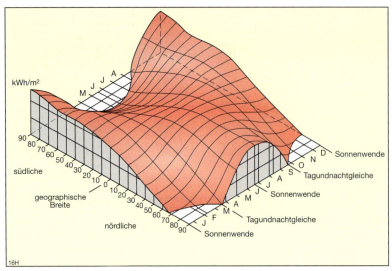

134.1 Tagessummen der Sonnenstrahlung

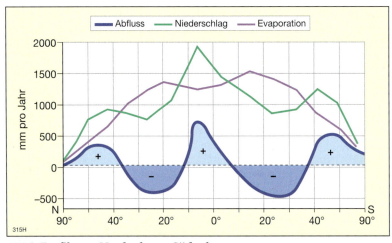

134.2 Profil vom Nordpol zum Südpol

134.3 Satellitenfotos

Aufgaben

1. Beschreiben Sie den in Abb. 134.1 dargestellten Sachverhalt.
2. Stellen Sie die für das Klimageschehen auf der Erde wichtigen Konsequenzen aus Abb. 134.1 dar.
4. Charakterisieren Sie ausgehend von der Abb. 134.3 A die Entwicklung einer außertropischen Frontalzyklone und die damit zum Beispiel in London beobachtbaren und messbaren Wettererscheinungen.
5. Vergleichen Sie ausgehend von Abb. 134.3 A Merkmale thermischer und dynamischer Druckgebilde.
6. Vergleichen Sie die Abb. 134.3 A und B.
7. Erläutern Sie die Abb. 134.2.
8. Gliedern Sie Australien mithilfe der Klimadiagramme in Abb. 135.1 in verschiedene Klimaregionen.
9. Charakterisierten Sie die von Ihnen festgelegten Klimaregionen und erläutern Sie deren Entstehung im Zuge der globalen atmosphärischen Zirkulation.
10. Beschreiben Sie die für Deutschland prognostizierten Folgen des Klimawandels (Abb. 135.2) und bewerten Sie die Aussagekraft der Darstellung.

ANWENDEN & VERTIEFEN

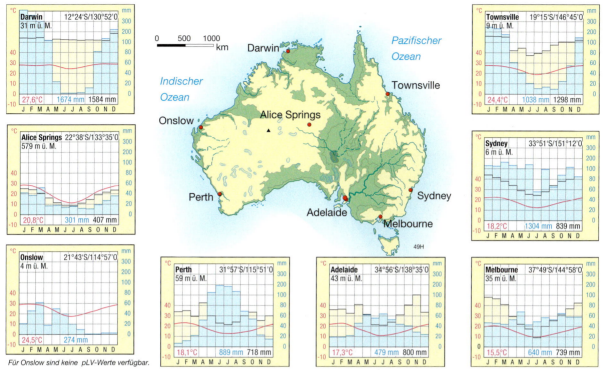

135.1 Das Klima Australiens

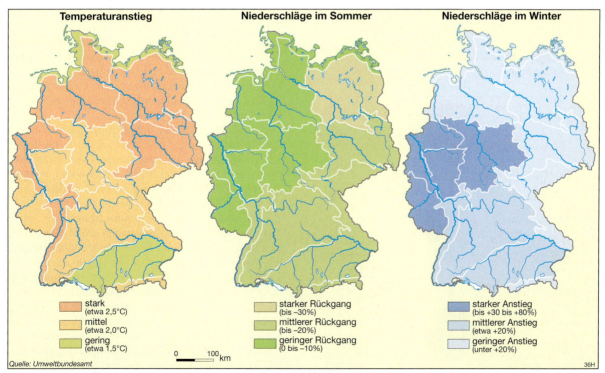

135.2 Mögliche Änderungen der Temperatur und der Niederschläge in Deutschland im Zeitraum 2071–2100

7 Die Böden der Erde

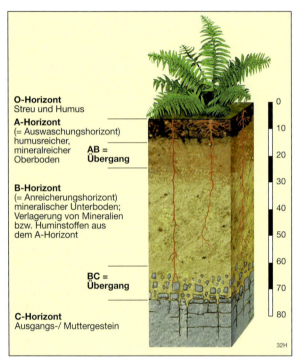

136.1 Bodenprofil

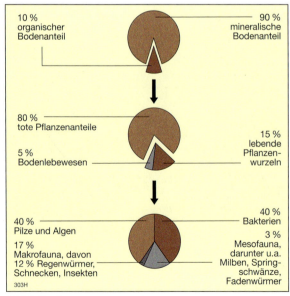

136.2 Bodenzusammensetzung

7.1 Bodenbildung: Umwandlungsprozesse

Im Gegensatz zur Lithosphäre und zur Atmosphäre ist die Pedosphäre, die Gesamtheit der Böden der Erde, eine extrem dünne Schicht. Sie ist aber für das Leben an Land von fundamentaler Bedeutung und ein wichtiger Bestandteil praktisch aller natürlichen Stoffkreisläufe.

Böden sind Naturkörper, die dadurch entstehen, dass die Verwitterungsrückstände des oberflächlich anstehenden Gesteins immer intensiver vermischt werden mit den von unzähligen Bodenorganismen hergestellten Abbauprodukten des anfallenden organischen Materials. Je nach Standort kommen zu diesen Stoffabbau- und Stoffumwandlungsprozessen sowie den Vermischungsvorgängen noch Stoffverlagerungsprozesse hinzu. Böden sind daher weitaus mehr als „der Dreck an der Schuhsohle" oder „das, worin die Pflanzen wurzeln". Böden sind

- die oberste, im Vergleich zum Ausgangsgestein veränderte und belebte Schicht der Erdkruste;
- offene, das heißt im Stoff- und Energieaustausch mit ihrer Umgebung stehende, sich dauernd verändernde „Vier-Phasen-Systeme" mit vielfältigen Wechselwirkungen zwischen Gestein, Wasser, Luft und Lebewesen; sie sind daher extrem komplexe Ökosysteme;
- Kompostier- und „Recyclinganlagen", in denen organische Abfälle durch die Tätigkeit der Destruenten in ihre Bausteine zerlegt und diese wieder in die Nährstoffkreisläufe eingeschleust werden. Ohne diese „Bioreaktoren" mit ihrem einzigartigen Genpool wäre die Erdoberfläche längst an ihren Abfällen erstickt;
- Quelle und Senken für Nähr- und Schadstoffe;
- Lebens- und Versorgungsraum für Mikroorganismen, Pflanzen und Tiere und beinhalten große Mengen an Biomasse: Allein die im Boden einer Allgäuer Wiese lebenden Organismen ergeben pro Hektar das Gewicht zweier Kühe; 95 Prozent aller Insekten benötigen in ihrer Entwicklung ein bodenbewohnendes Stadium;
- wichtige Filter- und Puffersysteme; pro Jahr bildet ein Hektar Boden bundesweit circa 1000 Kubikmeter Grundwasser mit überwiegend Trinkwasserqualität;
- landschafts- und siedlungsgeschichtliche Urkunden;
- wie Wasser und Luft nur begrenzt verfügbare, nicht vermehrbare und wegen ihrer vielfältigen Gefährdung schützenswerte Allgemeingüter.

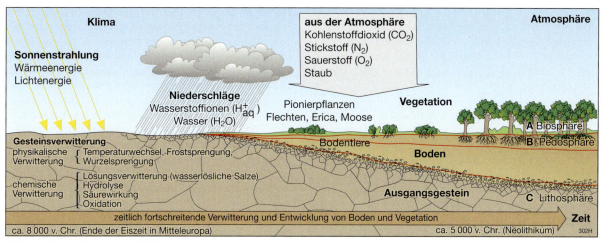

137.1 Schema für Bodenbildungsprozesse

Ein fruchtbarer Ackerboden in Mitteleuropa besitzt eine etwa 30–40 cm dicke Humusschicht. Bei den gegebenen Rahmenbedingungen erfordert die Entstehung einer Humusschicht von 1 cm jedoch bereits 100–300 Jahre! Eine Bodenbildung ist also ein nur langsam voranschreitender Entwicklungsprozess, bei dem Wasser als Lösungs- und Transportmittel sowie als lebensnotwendiger Nährstoff für die Bodenorganismen eine entscheidende Rolle spielt.

Er beginnt an der Gesteinsoberfläche mit physikalischen und chemischen Verwitterungsprozessen, die allmählich immer tiefer vordringen. Parallel zur Zerkleinerung des Gesteins läuft stets auch die Oxidation der Schwermetalle (v. a. Eisen, Mangan). Es entstehen braune Überzüge von Eisenhydroxid und Mangandioxid. An den Grenzflächen der Silikatkristalle werden dagegen die basisch wirkenden Kationen durch H^+-Ionen aus dem leicht kohlensäurehaltigen Regenwasser verdrängt. Die Intensität dieser Hydrolyse der Silikate wird – wie auch die Auflösung der Karbonate – verstärkt durch Säuren, die von den sich ansiedelnden Organismen (zunächst v. a. Blau- und Grünalgen sowie Flechten) direkt abgegeben werden, um die benötigten Nährstoffe aus dem Gestein freizusetzen.

Eine weitere Säurequelle bildet das von den Organismen ausgeatmete CO_2, das mit dem Bodenwasser zu Kohlensäure reagiert. Durch die Lockerung des Gesteins und die im Bodenwasser immer größer werdende Menge an Nährstoffen können sich immer mehr Organismen ansiedeln. Moose, Gräser, Kräuter und Sträucher liefern wachsende Mengen an Streu, die zusammen mit tierischen Resten von unzähligen Tieren, Pilzen und Mikroorganismen zu Humus umgewandelt wird.

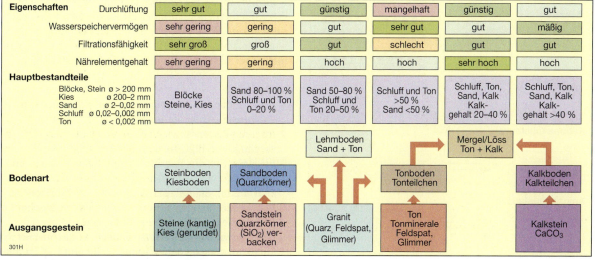

137.2 Bodenarten und ihre Eigenschaften

DIE BÖDEN DER ERDE

Die $H^+_{(aq)}$-Ionenkonzentration wird durch den pH-Wert angegeben. pH 7 bedeutet, im Boden befinden sich 10^{-7} Gramm $H^+_{(aq)}$-Ionen in einem Liter reinem Bodenwasser, pH 4 entsprechend 10^{-4} Gramm, also tausendfach mehr $H^+_{(aq)}$-Ionen.

Die Kationenaustauschkapazität (KAK) wird in Milliäquivalent (mval) je 100 Gramm trockener Masse des zu untersuchenden Bodens angegeben. Ein mval ist die ersetzbare Menge von Kationen, die einem Milligramm $H^+_{(aq)}$-Ionen entspricht.

	KAK (in mval/100 g)	Vorkommen
Kaolinite	3–15	häufige Tonminerale der feuchten Tropen
Illite	10–40	häufige Tonminerale der trockenen Tropen und Außertropen
Montmorillonit	90–150	
Vermiculit	100–150	
organisches Bodenmaterial	150–300	Humus
Feldspäte, Quarz	1–2	Minerale
Basalt	1–3	Gestein

Zweischicht-Tonmineral
z.B. Kaolinit (von Kau ling, Berg in China, Fundort von Porzellanerde = Kaolin) Schichtflächenabstand nicht variabel, nicht quellbar, Ionen-Adsorption nur an Außen- und Bruchflächen.

Dreischicht-Tonmineral
z.B. Montmorillonit (von Montmorillon, Ort in Frankreich, hier erstmals beschrieben) Schichtflächenabstand variabel, gut quellbar durch Eintritt von Wasser, Ionen-Adsorption vorwiegend an „inneren" Oberflächen sowie an Außen- und Bruchflächen.

Molekülschichten bilden Schichtpakete
austauschbare Ionen

Kationenaustausch

Anionenaustausch

138.1 pH-Wert, Ionenaustausch und Tonminerale

Humus ist die Gesamtheit der gewebefreien organischen Substanz im Boden. Er besteht aus den mehr oder weniger abgebauten Resten der organischen Moleküle sowie aus Stoffneubildungen, den schwarzbraun gefärbten, chemisch schwer angreifbaren Huminstoffen (v. a. Humin- und Fulvosäuren). Diese bilden zusammen mit den anorganischen Stoffneubildungen, den Tonmineralen, die relativ großen und stabilen Ton-Humus-Komplexe (Abb. 139.1). Die Humusschicht wird dadurch krümeliger, besser durchlüftet und durchwurzelbar und kann – durch die Fähigkeit ihrer Bestandteile, Ionen anzulagern – die bei der Mineralisierung freigesetzten Nährstoffe vor der Auswaschung in den Untergrund bewahren.

Alle diese bodenbildenden Vorgänge verstärken sich gegenseitig, sodass die Mächtigkeit des Bodens zunimmt, seine Lebewelt immer vielfältiger und deren Nahrungsketten und -netze immer komplexer werden. Die größte Bedeutung und die größte Biomasse haben dabei stets die Destruenten, die „Müllwerker" im Boden, weil sie allein die ober- und unterirdischen Abfälle der Produzenten (Pflanzen) und Konsumenten (Tiere) wieder zerlegen. Alle Lebewesen sind aber an der ständigen Durchwühlung und -mischung des Bodenkörpers beteiligt: Zwischen 1 und 20 Tonnen Boden wandern pro Hektar und Jahr allein durch die Körper von Regenwürmern!

Im Laufe der Zeit entsteht so aus einem kaum strukturierten Rohboden ein vertikal geschichteter, in sogenannte Horizonte gliederbarer Körper. Er enthält neben Humus und gröberen Steinen (dem „Bodenskelett") stets eine Menge an mineralischem Feinboden, der durch seine geringe Teilchengröße (< 10 μm) leicht abschlämmbar ist. Je nach Zusammensetzung der Korngrößenfraktionen des Feinbodens werden verschiedene Bodenarten unterschieden (Abb. 137.2). Sie besitzen aufgrund ihrer unterschiedlich großen Porenräume unterschiedliche physikalische Eigenschaften (Wasser-, Luft-, Wärmehaushalt) und sind – je nach Tongehalt – mehr oder weniger gut bearbeitbar bzw. mehr oder weniger reich an verfügbaren Nährstoffen.

Aufgaben

1 „Ein Boden ist mehr als nur verwittertes Gestein." Erklären Sie diese Aussage.

2 An jeder Bodenentwicklung sind Abbau- und Aufbauvorgänge beteiligt. Nennen Sie Beispiele.

3 Erklären Sie die Begriffe: Tonmineral, Humus, Ton-Humus-Komplex, Kationenaustausch, Austauschkapazität, Lehm, Schluff, pH-Wert, A-, B-, C-Horizont.

4 Begründen Sie die unterschiedlichen Eigenschaften verschiedener Bodenarten (Abb. 137.2).

5 Begründen Sie die unterschiedlich hohe Austauschkapazität verschiedener Tonminerale und von Humus (Abb. 138.1, 139.1).

DIE BÖDEN DER ERDE

Beim Abbau des anorganischen Ausgangsmaterials (Gestein, Mineralien) schafft die physikalische Verwitterung durch mechanische Zerkleinerung immer größere Angriffsflächen für die zugleich auch beginnende chemische Verwitterung. Diese führt letztlich zur vollständigen chemischen Zersetzung und Mineralisierung (Auflösung der Minerale in ihre Bausteine).
Beim wichtigsten Vorgang, der Hydrolyse („Säureangriff"), werden nach und nach die einzelnen Ionen aus dem Kristallgitter der Minerale herausgelöst: Zunächst die leicht mobilisierbaren Alkali- und Erdalkali-Ionen (Entbasung), bei längerer Dauer und/oder geringerem pH-Wert zunehmend auch die Silizium- (Desilifizierung) und Aluminiumverbindungen.

Alle bei dieser Mineralisierung freigesetzten Ionen sammeln sich im Bodenwasser an. Teilweise gruppieren sie sich wieder entsprechend ihrer Bindungsmöglichkeiten zu neuen Mineralen zusammen (Neubildung von Tonmineralen).
Diese Silikatschichtpakete besitzen nie elektrisch vollständig ausgeglichene (neutrale) Oberflächen. An Stellen mit negativem oder positivem Ladungsüberschuss können daher Kationen bzw. Anionen aus der Bodenlösung adsorbiert, das heißt reversibel angelagert werden.

Analog zu den Vorgängen im anorganischen Bereich unterliegt auch das organische Ausgangsmaterial („Leichen jeder Art") sukzessive vielfältigen Prozessen der Zerkleinerung, Zersetzung und Mineralisierung. Für zahllose Bodenorganismen ist das organische Material Stoff- und Energiequelle. Durch Abbeißen, Zerkauen, enzymatische Verdauung und Ausscheidung der nicht verwerteten Reste vergrößert sich dessen Oberfläche ständig.
Die nicht zum Aufbau von Biomasse verwendeten Moleküle werden nach und nach vollständig zu Ammoniak, Phosphat, Kalium etc. mineralisiert und sammeln sich wie die Endprodukte der Atmung (Kohlenstoffdioxid, Wasser) in der Bodenlösung an.
Aus den Kohlenstoffgerüsten der Zwischenprodukte dieses mikrobiellen Abbaus werden stets auch neue, bodeneigene Stoffe zusammengesetzt (Neubildung von Huminstoffen). Die bei dieser Humifizierung gebildeten organischen Riesenmoleküle tragen je nach Herkunft ihrer Bausteine zahlreiche funktionelle Gruppen, wie z. B. Carboxy-, Hydroxy- oder Aminogruppen. An ihnen können wie bei Tonmineralen Ionen aus der Bodenlösung adsorbiert werden.

Meist lagern sich Tonminerale und Humusstoffe zu riesigen Ton-Humus-Komplexen zusammen. Die Kopplung erfolgt dabei vor allem über die zweiwertigen Ca^{2+}-Ionen. Regenwürmer wirken dabei entscheidend mit. Sie vermischen in ihrem Darm anorganisches mit organischem Material und geben aus einer Kalkdrüse im Darm fortwährend überschüssigen Kalk in den Verdauungsbrei ab.

C: Kaolinit

D: Montmorillonit

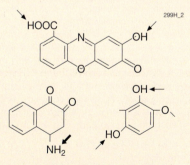

A: Huminstoffe: Bindungsstellen

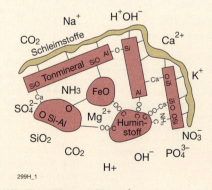

B: Ton-Humus-Komplex

E: Karikatur

139.1 Vom Ausgangsmaterial zum Ton-Humus-Komplex

DIE BÖDEN DER ERDE

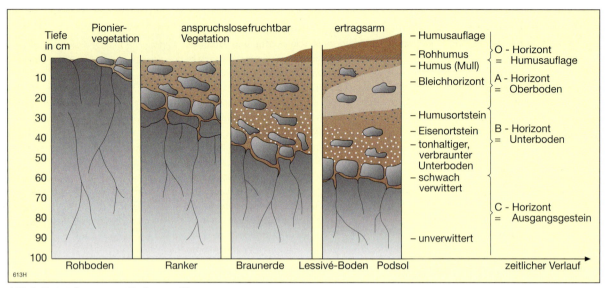

140.1 Entstehung von Bodenprofilen

7.2 Bodenbildung – Stoffverlagerungsprozesse

Alle bei der Verwitterung und Humifizierung freigesetzten Ionen und Moleküle werden wie die sekundär gebildeten Tonminerale und Huminstoffe nach und nach mit dem Bodenwasser verlagert. Art, Intensität und Richtung der Stoffverlagerung werden wesentlich beeinflusst von der Richtung des vorherrschenden Bodenwasserstroms, der Durchlässigkeit der Bodenporen, dem Puffervermögen des Bodens (Abb. 140.2) und vom Faktor Zeit.
Bei humidem Klima nimmt die Verlagerung mit fortschreitendem Alter des Bodens, mit sinkendem pH-Wert und steigender Porengröße zu. Im Extremfall können die mobilisierten Stoffe mit dem abwärtsgerichteten Bodenwasserstrom bis ins Grundwasser durchgeschwemmt werden. Sie gehen dadurch dem Boden und den Pflanzen verloren. Da sich mit der Tiefe die physikalisch-chemischen Bedingungen ändern, werden sie jedoch meist in bestimmten Zonen wieder ausgefällt. Auf diese Weise entstehen die für ein Bodenprofil typischen Auswaschungs- und Anreicherungshorizonte (Abb. 141.1), anhand derer verschiedene sogenannte Bodentypen unterschieden werden können.

Stoffverlagerungen erfolgen in einer bestimmten Reihenfolge. Zunächst werden die bei der Mineralisierung freigesetzten, leicht löslichen Salze ausgespült. Mit ihnen gelangt

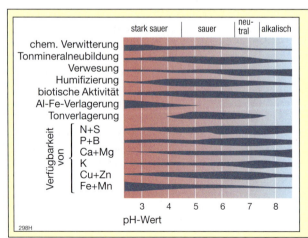

Die Puffer eines Eisenbahnwaggons schützen ihn vor gefährlichen Erschütterungen. Die Puffersysteme im Boden sind chemische Reaktionen, die ihn innerhalb gewisser Grenzen vor allem vor Versauerung schützen. Der wichtigste anorganische Puffer ist der Karbonatpuffer, der den pH-Wert der Bodenlösung trotz Säurezufuhr zwischen 6,2 und 8,3 halten kann. Die neutralisierende Wirkung von Kalk beruht darauf, dass er mit den überschüssigen Wasserstoff-Ionen zunächst Hydrogencarbonat bildet, das dann mit weiteren H_3O^+-Ionen zu Wasser und Kohlenstoffdioxid reagiert:

$CaCO_3 + H_3O^+ \rightarrow Ca^{2+} + HCO_3^- + H_2O$
$HCO_3^- + H_3O^+ \rightarrow CO_2 + H_2O$

Das Kohlenstoffdioxid entweicht, wenn seine Löslichkeit im Bodenwasser überschritten ist. Kalzium-Ionen (Ca^{2+}) und die Anionen der Säuren, die die Versauerung verursachen (z.B. Cl^-, SO_4^{2-}, NO_3^-), bleiben dagegen in der Bodenlösung.

140.2 Bedeutung des pH-Werts und Puffereigenschaften

DIE BÖDEN DER ERDE

O	organische Auflage
A	**Oberboden (Auswaschungshorizont)**
A_h	durch Humusstoffe gefärbter Horizont (h von Humus)
A_e	an Humus und Eisen-, Aluminiumoxiden armer Horizont (e von lat. eluere = auswaschen)
A_l	hellerer, ton- und kalkarmer Horizont (l von franz. lessiver = waschen)
B	**Unterboden (Anreicherungshorizont)**
B_v	verbraunter und verlehmter Horizont (v von verbraunt)
B_h	durch Humuseinlagerung gefärbter Horizont; grau-braun bis schwarz (h von Humus)
B_s	durch Eisen- und Aluminiumoxid rostrot gefärbter Horizont (s von Sesquioxide)
B_t	Tonanreicherung (t von Ton)
C	**Ausgangsgestein (Muttergestein)**

141.1 Symbole für Bodenhorizonte (Auswahl)

Umwandlungsprozesse

- *Mineralisierung* des Gesteins durch physikalisch-chemische Verwitterung sowie des organischen Abfalls durch Zersetzung jeweils bis zur Bildung von Pflanzen aufnehmbarer Nährstoff-Ionen
- *Verlehmung* durch die Neubildung von sekundären Tonmineralen aus den Verwitterungsprodukten von Feldspäten oder die Bildung von primären Tonmineralen aus der Zerkleinerung von bereits schichtig aufgebauten Mineralen wie z. B. Glimmer
- *Humifizierung* durch molekulare Neukombinationen der Zwischenprodukte, die beim Abbau der organischen Substanz anfallen
- *Verbraunung* durch die Freisetzung und Oxidation eisenhaltiger Verbindungen zu Goethit, der um die Bodenpartikel herum auskristallisiert

Verlagerungsprozesse

- *Verlagerung der leicht löslichen Salze* durch Lösung und Ausfällung entsprechend des je nach Klima vertikal dominierenden Bodenwasserstroms
- *Lösung des schwerer löslichen Kalks* durch anhaltende Säureeinwirkung als Kalziumhydroxid; Mobilisierung entsprechend dem Bodenwasserstrom; Ausfällung daher entweder als oberflächennahe Kalkkrusten oder tiefer liegende Kalkkonkretionen
- *Tonverlagerung (Lessivierung)*: Mobilisierung der Tonminerale nach Absinken des pH-Werts unter etwa 6,5 durch verstärkte Auswaschung von Kalk im A-Horizont; Fixierung der bei humidem Klima abwärtsgeschwemmten Tonminerale im B-Horizont
- *Podsolierung*: starke Versauerung des Oberbodens durch verstärkte Säurezufuhr aus Rohhumus mit Überforderung des Karbonatpuffers; Bleichung des A-Horizonts durch Auswaschung von Huminstoffen, Fe, Al und anderen Nährstoffen; Ausfällung der mobilisierten Stoffe im Unterboden; Verhärtung zu Ortsteinhorizont
- *Vergleyung*: Unter Sauerstoffmangel im ständig durchnässten Grundwasserbereich Reduktion der rostfarbigen Eisen- und Mangan-Hydroxide zu löslichen Eisen- und Mangan-Oxiden; Bildung des grün-blau-grauen Reduktionshorizonts mit stellenweiser Bleichung des durchnässten Bereichs durch seitliche Abfuhr oder kapillaren Aufstieg der Oxide; im Schwankungsbereich des Grundwassers bei Luftkontakt erneute Ausfällung nach Oxidation der zweiwertigen Fe- und Mn-Verbindungen (Bildung der „Gleyfleckigkeit")
- *Ferrallitisierung*: Rotfärbung des Bodens durch relative Anreicherung von Fe-und Al-Oxiden wegen starker Auswaschung von Kieselsäure, Alkalien und Erdalkalien

141.2 Umwandlungs- und Verlagerungsprozesse

---

auch braunes Eisenoxid abwärts, sodass immer tiefere Bodenschichten verbraunen (Entstehung der Braunerde). Bei fortschreitender Dauer bzw. bei geringem Puffervermögen wird auch immer mehr Kalk gelöst. Dies löst eine Kettenreaktion aus: Wenn die Ton-Humus-Komplexe ihre Stabilisatoren (Ca^{2+}-Ionen) verlieren, beginnt die Ausschwemmung der Tonminerale (Entstehung der Parabraunerde).

Organische Stoffe werden dagegen in Lösung aus dem Oberboden ausgeschwemmt. Dieser Vorgang wird verstärkt, wenn die Vegetation eine schwer zersetzbare Streu (z. B. Nadelstreu) liefert und diese wegen zu geringer Aktivität der Bodenorganismen nur unvollständig abgebaut wird. Unter Nadelwald beziehungsweise bei kalt-humidem Klima wird dann an der Bodenoberfläche die sogenannte Rohhumusschicht immer dicker. Bei ihrem langsamen, unvollständigen Abbau fallen große Mengen organischer Säuren an. Diese führen dann auch farbige Eisen- und farblose Aluminium-Sesquioxide aus dem A-Horizont mit in die Tiefe. Dort werden bei anderen pH-Bedingungen die Humusstoffe und das Eisen wieder ausgeschieden: Es entsteht ein stark geschichteter Boden mit zwei verschiedenen, oberflächennahen Humusschichten, einer sauren Bleicherdeschicht, einem dunklen Humusband in der Tiefe und einem rostfarbigen Horizont, der meist zu sogenanntem Ortstein verhärtet und von einer tonhaltigen Schicht unterlagert ist (Entstehung des Podsol).

Aufgabe

Charakterisieren Sie die in Abb. 140.1 dargestellte Bodenbildungsfolge und begründen Sie die Bedeutung des Karbonatpuffers (Abb. 140.2).

DIE BÖDEN DER ERDE

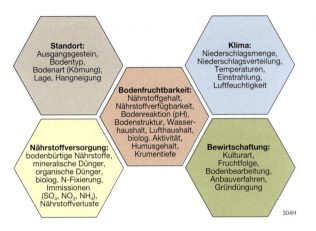

142.1 Bodenfruchtbarkeit

7.3 Bodenfruchtbarkeit

Ein Boden gilt dann als fruchtbar, wenn er dauerhaft hohe Erträge liefert. Fruchtbare Böden besitzen ein optimales Verhältnis von festen Bodenteilchen, Luft und Wasser, ein hohes Speicherungs- und Nachlieferungsvermögen von Wasser und Nährstoffen, ein reiches Bodenleben und ein Gleichgewicht zwischen Abbau- und Aufbauprozessen. Entscheidend ist, ob sich die Pflanzen dauerhaft mit ausreichend Nährstoffen und Wasser aus dem Boden versorgen können. Da Wurzeln die Nährstoffe nur aus wässrigen Lösungen aufnehmen können, ist der Wasserhaushalt von entscheidender Bedeutung.

Je nach Bodenart fließen vom Niederschlagswasser unterschiedliche Mengen oberflächlich ab, sickern ins Grundwasser durch oder werden gegen die Schwerkraft von den Bodenteilchen als Haftwasser festgehalten. Wegen der Dipoleigenschaft der H_2O-Moleküle bilden sich dabei stets Wasserhüllen um die Bodenteilchen. Bei dieser Anlagerung (= Adhäsion) nehmen die Bindungskräfte nach außen ab. Zugleich halten die Anziehungskräfte zwischen den Dipolen (= Kohäsion) Wasser im offenen Porenraum als Kapillarwasser fest (Abb. 143.1 A und C).

Als Maß für das Wasserhaltevermögen eines Bodens dient der sogenannte pF-Wert (log cm Wassersäule, Abb. 143.1 B). Bis zu einem pF-Wert von 1,8–2,5 kann ein Boden Wasser gegen die Schwerkraft halten. Aber nur ein geringer Teil des festgehaltenen Wassers ist von den Pflanzen nutzbar, da sie nur Saugkräfte von maximal pF 4,2 (Welkepunkt) entwickeln können. Alles Wasser, was dann noch im Boden ist, ist für sie nicht mehr verwertbar. In Böden mit hoher Wasserspannung, wie zum Beispiel in stark tonhaltigen Böden mit sehr großer innerer Oberfläche, welken und vertrocknen Pflanzen daher rasch, obwohl das Bodensubstrat noch viel Wasser enthält.

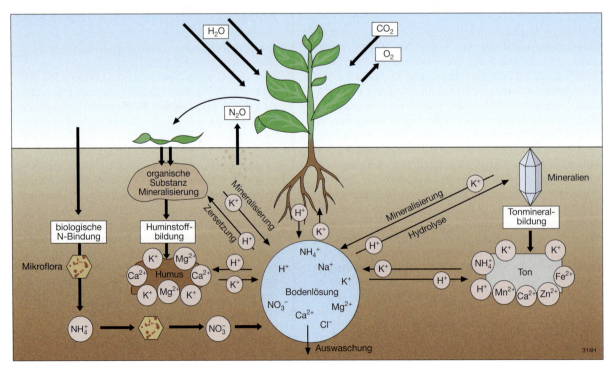

142.2 Nährstoffversorgung der Böden

DIE BÖDEN DER ERDE

Solche „schweren" Böden können durch Quellung zwar viel Wasser aufnehmen, schrumpfen aber auch rasch und zerreißen dabei die Feinwurzeln. Böden mit wasserundurchlässigen Tonhorizonten neigen – wie auch grundwasserbeeinflusste Böden (z. B. im Auebereich) – zudem zu Staunässe. Der Sauerstoffmangel lässt die Wurzeln verfaulen und behindert die Atmung der Bodenlebewesen. In „leichten", kiesig-sandigen Böden ist zwar wegen der größeren Porendurchmesser die Luftversorgung besser, doch versickert das Wasser hier rasch.

Eine günstige Wasser- und Nährstoffversorgung sowie eine gute Durchwurzelbarkeit besitzen daher lockere, krümelige Böden mit einer Mischung von festen Bodenteilchen (mineralische und organische Substanz), Luft und Wasser im Verhältnis 50:25:25 Volumenprozent. Wie bei jedem Boden ist auch hier der Nährstoffvorrat auf drei „Speicher" verteilt: Die Nährstoffe sind entweder
- im Restgestein beziehungsweise im Humus gebunden und müssen erst noch mineralisiert werden oder
- locker an die Austauscher (Tonminerale, Huminstoffe, Ton-Humus-Komplexe) gebunden und müssen von dort im Austausch gegen andere Ionen, vor allem H^+-Ionen, erst an die Bodenlösung abgegeben werden oder
- bereits im Bodenwasser gelöst und für die Pflanzen direkt verfügbar. Dies ist jedoch stets nur ein sehr geringer Teil des gesamten Nährstoffvorrats.

Pflanzenwurzeln nehmen die Nährstoffe aus der Bodenlösung stets im Tausch gegen H^+-Ionen auf. Deren Konzentration im Bodenwasser steigt dadurch. Sie können daher immer effektiver mit den Nährstoffen der Bodenlösung um die freien Plätze an den Austauschern konkurrieren, diese auch von dort verdrängen, sodass sich der Nährstoffpool der Bodenlösung wieder auffüllt. Da die H^+-Ionen zugleich auch die Mineralisierung der anorganischen und organischen Substanz fördern, sammeln sich immer mehr Nährstoffe im Nährstoffpool an. Durch die Säureproduktion ihrer Wurzeln erschließen sich die Pflanzen also nach und nach die Nährstoffvorräte des Bodens. Die ausreichende Versorgung der Böden mit Stickstoff ist jedoch ein Spezialfall (vgl. auch S. 69).

Aufgaben
1 Beschreiben Sie die Abb. 142.2 und erläutern Sie folgende Aussage: „Pflanzen erschließen sich die Nährstoffe im Boden selbst."
2 Unterscheiden Sie: Grundwasser – Kapillarwasser – Sickerwasser – Haftwasser (Abb. 143.1).
3 Erläutern Sie die Bedeutung des Welkepunkts.
4 Begründen Sie, weshalb Pflanzenwurzeln im Boden um Wasser „kämpfen" müssen. Berücksichtigen Sie dabei auch verschiedene Bodenarten (Abb. 143.1).

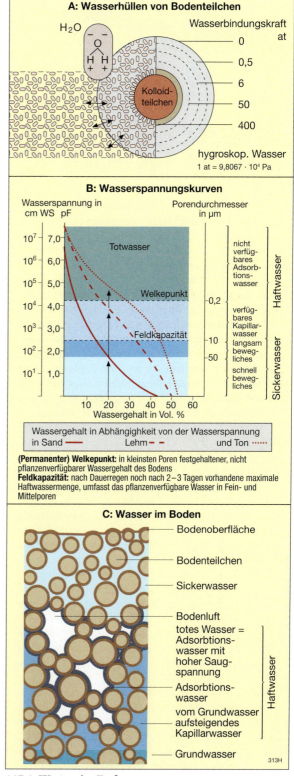

143.1 Wasser im Boden

GEO-EXKURS

Erhaltung und Verbesserung der Bodenfruchtbarkeit

Jeder Boden, auf dem Kulturpflanzen angebaut werden, verliert bei der Ernte und dem damit verbundenen Entzug von Biomasse ständig Nährstoffe. Diese müssen daher immer wieder ergänzt werden, um die Bodenfruchtbarkeit zu erhalten. In Stromoasenkulturen, wie zum Beispiel im alten Ägypten, war dies kein Problem, denn der Nil lagerte bei seinem jährlichen Hochwasser regelmäßig fruchtbaren Schlamm auf den Feldern ab. Im Normalfall müssen Äcker und Grünland aber vom Menschen gedüngt werden.

Traditionell geschieht dies nahezu ausschließlich durch organische Dünger wie Stallmist, Jauche, Ernterückstände oder Kompost. Vereinzelt wurde Stalldung auch mit im Wald gesammelter Streu oder mit Torf vermengt.
Insgesamt haben organische Dünger zahlreiche Vorteile:
- Sie fördern die Humus- und Krümelbildung, verbessern dadurch die Bodenstruktur und somit auch den Luft- und Wasserhaushalt. Als Nahrungsmittel für die Destruenten aktivieren sie – bei geeigneten klimatischen Bedingungen – das Bodenleben.
- Bei ihrer Umsetzung werden Nährstoffe freigesetzt, vor allem Stickstoff, einer der bedeutendsten Minimumfaktoren (Abb. 145.1). Humus ist der einzige Stickstoffspeicher des Bodens. Da NH_4^+ und NO_3^- aber leicht löslich sind, rasch ausgewaschen oder zu gasförmigem N_2 demineralisiert werden, muss Stickstoff dauernd nachgeliefert werden. Dies kann auch durch Gründüngung erfolgen, bei der neben Senf oder Raps vor allem N-fixierende Leguminosen als Zwischenfrucht angebaut und anschließend untergepflügt werden.

Der heute häufig ausgebrachte Flüssigmist (Gülle) kann den pflanzlichen Bedarf an Hauptnährelementen allein jedoch nicht decken und erfordert daher eine gezielte mineralische Ergänzungsdüngung. Bei allen anorganischen Düngern werden die Mineralsalze den Pflanzen in direkt verfügbarer Form als Ionen angeboten. Eine entscheidende Voraussetzung dafür ist, dass im Boden ausreichend Adsorber für die Zwischenlagerung der Nährstoffe vorhanden sind. Die austauscharmen Latosole der Feuchttropen verlieren daher rasch die Nährstoffe, die ihnen zum Beispiel bei Brandrodung mit der Asche zugeführt werden. Ackerbaukulturen der inneren Tropen benötigen deshalb für nachhaltige Erträge eine intensive Humuspflege.

Im Gegensatz dazu besitzen die meist durch einen höheren Gehalt von Humus und austauschstarken Dreischichttonmineralen gekennzeichneten Böden der Außertropen für die Verwertung anorganischer Dünger günstigere Voraussetzungen. Aber auch hier begann eine gezielte Mineraldüngung erst im 19. Jahrhundert, zunächst mit zermahlenem Gips und

Der in Süd- und Südostasien weit verbreitete Anbau von Nassreis fußt auf einem Boden, den es von Natur aus gar nicht gibt. In den badewannenartigen Nassreisfeldern ist der tiefere Untergrund durch die Tritte von Menschen und den bei Feldarbeiten eingesetzten Wasserbüffeln so stark verdichtet, dass Wasser kaum versickert. Darüber liegt eine etwa 15 cm dicke, ständig um- und durchgearbeitete Schicht, der typische Nassreisboden (Paddysoil). Er besteht aus stark tonhaltigem Feinlehm und reichlich eingearbeitetem organischem Material (Hausabfälle, tierische Exkremente). Dessen Zersetzung führt durch Sauerstoffzehrung zu weitgehend anaeroben, reduzierenden Bedingungen. Für die dort wurzelnden Reispflanzen ist die Sauerstoffarmut des Paddysoils jedoch ohne Belang, da sie ihre Wurzeln über interne Kapillarsysteme mit Sauerstoff versorgen.

Die in dieser Bodenschicht erfolgende Reaktion von $Fe(OH)_3$ zu $Fe(OH)_2$ setzt zahlreiche OH^--Ionen frei, die den pH-Wert anheben. Dadurch werden keine giftigen Aluminium-Ionen mehr freigesetzt und vermehrt Dreischichttonminerale gebildet. Die Kationenaustauschkapazität der Paddysoils ist daher vergleichsweise hoch. Die vor allem in Vulkangebieten mit dem Bewässerungswasser zugeführten mineralischen Nährstoffe können deswegen gut adsorbiert werden. Unter solchen Bedingungen ist auch eine zusätzliche Mineraldüngung effektiv. Das Nährstoffangebot wird von Natur aus noch zusätzlich verbessert durch Mikroorganismen der Gattung *Anabaena*, die in den Nassreisfeldern mit dem Wasserfarn *Azolla* in Symbiose leben. Sie können als Stickstoff-Fixierer jährlich bis zu 50 Kilogramm pro Hektar des Nährstoffs binden, der normalerweise das Pflanzenwachstum am stärksten limitiert.

Alle diese Besonderheiten führen zusammen mit der hohen Ertragskraft der Reispflanze dazu, dass die Nassreiskultur jeder anderen Erzeugung von Grundnahrungsmitteln in den immer- und wechselfeuchten Tropen überlegen ist.

144.1 Besonderheiten der Nassreiskultur

GEO-EXKURS

Kalk, mit Chilesalpeter und dem aus Vogelkot gewonnenen Guano. Erst nach Entwicklung des Haber-Bosch-Verfahrens stand technisch gewonnener Stickstoff-Phosphor-Kalium-Dünger (NPK-Dünger, häufig irreführend als „Kunstdünger" bezeichnet) billig und in ausreichender Menge zur Verfügung. Als Stickstoffkomponenten werden dabei Substanzen verwendet, die über die Ammoniaksynthese aus Luftstickstoff hergestellt werden. Die Phosphor- und Kaliumkomponenten stammen aus dem Abbau natürlicher Lagerstätten.

Schlecht gepufferte Waldböden, deren pH-Wert durch den sauren Regen stark abgesunken ist, werden heute – wie früher manche Äcker auch – gekalkt. Kalk bindet Säuren und hebt so den pH-Wert, verbessert die Krümelstruktur durch Bildung der Ton-Humus-Komplexe, schließt Nährstoffe auf und regt damit insgesamt das Bodenleben an. Zu viel Kalk bindet jedoch Spurenelemente und auch Phosphor, sodass Mangelerscheinungen auftreten. Außerdem verdrängen die Ca^{2+}-Ionen rasch alle anderen Kationen von den Adsorbern.

Dies führt vorübergehend zu einem Wachstumsschub, da sehr viele Nährstoffe in die Bodenlösung freigesetzt werden. Wenn daher nicht gleichzeitig für erhöhten organischen Nachschub gesorgt wird, verarmen die Böden schnell: „Kalk macht die Väter reich, aber die Söhne arm." Jede Düngung muss also dosiert, auf die Ansprüche der jeweiligen Kulturpflanzen und auf den Standort abgestimmt sein. Dies gilt auch für alle anderen Formen der Bodenverbesserung (Melioration) und der Bodenpflege. Dazu zählen zum Beispiel:
- Beregnung und Bewässerung,
- Lockerung des Oberbodens zum Beispiel durch Hacken, Spaten, Pflüge oder Grubber beziehungsweise Aufbrechen von Staunässe- oder Ortsteinhorizonten im Unterboden durch Tiefpflügen,
- ober- oder unterirdische Drainage vernässter Böden,
- Wahl geeigneter Fruchtfolgen zur Bodenerholung und Unterbrechung der Entwicklungszyklen von Schädlingen;
- erosionsmindernde Maßnahmen wie Mulchen, hangparalleles Pflügen, Untersaaten, Anlage von Windschutzhecken.

Hauptnährelemente für alle Pflanzen sind neben H_2O, CO_2 und O_2 die Ionen (Nähr- oder Mineralsalze) der Metalle K, Ca und Mg sowie die Ionen von Verbindungen der Nichtmetalle Schwefel, Stickstoff und Phosphor. Hinzu kommen die nur in sehr geringen Mengen benötigten Spurenelemente, die Metalle Fe, Mn, Zn, Cu und Mo sowie die Nichtmetalle B und Cl.

Verschiedene Pflanzenarten benötigen die Mineralsalze jedoch in unterschiedlichen Mengenverhältnissen. Für jede Art gibt es ein optimales Verhältnis. Bietet ein Boden eine Ionenart in nicht ausreichender Menge an, kann sie durch im Überschuss vorhandene andere Nährstoffe nicht ersetzt werden. Der minimal angebotene Stoff bestimmt Wachstum und Ernteerfolg. Diese Abhängigkeit, 1855 bereits von JUSTUS VON LIEBIG erkannt, wird als das Gesetz des Minimums bezeichnet. Es wird häufig durch eine Tonne dargestellt. So wie die Tonne durch die ungleiche Höhe der Dauben nicht voll werden kann, können die Pflanzen bei Mangel eines Wachstumsfaktors – z. B. Stickstoff – nicht ihre mögliche Vitalität entfalten. Die Ermittlung des begrenzenden Faktors, des Minimumfaktors, gibt daher Hinweise für die Düngung und damit für den möglichen Ertrag.

Allerdings verläuft die Ertragskurve nicht linear, sondern parabelförmig. Für eine gezielte und rentable Düngung muss daher das 1906 von MITSCHERLICH aufgestellte Gesetz vom abnehmenden Ertragszuwachs hinzugezogen werden. Dabei ist zu beachten, dass der Ertrag sogar wieder geringer werden kann, wenn mit überhöhter Dosis gedüngt wird.

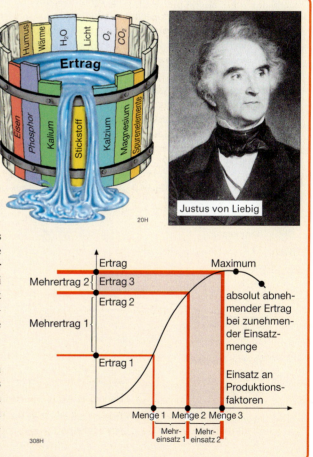

145.1 Minimumgesetz und Gesetz vom abnehmenden Ertragszuwachs

7.4 Bodenzonen der Erde

Mit fortschreitender Entwicklung eines Bodens wird der Einfluss des Ausgangsgesteins immer geringer. Immer stärker spiegelt der Boden dann die klimatischen Bedingungen wider, denn die Art und Intensität der Verwitterungsprozesse, die Streuanlieferung, die biologische Aktivität und die Stoffverlagerungen werden in entscheidendem Maße klimatisch gesteuert. Selbst bei gleichem Ausgangsgestein bilden sich daher in unterschiedlichen Klimaten Böden, die sich allein schon in ihrem Chemismus (Abb. 147.1), aber auch in ihrer Struktur und in ihrer Profilierung grundsätzlich unterscheiden. Unter gleich bleibenden Umweltbedingungen führt jede Bodenentwicklung im Laufe der Zeit so zu einem für den jeweiligen Standort typischen Reifestadium („Klimaxboden"). Bei globaler Betrachtung entsprechen die Bodenzonen der Erde daher weitgehend den Klima- und damit auch den Vegetationszonen.

Für die Ausbildung der zonal jeweils dominierenden Bodentypen gelten folgende Gesetzmäßigkeiten:
- In warmen humiden Klimaten mit üppiger Vegetation und reichem Bodenleben verläuft die Bodenbildung weitaus rascher als in den gemäßigten oder in kalten und trockenen Zonen.
- Je länger eine Bodenentwicklung in humiden Klimaten andauert, desto tiefgründiger wird der Boden, desto mehr Nährstoffe werden ausgewaschen, desto mehr können nur noch austauscharme Zweischichttonminerale gebildet werden.
- Wasser- oder Wärmemangel bremsen den Abbau der organischen Substanz, sodass sich ungünstige Humusformen (Rohhumus), unter Umständen aber auch günstige Humusformen (Mull) anreichern können.
- In kühl-feuchten Klimaten dominiert langfristig die Podsolierung mit der Bildung von harten Ortsteinhorizonten die Bodenentwicklung.
- In ausgeprägten Trockengebieten kommt es durch Ausfällungen der im meist aufwärts gerichteten Sickerwasserstrom gelösten Salze oberflächennah zur Bodenversalzung, im Extremfall sogar zur Bildung richtiger Salzkrusten. Feinkörnige Böden sind davon besonders betroffen. In ihren haardünnen Poren („Kapillaren") kann Bodenwasser entgegen der Schwerkraft bis zu fünf Meter aufwärts steigen („kapillarer Aufstieg", Abb. 147.2). Die Ausbildung solch langer Wassersäulen wird dadurch ermöglicht, dass die Wassermoleküle aufgrund ihrer Dipoleigenschaft einerseits an den Porenwänden (Adhäsion) und andererseits im freien Zwischenraum aneinander haften bleiben (Kohäsion). Auf diese Weise „hangelt" sich das Bodenwasser selbst nach oben. Nahe der Oberfläche kann die Ausfällung der Salze durch rasche Verdunstung wegen hoher Luft- und Bodentemperaturen verstärkt werden.
- In warm-feuchten Klimaten dominieren rot gefärbte Böden, die im Zuge der Ferrallitisierung entstehen. Sie besitzen häufig nahe der Oberfläche hohe Konzentrationen von Eisen- und Aluminium-Oxiden. Diese können bei Luftzutritt zu betonharten sogenannten Lateritkrusten verhärten (von lateinisch: later = Panzer).

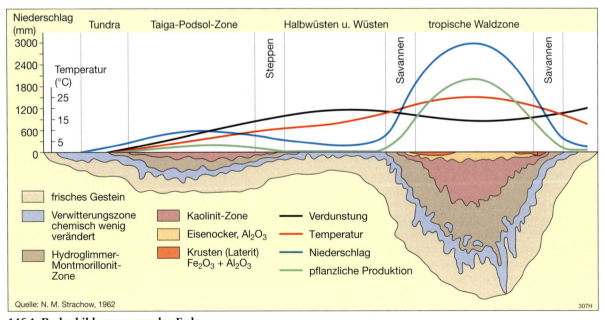

146.1 Bodenbildungszonen der Erde

DIE BÖDEN DER ERDE

	Ausgangsgestein (Mittel)	Braunerde (England) gemäßigt-voll-humides Klima	Roterde (Israel) subtropisch-semi-humides Klima	Rotlehm (Kamerun) tropisch-voll-humides Klima	Laterit (Vorderindien) tropisch-semi-humides Klima
SiO_2	49	47,0	41,2	33,6	0,7
Al_2O_3	15	18,5	13,4	26,5	50,5
Fe_2O_3	4	14,6	11,3	13,8	23,4
FeO	8	–	3,1	2,9	–
MgO	6	5,2	1,2	0,3	–
CaO	9	1,5	2,1	0,2	–
Na_2O	4	0,3	1,7	0,1	–
K_2O	2	2,5	1,0	0,3	–
H_2O	2	7,2	13,3	17,5	25,0
Rest	–	2,5	3,8	4,6	0,4
Summe	100	99,3	100,1	99,8	100,0

147.1 Verwitterung und Bodenbildung auf Basalt unter verschiedenen humiden Klimaten

Aufgaben
1 Charakterisieren Sie die verschiedenen Bodenbildungszonen entlang des Meridionalprofils (Abb. 146.1).
2 Vergleichen Sie die chemische Zusammensetzung der in unterschiedlichem Klima aus praktisch identischem Ausgangsstein entstehenden Böden (Abb. 147.1).
3 Nennen Sie die Prozesse, die zu dem völlig anderen Chemismus der Böden führen (Abb. 147.1)
4 Begründen Sie, weshalb tropischer Rotlehm nährstoffärmer ist außertropischer Braunlehm (Abb. 147.3).
5 Erklären Sie die Entstehung von Bodenversalzung.

147.2 Versalzter Boden und kapillarer Aufstieg

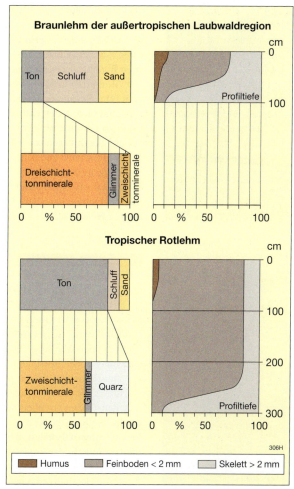

147.3 Bodenvergleich

DIE BÖDEN DER ERDE

7.5 Wichtige Bodentypen im Überblick

In kaum einem anderen Bereich der physischen Geographie ist eine Systematisierung so schwierig wie bei den Böden. Dies liegt im Wesentlichen daran, dass jeder einzelne Boden ein äußerst komplexes Gebilde ist, das sich in ständiger Entwicklung befindet und dessen Erscheinungsbild im Laufe der Zeit daher ständig wechselt.

Neuere Klassifikationsschemata berücksichtigen deshalb nur bodeneigene Merkmale. Am einfachsten – und daher für einen Überblick am geeignetsten – ist die verbreitete Systematisierung nach Bodentypen. Sie lassen sich stark vereinfachend zunächst in zonale und in intrazonale Böden untergliedern. Bei zonalen Böden ist das Klima der ausschlaggebende Boden bildende Faktor. Sie haben einen typischen Reifegrad erreicht und lassen sich in etwa den Klimazonen zuordnen. Bei den intrazonalen Böden spielen dagegen Ausgangsgestein oder Wasser bei der Bodenbildung eine bedeutende Rolle. Dazu gehören zum Beispiel Grundwasser-, Marsch- und Aueböden, die Böden der Schwemmlandebenen großer Flüsse, Gebirgsböden oder Böden, die sich auf reinen Kalkgesteinen entwickeln. In den Tropen kommen zum Beispiel die Vertisole über Basaltdecken hinzu, die durch ihren hohen Tongehalt extrem quellfähig sind und wegen starker Durchmischung praktisch keine Horizontbildung zeigen. In den tropischen Hochländern entwickeln sich dagegen aus den Aschen rezenter Vulkane die dunklen, mineral- und humusreichen Andosole.

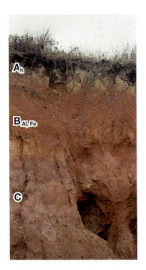

Latosole (= Roterden = Ferrasole) $A_h - B_{Al, Fe} - C$

Latosole sind der vorherrschende Bodentyp der immerfeuchten Tropen und der Feuchtsavannen. Hohe Temperaturen und ständige Bodenfeuchte ermöglichen lang anhaltende, nicht durch Kaltzeiten unterbrochene, intensive chemische Verwitterung mit tiefgründiger und vollständiger Umwandlung des ursprünglichen Mineralbestands. Selbst Silikate werden zersetzt, die lösliche Kieselsäure zusammen mit freigesetzten Alkali- und Erdalkali-Ionen vom stetig abwärtsgerichteten Bodenwasserstrom ausgewaschen (Desilifizierung). Die dadurch erfolgende Anreicherung von Al- und Fe-Oxiden (roter Hämatit und gelbbrauner Goethit) führt zur Rot- oder Gelbfärbung. Der Restmineralgehalt ist gering. Latosole besitzen ein feinkörniges Substrat mit geringer Wasserdurchlässigkeit und Luftkapazität, sind wegen meist hohem Tongehalt in feuchtem Zustand klebrig-plastisch. Es bildet sich überwiegend das austauscharme Zweischichttonmineral Kaolinit. Die anfallende organische Substanz wird rasch mineralisiert und humifiziert, die frei werdenden Nährstoffe schnell und nahezu vollständig über das im Regenwald am dichtesten ausgebildete Netz von Wurzelpilzen (Mykorrhiza) in die Pflanzen zurückgeführt. Da die Humusdecke nur sehr dünn bleibt, ist die Kationenaustauschkapazität der Böden sehr gering. Die Böden sind unfruchtbar, die Bodenschichten unterhalb der Humusschicht für Pflanzen meist sogar „lebensfeindlich", da bei einem pH-Wert kleiner 4 verstärkt Al-Ionen freigesetzt werden, die für Wurzeln giftig sind.

Rotbraune Savannenböden (= Rotlehme = Acrisole) $A_h - B_{Al, Fe, Si} - C$

Sie sind typische Böden der wechselfeuchten Tropen mit Rotfärbung und jahreszeitlich wechselndem Bodenwasserstrom. Wegen der in der Regenzeit intensiven chemischen Verwitterung zeigen die Savannenböden einige Merkmale wie Latosole, jedoch weniger stark ausgeprägt: tiefgründig, feinkörnig, geringer Restmineralgehalt, überwiegend Kaolinit als Tonmineral, sauer. Die meisten Nährstoffe sind ausgewaschen, im Oberboden bleibt neben Al und Fe auch noch Silizium (Si) erhalten („fersiallitische" Böden gegenüber den „ferrallitischen" Regenwaldböden). Durch Auswaschung ist der Oberboden lessiviert, der Unterboden mit Ton angereichert. Die im Vergleich zu den immerfeuchten Tropen geringere Zersetzung fördert die Humusakkumulation. Im Regenwald ist Humus vor allem als Kationenaustauscher und Nährstofflieferant bedeutsam, in den sommerfeuchten Tropen vor allem für die Regulierung des Bodenwasserhaushalts. Durch Verbesserung der Infiltrationsrate wird die Erosionskraft der heftigen Platzregen etwas gemindert. Wegen höherem Nährstoffgehalt und besserer Düngeraufnahme sind die Savannenböden ertragreicher als die Latosole. In der Trockenzeit kehrt sich der Bodenwasserstrom um. Kapillarer Aufstieg und starke Verdunstung führen zu oberflächennahen Ausfällungen von Karbonaten und Nährstoffen; Eisenoxide kristallisieren häufig im Unterboden als Hämatit aus. Wird die darüberliegende Schicht abgetragen, verhärtet dieser Bereich bei Luftzutritt zu betonharten Lateritkrusten.

DIE BÖDEN DER ERDE

Skelettböden der Halbwüsten und Wüsten

In den Trockengebieten gibt es wegen Mangel an Wasser und Vegetation kaum organisches Material oder Bodensäuren. Außer der physikalischen Verwitterung fehlen daher alle anderen bodenbildenden Prozesse, oder sie können nur kurze Zeit nach Regenfällen ablaufen. Im Kernbereich der Trockengebiete bewirkt der Wind zudem ständige Aus- und Anwehungen mit einer Sortierung nach Korngrößen. In Gebieten mit Dünen, Flugsandfeldern, Kies- und Steinwüsten gibt es daher praktisch keine Bodenbildung. Böden können sich nur dort entwickeln, wo äolische Umlagerungen lange Zeit unbedeutend waren. Mechanisch zerkleinerte Verwitterungsprodukte in unterschiedlichen Korngrößen dominieren dabei gegenüber der Feinbodenfraktion. Ist ein Feinboden deutlich erkennbar, spricht man von Skelett- oder Wüstenrohböden. Vereinzelt sind in geschützten Lagen auch fossile Bodenreste aus feuchteren Zeiträumen erhalten. Sie können wie die Wüstenrohböden mit höherem Tongehalt sowie die Oasenböden durch Bewässerung ackerbaulich gut genutzt werden. Auch die vor allem durch Dreischichttonminerale und einen geringen Humusgehalt (maximal 1 %) gekennzeichneten Böden im Übergangsbereich zu den Dornsavannen liefern bei ausreichender Durchfeuchtung gute Erträge. In allen Fällen besteht aber bei unsachgemäßer Bewässerung (fehlende Entwässerung) die Gefahr der Bodenversalzung.

Rendzina (von polnisch: Rendsina = Kratzer) $A_h - C$

Die Rendzina ist ein gesteinsabhängiger Boden. Sie besitzt einen flachgründigen, meist intensiv durchwurzelten A_h-Horizont, der dem C-Horizont (Kalk, Dolomit, Mergel) direkt aufliegt. Bei humidem Klima wird der Kalk mit dem Sickerwasser bis in das klüftige Ausgangsgestein ausgewaschen. Zurück bleibt der unlösbare Rückstand von Ton und Quarzkörnern, die in unreinen Kalken zu etwa 5 – 10 % enthalten sind. Die Humusbildung verläuft rasch und führt wegen der guten Pufferung zu stabilen Krümeln. Der stark humose, schwarzbraune A_h-Horizont besitzt daher ein großes Porenvolumen mit günstigem Luft- und Wasserhaushalt und hoher Austauschkapazität. Allerdings ist die Rendzina mit dem Pflug nur flach bearbeitbar („Kratzer"). Oft reicht die Feinerde auch für einen dichten Waldbestand nicht aus. Viele Rendzinen dienen daher als wenig ergiebige Weide. Bei starker Beweidung – vor allem durch Schafe – kommt es rasch zur Erosion und Entblößung des anstehenden Gesteins (Karstregionen, Mittelmeerländer). Erst bei sehr alten Rendzinen entwickelt sich ein B_v-Horizont. Dabei geht die Rendzina allmählich in Kalkbraunlehm (Terra fusca) mit hoher Austauschkapazität im Unterboden über. Unter mediterranem Klima entwickelt sich aus der Rendzina die sogenannte Terra rossa (mediterrane Roterde). Auch sie besitzt einen geringmächtigen A_h-Horizont. Ihr Unterboden ist durch die Bildung wasserarmer Fe-Oxide (Hämatit) im trockenheißen Klima intensiv rot gefärbt.

Ranker (österreichische Bezeichnung für Steilhang) $A_h - C$

Der Ranker ist wie die Rendzina ein gesteins- und reliefabhängiger Boden, der sich aus einem noch humuslosen Rohboden entwickelt. Er besitzt einen deutlichen A_h-Horizont, der aber nicht einem kalkreichen, sondern einem sauren, quarz- und silikatreichen Ausgangsgestein (Sand, Granit, Gneis) aufliegt. Ein B-Horizont fehlt, und wegen seiner geringen Profiltiefe ist er schlecht durchwurzelbar. Ranker sind typisch für die feuchtkühlen Mittelgebirge der mittleren Breiten, kommen aber auch in der Tundra vor (Tundra-Ranker). In beiden Fällen fördert häufiger Frostwechsel durch Frostsprengung die Vergrusung (Zerfall in 2 – 6 mm große, kantige Gesteinsbruchstücke). Wegen der nur geringen chemischen Verwitterung verläuft die Verlehmung durch Tonmineralneubildung dagegen sehr langsam, die Humifizierung des organischen Materials im Oberboden ist unvollständig. Bei starker Hangneigung und hohen Niederschlägen werden die wenigen Zersatz- und Umwandlungsprodukte der chemischen Verwitterung durch den flachgründigen Boden rasch durchgewaschen, sodass keine Unterbodenbildung stattfindet. Geringer Ton- und Humusgehalt sowie mangelnder Kalkgehalt ermöglichen selbst im A_h-Horizont kaum Bildung von Ton-Humus-Komplexen. Die Austauschkapazität ist daher ebenso wie der Nährstoffnachschub aus dem basenarmen Ausgangsgestein sehr gering. Mangels Verlehmumg speichert der flachgründige Boden kaum Wasser, ist aber gut durchlüftet.

DIE BÖDEN DER ERDE

Schwarzerde (russisch: Tschernosem) — $A_h - C$

Schwarzerden sind die typischen Böden der kontinentalen Steppengebiete. Ihr Untergrund besteht häufig aus mineral- und kalkreichem Löss. Der hohe Kalkgehalt sorgt für einen günstigen pH-Bereich mit hoher Nährstoffverfügbarkeit. Gräser und Kräuter liefern im Frühjahr und Frühsommer viel und leicht zersetzbares organisches Material, dessen Mineralisierung allerdings während der warmen trockenen Sommer und der langen, kalten und niederschlagsarmen Winter stark gebremst wird. Während günstiger Jahreszeiten sorgt das reiche Bodenleben jedoch für eine umfangreiche Bildung von Humus (vor allem Mull), der durch wühlende Steppentiere (Ziesel, Hamster) tief untergearbeitet wird. Der A_h-Horizont wird so bis zu 80 cm mächtig. Die stabilen Ton-Humus-Komplexe und das semihumide Klima verhindern Lessivierung, aber auch Salzanreicherungen im Oberboden. Schwarzerden sind die fruchtbarsten Böden der Außertropen wegen ihrer guten Pufferung, ihres hohen Tongehalts (15–40% selbst im A_h-Horizont), ihrer hohen Austauschkapazität (Dreischichttonminerale und Ton-Humus-Komplexe), ihres umfangreichen Nährstoffnachschubs aus dem leicht verwitternden Löss, ihres hohen Porenvolumens (bis 50% des Gesamtvolumens des Bodens) und des damit verbundenen günstigen Luft- und Wasserhaushalts. Die dunklen Böden erwärmen sich außerdem im Frühjahr rasch.

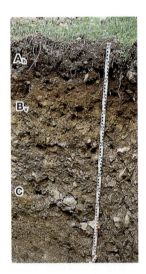

Braunerde — $A_h - B_v - C$

Braunerden sind die zonalen Böden der feuchten Mittelbreiten mit einer großen Variationsbreite des Ausgangsgesteins. Sie erstrecken sich daher selten über große zusammenhängende Areale. Wie alle Böden zum Beispiel Mitteleuropas sind auch die hier weit verbreiteten Braunerden junge, nacheiszeitliche Bildungen, die sich häufig aus einem Ranker oder einer Rendzina entwickelt haben. Ihre Profiltiefe kann bis zu 1,5 Meter erreichen.

Typische Prozesse der Bodenbildung sind die Verbraunung durch Freisetzen von Eisen aus eisenhaltigen Mineralen mit anschließender Bildung von Fe-Oxiden und Fe-Hydroxiden sowie die Tonmineralneubildung. (Im Gegensatz zu den feuchten Tropen dominieren dabei austauschstarke Dreischicht-Tonminerale, wie z. B. Illite oder Chlorite.) Beide Prozesse laufen auch im A_h-Horizont ab, werden dort jedoch durch die dunkle Farbe des Humus überdeckt. Der typische braune, verlehmte B_v-Horizont besitzt durch noch nicht zersetzte Gesteinsbrocken Nährstoffreserven und geht ohne scharfe Grenze in den C-Horizont über. Braunerden über Basalt oder Geschiebelehm sind nährstoff- und humusreich (mit Mull als Humusform), schwach sauer bis neutral, gut durchlüftet und durchfeuchtet und besitzen ein hohes Produktionspotenzial. Über Granit oder Sand bilden sich dagegen saure und basenarme, grobkörnigere, modrige, mit ungünstigerem Wasserhaushalt versehene Formen, die aber durch Düngung verbesserbar sind.

Parabraunerde (Fahlerde = Sol Lessivé; franz.: lessiver = waschen) — $A_h - A_l - B_t - C$

Parabraunerden entwickeln sich in den feuchten Mittelbreiten entweder auf direktem Weg aus Rendzina bzw. Ranker oder aus Schwarzerden bzw. basenreichen Braunerden, wenn durch Kalkauswaschung und leichte Versauerung eine Tonverlagerung (= Lessivierung) ermöglicht wird. Ausgangsgesteine sind nicht zu saure, feinkörnige, meist lockere Substrate wie Löss oder Geschiebemergel. Der großflächig verbreitete Boden ist von Natur aus ein Laubwaldstandort. Aus der reichlich anfallenden Laubstreu bildet sich durch ein aktives und vielfältiges Bodenleben ein mächtiger A_h-Horizont mit Mull als Humusform. Durch den abwärtsgerichteten Bodenstrom erfolgt schrittweise eine Auswaschung von Tonmineralen aus dem dadurch heller (fahl) werdenden A_l-Horizont in den Unterboden. In dem durch Mineralverwitterung bereits verbraunten Unterboden führt die Tonanreicherung zu einer noch stärkeren Dunkelfärbung. A_h- und A_l-Horizont können bis zu einem halben Meter, das gesamte Profil bis zu mehreren Metern mächtig werden. Hoher Restmineralgehalt, viel Humus, austauschstarke Dreischichttonminerale und eine günstige Bodenstruktur machen Parabraunerden zu ertragreichen, tiefgründigen und leicht zu bearbeitenden Ackerböden. Sie sind in Mitteleuropa zum Teil seit über 1000 Jahren in landwirtschaftlicher Nutzung. Bei ungenügender Bodenbedeckung neigen sie zur Erosion, Befahren mit zu schwererem Gerät führt zur Verdichtung und Reduktion der günstigen Eigenschaften.

DIE BÖDEN DER ERDE

Gley (russisch: „sumpfiger Boden") $A_h - G_o - G_r$

Der Gley gehört zu den sogenannten hydromorphen, entscheidend vom Bodenwasser beeinflussten Böden. Gleye sind Grundwasserböden mit einem dauernd hoch stehenden Wasserstand, der bis zum A_h-Horizont heranreichen kann. Der humose, meist kalkarme A-Horizont ist nur 20–30 cm mächtig. Als Folge intensiver chemischer Verwitterung ist der meist mächtige Unterboden ton- und lehmreich (er wird nicht als B-, sondern als G-Horizont bezeichnet). Im ständig durchnässten Grundwasserbereich werden wegen Sauerstoffmangels die rostfarbigen Eisen- und Manganhydroxide zu löslichen zweiwertigen Fe- und Manganoxiden reduziert. Sie werden im darübergelegenen Schwankungsbereich des Grundwassers durch Luftzufuhr als Bänder oder Flecken wieder ausgeschieden. Diese Gleyfleckigkeit des Oxidationshorizonts (G_o) wird im darunterliegenden Reduktionshorizont (G_r) von gleichmäßig grün-blau-grauen Schichten abgelöst, die die Farben der reduzierten Fe- und Mn-Verbindungen anzeigen. Wegen des hohen Tongehalts besitzen Gleye zwar eine hohe Austauschkapazität, bilden bei Trockenheit aber tiefe Trockenrisse und sind bei Feuchte schwer zu bearbeiten. Die Grundwasserproblematik, die hohe Mobilität der im Grundwasser gelösten Nährstoffe, der eingeschränkte Wurzelraum und die langsame Erwärmung machen Gleye ackerbaulich kaum nutzbar.

Pseudogley $A_h - S_w - S_d$

Im Gegensatz zu dem vom Grundwasser beeinflussten Gley ist der Pseudogley ein durch Staunässe (S) geprägter Boden mit einem jahreszeitlich bedingten Wechsel von Vernässung und Austrocknung. In ihm kann Niederschlagswasser wegen eines verdichteten Untergrunds (S_d) nicht oder nur unvollständig versickern. Das Stauwasser führt im Oberboden zur Reduktion und Bleichung. Während der trockenen Jahreszeit verschwindet die Staunässe, und die gelösten Fe- und Manganverbindungen fallen als Flecken oder Konkretionen aus. Entlang von Trockenrissen kann Luft tief in den Unterboden vordringen. Die so möglichen Oxidationen führen zu streifenförmigen Bleichungen, die insgesamt ein geflecktes, marmoriertes Profil ergeben. Pseudogleye bilden sich über verschiedenste Ausgangsgesteine aus anderen Bodentypen, besonders häufig aus Parabraunerden, die durch fortgesetzte Toneinwaschung im Unterboden zur Staunässe übergehen. Der dadurch immer luftärmer werdende Oberboden (der Stauwasser leitende S_w-Horizont) nimmt dann wegen der zunehmenden Reduktionsprozesse ein grau geflecktes Aussehen an. Wegen der Kalk- und Tonauswaschung aus dem Oberboden sind so entstandene Pseudogleye sauer und nährstoffarm, besitzen eine nur gering mächtige Humusdecke, ein wenig aktives Bodenleben und erwärmen sich nur langsam. Grünlandwirtschaft ist auf ihnen weit verbreitet. Drainage, Kalkung und Humuszufuhr verbessern den Boden aber deutlich.

Podsol (russisch: aschefarbiger Boden) $A_h - A_e - B_s - C$

Der auch „Bleicherde" genannte Podsol ist der Bodentyp der humiden kühlgemäßigten Zone. Hohe Niederschläge, Rohhumus bildende Vegetation, durchlässiges, saures (kalk- und nährstoffarmes) Gestein sind günstige Voraussetzungen für seine Bildung auch im warmgemäßigten Klima. Wegen des (außer Pilzen) fast fehlenden Bodenlebens bildet sich aus der an sich schon schwer abbaubaren Streu (Nadeln und Blättern heidekrautartiger Zwergsträucher) eine mächtige Rohhumusschicht, die dem Mineralboden weitgehend unvermischt aufliegt. Ihre Zersetzung erfolgt im sauren Milieu überwiegend chemisch und führt zu wasserlöslichen, niedermolekularen Huminsäuren, die die Silikatverwitterung (vgl. S. 42) verstärken. Mit dem Sickerwasser werden rasch alle Nährstoffe, aber auch Fe-, Al- und Mn-Verbindungen sowie die wenigen gebildeten Tonminerale bis in den Unterboden durchgeschwemmt. Im ausgewaschenen Oberboden bleibt fast nur der helle, schwer mobilisierbare Quarz zurück (Bleichhorizont A_e). Im Unterboden reichern sich die ausgewaschenen Stoffe an, zuunterst meist Ton (Orterde). Ständige Einwaschung von Fe- und Mn-Verbindungen sowie Humusstoffen verkittet allmählich alle Poren und führt zur Bildung einer harten, nahezu wasserundurchlässigen, kaum durchwurzelbaren, rostbraunschwarzen Ortsteinschicht. Kalkung, intensive Humuspflege, Aufbrechen des Ortsteins und unter Umständen Bewässerung machen aber auch diesen Boden ackerbaulich nutzbar.

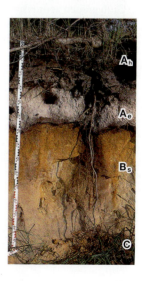

DIE BÖDEN DER ERDE

152.1 Beispiele der physikalischen Bodendegradation sowie der Bodenerosion

7.6 Bodenschädigung und Bodenvernichtung

Seit der Mensch in die Bodenentwicklung eingegriffen hat, sind immer mehr Böden in ihrer Qualität, teilweise sogar in ihrer Existenz bedroht. Die Verschlechterung (= Degradation) der Böden durch Kontamination mit Schadstoffen, durch Versalzung und Versauerung oder den fortgesetzten Entzug von Nährstoffen, vor allem aber durch Veränderungen der Bodenstruktur und durch Erosion hat weltweit bereits ein bedrohliches Ausmaß erreicht. Die Schädigung dieser lebenswichtigen Ressource der Erde dringt aber nur selten und meist nur kurz ins Bewusstsein der Weltöffentlichkeit. Beispiele hierfür sind:
- die Bodenverseuchungen nach der Reaktorkatastrophe in Tschernobyl, das Giftgasunglück im italienischen Seveso und leckgeschlagene Ölpipelines;
- die Entstehung der „dust bowl" und die von tiefen Gullygräben zerfurchten „badlands" in den westlichen Great Plains durch Wind- und Wassererosion nach der Umwandlung von Steppengebieten zu Ackerflächen;
- die Versauerung vor allem der mitteleuropäischen Mittelgebirgsböden durch „sauren Regen".
- die durch unsachgemäße Bewässerungstechniken zum Beispiel im Zweistromland oder im Indus-Tiefland entstandenen großflächigen Bodenversalzungen.

In vielen Fällen erfolgt die Bodendegradation jedoch schleichend und wird daher kaum wahr genommen:
- Nur wenige Besucher sehen in den fruchtbaren Schwemmlandebenen des Mittelmeerraums das Produkt einer seit der Antike anhaltenden Bodenerosion der einst bewaldeten Bergregionen.
- Wenig bekannt ist, dass die in Norddeutschland verbreiteten Heideflächen meist das Ergebnis einer übermäßigen, jahrhundertelangen Nutzung der Wälder sind; anschließend erfolgte eine Podsolierung der Böden, da diese wegen Kalkmangels nur schwach gepuffert waren. Oder dass der für mitteleuropäische Flusstäler typische Auelehm erst abgelagert wurde, nachdem im Mittelalter die Mittelgebirge entwaldet wurden.
- Pro Hektar und Jahr werden in Europa und den USA etwa 17 Tonnen, in Asien, Afrika und Südamerika

natürlicher Bodenabtrag	Abtrag (mm/Jahr)
unter tropischem Regenwald in Neuguinea	0,5 – 1,07
unter tropischem Regenwald in Amazonien • im Flachland • an Steilhängen	0,2 1,25
süddeutsche Mittelgebirge	0,01
süddeutsches Lösshügelland	0,003
im dinarischen Karst im mediterranen Bereich	0,01 – 0,04
im warmgemäßigten bis subtropischen Einzugsbereich des Mississippi	0,07 – 0,1

anthropogen beschleunigter Abtrag (Bodenerosion)	Abtrag (mm/Jahr)
in der agrarisch genutzten Lösshügellandschaft des Kraichgaus	2 – 3
auf Rodungsflächen im tropischen Regenwald Amazoniens • Weidenutzung (Fwlachland) • Ackerbau (Flachland) • Ackerbau (Hanglagen)	0,3 – 3 1,5 – 4 30 – 60
auf Ackerflächen im Lössgebiet Chinas in der inneren Mongolei	30

Quelle: Gebhard et al. (2007), S. 313

152.2 Natürlicher und anthropogen bewirkter Bodenabtrag

DIE BÖDEN DER ERDE

versauerter Boden (Waldsterben) | Kontamination durch Erdöl | Bodenversalzung

153.1 Beispiele der chemischen Bodendegradation

30–40 Tonnen Boden abgetragen. Im selben Zeitraum bilden sich aber nur etwa 1–2 Tonnen Boden pro Hektar neu. In vielen Regionen ist in den letzten 150 Jahren rund die Hälfte des Ackerbodens verloren gegangen: Die Menschheit ist dabei, die Fruchtbarkeit der Erde zu verspielen.

Die Formen und Ursachen der Degradation sind regional sehr unterschiedlich, treten häufig auch gemeinsam auf. Weltweit sind heute über 45 Prozent der Bodendegradation auf die Vernichtung von Wäldern zurückzuführen. Weitere 45 Prozent haben ihre Ursachen in der Überweidung vor allem in Entwicklungsländern bzw. in nicht angepasstem Ackerbau vor allem in den Industrieländern.

In den Industrieländern bereitet neben zu hohen Düngemittel- und Pestizidgaben besonders der Einsatz zu schwerer landwirtschaftlicher Maschinen Probleme: Bodenverdichtung zerstört die lockeren Krümelstrukturen. In diesen sind organische und anorganische Bodenteilchen durch Ausscheidungen von Bodenlebewesen oder durch Pilzfäden und Feinwurzeln aneinandergekoppelt. Die Trümmer der wertvollen Krümel können daher durch die Wucht auftreffender Regentropfen vollends zerschlagen und dann leicht erodiert werden. Die Poren im Restboden werden kaum noch durchlüftet, weil der Boden durch Verschlämmung seine natürliche Drainage verliert und immer häufiger Wasser staut. Das Bodenleben kommt in Atemnot, biogene Ab- und Umbauprozesse werden eingeschränkt. Zuletzt verliert damit auch der noch verbliebene Bodenrest seine Fruchtbarkeit. Auch übermäßig hohe Pestizidgaben oder der Einsatz nicht ausreichend selektiv wirkender Pestizide können das Bodenleben zerstören.

In immer größerem Umfang „verschwinden" Böden sogar vollständig, durch Versiegelung unter Beton- und Asphaltdecken für Siedlungs- und Verkehrsflächen.

Aufgaben

1 Warum wird ein verdichteter Boden unfruchtbar?
2 Interpretieren Sie die Abb. 152.2.
3 Global werden pro Jahr rund 25 Mrd. Tonnen Boden erodiert. Berechnen Sie die Länge einer dafür notwendigen Lkw-Kolonne (30 t Ladung, 12 m Länge je Lkw).
4 Begründen Sie, weshalb Bodenversalzung zu Pflanzenschäden führt (Abb. 153.2).
5 Sammeln Sie weitergehende Informationen über die Beispiele von Bodendegradationen.

- Mehrmaliger Anbau derselben Pflanzenart auf derselben Fläche ohne Ausgleichsdüngung führt zu einseitiger Beanspruchung des Nährstoffvorrats im Boden: Die Pflanzen zeigen Wachstums- und Vitalitätsmängel.
- Je tiefer der pH-Wert einer Bodenlösung sinkt, desto weniger Nährstoffe sind an den Adsorbern im Boden gebunden, desto weniger Nährstoffe verbleiben bei abwärtsgerichtetem Wasserstrom langfristig im Wurzelbereich: Die Pflanzen verhungern.
- Bei tiefem pH-Wert (< 4,5) werden durch Zerstörung der Tonminerale Aluminium-Ionen freigesetzt, die (wie die meisten Schwermetalle) für Wurzeln toxisch sind: Die Pflanzen werden vergiftet.
- Je höher bei Bodenversalzungen die Konzentration gelöster Teilchen im Bodenwasser wird, desto größer wird die Gefahr osmotisch bedingter Schäden. Übersteigt die Konzentration der gelösten Teilchen in der Bodenlösung diejenige innerhalb der Pflanzenzellen, kehrt sich der ansonsten von außen nach innen gerichtete Wasserstrom um. Wasser fließt dann vom Inneren der Pflanze nach außen. Oder anders ausgedrückt: Wie bei einem Rettich, der gesalzen wird, entzieht das Außenmedium der Wurzel Wasser: Die Pflanzen vertrocknen trotz nassen Bodens.

153.2 Pflanzenschäden durch Bodenschädigungen

ANWENDEN & VERTIEFEN

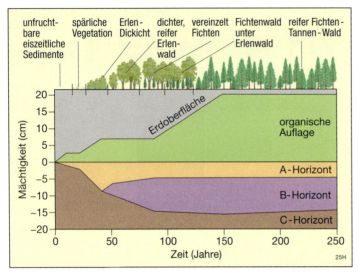

154.1 Bodenentwicklung in Alaska

Aufgaben

1. Vergleichen Sie die Abb. 154.1 und 154.2.
2. Charakterisieren Sie die in der Abb. 154.4 dargestellten Bodenprofile.
3. Beschreiben Sie den Nährstoffvorrat verschiedener Böden und die Art der Nährstofferschließung durch Pflanzen (Abb. 154.3).
4. Erläutern Sie die in Abb. 155.2 dargestellten Prozesse.
5. Prüfen Sie auf Basis der Abb. 155.1 Ihre Kenntnisse zum Thema Boden.

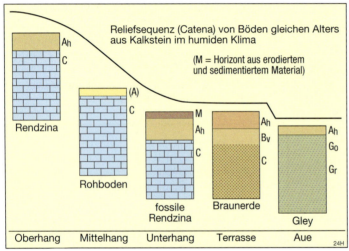

154.2 Bodenentwicklung in Mitteleuropa

154.4 Bodenprofile

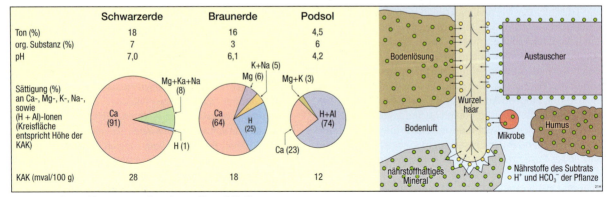

154.3 Nährstoffvorrat und Nährstofferschließung

ANWENDEN & VERTIEFEN

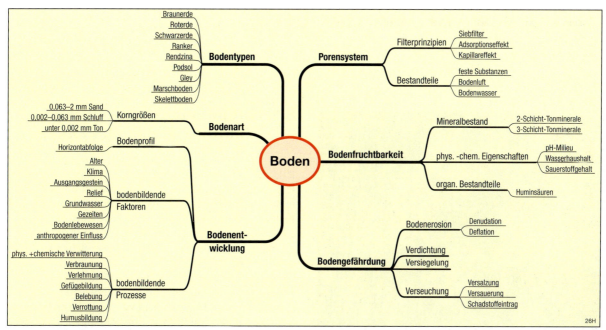

155.1 Mindmap zum Thema Boden

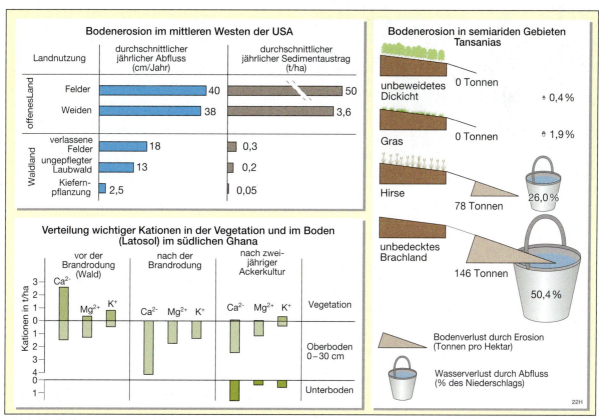

155.2 Veränderungen von Böden

8 Die Vegetation der Erde

156.1 Seychellennusspalme

8.1 Nutzung und Verbreitung von Pflanzen – Beispiel: Palmen

Palmen zählen zu den auffallendsten Pflanzen der Erde. Die etwa 2800 verschiedenen Palmenarten sind vor allem in den Tropen verbreitet und hinsichtlich des Wasser- und Lichtangebotes an die unterschiedlichsten Umweltbedingungen angepasst. So können zum Beispiel Phönixpalmen mit ihren langen, bis zum Grundwasser reichenden Wurzeln auch in Halbwüsten und Wüsten existieren. Liculapalmen wiederum wachsen im immerfeuchten tropischen Regenwald und kommen dort im Unterwuchs mit extrem wenig Licht aus. Dagegen benötigt die Kokospalme eine hohe Lichtintensität für ihre Entwicklung.

In Europa sind nur die Zwergpalme und die Hanfpalme im Mittelmeerraum sowie an den vom Golfstrom erwärmten West- und Südwestküsten Irlands und Englands verbreitet. Nur dort können sie ganzjährig im Freien wachsen, denn Palmen vertragen keine extreme Kälte und erfrieren bei Temperaturen unter –10 °C. Die geringe Kälteresistenz dieser Pflanzenfamilie ist also die Ursache dafür, dass diese attraktiven Pflanzen in Mitteleuropa nur in thermisch begünstigten Gebieten auftreten.

Mensch und Palme sind in den tropischen und subtropischen Gebieten der Erde eng miteinander verbunden. Schon in den jahrtausendealten Keilschriften arabischer Semiten wird der aus dem zuckerhaltigen Saft der Palme gewonnene Palmwein als „Trank des Lebens" beschrie-

---

Die Früchte der Seychellennusspalme sind bis zu 25 kg schwer, müssen sechs Jahre reifen und gehören zu den größten des gesamten Pflanzenreiches. Seit Urzeiten haben sie die Fantasie der Menschen bewegt. Die eigentümlichen Früchte fand man zunächst im Wasser des Indischen Ozeans treibend. Nach den Vorstellungen im Mittelalter sollten sie von einem Baum stammen, der unter Wasser wächst und von einem Dämon bewacht wird. Jeder, der diese Frucht berühren würde, war zum Tode durch den Dämon verurteilt. Erst mit der Entdeckung der Seychelleninseln 1743 verschwand dieser Aberglaube. Da nur die toten Früchte schwimmfähig sind, ist diese Palmenart nur auf den Seychellen (Inseln Praslin und Curieuse) beheimatet.

Im Gegensatz dazu sind die Früchte der Kokospalme perfekte Schwimmfrüchte. Wie bei vielen Palmenarten ist die Frucht aus drei Schichten aufgebaut: Die dünne, hier wasserdichte Außenhülle, die mittlere Fruchthülle, die bei der Kokospalme aus einem mehrere Zentimeter dicken fasrigen Schwimmgewebe besteht, und die innere Fruchthülle, eine sehr harte, den Samen schützende Schicht. So verpackt überstehen die Kokosnüsse auch Meeresdriften über mehrere Tausend Seemeilen.

Da die Samen dabei viele Monate ihre Keimfähigkeit behalten, war die Kokospalme in der Lage, von ihrem ursprünglichen Verbreitungsgebiet im Westpazifik aus die tropischen Küsten der Paleotropis und Neotropis (Abb. 157.1) zu besiedeln.

156.2 Die Früchte der Palmen

DIE VEGETATION DER ERDE

ben. Im antiken Griechenland galt die Palme als Symbol des Sieges. Noch heute werden in Südeuropa die Kirchen mit Palmen geschmückt und zum jüdischen Sukkotfest werden Palmenblätter zum Ausgestalten der überall im Lande errichteten Laubhütten verwendet.

In tropischen Gebieten spielen Palmen bis heute eine wirtschaftliche Rolle. Für die Einwohner Kubas war und ist sie so groß, dass die dort weit verbreitete Königspalme im Wappen des Karibikstaates enthalten ist. Die Stämme dienen als Tragbalken beim Hausbau, die Fiederblätter als Baumaterial für Dächer der Häuser. Die bis zu acht Meter langen Palmenwedel werden zudem zum Verpacken des berühmten Havanna-Tabaks genutzt. Auch Besen, Hausschuhe oder Körbe werden aus ihnen gefertigt. Die Früchte dienen als Viehfutter oder zur Gewinnung von Speiseöl. Palmen sind aber auch eine global gehandelte Ware. Dabei geht es heute besonders um das Palmöl, das mittlerweile wichtigste Pflanzenöl der Welt. Es wurde bislang vor allem als Nahrungsmittel und für Kosmetika eingesetzt, gewinnt heute aber als Energieträger an Bedeutung. Palmöl wird Dieselkraftstoffen beigemischt oder in Kraftwerken verbrannt. Der „Rohstoffhunger" führt in den Anbauregionen jedoch auch dazu, dass natürliche Waldgebiete für die Anlage von Ölpalmplantagen großflächig gerodet werden.

Aufgaben

1 „Das Leben und Wirtschaften der Menschen ist eng mit der Pflanzenwelt verbunden." Sammeln Sie dazu Beispiele und stellen Sie diese in einer zusammenfassenden Mindmap dar, in der die verschiedenen Nutzungen systematisch dargestellt sind.

2 Beschreiben Sie die Verbreitung der Florenreiche und begründen Sie, warum die Grenzen veränderlich sind.

Fossilienfunde belegen: Mitteleuropa war im älteren Paläogen (Tertiär) und in der Kreidezeit reich an Palmen. Erst die Kaltzeiten des Pleistozäns führten in Nordamerika und dem nördlichen Eurasien zu einer Verminderung der Artenvielfalt und auch zum Aussterben der Palmen.

Die Ausbreitung einer Pflanzenart auf der Erde ist jedoch nicht nur von den langfristig veränderlichen klimatischen Umweltbedingungen abhängig, sondern auch von natürlichen Barrieren, wie zum Beispiel Gebirgen. Diese stehen der Ausbreitung von Samen entgegen. Auch können sich nur wenige Pflanzen wie die Kokospalme über große Meeresdistanzen verbreiten.

Durch plattentektonische Prozesse verändert sich die Erdoberfläche sowie die Land-Meer-Verteilung ständig und führt so zu sich verändernden Verbreitungsräumen von Pflanzen.

So ist die heutige Verbreitung der verschiedenen Pflanzenarten, -gattungen bzw. -familien und das Auftreten endemischer Arten (Pflanzen, die nur in einem eng begrenzten Gebiet vorkommen) an bestimmte Räume der Erde gebunden. Die Florenreiche sind dabei die gröbste floristische Einteilung der Erde.

- Australis hat durch die frühe Abtrennung vom Urkontinent Gondwana eine sehr lange eigenständige und isolierte Entwicklung erfahren. Über 80 Prozent der 10 000 hier vorkommenden Pflanzenarten sind endemisch. Besonders charakteristisch ist die Gattung *Eukalyptus* mit 450 verschiedenen Arten.
- Die Holarktis ist trotz ihrer Größe und Verbreitung in Nordamerika und Eurasien ein floristisch einheitliches Gebiet. Da es bis in das Tertiär eine Landverbindung zwischen beiden Kontinenten gab und auch im Pleistozän eine Landbrücke im heutigen Bereich der Beringstraße bestand, war die Verbreitung der Arten leicht möglich. Die im Vergleich zu den anderen Florenreichen auffällige Artenarmut ist auf die Vereisung während der Kaltzeiten im Pleistozän zurückzuführen.
- Bereits in der Unterkreide trennten sich Afrika und Südamerika, der Südatlantik entstand. Daher wird der Großteil der Tropen in Palaeotropis und Neotropis unterschieden. Nur 13 % aller vorkommenden Pflanzengattungen dieses Raumes wachsen in beiden Florenreichen. 40 % aller in den Tropen beheimateten Pflanzenarten gibt es nur in der Neotropis, 47 % nur in der Palaeotropis, dem artenreichsten Florenreich überhaupt.
- Ein wichtiges Abgrenzungsmerkmal des räumlich kleinsten Florenreiches, der Capensis, ist die Fülle der 6000 Blütenpflanzen.
- Der hohen Breiten der Südhemisphäre, die häufig durch extrem ozeanisches Klima geprägt sind, werden zum Antarktischen Florenreich zusammengefasst.

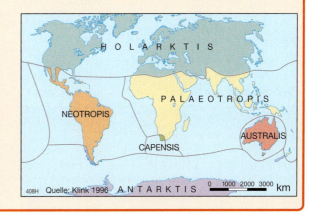

157.1 Die Florenreiche der Erde

DIE VEGETATION DER ERDE

8.2 Pflanzen und ihre Umwelt

Große Meeresbereiche, Gewässer und fast die gesamte Landfläche sind von Pflanzen besiedelt. Heute gibt es mindestens 400 000 verschiedene Pflanzenarten. Sie alle haben sich im Lauf der Evolution an die unterschiedlichsten Umweltbedingungen angepasst (Abb. 158.2, 158.3).

Jede Pflanzenart kann hinsichtlich der unbelebten, also abiotischen Gegebenheiten ihres Standortes nur innerhalb eines bestimmten Toleranzbereiches überleben (physiologisches Potenzial). Innerhalb dieses Bereiches gibt es einen für die Wachstums- und Entwicklungsbedingungen der Art bestmöglichen Wert (physiologisches Optimum). Mit Annäherung an die Grenzwerte verschlechtern sich die Lebensbedingungen und die Entwicklung der Pflanze wird gehemmt beziehungsweise sie stirbt bei Überschreitung dieser aus (Abb. 159.1).

In der Regel leben Pflanzen jedoch nicht allein, sondern in der Gemeinschaft mit anderen Organismen. Das Auftreten und die Verbreitung von Pflanzenarten hängen also auch vom Vorhandensein von Konkurrenten ab. So hat zum Beispiel die Waldkiefer hinsichtlich der Bodenfeuchte einen sehr großen Toleranzbereich, findet sich aber in

Die Schirmakazie gilt als typischer Baum der semiariden Tropen. Ihre weit ausladende Krone nutzt das Sonnenlicht optimal aus. Zugleich wird durch das Abfangen der Niederschläge und der Schattenwirkung das Wachstum der mit der Akazie konkurrierenden Gräser behindert. Die flache Kronenform bietet den fast immer wehenden starken Passatwinden die geringste Angriffsfläche und verringert die Austrocknungs- und Zerstörungsgefahr. Die Blätter der Schirmakazie sind sehr klein, um die Transpiration während der Trockenzeit so gering wie möglich zu halten. Lange Dornen schützen die Schirmakazie vor Tierfraß. Nur Giraffen können, da ihre Lippen durch die dichte Behaarung vor Verletzungen geschützt sind, mit ihrer langen Zungen die Blätter der Schirmakazie fressen. Mit ihrem weitreichenden Wurzelwerk erreicht die Schirmakazie auch tief reichendes Grundwasser.

158.1 Anpassungsformen der Schirmakazie

Wärme

Das Leben beruht auf einer Vielzahl biochemischer Prozesse, die durch ausreichende Wärme beschleunigt werden. Der wichtigste biochemische Prozess auf der Erde ist die Fotosynthese. Der Zeitraum, in dem durch die Fotosynthese eine deutliche Stoffproduktion der Pflanzen erfolgt, heißt thermische Vegetationszeit. Im Allgemeinen wird ein Tag mit einer Mitteltemperatur über 5 °C für Pflanzen der Tundra und des Nadelwaldes als ein Wachstumstag angenommen, Laubwälder und Steppenpflanzen benötigen mindesten 10 °C. Die vorherrschenden Temperaturen haben somit entscheidenden Einfluss auf die Entwicklungs- und Wachstumsgeschwindigkeit der Pflanzen.

Licht

Bei der Fotosynthese entstehen aus Kohlenstoffdioxid und Wasser organische Kohlenstoffverbindungen. Die für diesen Prozess notwendige Energie wird durch das Sonnenlicht geliefert. Zu dieser Synthese sind alle chlorophyllhaltigen Organe der Pflanze fähig. Die Pflanzenarten kommen dabei mit den verschiedensten Lichtmengen aus: Lichtpflanzen benötigen für ihre optimale Syntheseleistung hohe Lichtintensitäten. Schattenpflanzen kommen mit geringen Lichtmengen aus.

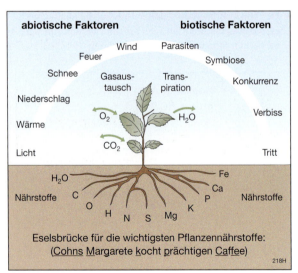

158.2 Pflanzen und Umwelt

158.3 Umweltbedingungen Wärme, Licht und Wasser

DIE VEGETATION DER ERDE

natürlichen mitteleuropäischen Wäldern überwiegend nur auf sehr trockenen beziehungsweise nassen Bodenstandorten, also weitab von ihrem physiologischen Optimum, da sie der Konkurrenz der anderen Arten im Bereich der mittleren Feuchte nicht gewachsen ist (Abb. 159.1).

In der Natur kommen an ähnlichen Standorten immer auch ähnliche Pflanzengemeinschaften vor. Verändern sich die Umweltbedingungen – auf natürlichem Weg meist sehr langsam –, wandelt sich langfristig auch die Artenzusammensetzung der Vegetation. Dieser Prozess, der in mehreren Phasen abläuft, wird als Sukzession bezeichnet. Stabilisieren sich die Umweltbedingungen über längere Zeiträume, geht die Pflanzengemeinschaft in das End- oder Klimaxstadium über, in der sich bestimmte Arten im Wechselspiel von Anpassung und Konkurrenz durchsetzen und das Vegetationsbild dominieren.

Aufgaben
1 Nennen Sie Anpassungen der Schirmakazie an die abiotischen und biotischen Bedingungen in der Savanne.
2 Erläutern Sie die physiologische und ökologische Potenz der Stieleiche (Abb. 159.1).

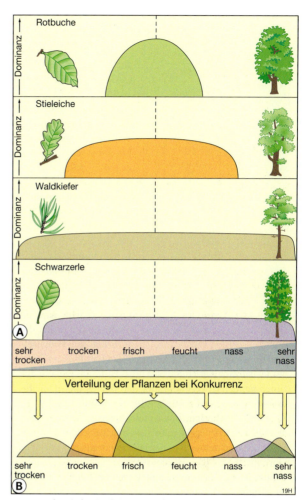

159.1 Physiologisches und ökologisches Optimum

Wasser
Wasser ist sowohl Bestandteil des Fotosyntheseprozesses als auch Lösungs- und Transportmittel für die am Stoffwechsel beteiligten Nährstoffe. Das aufgenommene Wasser wird vor allem über die Spaltöffnungen der Blätter in gasförmiger Form an die Atmosphäre wieder abgegeben (Transpiration). Da sich Pflanzen nicht bewegen können, müssen sie in vielen Gebieten der Erde mit wechselnden Wasserangeboten zurechtkommen. Bei Wassermangel reagieren die Pflanzen auf verschiedene Art und Weise:
- Überdauerung von Trockenperioden in Form von Ruhestadien (z. B. in Form von Samen oder Knollen),
- Speicherung von Wasser in der Pflanze (z. B. Anlagerung von Wasser im Gewebe, Verringerung der Transpiration durch die Verkleinerung ihrer Gesamtoberfläche),
- höhere Wirksamkeit des Wasseraufnahmesystems (z. B. Ausbildung von langen Pfahlwurzeln oder intensive Durchwurzelung der oberen Bodenschicht),
- Reduzierung der Transpiration (z. B. kleine Blätter, Ausbildung von Wachsüberzügen, Einsenkung der Spaltöffnungen). Die Reduzierung der Transpiration bei Trockenheit, aber auch bei extrem hoher Luftfeuchtigkeit, erfordert jedoch von den Pflanzen immer einen Kompromiss, da der erforderliche Gasaustausch für die Fotosynthese bei geschlossenen Spaltöffnungen ebenfalls eingeschränkt ist.

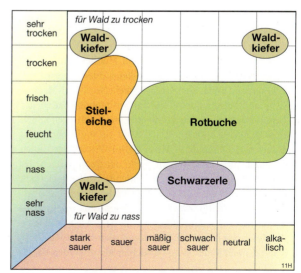

159.2 Standortfaktoren ausgewählter Baumarten

DIE VEGETATION DER ERDE

8.3 Pflanzen erobern und verändern die Umwelt

Ob auf neu entstandenen Vulkaninseln, Schwemmländern von Flussmündungen oder ehemals von Gletschern bedeckten Flächen: Überall dort, wo neues Land entsteht, versuchen Pflanzen, die zunächst leblosen und meist lebensfeindlichen Flächen zu besiedeln.

Auch auf den Strandwällen an der Westküste Hiddensees, die durch winterliche Sturmfluten entstanden sind, sowie auf den durch das Meer angelagerten Sandhaken siedeln sich Pflanzen an. Und das trotz denkbar ungünstiger abiotischer Umweltbedingungen: Nährstoffarmut und ein hoher, für die meisten Gewächse lebensfeindlicher Salzgehalt prägen die Rohböden. Dazu verursacht der Wind ständige Sandbewegungen, die die Pflanzen zudecken oder das Wurzelwachstum behindern. Immer wieder werden bei schweren Orkanstürmen weite Inselteile überschwemmt. Trotzdem gelingt es Pflanzen, auf diesen unwirtlichen Flächen Fuß zu fassen und diese im Laufe der Zeit über verschiedene Sukzessionsstadien mit einer geschlossenen Vegetationsdecke zu überziehen (Abb. 161.2, 161.3).

Der zunehmende Pflanzenbewuchs vermindert die Intensität der formenbildenden exogenen Kräfte und prägt immer mehr auch das Bild der Insel mit: Wurzeln befestigen den Boden, Blätter bremsen den Aufprall des Regens auf die oberen Erdschichten, die oberirdischen Pflanzenteile verringern die Windgeschwindigkeit. Der oberirdische Abfluss von Niederschlägen ist auf vegetationsbedeckten Arealen deutlich geringer als auf Brachflächen.

Ende des 13. Jahrhunderts begann der Mensch mit der dauerhaften Besiedlung Hiddensees und holzte die vorhandenen Mischwälder zu Bauzwecken, als Heizmaterial oder zur Schaffung von Acker- und Weideflächen ab. Seitdem verlagerte sich der südliche Inselteil durch Strandabbrüche und Überschwemmungen um mehr als 200 Meter nach Osten. Die abgeholzten Flächen, auf denen sich eine weniger dichte Sekundärvegetation ausbildete, hatten den küstenformenden Prozessen keinen derart großen Widerstand wie die geschlossenen Wälder entgegenzusetzen.

Aufgaben

1 „Ohne Pflanzen gäbe es die Insel Hiddensee in ihrer heutigen Form nicht." Erläutern Sie diese Aussage.
2 Erklären Sie die typische Sukzessionsabfolge von der Pioniervegetation am Strand zum Mischwald (Abb. 161.2, 161.3).

Die Insel Hiddensee erstreckt sich westlich der größten deutschen Ostseeinsel Rügen über 16,5 km Länge. Die Entstehung des schmalen, maximal 3,7 km breiten Eilandes ist das Ergebnis der pleistozänen Inlandeisvergletscherung und der bis heute andauernden formenbildenden Prozesse des Meeres und des Windes.

Der Dornbusch, der sich im Norden der Insel bis 70 Meter über die angrenzende Ostsee erhebt, ist eine Stauchendmoräne, die während der Weichselkaltzeit vor etwa 12 000 Jahren gebildet wurde. Zum Ende des Pleistozäns war Hiddensee noch Festland. Erst mit der zunehmenden Erwärmung stieg der Meeresspiegel an, die Ostsee entstand und große Landflächen wurden überflutet. Vor etwa 5000 Jahren endete dieser Transgressionsprozess und der Meeresspiegel der Ostsee erreichte seinen heutigen Stand. Abgeschnitten vom Festland überragte nur noch der Dornbusch das Meer: Hiddensee war geboren. Seitdem ist der Norden der Insel den abtragenden Kräften des Meeres ausgesetzt.

Obwohl der Landverlust am Dornbusch 30 Zentimeter pro Jahr beträgt und er heute nur noch die Hälfte seiner ursprünglichen Größe aufweist, wächst die Fläche Hiddensees. Unaufhörlich tragen die Wellen Material an der nördlichen Steilküste ab. Während Findlinge und große Steine am Strand der Steilküste liegen bleiben, wird das Feinmaterial durch die küstenparallele Nord-Süd-Meeresströmung aufgenommen und im Strömungsschatten der Insel wieder abgelagert. Sandhaken und Nehrungen bilden sich. Der Wind bläst trockenen Sand fort und weht ihn zu Dünen auf. Durch diese Meeres- und Windablagerungen entstand und entsteht noch heute der flache Süden der Insel. Vor 700 Jahren war das Südende Hiddensees noch dort, wo heute das Gebiet des Gellen beginnt. Gegenwärtig sind die größten Zuwächse im Nordosten der Insel zu beobachten. Die Landhaken des Bessins wachsen bis zu 40 Meter pro Jahr. Und Hiddensee wird weiter wachsen, solange noch Material im Norden erodiert werden kann.

160.1 Die Entstehung Hiddensees

DIE VEGETATION DER ERDE

161.1 Weißdüne

161.4 Grau- und Braundüne

Dort, wo Brandungswellen des Meeres den Strand überspülen, gelingt es keiner Pflanze, dauerhaft Fuß zu fassen. Aber schon wenige Meter weiter landeinwärts siedeln sich erste „Pioniere" an, die bei den extremen Bedingungen bestehen können: Die Salzmiere verträgt die salzhaltigen Böden gut. Auf dem vom Meer angeschwemmten toten organischen Material siedelt sich die Strandmelde an. Strandhafer und Strandroggen können durch ihre rasch wachsenden, langen unterirdischen Wurzeln mit den größer werdenden Dünen mitwachsen. Diese und anderen Arten gedeihen in den strandnahen Bereichen nicht sehr dicht, sodass der Sand hell durch die Pflanzen scheint und dieser Dünenabschnitt als Weißdüne bezeichnet wird.

Die Besiedlung durch Pflanzen bewirkt eine Stabilisierung der Düne. Im Windschatten der oberirdischen Pflanzenteile lagert sich Sand ab, der durch das Wurzelwerk befestigt wird. Insbesondere die Strandsegge hält den Sand durch ihre intensive und dichte Bewurzelung endgültig fest, sodass sich weitere Pflanzen ansiedeln können und die Graudüne dunkler als die Weißdüne wirken lassen.

In der weiteren Entwicklung bilden Zwergsträucher gemeinsam mit Gräsern die Pflanzengemeinschaft der Braundüne.

Die äußeren Bedingungen auf den weiter landeinwärts liegenden Flächen sind immer noch extrem. Trockenheit, sehr hohe Bodentemperaturen im Sommer und Nährstoffarmut sind Ursache für die Kleinwüchsigkeit der vorkommenden Pflanzenarten wie Heidekraut und Krähenbeere. Diese Zwergsträucher sind tolerant gegenüber den Sandüberwehungen, ihre Samen keimen nur auf sauren, sandigen Bodensubstraten und ihre eingerollten, mit einer Wachsschicht überzogen Blätter besitzen einen optimalen Verdunstungsschutz. Nur an tiefer gelegenen Stellen, an denen das Grundwasser sehr nah ansteht, wachsen im moorigen Milieu Glockenheide und der seltene Sonnentau. Wie die Dünenpflanzen in unmittelbarer Strandnähe festigt auch die Heidevegetation den eingewehten Sand.

Obwohl die Heidepflanzen sehr langsam wachsen, bilden sie im Laufe von mehreren Jahren eine dünne Humusschicht aus. Diese verhindert letztlich das Keimen der Samen vieler Heidepflanzen und bietet den notwendigen Nährboden für ihre Konkurrenten wie Gräser, Birke und Kiefer. Schon nach wenigen Jahrzehnten wächst daher auf ehemaligen Heideflächen ein Birken-Eichen-Kieferwald.

161.2 Bildung von Dünen- und Heidelandschaften

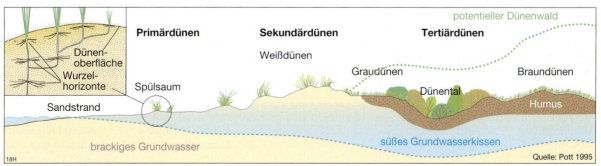

161.3 Dünenlandschaft

161

DIE VEGETATION DER ERDE

8.4 Die Vegetationszonen der Erde

Das Leben auf der Erde ist mehr als 3,5 Milliarden Jahre alt. Aber erst vor etwa 430 Millionen Jahren, im Silur, gelang der Schritt vom Meer auf das Festland, erst den Pflanzen, später dann auch den Tieren. Beide haben seitdem nahezu die gesamte Erdoberfläche besiedelt und dabei eine riesige Mannigfaltigkeit an Arten mit unterschiedlichsten Überlebensstrategien und sehr verschiedenem Aussehen entwickelt. Heute gibt es über 400 000 verschiedene Pflanzenarten, etwa 250 000 davon sind Samenpflanzen, rund 10 000 gehören zu den Farnen und ungefähr 150 000 Arten sind Pilze, Algen und Flechten.

Wuchsformen

Die Vielgestaltigkeit der Pflanzen äußert sich in dem Aufbau der Blätter und der Spross-, Wurzel- und Fortpflanzungsorgane. Der dänische Botaniker CHRISTEN RAUNIKIAER entwickelte zu Beginn des 20. Jahrhunderts eine Klassifizierung der Pflanzen, die auf der Wuchsform (Physiognomie) und der Lebensform (Art und Lage der Überdauerungsorgane) basierte. Danach lassen sich die Pflanzen fünf verschiedenen Gruppen zuordnen:

- Pflanzen, deren Erneuerungsknospen sich in großen Höhen über dem Erdboden befinden, also Bäume und Sträucher (Phanerophyten, griech.: phanero = offen, sichtbar);
- Pflanzen, die Knospen in geringer Höhe (10 bis 50 cm) über dem Erdboden ausbilden, z. B. Zwergsträucher, Polsterpflanzen (Chamaephyten, griech.: chamae = am Erdboden, niedrig);
- Pflanzen, die Knospen unmittelbar über dem Erdboden ausbilden, wo sie geschützt durch Schnee oder abgestorbene Biomasse die ungünstige Jahreszeit überbrücken (Hemikryptophyten, griech.: hemikrypto = halb verborgen);
- Pflanzen, deren oberirdische Organe ganz absterben und deren Knospen in Knollen, Zwiebeln oder Rhizomen im Boden liegen (Kryptophyten, griech.: krypto = verborgen);
- einjährige Pflanzen ohne Erneuerungsknospen, die ungünstige Perioden ausschließlich als Samen überbrücken, z. B. Sonnenblume (Therophyten, griech.: theros = Sommer).

Vegetationsformationen

Die regionale Verteilung der verschiedenen Arten, Lebens- und Wuchsformen ist auffallend ungleich (Abb. 162.2). Den jeweiligen Umweltbedingungen entsprechend dominieren aber bestimmte Kombinationen von Wuchs- und Lebensformen selbst über große Räume. Ganz unabhängig von der Arten-

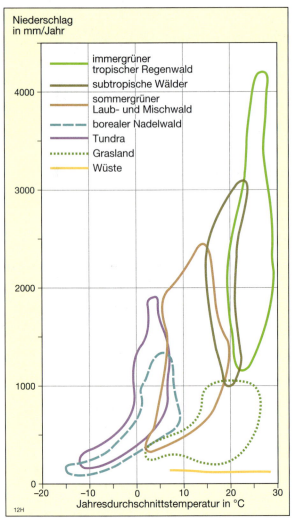

162.1 Vegetationsformationen im Gefüge von Niederschlag und Temperatur

	Phanerophyten	Chamaephyten	Hemikryptophyten	Kryptophyten	Therophyten
Tropen (Seychellen)	61	6	12	5	16
Subtropen (Nordafrika)	9	14	19	8	50
Mediterrangebiet (Italien)	12	6	29	11	42
gemäßigte Zone (Dänemark)	7	3	50	22	18
arktische Zone (Spitzbergen)	1	22	60	15	2
Hochgebirge (Alpen)	–	25	68	4	3

162.2 Lebensformen und Verbreitung (Angaben in Prozent)

DIE VEGETATION DER ERDE

zusammensetzung können daher sogenannte Vegetationsformationen charakterisiert werden, in denen jeweils gleiche Wuchsformen vorherrschen (Abb. 162.1). So besitzen zum Beispiel die sommergrünen Laubwälder in Mitteleuropa, im Osten Nordamerikas und in Ostchina trotz ihrer sehr unterschiedlichen Artenzusammensetzung zahlreiche gleiche Merkmale: Etwa die Hälfte der Arten gehören zu den Hemikryptophyten, die Vegetation ist in Schichten aufgebaut, der Lebensrhythmus beginnt im Frühjahr mit der Entwicklung der Kryptophyten, dann folgt die Laubbildung der anderen Lebensformen und im Herbst verlieren die Pflanzen ihre Blätter und überwintern in Kälteruhe. Selbst in verschiedenen Florenreichen ähneln sich daher die Vegetationsformationen in Aussehen und Charakter.

Die dominierenden Vegetationsformationen der Landfläche der Erde sind Wälder, Grasländer und Wüsten.
- Wälder bilden sich überall dort aus, wo für das Wachstum von Bäumen genügend Niederschlag und ausreichend lange Vegetationsperioden vorherrschen. In klimatisch ungünstigeren Räumen können Wälder dagegen nur an besonders geeigneten, meist kleinräumigen Standorten wachsen, z. B. entlang von Flüssen (Galeriewälder) oder auf skelettreichen Böden.
- Wüsten sind die vegetationsarmen Räume der Erde. Trotzdem gibt es vielfältige Lebensformen, die an extreme Temperatur- (Hitze oder Kälte) und Wasserverhältnisse (Trockenheit oder Eis) angepasst sind.
- In den zwischen Wäldern und Wüsten gelegenen Regionen dominieren die Grasländer. Gräser setzen sich überall dort durch, wo wegen Wasser- und Wärmemangel keine Bäume mehr wachsen können (Abb. 163.1).

Zwischen den Wäldern und Graslandschaften gibt es Übergangszonen, die aber meist nicht sehr breit sind. Sie zeigen auch keine fließenden Übergänge, sondern bestehen – wegen des unterschiedlichen ökologischen Potenzials von Bäumen und Gräsern – jeweils aus einem mehr oder weniger dichten Mosaik von Grasfluren und Waldinseln. Typische Beispiele hierfür sind die Waldtundra, die Waldsteppe sowie die Savannen.

Vegetationszonen

Da das Wachstum der Pflanzen in sehr starkem Maße von klimatischen Bedingungen gesteuert wird, spiegeln sich die Klimazonen in den sogenannten Vegetationszonen wider. Das großräumig jeweils typische Vegetationsbild einer Klimazone wird dabei durch die örtlichen Standortbedingungen (z. B. Bodenart, Bodenwasser, Exposition) kleinräumig weiter differenziert, sodass jede Vegetationszone noch in Regionen unterteilt werden kann. Vor allem orographische Hindernisse verändern die sonst dominierende Pflanzenwelt und führen zur Ausprägung verschiedener Höhenstufen der Vegetation in den Gebirgen (S. 180 f.).

Gräser und Bäume schließen sich in ihren ökologischen Ansprüchen weitestgehend aus. Bestimmend in diesem Konkurrenzkampf um Licht, Wasser und Nährstoffe sind ihre unterschiedlichen Lebensformen und Wurzelsysteme.

Bäume gehören zu den Phanerophyten und benötigen für ihre vegetative Entwicklung und die Ausbildung von Samen eine mehrmonatige Vegetationsperiode. Bei ausreichender Wärme- und Wasserversorgung setzen sich immer Bäume durch, denn mit ihrem dichten Blätterdach halten sie Sonnenlicht und Niederschlagswasser ab und verdrängen somit die Gräser.

Nehmen die Niederschlagsmengen allerdings ab, gewinnen Gräser die Vorherrschaft. Zwar sind Bäume in der Lage, bei Trockenheit durch das Schließen der Spaltöffnungen ihre Transpiration zu reduzieren, sie können diese aber, selbst durch Blattabwurf, nicht gänzlich aussetzen. Im Gegensatz zu den Bäumen schränken die Gräser bei hoher Verdunstung ihre Transpiration nicht ein. Dann vertrocknen ihre oberirdischen Teile sehr rasch. Da sie überwiegend zu den Hemikryptophyten gehören, liegen ihre Erneuerungsknospen und das Wurzelsystem während der ariden Zeit vor Austrocknung geschützt unter der abgestorbenen Blätterdecke bzw. im oberen Erdboden und können so auch in Regionen mit weniger als 300 mm Jahresniederschlag oder langen Dürreperioden überleben. Darüber hinaus nimmt das dichte und oberflächennahe Wurzelwerk der Graspflanzen auch geringe Niederschlagsmengen rasch und fast vollständig auf. In Trockenräumen steht so für das tiefreichende und weitverzweigte Wurzelsystem der Bäume kein Sickerwasser in den tieferen Bodenschichten zur Verfügung. Bäume können daher in Trockenräumen nur dort die Oberhand gewinnen, wo sie tiefer gelegenes Grundwasser erreichen. Auch auf grob strukturierten Böden haben Bäume einen Vorteil gegenüber den Gräsern, da dort das Wasser schnell in tiefere Bodenschichten versickert.

163.1 Konkurrenz von Baum und Gras

DIE VEGETATION DER ERDE

164.1 Vegetationszonen vom Pol zum Äquator (Auswahl)

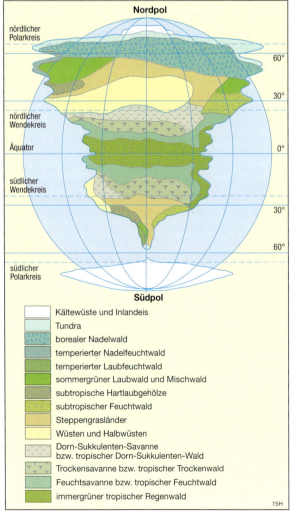

164.2 Idealkontinent

Im sogenannten Idealkontinent sind gedanklich alle Landmassen der Erde ohne Änderung der Breitenlage zusammengeschoben (Abb. 164.2). Die Vegetationszonen bilden auf ihm ein deutliches zonales Grundmuster aus, das durch die Gebirge und die Land- und Meerverteilung differenziert wird.

Eine deutlich breitenkreisparallele Ausrichtung zeigen dabei die tropischen Regenwälder, die Savannen, die nur auf der Nordhalbkugel der Erde vorkommende Zone der borealen Nadelwälder sowie die Zone der Tundren. Aufgrund der ungleichen Landmassenverteilung auf beiden Halbkugeln fehlen die borealen Wälder und Tundren auf der Südhalbkugel, der „Wasserhalbkugel", fast vollständig. Zwischen dem 30. und 40. Breitkreis zeigen sich an den Ostseiten der Kontinente die Auswirkungen der auflandigen Passatströmungen: Es fehlen die sonst in dieser Zone dominierenden Trockengebiete mit den warmen Wüsten und Halbwüsten.

In den subtropischen Bereichen unterscheiden sich die Winterregengebiete an den Westseiten der Kontinente mit ihren Hartlaubgehölzen deutlich von den subtropischen Feuchtwäldern an den monsunal geprägten Ostseiten der Kontinente. Die durch zyklonal bedingten Regen gemäßigten Bereiche der Westseiten der Kontinente werden zum Inneren der Landmasse immer trockener, sodass sich die küstennahen sommergrünen Laub- und Mischwälder zunehmend von Steppengrasländern abgelöst werden.

Vor allem auf der Nordhalbkugel sind die Vegetationszonen hinsichtlich ihrer Breitenlage auf dem Idealkontinent verschoben, da die Ostseiten der Kontinente durch kalte, die Westseiten dagegen durch warme Meeresströmungen beeinflusst werden.

DIE VEGETATION DER ERDE

subtropische Hartlaubgehölze

Trockensavanne

immergrüner tropischer Regenwald

Das natürliche Pflanzenkleid der Erde ist durch die wirtschaftliche Tätigkeit des Menschen auf allen von ihm dauerhaft besiedelten Kontinenten großräumig und tiefgreifend verändert worden. Die Laub- und Mischwälder Europas zum Beispiel wurden im Mittelalter nahezu vollständig abgeholzt und sind seitdem zu Ackerland oder Forstwäldern mit überwiegendem Nadelbaumbestand umgewandelt worden. Gegenwärtig werden immer größere Flächen der borealen Wälder und der tropischen Regenwälder gerodet.

Große Steppengebiete Eurasiens und Nordamerikas werden ackerbaulich genutzt. Teile der Savannen Afrikas sind wegen nicht nachhaltiger landwirtschaftlicher Nutzung bereits durch Verwüstung verloren gegangen oder von Desertifikation bedroht.

Aufgaben

1 Beschreiben Sie die Verbreitungsareale der Vegetationsformationen (Abb. 162.1).
2 Begründen Sie das dominierende Auftreten von Lebensformen in den verschiedenen Regionen der Erde (Abb. 162.2.).
3 Erläutern Sie den Konkurrenzkampf zwischen Bäumen und Gräsern (Ab. 163.1).
4 Beschreiben und begründen Sie die Verbreitung der Vegetationszonen auf den Kontinenten der Erde (Atlas).
5 Vergleichen Sie die potenzielle natürliche Vegetation mit der realen Vegetation der Erde (Atlas).
6 Begründen Sie die Unterschiede der Nettoprimärproduktion und der Phytomasse in den Vegetationszonen (Abb. 165.1).

Vegetationszone	Fläche (Mio. km²)	Nettoprimärproduktivität (g/m²/a)	Nettoprimärproduktion weltweit (Mrd. t/a)	Phytomasse (kg/m²)	Phytomasse weltweit (Mrd. t)
immergrüne Regenwälder	17	2200	37,4	45,0	765
sommergrüne Laubwälder	7	1200	8,4	35,0	210
boreale Nadelwälder	12	800	9,6	20,0	240
Savannen	15	900	13,5	4,0	60
Steppen	9	600	5,4	1,6	60
Tundren	8	140	1,1	0,6	5
Halbwüsten	18	90	1,6	0,7	13
Wüsten	24	3	0,07	0,02	0,5
Kontinente, total	**149**	**773**	**115,0**	**12,3**	**1837**

Quelle: Straßburger Lehrbuch der Botanik, Heidelberg 2002

165.1 Vegetationszonen im Vergleich

8.5 Die großen Wälder

Wälder sind die dominierende Vegetationsformation der Erde: Über 90 Prozent der gesamten Biomasse sind in Wäldern gespeichert, mehr als die Hälfte der gesamten jährlichen Biomasseproduktion erfolgt in Wäldern und etwa ein Drittel der Landfläche der Erde wird von Wäldern eingenommen.

Auf der Erde lassen sich zwei geschlossene Waldformationen unterscheiden: eie immergrünen tropischen Regenwälder in Äquatornähe und die Wälder der gemäßigten Zone mit den borealen Nadelwäldern und den sommergrünen Laub- und Mischwäldern. Aussehen, Artenzusammensetzung und Produktivität dieser Wälder sind deutlich unterschiedlich.

Aufgaben

1 Beschreiben Sie die Verbreitung der großen Waldformationen auf der Erde und begründen Sie die unterschiedlichen Nord-Süd-Ausdehnungen auf den Kontinenten (Abb. 166.1).

2 Vergleichen Sie den Aufbau der Waldformationen (Text S. 167–169, Abb. 166.1).

3 Erläutern Sie Anpassungsformen des Laub- und Mischwaldes, des borealen Nadelwaldes sowie des immergrünen Regenwaldes an die unterschiedlichen Klimabedingungen.

4 Erläutern Sie die besondere ökologische Funktion des Feuers in den borealen Nadelwäldern (Abb. 169.1).

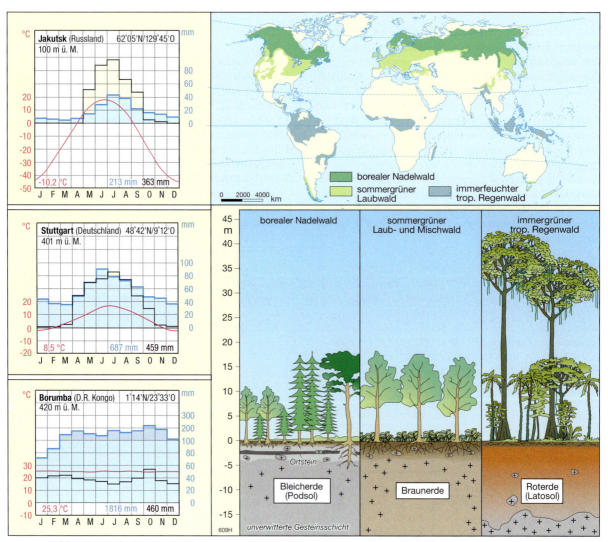

166.1 Wälder der Erde im Vergleich

DIE VEGETATION DER ERDE

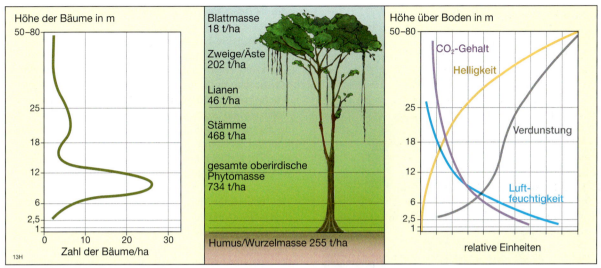

167.1 Vertikale Gliederung des tropischen Regenwalds

Der immergrüne tropische Regenwald

Das Äquatorialklima mit hohen Durchschnittstemperaturen, geringen Tagestemperaturschwankungen und ganzjährig fast täglich sehr hohen Niederschlagsmengen lässt in den Urwäldern des immergrünen tropischen Regenwalds ein ununterbrochenes Pflanzenwachstum zu.

Mehr als 70 Prozent der Pflanzen des Regenwaldes sind Bäume, die bis zu 80 Meter hoch aufragen können. Da auf engstem Raum eine Vielzahl unterschiedlichster Arten nebeneinanderwachsen, vermittelt die Kronenschicht einen unruhigen und zerrissenen Eindruck. Hochaufragende Bäume werden am Fuße der Stämme durch gewaltige Brettwurzeln gestützt, die sich unterirdisch aber nicht fortsetzen, sondern nur durch ein wenig tiefgründiges Wurzelwerk abgelöst werden. Da der Boden der tropischen Regenwälder nur eine geringe Kationenaustauschkapazität besitzt, spielt er als Nährstoffspeicher und Nährstoffspender für die Pflanzen kaum eine Rolle. Nur das dichte Wurzelgeflecht, das eine Symbiose mit Pilzen (Mykorrhiza) eingeht, ist in der Lage, die notwendigen Nährstoffe direkt aus dem Sickerwasser und der abgebauten Streu aufzunehmen (kurzgeschlossener Nährstoffkreislauf).

Da Wärme und Wasser in ausreichender Menge vorhanden sind, bestimmt das Licht den Konkurrenzkampf der Baumpflanzen. So keimen z. B. die Samen der Würgefeige, durch Vögel dorthin gebracht, auf Bäumen, von wo aus dann lange Wurzeln zum Boden wachsen. Die Triebe winden sich um den Stamm des Wirtsbaumes, erreichen auch seine Krone, sodass er schließlich an Lichtmangel stirbt. Andere Pflanzenarten der oberen Schichten des Regenwaldes sind Lianen und Epiphyten. Lianen erreichen große Höhen und damit Licht, indem sie vorhandene Bäume als Stütze nutzen und sich an ihnen emporschlingen, um in den Baumkronen zu blühen und fruchten. Die größte Lianenart aus der Gattung der *Entada* entwickelt dabei Längen bis zu 400 Meter. Während die Lianen in der Erde wurzeln, wachsen unzählige Epiphyten (griech.: epi=auf) auf den Ästen und in den Astgabeln ihrer Trägerpflanzen. Da sie ihre Nährstoffe aus dem Regenwasser und dem toten organischen Material erhalten, das in den oberen Baumschichten hängen bleibt, sind sie keine Nahrungsparasiten, sondern sie nutzen nur den „Platz an der Sonne".

Regenwaldbäume haben normalerweise keine Jahresringe, da die klimatischen Bedingungen im Jahr gleichbleibend sind. Ganzjährig fallen riesige Mengen totes organisches Material an, ohne dass es eine Periodizität von Pflanzenwachstum und Pflanzenruhe gibt. Der Laubabwurf folgt keinem erkennbaren Rhythmus. An einem Baum können sogar verschiedene Zweige gleichzeitig blühen, fruchten, welken oder austreiben. Etwa 80 Prozent der Blattmasse des Regenwaldes wird so pro Jahr erneuert. Der Großteil des organischen „Abfalls" wird in weniger als einem Jahr von Termiten, Würmern und vor allem Pilzen zersetzt, sodass sich nur eine sehr dünne Streuauflage bildet.

Innerhalb der verschiedenen Schichten des tropischen Regenwaldes ändern sich die Umweltbedingungen rasch und deutlich (Abb. 167.1). Während die Baumkronen an hohe Tagesschwankungen angepasst sind, sind die Wachstumsbedingungen am Waldboden nahezu konstant. So ist es auch tagsüber in den unteren Stockwerken dunkel, denn nur noch ein Prozent des Lichts, das auf die obere Baumschicht trifft, gelangt bis zum Boden. Mit großen Blattbreiten passen sich die Pflanzen der unteren Schichten an die „grüne Dämmerung" an.

DIE VEGETATION DER ERDE

Die Wälder der gemäßigten Zone

Sommergrüne Laub- und Mischwälder

In den maritim beeinflussten Räumen der gemäßigten Klimazone entwickelten sich seit dem Eozän bzw. Pleistozän die sommergrünen Laub- und Mischwälder. Ihr zwischen Wende- und Polarkreis gelegenes Areal besitzt ein typisches Jahreszeitenklima mit ständigen Veränderungen der Sonnenscheindauer und des Einstrahlungswinkels der Sonne. Das Klima ist ganzjährig humid, allerdings kann es zu kurzzeitigen Dürrephasen kommen oder das Bodenwasser ist im Winter für einige Zeit gefroren.

Der Charakter dieser Laubmischwälder wird geprägt durch den grundlegenden Wechsel zwischen Vegetationsperioden, in der die Lufttemperatur mindestens 120 Tage höher als 10 °C ist, und Winterruhe, die nicht länger als drei bis vier Monate dauert und in der keine extremen Fröste auftreten. Für die in diesen Wäldern dominierenden Laubbäume bleibt so genügend Zeit für Blattaustrieb, Blühen und Fruchten. Der jährliche Blattabwurf ist eine Anpassung an die geringen Wintertemperaturen. Das vor allem im Herbst anfallende tote organische Material wird langsam humifiziert und mineralisiert. Da die hier vorherrschenden Böden eine hohe Kationenaustauschkapazität besitzen, können sie Nährstoffe binden. Die Pflanzen nehmen diese während ihrer Wachstumsperiode über das Wurzelsystem aus dem Boden auf (lang gezogener Nährstoffkreislauf).

Die Wälder sind deutlich in obere und untere Baumschicht, Strauch- und Krautschicht gegliedert. Im Jahresverlauf verändert sich der Lichteinfall in den einzelnen Stockwerken, sodass Blattaustrieb, Blüte und Laubfall in den einzelnen Schichten aufgrund der veränderten Beleuchtungsintensität unterschiedlich sind. Durch diese periodische Verlagerung können auf engstem Raum Pflanzen mit verschiedensten Standortansprüchen gemeinsam existieren. Während die Baumarten vor allem Lichtpflanzen sind, wachsen im Sommer in der Strauch- und Krautschicht, in die nur noch etwa 5 bis 20 Prozent des Tageslichtes vordringen, überwiegend Schattenpflanzen. Ihre meist großen und dünnen Blätter sind häufig so angeordnet, dass sie sich nicht überschneiden, um die geringe Lichtmenge optimal auszunutzen. In der Baumschicht werden die Pflanzen meist durch den Wind bestäubt. Dagegen übernehmen in den unteren Waldschichten, in denen die Windgeschwindigkeiten gering sind, diese Aufgabe häufig Insekten oder andere Tiere.

Die Laubwälder an den ozeanischen geprägten Räumen, in denen auch immergrüne Arten wie Stechpalme und Efeu vorkommen können, werden mit wachsender Entfernung von den Küsten durch Mischwälder abgelöst.

Der höchste Baum der Erde ist etwa so hoch wie der Berliner Dom und wächst in der Waldzone der gemäßigten Breiten. Es ist ein 112 Meter hoher Mammutbaum (*Sequoia sempervirens*) im Redwood-Nationalpark an der Nordwestküste Kaliforniens. Der Stammdurchmesser beträgt an der Basis etwa 12 Meter. Seinen englischen Namen Redwood erhielt der Baum nach der intensiven roten Farbe seines harten und beständigen Holzes. Diese zu den Sumpfzypressen gehörende Art ist ein lebendes Fossil. Sie war in der Trias (vor 251–200 Millionen Jahre) noch weltweit und großflächig verbreitet und trug z. B. mit zur Bildung von Braunkohlevorkommen in Deutschland bei. Vor etwa 60 Millionen Jahren ging das Weltklima in eine kältere Phase über. Die Verbreitung und die Artenanzahl der Mammutbäume gingen seitdem stark zurück. Und so finden sich die Sequoien, deren älteste Exemplare bis 4000 Jahre alt sind, auf natürlichen Standorten heute nur noch in Oregon (USA) und an der Küste Nordkaliforniens, da hier die Luftfeuchtigkeit sehr hoch ist, genügend Niederschläge fallen und die Winter frostfrei sind. 1941 entdeckte ein chinesischer Botaniker eine weitere Sequoiaart (*Metasequoia* oder Urmammutbaum) in Zentralchina, die bis dahin nur als Fossil bekannt war.

168.1 Der höchste Baum der Erde

DIE VEGETATION DER ERDE

Boreale Nadelwälder
Mit zunehmender Kontinentalität werden die Temperaturamplituden größer, die Winter kälter, Fröste häufiger und extremer und die Vegetationsperiode immer kürzer. Nur noch wenige Baumarten können bei diesen klimatischen Verhältnissen wachsen, sodass der boreale Nadelwald (griech.: boreas = Norden, Nordwind) die artenärmste Waldformation ist. Er bildet einen nahezu geschlossenen und unterschiedlich breiten Gürtel zwischen 45° und 70° Nord aus. Dieser im sibirischen Teil auch als Taiga (jakutisch = Wald) bezeichnete Wald wird von Nadelbäumen dominiert. Da diese meist immergrün sind, können sie im Frühjahr wesentlich schneller mit der Fotosynthese beginnen als Laubbäume und so die kurze Vegetationsperiode vollständig ausnutzen. Außerdem sind die wachsüberzogenen Nadeln frostresistenter als Laubblätter und können der sommerlichen Trockenheit und der Gefahr von Frosttrocknis im Frühjahr besser widerstehen.

Nur vier Nadelholzgattungen bestimmen das Aussehen des flächengrößten Waldes der Erde: Fichte, Kiefer, Tanne und Lärche, wobei häufig über Tausende Quadratkilometer nur eine Baumart dominiert. Im extrem kalten kontinentalen Sibirien mit Wintertemperaturen um minus 60 Grad Celsius können nur noch Lärchen wachsen, die durch ihren Nadelabwurf diese extremen Wintertemperaturen überleben. In den Räumen, in denen der Boden ganzjährig gefroren ist (Permafrost) und im Sommer nur kurz bis zu maximal einem Meter tief auftaut, dominieren dagegen die flachwurzelnden Fichten. Als laubabwerfende Arten kommen in den borealen Wäldern Pappeln und Birken vor. Die Kraut- und Strauchschicht dieser Laubwälder ist ebenfalls artenarm und wird wie bei den Nadelbäumen häufig über große Flächen von einer Art geprägt.
Ein Fünftel der Fläche der borealen Nadelwälder wird durch Moore bestimmt, die in Nordwestkanada und der westsibirischen Tiefebene ihre größte Ausdehnung besitzen.

Aufgrund der kurzen Vegetationsperiode ist der jährliche Holzzuwachs sehr gering und die Bäume erreichen kaum Höhen über 20 Meter. Totes organisches Material wird nur sehr langsam zersetzt. Mit zunehmendem Alter eines Waldbestandes sind dadurch fast alle Nährstoffe in der Vegetation oder in der Streu gebunden, sodass der Nährstoffkreislauf unterbrochen wird. Erst durch Feuer wird dieser wieder in Gang gesetzt (Abb. 169.1). Durch die Feuer, aber auch Insektenschäden oder Windwurf, werden immer wieder neue Sukzessionsprozesse ausgelöst, sodass der boreale Nadelwald ein großflächiges Mosaik verschiedener Waldbestände nach Dichte, Höhe, Schichtung und Alter bildet.

Bei großen Waldbränden wird in den Medien meist nur über die Vernichtungskraft des Feuers berichtet. Aber Feuer zerstören nicht nur, sie sind in einigen Vegetationsformationen ein wesentlicher ökologischer Faktor (z. B. borealer Nadelwald, Savanne).
Überall dort, wo totes organisches Material nur sehr langsam abgebaut wird, ist die Rückführung von Pflanzennährstoffen in den Nährstoffkreislauf gehemmt beziehungsweise kann sogar ganz unterbrochen werden. Erst durch Feuer werden die in der Vegetation und in der Streu gebundenen Nährstoffe dem Boden wieder zugeführt. Einige Pflanzenarten benötigen sogar Brandereignisse für ihre Fortpflanzung. Zum Beispiel öffnen sich die Zapfen der Sequoien im Redwood-Nationalpark erst bei sehr hohen Temperaturen um 80 °C. Nach dem Feuer haben die kleinen Samen dann hervorragende Keimbedingungen: Sie müssen mit keiner Pflanze um Licht konkurrieren und es stehen genügend Nährstoffe zur Verfügung.
Natürliche Feuer werden vor allem durch Blitzschlag, aber auch durch vulkanische Aktivitäten oder Selbstentzündung ausgelöst. Bodenfeuchte, Wind und Brennwert der Vegetation steuern die Feuer und führen zu unterschiedlichen Brandformen. Bodenfeuer, bei denen nur die unteren Vegetationsschichten und die Streu brennen, sind kalte Feuer (bis 200 °C). Unterirdische Pflanzenteile und die hohen Bäume werden dabei nicht zerstört. Bodenfeuer haben somit „reinigende" Wirkung, denn sie vernichten Schädlinge und Pilzkrankheiten, lassen von verschiedenen Arten die Samen keimen und bringen den Nährstoffkreislauf wieder in Gang. Werden die höheren Baumschichten vom Feuer erfasst, entwickeln sich heiße Kronenfeuer (bis 1000 °C). Im Extremfall kann bei diesen Bränden der gesamte Vegetationsbestand vernichtet werden.

169.1 Ökologischer Faktor Feuer

DIE VEGETATION DER ERDE

8.6. Die großen Grasländer

Die gänzlich unterschiedlichen Vegetationsformationen Wald- und Grasland bedecken jeweils etwa 45 Prozent der Festlandsfläche der Erde. Sie grenzen meist ohne breiten Übergangsraum direkt aneinander. Die wesentliche Ursache für den Wechsel der Vegetationsformation liegt in den sich weitestgehend ausschließenden ökologischen Ansprüchen von Bäumen und Gräsern (Abb. 163.1).

Die wichtigsten Grasländer sind die Vegetationszonen der Savannen, der Steppe und der Tundra.

Die Savannen

Das wesentliche Merkmal der Savannen ist das gemeinsame Auftreten von Graspflanzen und einzelstehenden Bäumen. In den Savannen gibt es keine thermischen Einschränkungen für das Pflanzenwachstum. Der Lebensrhythmus wird von den ausgeprägten periodischen Trockenzeiten bestimmt. Die Dauer der ariden Zeit mit hohen Evaporationsraten wächst mit zunehmender Entfernung vom Äquator und führt zu einer Gliederung der Savanne in Feucht-, Trocken- und Dornsavanne (Abb. 170.1).

Aufgaben

1 Begründen Sie das jeweilige Vorherrschen der Graspflanzen gegenüber Bäumen in der Savanne, der Steppe und der Tundra.
2 Begründen Sie, weshalb Baobab und Schirmakazie typische Bäume der Savannen sind (Abb. 158.1, 171.1).
3 Vergleichen Sie Anpassungen der Vegetation in den drei Savannenformen (Abb. 170.1).
4 Erläutern Sie den Ost-West-Wandel der Vegetation in der Prärie Nordamerikas (Abb. 173.1).
5 Erläutern Sie Anpassungsformen der Tundrenvegetation an die extremen klimatischen Bedingungen der subpolaren Zone (S. 174/175).

Feuchtsavanne

Die Gräser sind breitblättrig, überwiegend ganzjährig grün und erreichen Wuchshöhen von 2–5 m, sodass sogar Elefanten darin „verschwinden" (Elefantengras). Während der kurzen ariden Zeit trocknet das Gras ab. Bei Feuern führen die gewaltigen Strohmassen zu großer Hitze, sodass sich meist nur feuerresistente Baumarten mit dicken, isolierenden Borken durchsetzen können (Pyrophyten). Aufgrund der kurzen Trockenzeit und bei genügend Bodenwasserreserven besitzen die Bäume noch großblättriges Laub, das aber häufig schon eine dicke Wachsschicht als Verdunstungsschutz aufweist. Die relativ hohen Niederschlagssummen lassen Regenfeldbau zu. Für Weidewirtschaft sind die Feuchtsavannen eher ungeeignet, da die verholzten Gräser einen nur geringen Nährwert haben. Zudem lebt in der afrikanischen Savanne die Tsetsefliege, die die Rinderseuche Nagana überträgt.

Trockensavanne

In den Trockensavannen wird das Gras nur noch 60 Zentimeter bis 1,5 Meter hoch. Aufgrund der geringeren Grasmengen werden bei Feuerereignissen nicht so hohe Temperaturen erreicht, sodass in der Trockensavanne eine höhere Zahl von Baumarten vorkommt. Die Bäume sind aber deutlich niedriger als in der Feuchtsavanne, das Wurzelsystem ist ausgedehnter und die Baumkronen sind häufig in Form von Schirmen ausgebildet, die den Boden beschatten und damit die Evaporation vermindern (vgl. Abb. 158.1).
Da die Gräser einen hohen Nährwert besitzen, während der Trockenzeit nicht vollständig verdorren und nach Niederschlägen schnell austreiben, sind die Bedingungen für die Weidewirtschaft hier sehr günstig. Der Ackerbau ist aufgrund der geringeren Jahresniederschläge dagegen weniger ertragreich als in der Feuchtsavanne.

170.1 Savannenarten

DIE VEGETATION DER ERDE

Das während der Trockenzeit anfallende tote organische Material wird in allen Savannenarten rasch zersetzt, sodass die Böden nur eine geringe Streuauflage besitzen. Während die oberen Bodenschichten im Laufe der Regenzeit und einige Wochen danach gut durchfeuchtet sind, herrscht in den unteren Bodenhorizonten ganzjährig ein Wasserdefizit. Mit ihrem Wurzelgeflecht sind Gräser besser an diese Bedingungen angepasst als Bäume. Diese können aber mit langen Wurzeln tiefer liegende Wasser- und Nährstoffreserven erreichen.

Nach den Regenzeiten kommt es infolge des aufsteigenden Bodenwasserstroms zur Ausfällung von Salzen, Karbonaten und Eisenverbindungen, die im Oberboden betonharte Lateritkrusten ausbilden können (vgl. S. 146, 148). Diese können von Wurzeln nicht mehr durchdrungen werden. Das Aufkommen bzw. die Regeneration von Bäumen und Wäldern wird aber auch durch Brände verhindert. Bei den ziemlich regelmäßig auftretenden Bodenfeuern verbrennen die jungen Baumsprösslinge. Darüber hinaus widerstehen die Gräser der Trittbelastung und Beweidung durch die riesigen Tierherden (Antilopen, Zebras, Gnus) besser.

Das Aussehen des Affenbrotbaumes oder Baobabs (*Adansonia digitata*) wird bestimmt durch den mächtigen, tonnenförmigen Stamm, der oft einen Durchmesser von mehr als zehn Metern erreicht, und die relativ kleine Krone mit meist waagerecht wachsenden Ästen. Nach einer afrikanischen Sage wollte der Baobab bei seiner Entstehung schöner als alle anderen Bäume werden. Als er merkte, dass ihm das nicht gelang, steckte er seinen Kopf in die Erde. So sieht es aus, als ob seine Wurzeln in die Luft ragen.
Aber das seltsame Aussehen dieses für die Trockensavannen Afrikas typischen Baumes ist das Ergebnis der Anpassung an die semiariden Verhältnisse. In seinem dicken, sukkulenten Stamm und den unteren Teilen der Äste sind riesige Mengen Wasser gespeichert (insgesamt bis 120 000 Liter). Mit diesen Wasserreserven überdauert der Baobab sechs- bis achtmonatige Trockenzeiten. Seine Blätter sind klein und gefiedert, um die Oberfläche zu verringern. Damit wird der Wasserverlust durch Transpiration erheblich reduziert. Außerdem trägt der Affenbrotbaum seine Blätter nur wenige Wochen im Jahr und wirft sie am Ende der Regenzeit ab. Die Baobabs wachsen nur sehr langsam. Pro Jahr vergrößert sich ihr Umfang nur um etwa 2,5 mm.
Häufig sind die bis zu 1000 Jahre alten Bäume in der Nähe von menschlichen Siedlungen zu finden, denn sie sind vielseitig nutzbar. Aus dem Fruchtfleisch wird ein Getreideersatz gewonnen, oder es wird zu einem Vitamin-C-haltigen Getränk verarbeitet. Außerdem wird es erfolgreich als Mittel gegen Ruhr und Fieber eingesetzt. Die fetthaltigen Samen aus den holzschaligen Früchten können zu einem Kaffeeersatz geröstet oder zu Öl gestampft werden. Die jungen Blattspitzen eignen sich als Gemüse, die Rinde liefert einen brauchbaren Bast.

Dornsavanne
Verringern sich die Niederschläge auf 500 mm bis unter 200 mm und dauert die aride Zeit mehr als acht bis zehn Monate, dominieren bei den Phanerophyten nur noch Sträucher und niedrige Bäume. Die Gräser wachsen maximal kniehoch, bilden aber immer noch einen geschlossenen Bestand. Damit kann es Flächenbrände geben, die wiederum die Ausbreitung von Holzgewächsen einschränken. Viele Holzgewächse schützen sich mit Dornen gegen Tierfraß. Zur Verringerung der Verdunstung sind die Blätter sehr feingliedrig ausgebildet.
Die in der Dornsavanne traditionell dominierende Viehwirtschaft wird in nomadisierender Form betrieben. Ackerbau gab es bislang kaum. Aufgrund des Bevölkerungsdrucks werden heute mit Überschreitung der agronomischen Trockengrenze anspruchslose Hirsesorten angebaut.

171.1 Der Affenbrotbaum

DIE VEGETATION DER ERDE

172.1 Steppe in der Ukraine

Die Steppen

Die Prärie in Nordamerika, die Steppen Eurasiens, die Pampa in Südamerika, das Veld im südlichen Afrika und das Tussockgrasland auf Neuseeland sind die großen Grasländer in den gemäßigten Breiten. Ihre größte Ausdehnung erreichen sie auf der Nordhalbkugel im Inneren der Kontinente. Das dort vorherrschende Kontinentalklima ist durch kalte bis sehr kalte Winter und für diese Breitenlagen sehr hohe Sommertemperaturen gekennzeichnet (Abb. 172.2).

Wegen der großen Entfernung zum Meer gibt es selten zyklonale Niederschläge. Es überwiegen konvektive Niederschläge mit einem Sommermaximum und insgesamt geringen Niederschlagssummen. Die nur etwa viermonatige Vegetationsperiode im Frühjahr und Frühsommer wird daher von kalten Wintern und Trockenzeiten im Sommer und Herbst „eingerahmt". Charakteristisch für die Steppengebiete ist außerdem eine hohe Niederschlagsvariabilität, sodass immer wieder Dürrejahre auftreten, in denen im Sommer kaum oder gar kein Regen fällt (Abb. 172.3).

Im Gegensatz zu den Grasländern der Tropen (Savannen) sind die zentralen Steppengebiete völlig baumlos: Wassermangel bei recht hoher potenzieller Verdunstung im Sommer sowie häufige Dürren und Brände begünstigen hier die Gräser. Die Grasfluren selbst werden wegen intensiver Beweidung durch große Huftierherden (z.B. Wildpferde, Bisons, Antilopen) kurzgehalten.

Im Winter bildet sich eine geschlossene Schneedecke aus. Obwohl sie meist nur geringmächtig ist, hat sie eine wichtige ökologische Funktion, denn sie sorgt nach der Schneeschmelze für die Durchfeuchtung der oberen Bodenschicht. Im Frühjahr beginnt dann der vegetative Zyklus verschiedenartigster Gräser und Kräuter, die die Steppe bis zum Sommer nacheinander in unterschiedlichen Farben erblühen lassen. Etwa ab Mitte Juli „brennt die Steppe aus", die oberirdischen Pflanzenteile vertrocknen. Die Streu trägt zur intensiven Humusbildung bei und führt in den feuchteren Steppengebieten zur Bildung von Schwarzerden (vgl. S. 150), in trockeneren Räumen zu kastanienbraunen Böden (Abb. 173.1 und 173.2).

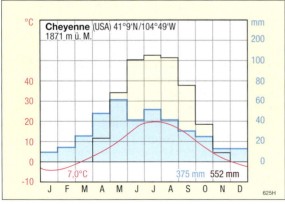

172.2 Klimadiagramm von Cheyenne

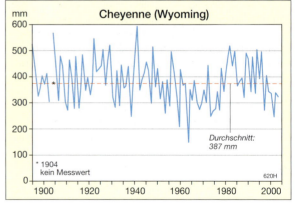

172.3 Niederschlagsvariabilität von Cheyenne

DIE VEGETATION DER ERDE

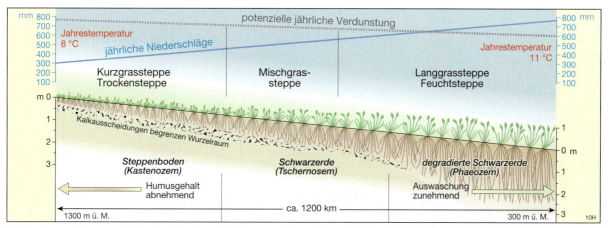

173.1 Vegetationsprofil durch die Great Plains

Die nordamerikanische Prärie (franz.: prairie = Wiese) erstreckt sich etwa zwischen 55° und 30° N sowie 90° und 110° W im Inneren des Kontinents. Von Ost nach West sinken die jährlichen Niederschlagsmengen, die Länge der Vegetationsperiode und die Dürregefahr wachsen dagegen. Das führt zur Differenzierung der Prärie in Langgrasprärie im Osten und Mischgras- und Kurzgrasprärie im Westen (Abb. 173.1). Da Temperaturen und Transpirationsraten nach Süden zunehmen, gibt es außerdem noch ein floristisches Nord-Süd-Gefälle innerhalb der drei Prärieformen. In weiten Teilen wächst die Prärievegetation auf Böden, die sich aus dem südlich der eiszeitlichen Gletscher abgelagerten Lössdecken entwickelt haben.

Der Ostteil der Prärie ist mit 600 bis 1000 mm Niederschlägen noch recht feucht. Die Gräser und Kräuter dieser Langgrasprärie erreichen mit ihren Blütenständen Höhen zwischen einem und drei Metern und bedecken den Boden lückenlos. Der Wurzelfilz der Gräser reicht tief in den Boden, der bis zum Grundwasser voll durchfeuchtet ist. Die Langgrasprärie ist sehr artenreich. Im Juni können bis zu 70 Arten gleichzeitig blühen. Selbst im Spätsommer gedeihen hier noch Gras- oder Krautarten und erst Ende September sind die Pflanzen der Langgrasprärie vollständig vertrocknet. Aufgrund der Konkurrenzkraft der hohen Gräser und anderer biotischer und abiotischer Einflüsse fehlen in diesen feuchten Steppengebieten Bäume.

Die Mischgrasprärie, in der auch noch krautige Pflanzen mit tiefen Pfahlwurzeln wachsen, ist der Übergangsraum zur Kurzgrasprärie. Sie besitzt eine wesentlich geringere Artenzahl von Gräsern und die Pflanzen erzielen nur noch geringe Wuchshöhen. Die Vegetationsdecke ist schütter und es bilden sich Horstgräser aus. Eine Besonderheit sind die sogenannten Steppenläufer beziehungsweise Steppenroller. Diese Pflanzen nutzen für ihre Verbreitung die in den Steppen meist hohen Windgeschwindigkeiten aus. Nachdem sie im Sommer ausgetrocknet sind, brechen die gesamten Pflanzen oberirdisch ab oder sie werden ganz aus dem Boden gerissen. Der Wind weht sie fort, wobei sie sich zu metergroßen Knäueln zusammenballen können, die dann weite Strecken über die ebenen Steppengebiete rollen und dabei ihre Samen ausstreuen.

Mit den von Ost nach West abnehmenden Niederschlägen nehmen auch die Biomasseproduktion der Prärie und die jährlich anfallende tote organische Substanz ab. Die oft mehr als 1,5 Meter mächtige Humusschicht der Langgrasprärie verringert sich daher in der Kurzgrasprärie auf nur noch wenige Zentimeter. In der Misch- und Kurzgrasprärie tritt in den Böden aufgrund der hohen Evaporationsraten im Sommer ein aufwärtsgerichteter Bodenwasserstrom auf, der zur Anreicherung von schwer löslichem Kalziumkarbonat im Oberboden führt. In den trockenen westlichen Gebieten hat dieser Ausfällungshorizont den geringsten Abstand zur Erdoberfläche. In den Langgrasprärien fehlt er dagegen, da dort der Boden gut durchfeuchtet und der Bodenwasserstrom ganzjährig nach unten gerichtet ist.

Heute sind große Gebiete der natürlichen Prärievegetation nachhaltig verändert, da sie seit Mitte des 19. Jahrhunderts intensiv ackerbaulich genutzt werden. Während im feuchteren Osten die Bedingungen für den Maisanbau günstig sind, erfolgt im westlichen Teil der Prärie der Weizenanbau. Mithilfe von Bewässerung gelang es jedoch, auch jenseits der agronomischen Trockengrenze Ackerbau zu betreiben. Durch die Beseitigung der Steppenvegetation verstärkte sich allerdings die Erosionsgefahr durch Wasser und Wind.

173.2 Great Plains – Steppe in Nordamerika

DIE VEGETATION DER ERDE

174.1 Tundra in Russland

Die Tundra

„Tunturi" heißen die flachen, baumlosen Hügel in Finnisch-Lappland. Von diesem Wort leitet sich der Name für die baumlose Vegetationsformation der subpolaren Gebiete ab. Das Erscheinungsbild der Tundra ändert sich von der Waldtundra in den südlichen Bereichen über die Zwergstrauchtundra zur sogenannten Fleckentundra in den nördlichen Regionen, in der nur noch etwa zehn Prozent des Bodens von Pflanzen bedeckt ist. Während die Tundra auf der Nordhalbkugel sehr große Flächen einnimmt, ist sie auf der Südhalbkugel nur auf einigen antarktischen Inseln zu finden, da in den entsprechenden Breiten keine Landmassen vorhanden sind. Die Flora dort unterscheidet sich zudem deutlich von der Tundrenvegetation in der Holarktis.

Ende Mai, Anfang Juni, nach acht bis neun Monaten Winterruhe, erwachen die Tundrenpflanzen zu neuem Leben. Ergrünen, Blühen und Fruchten überstürzen sich in dem kurzen Sommer und die Vegetation leuchtet dabei in den verschiedensten Farben. Sie setzt sich aus Gräsern, Moosen und Flechten sowie Zwergsträuchern und Zwergblütenpflanzen zusammen.

Baumlosigkeit und Artenarmut (200 bis 300 Blütenpflanzen im Süden, nur noch etwa 50 im Norden der Tundra) sind Ausdruck der für das Pflanzenwachstum ungünstigen klimatischen Bedingungen:

- extreme Schwankungen der Strahlungsbedingungen zwischen Polartag und Polarnacht (zwei Jahreszeiten);
- lange und strenge Winter;
- kühle Sommer mit Monatsmitteltemperaturen von maximal 15 °C und einer Vegetationsperiode von nur 1 bis 3,5 Monaten, in der aber auch jederzeit Frost auftreten kann;
- sehr geringe Jahresniederschläge, sodass die winterliche Schneedecke, die die Vegetation vor Kälte und Wind schützt, meist nur 10 bis 50 cm mächtig ist;
- hohe Windgeschwindigkeiten von 50 bis über 100 km/h;
- Permafrostboden, der während der Sommermonate nur wenig oberflächlich auftaut;
- saure, nährstoffarme Rohböden, die im Sommer durch Staunässe geprägt sind;
- erschwerte Stickstoffaufnahme, verursacht durch die tiefen Temperaturen.

Das Wachstum aller Pflanzen der Tundra ist extrem verzögert. Selbst bei den weit verbreiteten Rentierflechten beträgt der jährliche Längenzuwachs nur 1 bis 5 mm. Bei Beweidung vergehen mindestens zehn Jahre, bis sich die Pflanzendecke wieder erneuert hat. Trotz ihrer geringen Größe erreichen die meisten Tundrenpflanzen aber ein hohes Alter. Zwergsträucher können bis zu 200 Jahre, krautartige Pflanzen bis zu 100 Jahre alt werden.

Immergrüne Arten haben in der Tundra den Vorteil, dass sie mit Beginn der Vegetationsperiode sofort ihren vegetativen Zyklus starten können. Außerdem herrschen in der Tundra Langtagpflanzen vor, die während des Polartages nahezu ununterbrochen Fotosynthese betreiben. Trotz der wegen des niedrigen Sonnenstands geringen Einstrahlungsintensität bilden diese Pflanzen daher genügend Stoffreserven, um den langen Winter zu überdauern.

Viele Pflanzen sind Frostkeimer, das heißt, sie erreichen ihre Keimfähigkeit erst nach der Einwirkung tiefer Temperaturen. Die extrem kurze Vegetationszeit reicht aber häufig nicht aus, um den gesamten vegetativen Zyklus von Blühen bis zur Bildung von keimfähigen Samen in einem

DIE VEGETATION DER ERDE

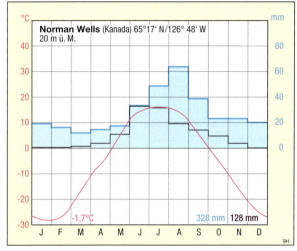

175.1 Klimadiagramm von Norman Wells (Kanada)

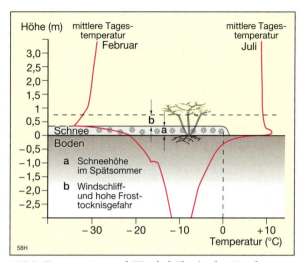

175.2 Temperatur und Wuchshöhe in der Tundra

Sommer zu durchlaufen. Viele Arten legen daher zunächst in einem Jahr die Blüten an und erst im darauffolgenden Sommer gelangen die Samen zur Reife.
Die Entwicklung dieser sogenannten aperiodischen Pflanzenarten kann sich sogar über mehrere Jahre erstrecken. Die Pflanzen sind in der Lage, ihren vegetativen Zyklus in einem beliebigen Entwicklungsstadium zu unterbrechen. Stellen sich wieder günstige Wachstumsbedingungen ein, setzen sie ihre Entwicklung an dieser Stelle einfach fort.

Die Samen der meisten Pflanzen sind sehr klein und leicht. Oft wiegen sie weniger als ein Milligramm. Häufig wird der Samen durch den Wind verbreitet, der ungehindert über die Eis- und Schneedecken weht. Die Samen werden dadurch über weite Flächen verbreitet. Ihr Risiko, nicht auskeimen zu können, ist allerdings sehr hoch.

Innerhalb der niedrigen geschlossenen Pflanzendecke herrscht ein eigenes Mikroklima. Der niedrige Wuchs schützt die Pflanzen vor den Auswirkungen der starken Winde. Diese erhöhen im Sommer die Austrocknungsgefahr der meist trockenen Polarluft. Im Winter sind alle über die Schneedecke hinausragenden Pflanzenteile dem Windschliff schutzlos ausgesetzt (Abb. 175.2).

Das einheitliche und monotone Vegetationsbild der Tundra wird durch die lokale Schneeverteilung, das Bodensubstrat und das Relief differenziert. Die Südseite der Tunturi, die während des Polartages hohe Einstrahlungen erhalten, ist üppig und artenreich bewachsen. Die ebenen Kuppen und Nordhänge sind dagegen nur von Moosen und Flechten überzogen. Am Fuße der Erhebungen bilden sich feuchte, mit Wasser gefüllte Vertiefungen aus, in denen z. B. Zwergbirken oder Wollgräser wachsen.

Die Krautige Weide (*Salix herbacea*) ist der kleinste Baum der Erde. Seine Gesamtlänge kann erst nach vollständigem Ausgraben gemessen werden, denn der bis zu drei Zentimeter hohe Stamm wächst gänzlich unter der Erdoberfläche. Die ältesten Exemplare dieser Art erreichen einen Stammdurchmesser von fast 1 cm! Bis zu 60 Jahresringe können an einem durchgesägten Stämmchen mithilfe einer Lupe gezählt werden. Auch das Astsystem der Krautigen Weide verläuft größtenteils unterirdisch. Nur die Enden schauen aus der Erde. An jeder Astspitze wachsen zwei, nur 8–20 mm lange Blättchen und im Sommer leuchtend gelbe Blütenkätzchen. Schon im Herbst bereitet die Krautige Weide die Laub- und Blütenentwicklung vor. Die kurze schneefreie Sommerzeit kann sie dann intensiv für die Vermehrung nutzen. Mit ihrem flachen Wuchs widersteht sie den Angriffen der stärksten Winde. Vor allem im Winter würden alle Pflanzenteile, die über die Schneedecke hinausragen, dem sogenannten Windschliff zum Opfer fallen.

175.3 *Salix herbacea* – der kleinste Baum der Erde

DIE VEGETATION DER ERDE

8.7 Die Wüsten und Halbwüsten

Bei der Eroberung des Festlandes besiedelten die Pflanzen zunächst nur humide Gebiete. Erst viel später gelang es ihnen, auch in die Trockenräume der Erde vorzudringen. Geringe Niederschläge und hohe Verdunstung kennzeichnen die Trockenräume (der Wasserverlust ist im Durchschnitt zehnmal höher als der Niederschlag). In hyperariden Gebieten treten keine regelmäßigen Niederschläge auf. Häufig fällt mehrere Jahre hintereinander überhaupt kein Regen. Aride Gebiete haben dagegen wenigstens kurze Regenzeiten oder erhalten Feuchtigkeit durch Nebel.

Die ganzjährige Wolkenarmut führt zu hohen Ein- und Ausstrahlungsintensitäten und extremen täglichen Temperaturamplituden. Bodennahe Luftschichten können sich am Tag bis 60 °C aufheizen. In der Nacht sinkt die Temperatur bis wenige Grade über dem Gefrierpunkt ab.

Die Bodenart der nahezu humuslosen Rohböden entscheidet wesentlich über die Wachstumsmöglichkeiten der Pflanzen. Im Gegensatz zu anderen Zonen speichern sandige und felsige Böden in den Wüsten und Halbwüsten das Niederschlagswasser besser, da es dort schnell versickern kann und damit der Verdunstung entzogen wird.

Mit verschiedenen Überlebensstrategien gelingt es Pflanzenarten, unter diesen lebensfeindlichen Bedingungen der Trockengebiete zu leben (Abb. 177.1). Aber es bildet sich in den Wüsten keine geschlossene Pflanzendecke aus. Nur punktuell und an günstigen Stellen treten dürreresistente Pflanzen auf. Die feuchteren Halbwüsten besitzen eine reichere Vegetationsausbildung mit Gräsern, Kakteen und Dornensträuchern.

Aufgabe
Erläutern Sie die Anpassungsstrategien der Pflanzen an die ariden Verhältnisse in den Wüsten und Halbwüsten.

Welwitschia mirabilis ist ein Endemit, der ausschließlich in der westafrikanischen Küstenwüste Namib wächst. Sie wurde 1859 von dem österreichischen Naturforscher F. WELWITSCH entdeckt und ist die erste Pflanze, die unter strengen Naturschutz gestellt wurde, erst in Südwestafrika, 1936 dann weltweit. Die eigentümliche Pflanze besitzt nur zwei lederartige und zerfranste Blätter, die aber bis zu acht Meter lang werden. Sie wachsen aus dem etwa ein Meter hohen, rübenförmigen Stamm wie Fingernägel immer wieder nach. Die auf der Erde liegenden Enden der beiden Laubblätter vertrocknen. Damit ist die *Welwitschia* die einzige Pflanze der Erde, deren Blätter ebenso alt sind wie die Pflanze selbst. Die *Welwitschia* wächst auf ausgetrockneten, sandig kiesigen Flussbetten und deckt ihren Feuchtigkeitsbedarf aus den seltenen Regenfällen. Der obere, rübenartige Wurzelteil ist in der Lage, längere Zeit Feuchtigkeit zu speichern. Er geht in eine lange Pfahlwurzel über, die das in tieferen Schichten gespeicherte Bodenwasser erreicht. Die dicke Kutikula und die eingesenkten Spaltöffnungen der Blätter verringern die Transpiration und schützen die Pflanze vor Austrocknung während der langen Trockenperioden.

176.1 *Welwitschia mirabilis*

Trockene Wüsten und Halbwüsten sind vor allem auf der Nordhalbkugel verbreitet. Die tropischen und subtropischen Wüsten erstrecken sich etwa zwischen dem 15. und 30. Breitengrad und haben ganzjährig hohe Monatsdurchschnittstemperaturen (heiße Wüsten). Die Wüsten in den gemäßigten Breiten weisen dagegen deutliche Temperaturunterschiede zwischen Sommer und Winter auf (kalte Wüsten). Die Trockenwüsten liegen im Bereich der Wendekreise (z. B. Sahara, Kalahari), an den von kalten Meeresströmungen beeinflussten Westküsten der Kontinente (z. B. Namib, Atacama) und im Regenschatten von Gebirgen (z. B. Takla Makan, Gobi, Karakum).

176.2 Trockenwüsten

DIE VEGETATION DER ERDE

Angleichung
Fähigkeit, Austrocknungsphasen zu überstehen:
Wechselfeuchte Pflanzen sind mit dem Einsetzen von Trockenperioden in der Lage, ihren Stoffwechsel zu verlangsamen und ihre äußerliche Form anzupassen. Die Blätter welken nicht, sondern trocknen lediglich aus. Bei der „Rose von Jericho" zum Beispiel neigen sich die Zweige dabei kugelartig zusammen. Setzen Monate später wieder Niederschläge ein, breiten sich die Zweige wieder aus und ergrünen.

Unabhängigkeit
Fähigkeit, während Dürrephasen ein lebenserhaltendes inneres Milieu aufrechtzuerhalten:
Ohne Wasser ist kein Leben möglich. Höhere Pflanzen besitzen eine dicke Kutikula, zusätzliche Wachsschichten, tief eingesenkte Spaltöffnungen oder die Verringerung der Blattoberfläche (z. B. Blattumbildung zu Stacheln), um Transpirationsverluste zu vermeiden.

Die Wurzelsysteme sind so gestaltet, dass die geringen Wassermengen effektiv genutzt werden. Weitreichende, oberflächennahe Wurzeln sind in der Lage, Regenwasser aus einem großen Einzugsgebiet schnell aufzunehmen. Bis zu 30 Meter lange Pfahlwurzeln erreichen dagegen auch tiefere Grundwasserschichten.

Vor allem in den Küstenwüsten gelingt es einigen Arten, mit großen, flach dem Erdboden aufliegenden Blättern den sich in den Nacht- und Morgenstunden bildenden Nebel aufzufangen.

Sukkulente Pflanzen (von lateinisch sucus = Saft) sind in der Lage, den in der Regenzeit fallenden Niederschlag in ihren Blättern oder in anderen Pflanzenorganen zu speichern. Zu den Sukkulenten gehören zum Beispiel Kakteen in der Neotropis, Agaven, Wolfsmilch- und Dickblattgewächse in der Palaeotropis.

Vermeidung
Fähigkeit, Extrembedingungen auszuweichen:
Die sogenannten Kompasspflanzen richten bei zu hoher Einstrahlung ihre Blätter senkrecht zum einfallenden Sonnenlicht. Auch mit Zusammenfalten von Fiederblättern wird eine zu hohe Sonneneinstrahlung verhindert. Andere Arten haben den Hauptteil des Vegetationskörpers unter der Erde angelegt. Bei den „Lebenden Steinen", einer Art der in südafrikanischen Wüstengebieten beheimateten Mittagsblumengewächse, schauen von der Pflanze nur die Blattenden über die Erdoberfläche hinaus. Diese leiten wie durch ein Fenster Licht in die tiefer gelegenen Bereiche, in denen die Fotosynthese abläuft.

Ruheperiode
Fähigkeit, lebensfeindliche Phasen in Trockenstarre zu überdauern:
Viele Wüstenpflanzen überdauern Trockenperioden als Samen oder unterirdisch in Form von Knollen oder Zwiebeln (Kryptophyten, vgl. S. 162). Samenpflanzen vollziehen nach Niederschlagsereignissen ihren Vegetationszyklus von der Keimung bis zur Samenbildung in wenigen Tagen. Es kommt dann zu der seltenen Erscheinung, dass die Wüste blüht.

Neben dem Wassermangel ist in den Wüstengebieten der Erde das Auftreten von dünenbildendem Sand und erhöhten Bodensalzgehalten typisch. Xerophyte Pflanzenarten ertragen das Überwehen mit Sand oder das Auswehen und Freilegen der Wurzeln. In abflusslosen Senken, in denen das seltene Regenwasser zusammenfließt und anschließend verdunstet, gedeihen nur salztolerante Arten (Halophyten). Vieler dieser Pflanzen vermeiden osmotische Schäden durch hohe Salzkonzentrationen im Zellplasma. Andere scheiden die aufgenommenen Salze über spezielle Salzdrüsen wieder aus.

177.1 Überlebensstrategien von Pflanzen in Trockenräumen

Die Ursache für die Vegetationsarmut der polaren Wüsten Antarktikas, Grönlands, Alaskas, Nordkanadas und Nordsibiriens ist nicht nur der Wärme-, sondern auch der Wassermangel (nur bis 200 mm Jahresniederschlag). Das Wasser ist zudem fast ganzjährig in Form von Eis und Schnee gebunden. Nur einige Algenarten können im Schnee oder auch in den Poren von Eis gedeihen. Auf schneefreien Geröllfeldern oder das Inlandeis überragenden Felsen (Nunatakker) sind neben Algen, Moosen und Pilzen die Flechten mit über 350 Arten die wichtigsten Primärproduzenten. Nur zwei Samenpflanzen, ein Gras- und ein Nelkengewächs, sind in Antarktika nachgewiesen.

177.2 Polare Kältewüsten

DIE VEGETATION DER ERDE

8.8 Das Vegetationsmosaik der Subtropen

Als Übergangszone unterscheiden sich die Subtropen von den äquatorwärts angrenzenden Tropen durch das thermische Jahreszeitenklima mit heißen Sommern und milden Wintern und von den polwärts sich anschließenden kühlgemäßigten Mittelbreiten durch die deutlich höheren Strahlungsgewinne. In den Tiefländern der Subtropen sind zwar gelegentlich leichte Fröste und Schneefälle im Winter möglich, insgesamt gibt es aber für die Vegetation außerhalb der Gebirge keine durch Kälte verminderte Vegetationsperiode. Die Verschiedenartigkeit der Vegetation der Subtropen ist auf das unterschiedliche Wasserangebot zurückzuführen:

- trockene Subtropen mit voll- und semiariden Verhältnissen,
- sommertrockene Subtropen mit einer winterlichen Regenzeit und einer sommerlichen Trockenzeit,
- feuchte Subtropen mit ganzjährigen humiden Verhältnissen.

Trockene Subtropen
In diesen Regionen bilden sich Wüsten, Halbwüsten oder Grasländer aus. Diese sind im Inneren der Kontinente zonal ausgebildet.

Sommertrockene Subtropen
In diesen Gebieten folgen zwei hygrische Jahreszeiten – Regenzeit und Trockenzeit – ziemlich abrupt aufeinander, wobei das thermische Optimum mit dem Niederschlagsminimum zusammenfällt. Die Hauptvegetationszeit liegt daher im Frühjahr. Nach dem „Übersommern" der Pflanzen folgt im Herbst mit dem Einsetzen zyklonaler Regenfälle eine zweite vegetative Phase. Die Baumarten, die die ursprünglich weit verbreiteten Wälder bildeten (z. B. Steineiche, Korkeiche, Johannisbrotbaum, Ölbaum), sind überwiegend Hartlaubgewächse (Sklerophyte). Ihre Blät-

Der Ölbaum (*Olea europaea*) wird schon seit mehr als 5000 Jahren im östlichen Mittelmeerraum als Wirtschaftspflanze in Kultur genommen. Alle zwei Jahre können von einem Baum etwa 60 kg Oliven geerntet werden. Die Früchte sind klein und enthalten wenig Fruchtfleisch, das mit 20 bis 65 % Öl angereichert ist. Nach der Ernte im Winter wird aus den Oliven durch leichtes, kaltes Pressen das hochwertige „Jungfernöl" und durch starkes, warmes Pressen minderwertigeres Speiseöl gewonnen. Nur etwa ein Zehntel des Gesamtertrages wird zu Speiseoliven verarbeitet. Die Früchte gären dabei drei bis zehn Monate in einer mit Gewürzen versetzten Salzlauge, die gleichzeitig die Oliven konserviert.

Ölbäume benötigen ein warmes Klima, in dem keine Fröste unter –10 °C auftreten. Der Ölbaum ist ein Hartlaubgewächs: Die schmalen, länglichen Blätter sind immergrün, glatt und hart. Sein tief und weit reichendes Wurzelwerk erschließt Wasserreserven in unteren Bodenhorizonten. Ölbäume kommen auch mit weniger guten Bodenverhältnissen und können mit 800 bis 1000 Jahren sehr alt werden. Die Ölbäume bei im Garten Gethsemane (Jerusalem) sollen sogar noch aus biblischer Zeit stammen.

178.1 Der Ölbaum

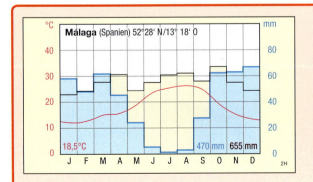

178.2 Klima und Verbreitung der sommertrockenen Subtropen

Etwa 2,7 Millionen Quadratkilometer, das sind nur 1,8 Prozent der Landfläche der Erde, sind durch die immergrüne Hartlaubvegetation der sommertrockenen Subtropen bedeckt. Sie sind ausschließlich an den Westküsten der Kontinente ausgeprägt. Die wichtigste und größte Region ist der europäische Mittelmeerraum. Er entspricht dem Verbreitungsraum des Ölbaums (Abb. 178.1). Mittelkalifornien auf der Nordhalbkugel, Mittelchile, das südafrikanische Kapland sowie Südwest- und Südaustralien auf der Südhalbkugel sind die anderen Verbreitungsgebiete der sommertrockenen Subtropen.

DIE VEGETATION DER ERDE

ter sind in der Lage, auch längere Dürrezeiten ohne Verlust ihrer Größe und Struktur zu überstehen. Sie verschließen dazu ihre Spaltöffnungen, wobei neben der Verminderung der Transpiration allerdings auch der Gasaustausch reduziert wird. Durch dicke Wachsschichten, filzige Behaarung oder die Absonderung ätherischer Öle reduzieren die Blätter die Verdunstung über die Kutikula. Der Vorteil der Hartlaubgewächse besteht darin, dass sie mit Eintreten auch kürzerer Feuchteperioden sofort mit der Stoffproduktion beginnen können. Sie sind somit in den Winterregengebieten anderen immergrünen oder Laub abwerfenden Arten im ökologischen Wettbewerb überlegen.

Feuchte Subtropen

In diesen Räumen fällt die Zeit der höchsten Niederschläge mit der wärmsten Jahreszeit zusammen. Auch im Frühjahr und Herbst unterscheidet sich das schwüle Klima nur wenig von feuchten tropischen Verhältnissen, sodass sich die Stoffproduktion nur im Winter verringert. Die subtropischen Feuchtwälder sind immergrün, allerdings weniger artenreich als die tropischen Wälder. Die Blätter der Bäume sind meist kleiner und häufig auch lederartig ausgeprägt (z. B. Lorbeerbaum). Das Auftreten vieler Laub abwerfender Baumarten (z. B. Eiche, Kastanie) zeigt, dass diese Wälder eine Übergangsstellung zwischen den tropischen Regenwäldern und den sommergrünen Laubwäldern einnehmen.

Die feuchten und sommertrockenen Subtropen sind zellenartig an den Küsten verbreitet. Da sie völlig isoliert voneinander sind und außerdem verschiedenen Florenreichen angehören, ist die Vegetation in den einzelnen Regionen sehr unterschiedlich ausgeprägt. In den meisten Fällen ist die natürliche Klimavegetation durch die menschliche Nutzung extrem zurückgedrängt und von Degradationsstadien des Waldes ersetzt worden (vgl. Abb. 183.2).

Aufgabe
Erläutern Sie das Vegetationsmosaik der Subtropen.

Der Orangenbaum (*Citrus sinensis*) kommt ursprünglich aus Südchina und gehört zu der Gruppe der Zitrusfrüchte (Agrumen), zu der unter anderem auch Grapefruit, Limette, Mandarine und Zitrone gehören. In China schon seit 4000 Jahren kultiviert, gelangte die Orange (= Apfelsine; niederl.: „appelsien" = Äpfel aus China) erst im 16. Jahrhundert über Indien und Arabien nach Europa. Während des Barocks wurden in vielen Schlossgärten Orangerien angelegt, in denen die Bäume in festen Häusern überwintern konnten. Heute werden Orangen vor allem in den sommertrockenen Subtropen mit künstlicher Bewässerung angebaut und als Frischfrüchte verkauft oder zu Fruchtsäften verarbeitet. Aus den Orangenblüten und -schalen werden ätherische Öle gewonnen, die in Nahrungs- und Genussmitteln und in Kosmetika Verwendung finden. Der Orangenbaum benötigt zum Wachstum ausreichend Wärme und ganzjährig hohe Feuchtigkeit mit mindestens 1200 mm Niederschlag. Er treibt dann dreimal pro Jahr mäßig harte, glänzend ledrige Blätter aus, die eine dichte Baumkrone bilden. Im Frühjahr werden die meisten und kräftigsten Zuwächse erzielt. Aus den weißen Blüten entwickeln sich bis zum Herbst die Früchte.

179.2 Der Orangenbaum

Die feuchten Subtropen bedecken mit 6,1 Millionen Quadratkilometern etwa 4,1 Prozent der Festlandfläche. Sie sind überwiegend an den niederschlagsreichen Ostküsten der Kontinente verbreitet, auf der Nordhemisphäre hauptsächlich in Süd- und Mittelchina sowie Südjapan und Florida. Auf der Südhalbkugel sind sie in Südbrasilien, Uruguay, Nordargentinien sowie Südostaustralien und Nordneuseeland zu finden. An der Westseite der Kontinente gehören kleine Gebiete ebenfalls zu den feuchten Subtropen: einige atlantische Inseln, der Nordrand des Pontischen Gebirges sowie die Südküste des Kaspischen Meeres.

179.1 Klima und Verbreitung der feuchten Subtropen

DIE VEGETATION DER ERDE

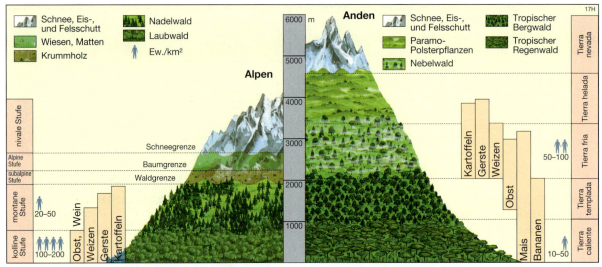

180.1 Höhenstufen der Vegetation in außertropischen und tropischen Hochgebirgen

8.9 Vegetation in Hochgebirgen

Den horizontalen, vom Äquator zum Pol aufeinanderfolgenden Vegetationszonen entspricht eine vertikale, vom Meeresniveau bis zu den höchsten Gipfeln reichende Höhenstufung der Vegetation. Da sich die ökologischen Bedingungen einer bestimmten Vegetationszone und einer Höhenstufe sehr stark gleichen können, sind Erscheinungsbild und Anpassungsmechanismen der jeweiligen Pflanzenwelt meist sehr ähnlich.

Außer in den Gebirgen der Trockenräume und der polaren Gebiete sind in allen Hochgebirgen der Erde in den unteren Lagen Hochwälder ausgebildet, deren Wuchshöhe mit zunehmender Höhenlage abnimmt und die gleichzeitig lichter werden. Darüber liegt die Höhenstufe der Wiesen und Matten. Jenseits davon wachsen nur noch Moose und Flechten.

180.2 Auf 2500 m in den Alpen: Wiesen und Matten

Höhenstufen der außertropischen Gebirge

Mit zunehmender Höhe werden die ökologischen Bedingungen immer extremer:
- Verkürzung der Vegetationsperiode mit Frost und Schnee oft noch während der Wachstumszeit,
- sinkende Tages- und Jahrestemperaturen bei hohen Tagesschwankungen und z. T. schweren Frösten,
- hohe und wechselnde Schneelagen,
- häufiger und starker Wind, der durch mitgeführte Eispartikel Verletzungen durch Windschliff erzeugen kann und den Boden schnell austrocknet, sodass trotz der nach oben zunehmenden Niederschläge die Pflanzen oft in Wasserstress geraten,
- Gefahr der Frosttrocknis v. a. bei Nadelbäumen: Sie öffnen im Frühling ihre Spaltöffnungen, um mit der Fotosynthese zu beginnen. Bei gefrorenem Boden verliert die Pflanze durch Transpiration rasch Wasser, ohne aus dem Boden Nachschub zu erhalten,
- weit verbreiteter Stickstoffmangel,
- wenige Insekten, sodass Bestäuber durch intensive Farben und Gerüche der Pflanzen angelockt werden.

Auffälligste Trennlinien der Höhenstufen sind die Schneegrenze und die Waldgrenze.
Jenseits der Schneegrenze taut der Schnee ganzjährig nicht mehr ab. Außer an freiliegenden Felsblöcken ist diese Eis- und Schneelandschaft, die nivale Zone, fast ohne Leben. In der darunterliegenden alpinen Stufe wachsen Rasen- und Mattenpflanzen, die trotz der extremen Bedingungen einen hohen Artenreichtum und im Sommer eine große Farbenpracht aufweisen. Talwärts folgen in der subalpinen

DIE VEGETATION DER ERDE

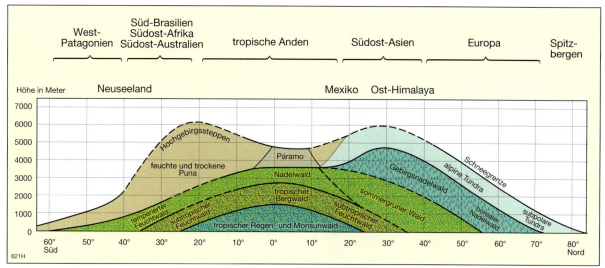

181.1 Höhenstufen der Vegetation in außertropischen und tropischen Hochgebirgen

Stufe Zwergsträucher und bis zur Waldgrenze ausgedehnte Krummholzbestände. Da unter einer schützenden Schneeschicht Frosttrocknis kaum auftritt, können hier kleinwüchsige Formen, z. B. die Latschenkiefer, überleben.
An der Waldgrenze enden die geschlossenen, von Nadelbäumen dominierten Waldbestände der montanen Stufe. Häufig erreicht diese Grenze nicht ihre thermisch maximal mögliche Höhe, da entweder steile Hänge keinen Baumbewuchs zulassen, Lawinenabgänge tiefe Schneisen reißen oder der Wald durch Rodungen für Weideland zurückgedrängt wurde. Das Pflanzenbild der submontanen und kollinen Stufe mit ausreichend langen Vegetationsperioden wird von Misch- und Laubwäldern geprägt.

Höhenstufen der tropischen Gebirge
In den Gebirgen der Tropen weichen die ökologischen Bedingungen von den Außertropen in zwei Punkten stark ab. Da in den Tropen konvektive Niederschläge dominieren, werden die Stufen oberhalb des Kondensationsniveaus zunehmend trockener, im Extremfall sogar wüstenhaft. Mit der Höhe verschärfen sich außerdem die täglichen Temperaturunterschiede, sodass in den höheren Regionen täglich Fröste auftreten und extrem hohe Temperaturunterschiede vorherrschen.
Am geringsten sind die Temperaturdifferenzen in der untersten Höhenstufe, der Tierra caliente (heißes Land), die vom tropischen Regenwald bzw. den Savannen bestimmt wird. Mit zunehmender Höhe nehmen Artenvielfalt und Mächtigkeit der Waldformation ab. Die Temperaturen in der Tierra templada (gemäßigtes Land) liegen im Mittel noch bei 17 °C, doch es gibt bereits große Temperaturunterschiede zwischen Tag und Nacht. In der darüberliegenden Tierra fria (kaltes Land) treten Nachtfröste während des ganzen Jahres auf. Die im Vergleich zu den unteren Stufen kleinwüchsigeren Gehölze sind durch die häufigen Nebel mit Epiphyten und üppigen Flechten überzogen (Nebelwald). Oberhalb dieser Hauptkondensationsregion wird es zunehmend trockener. Wegen mangelnder Feuchtigkeit bilden sich keine den Außertropen vergleichbaren Nadelwald- bzw. Krummholzstufen aus. Gräser und stammbildende Sukkulenten prägen daher den Bereich der Tierra helada (eisiges Land) bis zur Schneegrenze. Die Tierra nevada (Schneeland) entspricht der nivalen Stufe der außertropischen Gebirge, allerdings in größerer Höhe.

Aufgaben
1 Vergleichen Sie die Höhenstufen der Vegetation in außertropischen und tropischen Gebirgen.
2 Begründen Sie das Fehlen der kollinen und montanen Stufe in den subpolaren Gebirgen der Erde.

181.2 Auf 2500 m in den Anden: Nebel- und Bergwald

DIE VEGETATION DER ERDE

Ephesos heute

Vor über 2000 Jahren war das griechisch-römische Ephesos eine lebendige und blühende Hafenstadt. Heute werden die Ruinen von Ephesos nur noch von Touristen besucht. Was war geschehen? Pollenanalysen von Bodenproben im Umland der Stadt lösten das Rätsel des Untergangs von Ephesos. Sie ermöglichen die Rekonstruktion früherer Vegetationsverhältnisse, da jede Pflanzenart charakteristische Pollen hat, die im Boden überdauern können.

In 3000 Jahre alten Bodenschichten um Ephesos fanden sich überwiegend Pollen von Eichen. Das Land war, als die griechischen Kolonisten 700 v. Chr. die Stadt gründeten, also mit lichten Eichenwäldern bedeckt. Diese wurden gerodet und als Bauholz für Häuser und Schiffe sowie als Brennmaterial für die Zubereitung der Speisen verwendet. In jüngeren Bodenschichten fanden sich dagegen vor allem Pollen von Wegerich und Weizen. Sie beweisen, dass die Stadt später von Weiden und Ackerland umgeben war. Der Waldverlust und das nach der Ernte völlig vegetationsfreie Ackerland hatte für Ephesos dramatische Folgen. Die Niederschläge fielen auf den ausgetrockneten und ungeschützten Boden. Großflächig wurde die Bodenkrume abgetragen und in die Küstenbucht und den Hafen geschwemmt. Nur weil der Hafen und ein immer länger werdender Kanal ständig ausgebaggert wurden, hatte Ephesos noch bis zum 6. Jahrhundert einen direkten Zugang zum Meer. Mit der endgültigen Verlandung des Hafens versiegte der Quell des Reichtums. Dies leitete den Verfall der Stadt ein, die sich durch den Raubbau an der Natur ihren eigenen Untergang bereitete.

182.1 **Der Untergang von Ephesos**

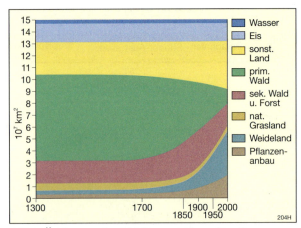

182.2 **Änderung der Flächenanteile weltweit**

8.10 Die Bedrohung des grünen Planeten

Seit ihrer Entstehung haben Pflanzen die Entwicklung des Planeten maßgeblich beeinflusst:
- durch die Produktion wichtiger Moleküle als Energieträger und Baustoffe,
- durch die Produktion von Sauerstoff, der die Zusammensetzung der Atmosphäre völlig veränderte und zusammen mit pflanzlichen Säuren und pflanzlicher Streu Verwitterung und Bodenbildung beschleunigte,
- durch die Bereitstellung von Rohmaterial für die Bildung von Lagerstätten fossiler Energieträger.

Mit der zivilisatorischen Entwicklung ist der Mensch zu einem vegetationsbestimmenden Faktor geworden. Während in den alten Kulturzentren (Vorderasien, Mittelmeerraum, China) die Veränderungen der Pflanzenwelt noch regional begrenzt waren, sind mit dem Anstieg der Weltbevölkerung und dem wachsenden Flächen- und Rohstoffbedarf seit Mitte des 19. Jh. immer größere Gebiete in immer kürzerer Zeit nachhaltig verändert worden. Heute gibt es kaum noch eine Region auf der Erde, die nicht direkt oder indirekt vom Menschen beeinflusst wird. Natürliche und naturnahe Flächen werden in dicht besiedelten Räumen immer geringer, treten meist nur noch inselhaft auf (Fragmentierung) oder sind ganz verschwunden (Abb. 182.2).

Brandrodung, Weidewirtschaft, Kahlschlag, Ackerbau, Verbauung sowie der Abfall- und Giftstoffausstoß führen meist zur allmählichen oder auch plötzlichen Zerstörung der ursprünglichen Vegetation (regressive Sukzession). Diese erfolgt in der Regel über mehrere Degradationsstadien und führt zur Veränderung der Artenzusammensetzung (Abb. 183.2).

DIE VEGETATION DER ERDE

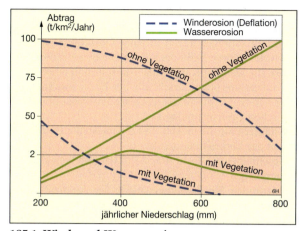

183.1 Wind- und Wassererosion

Weltweit sind heute durch menschliche Eingriffe etwa 20 % der Samenpflanzen, v.a. endemische Arten, vom Aussterben bedroht. Jede ausgestorbene Spezies bedeutet einen unwiederbringlichen Verlust an genetischen Ressourcen, zu deren Aufbau oft Millionen von Jahren nötig waren. Mit den Pflanzenarten sterben zugleich auch diejenigen Tierarten aus, die direkt von ihnen abhängig sind.

Da die Vegetation eine wichtige Rolle im Landschaftshaushalt spielt, hat ihre Degradation zudem weitreichende Auswirkungen auf das lokale Klima, die Bodenbildung, den Wasserhaushalt und die erosionsbedingte Veränderung der Region. Je schwerwiegender die Veränderungen sind, umso unwahrscheinlicher ist es, dass die Pflanzenwelt sich wieder selbst regeneriert (progressive Sukzession). Im Extremfall ist eine progressive Sukzession unmöglich und die Vegetationsentwicklung ist irreversibel gestört.

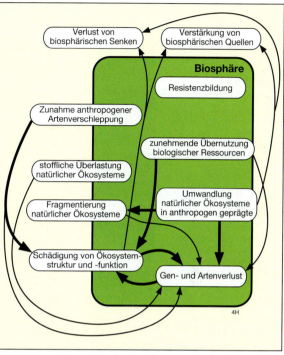

183.3 Trends und Wechselwirkungen in der Biosphäre

Aufgaben

1 Beschreiben Sie die Degradationsphasen der subtropischen Hartlaubwälder (Abb. 183.2).
2 Charakterisieren Sie die Trends und Wechselwirkungen in der Biosphäre (Abb. 183.3).
3 Erläutern Sie die Auswirkungen der in Abb. 182.2 dargestellten Prozesse auf die Biodiversität der Erde.
4 Beschreiben Sie den Einfluss der Vegetation auf die Intensität der Erosion (Abb. 183.1).

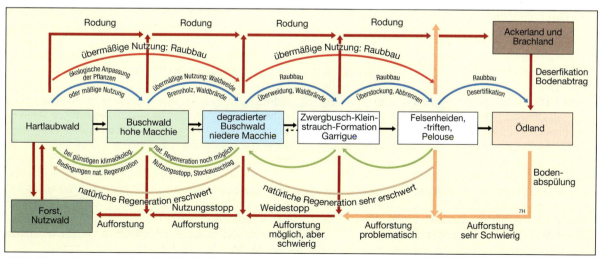

183.2 Degradationsstadien der Hartlaubvegetation

ANWENDEN & VERTIEFEN

Aufgaben

1 Die Kurven in Abb. 184.1 zeigen Messwerte, die an typisch sonnigen Tagen in einer Obstkultur ermittelt wurden. Kurve 1 gibt die potenzielle Evaporation wieder, die anderen Kurven die Transpiration eines Aprikosenbaums bei unterschiedlicher Bodenfeuchte.
Erläutern Sie die Messergebnisse unter ökophysiologischen Gesichtspunkten.

2 Erläutern Sie die in Abb. 184.2 dargestellte Besonderheit der Verbreitungsareale.

3 Beschreiben Sie die in Abb. 185.2 dargestellten Zusammenhänge.

4 Begründen Sie die Unterschiede der Artenzahl zwischen den dargestellten Gebirgen (Abb. 185.2).

5 Charakterisieren Sie das in Abb. 184.3 dargestellte Meridionalprofil.

6 Beschreiben Sie die Bedeutung der in Abb. 185.1 dargestellten Sachverhalte für die Forstwirtschaft und für die Schutzmaßnahmen im Zuge der Bekämpfung des Treibhauseffekts.

7 Zeigen Sie am Beispiel der Abb. 185.3 Rückkopplungseffekte zwischen der Vegetation und anderen Sphären dar.

8 Stellen Sie die für die Welternährung wichtigsten Nutzpflanzen Abb. 185.4 in einem Vortrag vor.

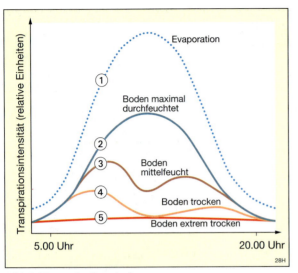

184.1 Transpirationsindex

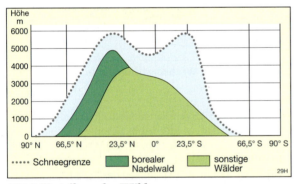

184.2 Verteilung der Wälder

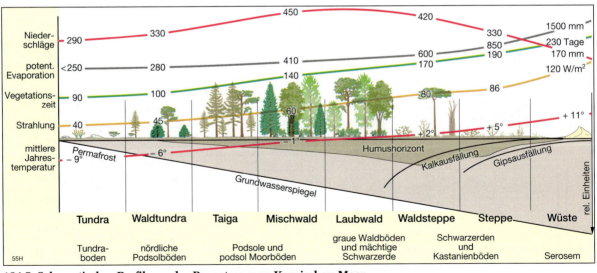

184.3 Schematisches Profil von der Barentsee zum Kaspischen Meer

ANWENDEN & VERTIEFEN

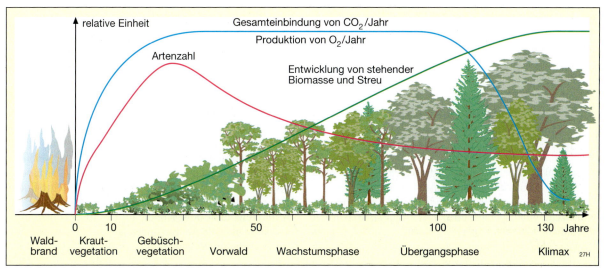

185.1 Sukzessionsstadien eines mitteleuropäischen Waldes

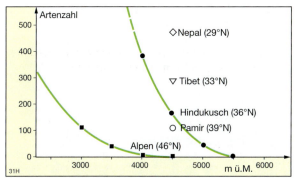

185.2 Artenzahl höherer Pflanzen

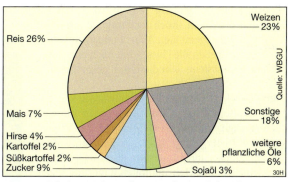

185.4 Wichtige Kulturpflanzen der Welternährung

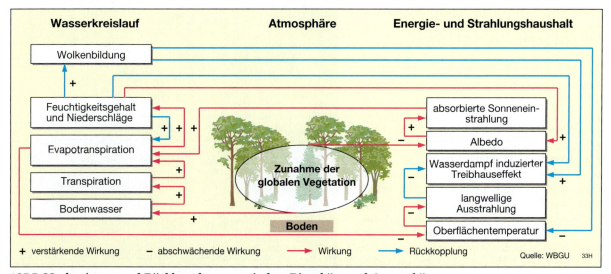

185.3 Mechanismen und Rückkopplungen zwischen Biosphäre und Atmosphäre

9 Die naturräumliche Gliederung Deutschlands

9.1 Die Großlandschaften Deutschlands

Etwa 400 Millionen Jahre Erdgeschichte haben ihre Spuren in Deutschland hinterlassen. Küstenräume und Hochgebirge, uralte Gebirge und jüngste Ablagerungen, vereinzelte Vulkangebiete und sogar zwei von Meteoriten geschaffene Einschlagkrater (Nördlinger Ries, Steinheimer Becken) sind die Elemente, aus denen die Naturräume Deutschlands bestehen. Sie werden zu drei Großlandschaften zusammengefasst: das Norddeutsche Tiefland (höchster Punkt: Fläming 201 m), die Mittelgebirgszone (höchster Punkt: Feldberg 1493 m) sowie das Alpenvorland und die Alpen (höchster Punkt: Zugspitze 2962 m). Der allgemeinen Abdachung nach Norden folgend, fließen alle Flüsse – mit Ausnahme des Donau-Flusssystems – in die Nord- oder Ostsee.

Der Bereich der Mittelgebirgszone stellt die älteste Großeinheit dar. Ihr Grundgerüst bilden Gebirgszüge, wie z. B. das Erzgebirge, das Rheinische Schiefergebirge oder der Schwarzwald. Sie entstanden im Erdaltertum als Hochgebirge und wurden durch Jahrmillionen dauernde Verwitterung und Abtragung zu flachwelligen Gebirgslandschaften (permische Rumpffläche). Zwischen den alten Gebirgsrümpfen bzw. an ihren Flanken liegen Berglandschaften mit unterschiedlich stark geneigten Schichten aus Festlands- oder Meeressedimenten des Erdmittelalters, wie z. B. das Weserbergland oder das Schichtstufenland. Darüber hinaus bilden Becken (z. B. Thüringer Becken) und Gräben (z. B. Oberrheingraben) oder Vulkanlandschaften (z. B. Vogelsberg) weitere Elemente dieser Landschaftseinheit.

Gegen Ende des Erdmittelalters, vor allem aber in der Erdneuzeit, wurde das Hochgebirge der Alpen an den Mittelgebirgsblock „angeschweißt". Durch die Kollision zweier Platten zerfiel der alte Mittelgebirgsblock zu einem Schollenmosaik unterschiedlich gehobener beziehungsweise abgesenkter Teile. In den Alpen sind aufgrund des jüngeren Alters noch die scharfgratigen Hochgebirgsformen erhalten. Zeitgleich entstand auch das vorgelagerte Alpenvorland.

Das Norddeutsche Tiefland weist die jüngsten Oberflächenformen auf. Die im Untergrund vorhandenen älteren Schichten wurden während der Kaltzeiten mehrfach vom skandinavischen Inlandeis überfahren. Mächtige Moränenablagerungen bilden daher das charakteristische Landschaftselement. Präglaziale Gesteine finden sich nur vereinzelt, zum Beispiel Buntsandstein auf der Insel Helgoland oder Kreide auf der Insel Rügen. Ausgedehnte glaziale Ablagerungen lassen sich aber auch im Alpenvorland beobachten.

Landschaftsverändernde Prozesse sind am besten an der Nord- und Ostseeküste zu beobachten. Durch Wellen und Wind werden die Küsten ständig umgestaltet.

186.1 Satellitenbild von Deutschland

DIE NATURRÄUMLICHE GLIEDERUNG DEUTSCHLANDS

Norddeutsches Tiefland (nahe Braunschweig)

Mittelgebirgszone (Rheinland-Pfalz)

Alpenvorland (Starnberger See)

Norddeutsches Tiefland
- Inseln und Marsch
- Jungmoränengebiet
- Altmoränengebiet
- Börden, Lösshügelland
- Urstromtal

Mittelgebirgszone
- Schichtstufenland und Bergland (Deckgebirge)
- Bruchschollengebirge mit Grundgebirge
- tertiäre Vulkangebiete
- Grabensenke

Alpen und Alpenvorland
- Schotterplatten und Tertiärhügelland
- Glazialablagerungen im Vorland
- Hochgebirge

187.1 Naturräume Deutschlands

Alpen (links die Zugspitze)

DIE NATURRÄUMLICHE GLIEDERUNG DEUTSCHLANDS

188.1 Moränenlandschaft

9.2 Das Norddeutsche Tiefland

Glazial geformtes Binnenland

Lediglich vereinzelt an die Oberfläche tretende Schichten älterer Gesteine, wie zum Beispiel der Buntsandstein Helgolands oder die Kreidefelsen auf Rügen, zeugen davon, dass sich tief unter dem heute reliefarmen Norddeutschen Tiefland einst mächtige Sedimentationströge aus mesozoischen Schichten befanden (Germanisches Becken); diese Tröge wurden im Tertiär mit Festlands- und Meeressedimenten verfüllt. An tief reichenden Verwerfungslinien konnten Zechsteinsalze aus dem ausgehenden Erdaltertum (Perm), die durch den gewaltigen Überlagerungsdruck plastisch geworden waren, aufsteigen und mächtige Salzstöcke bilden (z. B. Gorleben). Durch diese Salztektonik wurden auch einzelne isolierte Schollen (z. B. Helgoland) hochgepresst (vgl. S. 74 f.). An den Flanken der Salzstöcke finden sich häufig die im Tertiär gebildeten Erdöllagerstätten.

Fast alle älteren Strukturen wurden in der Erdneuzeit durch kaltzeitliche Ablagerungen überdeckt. Im Quartär (Abb. 57.1, 188.2) gab es mehrere Kaltzeiten, in denen die Jahresmitteltemperaturen in Mitteleuropa unter null Grad Celsius lagen. Durch den Temperaturrückgang sank die klimatische Schneegrenze um 1200 bis 1500 Meter, sodass sich zum Beispiel in Skandinavien zwei bis drei Kilometer dicke Inlandeismassen bilden konnten. Gletscher bewegten sich radial vom Vereisungszentrum weg, überfuhren das Norddeutsche Tiefland zum Teil bis an den Rand der Mittelgebirge und hinterließen nach ihrem Abschmelzen das mitgeführte Material: Eine wellige Moränenlandschaft entstand. Die einzelnen Kaltzeiten wurden unterbrochen von Warmzeiten (Interglazialen), in denen Norddeutschland eisfrei war. Das heutige Landschaftsbild setzt sich zusammen aus Ablagerungen der beiden letzten Kaltzeiten. Dabei drangen die Gletscher der Saale-Kaltzeit weiter nach Süden vor als die der jüngeren Weichsel-Kaltzeit.

Dadurch ergibt sich eine landschaftliche Zweiteilung in die südliche Altmoränenlandschaft und das nördliche Jungmoränengebiet.

In beiden Teilräumen findet sich oft eine typische Abfolge von Landschaftselementen, die sogenannte glaziale Serie: flache bis wellige Grundmoränen, höhere Endmoränen an den Eisrandlagen sowie die vorgelagerten, von Schmelzwassern geschaffenen Sanderflächen und die südlich sich anschließenden Urstromtäler (Abb. 189.1; vgl. S. 54 f.). Die Endmoränenwälle bilden markante Strukturlinien in der Landschaft; die sogenannten Landrücken weisen die höchsten Erhebungen im glazialen Formenschatz auf. Oft liegen mehrere Moränenwälle hintereinandergestaffelt, da es auch während der einzelnen Kaltzeiten Schwankungen des Gletscherstandes gab.

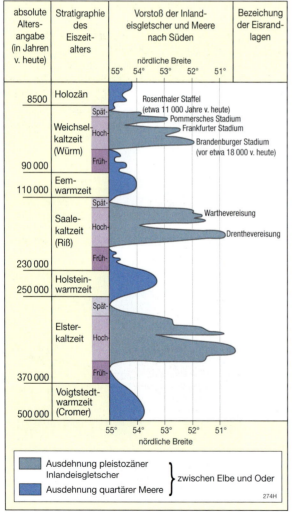

188.2 Kaltzeiten und Warmzeiten

DIE NATURRÄUMLICHE GLIEDERUNG DEUTSCHLANDS

Ein weiteres Strukturelement stellen die bis zu über 20 Kilometer breiten Urstromtäler dar. Sie entstanden als Abflussrinnen der Schmelzwasser und der aus Süden kommenden Flüsse, deren ursprüngliche Abflussrichtung durch die Gletscherfronten versperrt wurde; dadurch mussten sie parallel zum Eisrand fließend ihren Weg zum Meer suchen. Typisch für die heutigen großen Tieflandsflüsse wie die Elbe ist ein „Zickzackverlauf". Die Flüsse benutzten zunächst die Urstromtäler, konnten aber nach Abschmelzen des Eises durch Einschneiden in die Moränen in einem Teilstück der präglazialen Abdachung nach Norden folgen, bis das nächste Urstromtal vor einem Eisrand sie wieder zur Richtungsänderung zwang. Der Flusslauf besteht daher aus Urstromtalstrecken (etwa West–Ost) und Durchbruchsstrecken (Süd–Nord).

Trotz gleicher Genese unterscheiden sich aber Alt- und Jungmoränenland in vielerlei Hinsicht. Das Altmoränenland ist seit über 100 000 Jahren eisfrei. Exogene Kräfte (Verwitterung, Abtragung) veränderten in der folgenden Warmzeit (Abb. 188.2), vor allem aber während der Weichsel-Kaltzeit, das Relief ganz entscheidend. In der jüngsten Kaltzeit bildeten sich im eisfreien Gebiet (Periglazialgebiet) aufgrund der niederen Temperaturen Dauerfrostböden (Permafrostböden) mit 50 bis 250 Meter Mächtigkeit. Die sommerliche, wasserdurchtränkte Auftauschicht begann auch bei sehr geringer Hangneigung zu fließen (Solifluktion, vgl. S. 43), wobei bestehende Hänge abgeflacht und Hohlformen aufgefüllt wurden. Die Vegetationsarmut begünstigte das Bodenfließen. Vor allem wegen der zu niedrigen Sommertemperaturen war in den Kaltzeiten der Raum nördlich der Pyrenäen waldfrei. Die lange andauernden Verwitterungs- und Abtragungsprozesse führten im Altmoränenland zu einer weitgehenden Nivellierung des Reliefs.

Das Jungmoränenland dagegen wurde erst vor etwa 12 000 Jahren eisfrei und zeigt daher noch alle Merkmale jungglazialer Oberflächenformen mit einer stärkeren Reliefenergie und auffallend vielen Seen (Rinnenseen oder sogenannte Toteislöcher = Sölle), wie zum Beispiel in der Mecklenburger Seenplatte (vgl. Abb. 55.1).

Die agrarische Nutzung des Binnenlandes spiegelt die unterschiedliche Wertigkeit der Böden der einzelnen Teile der glazialen Serie wider. Am fruchtbarsten sind die kalkhaltigen Geschiebemergel des Jungmoränenlandes, die Böden des Altmoränenlandes sind dagegen bereits zu kalkarmen Geschiebelehmen degradiert und daher unfruchtbarer. Agrarisch minderwertige Standorte bilden die Podsolböden der Sanderflächen, auf denen man häufig ausgedehnte Nadelwaldbestände findet, und die Moor- und Gleyböden der Urstromtäler. Die feuchten Niederungen wurden erst seit der Zeit des Absolutismus durch Meliorationsmaßnahmen (Entwässerung) nutzbar gemacht; sie werden heute vorwiegend als Grünland genutzt.

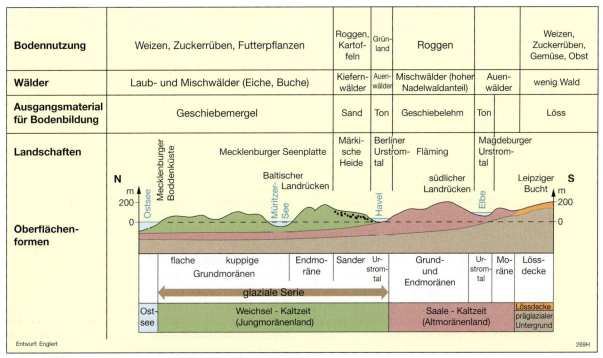

189.1 Schematisches Profil durch das Norddeutsche Tiefland

DIE NATURRÄUMLICHE GLIEDERUNG DEUTSCHLANDS

Die Nordseeküste

Die von der Nordsee und vom Ärmelkanal kommenden Gezeitenwellen gestalteten in den letzten Jahrtausenden die Strukturformen des Küstensaums. Im flach abfallenden Meeresboden vor der deutschen Küste werden die Brandungswellen schon vor dem Strand gebrochen. Bei nachlassender Wellenenergie bilden sich durch Sedimentation grober Sandpartikel noch im Meer strandparallele Wälle, die Riffe. Die gleichen Formen finden sich auch in Ufernähe. Diese Strandwälle fallen bei Ebbe trocken, sodass der Wind Sand verfrachten und zu Dünen aufhäufen kann.

Der breite Wattgürtel vor der deutschen Küste stellt eine einmalige Landschaft dar. Die landseitige Grenze des Watts, das sich nur an flachen Gezeitenküsten entwickelt, liegt bei der Linie des mittleren Tidehochwassers (MThw). Die Flutwellen lagern zunächst das grobkörnige Material ab, es bilden sich Strandwälle. Landeinwärts dieser Wälle werden – bei nachlassender Wellenenergie – die feineren Partikel wie Schluff und Ton abgelagert. Der durch zum Teil tiefe Rinnen (Priele) abziehende Ebbestrom führt nur einen Teil dieses Materials wieder ab, sodass das Watt mit der Zeit immer höher aufgeschlickt wird (Schlick = Schlamm).

Wenn das so vom Meer geschaffene Neuland vom mittleren Tidehochwasser nicht mehr erreicht wird, entsteht Marschland. Auf dem Marschboden siedelt sich eine Pioniervegetation an, deren Pflanzen (z. B. Queller) im salzhaltigen Milieu gedeihen können. Die Marsch wird lediglich bei Sturmtiden überflutet. Dabei wird das feine Sedimentationsmaterial teilweise an den Pflanzen abgesetzt, da diese die Strömungsgeschwindigkeit abbremsen. Marschland bildet sich vor allem an der Küste (Seemarsch), aber auch beiderseits von Flüssen im Einflussbereich der Gezeiten (Flussmarsch), z. B. an der Elbe bei Hamburg. Aufgrund der großen Fruchtbarkeit der Marschböden wurden diese Bereiche schon in vorhistorischer Zeit besiedelt, wobei die Siedlungen auf den relativ hochwassersicheren Strandwällen lagen. Ein verstärkter Meeresspiegelanstieg um die Zeitenwende führte dazu, dass diese Wohnplätze durch künstliche Hügel aus Erde und Grassoden erhöht werden mussten. Diese sogenannten Wurten oder Warften bilden auch heute noch die Vorposten der Besiedlung im Küstenbereich.

Während sich die durch Gezeiten oder Meeresspiegelschwankungen hervorgerufenen Prozesse der Küstenveränderung über sehr lange Zeiträume erstreckten, veränderten einzelne katastrophale Sturmfluten das Gesicht der Küstenlandschaften in kürzester Zeit. Die bislang folgenschwerste Sturmflut ereignete sich im Jahr 1362 („Große Mandränke"). Nordfriesland, das bis dahin zusammenhängende Festland aus Altmoränenmaterial (Geest) bzw. Marsch, wurde zerschlagen und in einzelne

Vor etwa 12 000 Jahren, gegen Ende der jüngsten Kaltzeit, war der südliche Teil der heutigen Nordsee Festland. Der Ärmelkanal existierte noch nicht, die Themse war ein Nebenfluss des Rheins. Seit dieser Zeit wurde die Küstenlinie als Grenzsaum zwischen Land und Meer ständig verändert. Diese Veränderungen beruhen im Wesentlichen auf drei Faktoren: den Meeresspiegelschwankungen, den Gezeiten und einzelnen Sturmflutereignissen.

Zur Zeit der maximalen Ausdehnung der Weichselkaltzeit lag der Meeresspiegel etwa 130 Meter tiefer als heute, da ungeheure Mengen von Wasser im Eis gebunden waren. Mit dem Abschmelzen der Eismassen nach der Kaltzeit stieg der Meeresspiegel rasch an, zum Teil bis zu zwei Zentimeter pro Jahr. Veränderungen des Meeresspiegelniveaus werden eustatische Meeresspiegelschwankungen bezeichnet. Da durch das Abschmelzen der bis zu drei Kilometer mächtigen skandinavischen Inlandeismassen der Eisdruck auf den geologischen Untergrund nachließ, wurde dieser Prozess von einem Anstieg des Landes und damit einer Veränderung der Küstenlinie begleitet (isostatische Meeresspiegelschwankung).

Nach der sogenannten flandrischen Transgression, die vor etwa 7000 Jahren begann und circa 2000 Jahre dauerte, erreichte die Nordsee durch die Vereinigung mit dem vorrückenden Atlantik auf der Höhe der niederländischen Insel Texel ungefähr ihre heutige Ausdehnung.

190.1 Die Entstehung der Nordseeküste

DIE NATURRÄUMLICHE GLIEDERUNG DEUTSCHLANDS

191.1 Nordseeküste

Inseln aufgelöst. So bilden die heutigen Halligen Reste des ursprünglich zusammenhängenden Marschlandes. Weitere Sturmfluten bildeten den Dollart, den Jadebusen und die Zuidersee in Holland. Die Zerstörung durch Sturmfluten betrifft nicht nur den unmittelbaren Küstensaum, sondern reicht oft weit in das Landesinnere.

Seit etwa 1000 n. Chr. versuchen Küstenbewohner, sich durch Deiche zu schützen. Die frühen Deiche waren schmal, nur wenige Meter hoch und mit einer steilen Außenböschung versehen. Die über die Jahrhunderte immer höher werdenden Hochwasserstände bei Sturmfluten erzwangen eine stetige Verbesserung der Küstenschutzmaßnahmen. Moderne Deiche haben eine Basisbreite bis 100 m, eine Höhe bis fast 9 m über dem mittleren Hochwasser und eine flache Außenböschung, die als Wellenbrecher dient. Dadurch haben sich seit 1962 trotz größerer Häufigkeit der Sturmfluten keine Flutkatastrophen ereignet.

Dem Meer wird auch heute noch mit großem Aufwand Land abgerungen, und durch umfangreiche Maßnahmen versuchen die Küstenbewohner, das bestehende Land zu schützen. Die natürliche Aufschlickung des Watts wird durch Lahnungen (lange Reihen von in den Wattboden getriebenen Pfählen mit Flechtwerk aus Reisig dazwischen) gefördert. Ab einer bestimmten Höhe wird das Neuland eingedeicht, sodass heute oft mehrere Deichreihen das Festland schützen. Das eingedeichte Land nennt wird Koog (Plural: Köge) oder Polder bezeichnet. Die meernahe junge Marsch liegt am höchsten; ihre Böden weisen einen hohen Kalkgehalt auf und eignen sich daher gut für Ackerbau. Die tiefere Lage der Altmarsch ist eine Folge langer Entwässerung und natürlicher Absetzbewegungen; die schon entkalkten grundwassernahen Böden dienen vorwiegend der Grünlandnutzung.

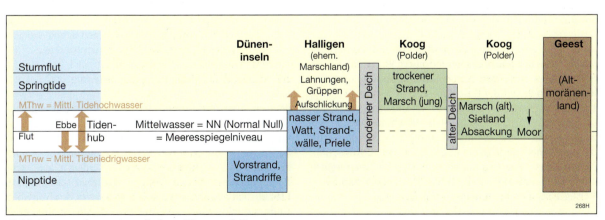

191.2 Formenelemente zwischen Meer und Geest

DIE NATURRÄUMLICHE GLIEDERUNG DEUTSCHLANDS

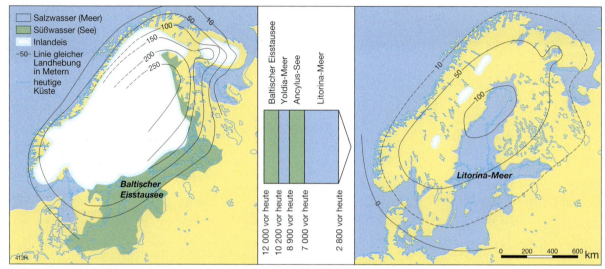

192.1 Die Entwicklung der Ostsee

Die Ostseeküste

Die Entwicklung der Ostsee begann gegen Ende der letzten Kaltzeit und vollzog sich in mehreren Etappen. Die Küstengestaltung erfolgte dabei im Wettlauf zwischen isostatischer Landhebung und Meeresspiegelanstieg.

Als der Eisrand nach Abschmelzen der randlichen Inlandeismassen auf der Höhe der Åland-Inseln nordöstlich von Stockholm lag, bildete sich in seinem Vorland der Baltische Eisstausee, ein großer Süßwassersee (Abb. 192.1). Da der Meeresspiegel damals noch etwa 90 m tiefer lag als heute, reichte eine Festlandsbrücke von Südschweden nach Dänemark, die den Zugang zum Weltmeer versperrte.

Das Yoldia-Meer entstand, als der Seewasserspiegel anstieg und im Bereich der südschwedischen Seenplatte eine Verbindung zum Meer fand. Später hob sich aber das skandinavische Festland stärker als das Meerwasser anstieg, sodass eine erneute Abschnürung vom Weltmeer zur Bildung der Ancylus-See führte. Die Küstenformen am Südrand der Ostsee sind das Ergebnis der Litorina-Transgression: Der Zugang des Litorina-Meeres erfolgte dieses Mal bei der Darßer Schwelle vor der deutschen Küste. Die Festlandsbrücke zwischen Dänemark und Schweden wurde überflutet und der Osten Dänemarks löste sich in einzelne Inseln auf.

Inzwischen war fast die ganze Inlandeismasse abgeschmolzen. Durch isostatische Landhebung wurde der Zugang zum Weltmeer immer schmaler, dadurch sank der Salzgehalt der Ostsee. Im Bereich des Bottnischen Meerbusens führt die anhaltende Hebung (heute fast 1 cm/Jahr) in dem flachen Meeresteil zu einer ständigen Verlagerung der Küstenlinie. Zum Ausgleich der Landhebung in Skandinavien erfolgte eine Landsenkung im südlichen Ostseebereich; die Trennlinie zwischen Hebung und Senkung (0-m-Linie) erreicht ihre südlichste Ausbuchtung vor der Odermündung (Abb. 193.1). Das durch die Landsenkung vorrückende Meer überflutete die jungglaziale Landschaft und gestaltete sie dabei um.

Als Ergebnis lässt sich die deutsche Ostseeküste heute in drei Abschnitte gliedern: die Fördenküste und Buchtenküste, die Boddenküste sowie die Ausgleichsküste.
Zungenbecken und Schmelzwasserrinnen bilden nach Meeresüberflutung Förden (z. B. Kieler Förde). Aus der welligen Moränenlandschaft entstehen in tiefer gelegenen Teilen flache Bodden, Erhebungen werden zu Inseln oder Halbinseln (vgl. auch Abb. 59.1).
Im Bereich der deutschen Ostseeküste herrscht eine westöstliche Strömung vor. Im Strömungsschatten z. B. von Inseln oder Halbinseln wird Feinmaterial abgelagert; es entsteht ein sogenannter Haken, der mit der Zeit zu einer lang gestreckten Nehrung anwachsen und die dahinterliegende Bucht abschnüren kann. Ein vormals zerlappter Küstenabschnitt wird dadurch begradigt – eine Ausgleichsküste ist entstanden. Abgeschnürte Meeresbuchten werden zu Süßwasserseen (Strandseen) oder vermooren.

Bei dem vorhandenen Wechsel von steilen und flachen Küstenabschnitten findet die marine Abtragung vorwiegend an Steilküsten (Kliffs) statt. Die Brandungswellen unterschneiden die Kliffs, das überhängende Material bricht nach, wird mit der Zeit immer mehr zerkleinert, schließlich verfrachtet und an anderer Stelle akkumuliert. Wenn der Wind die Wellen schräg auf den Strand auflaufen lässt, wird Feinmaterial in spitzem Winkel strandauf transportiert. Das zurückströmende Wasser dagegen fließt in direkter Linie zurück. Dieser zickzackförmige Materialtransport führt zu einer küstenparallelen Strandversetzung.

DIE NATURRÄUMLICHE GLIEDERUNG DEUTSCHLANDS

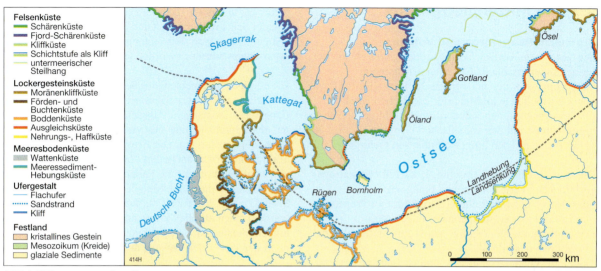

Felsenküste
- Schärenküste
- Fjord-Schärenküste
- Kliffküste
- Schichtstufe als Kliff
- untermeerischer Steilhang

Lockergesteinsküste
- Moränenkliffküste
- Förden- und Buchtenküste
- Boddenküste
- Ausgleichsküste
- Nehrungs-, Haffküste

Meeresbodenküste
- Wattenküste
- Meeressediment-Hebungsküste

Ufergestalt
- Flachufer
- Sandstrand
- Kliff

Festland
- kristallines Gestein
- Mesozoikum (Kreide)
- glaziale Sedimente

193.1 Küstentypen der Ostsee

Aufgaben

1 Bestimmen Sie die Lage der Endmoränen der einzelnen Kaltzeiten. Ordnen Sie die Urstromtäler einzelnen Kaltzeiten zu (Abb. 188.2, Atlas).
2 Beschreiben und begründen Sie die Landschaftsgliederung in Abb. 189.1.
3 Erklären Sie die Entstehung und die Nutzung der in Abb. 191.2 dargestellten Landschaftsteile.
4 Fassen Sie stichwortartig die Auswirkungen der drei Hauptkräfte zusammen, die für die Küstengestaltung maßgebend sind.
5 Abb. 192.1 zeigt ein frühes und ein spätes Entwicklungsstadium der Ostsee. Nennen Sie Unterschiede in Bezug auf den Küstenverlauf und skizzieren Sie Veränderungen in der Zeit zwischen beiden Stadien.
6 Entwerfen Sie ein Szenario der zukünftigen Küstenentwicklung im nördlichen und südlichen Ostseeraum. Beachten Sie dabei isostatische und eustatische Meeresspiegelschwankungen und berücksichtigen Sie mögliche Folgen des Treibhauseffekts (Abb. 193.1, Text).
7 Die Insel Rügen entstand aus verschiedenen kleinen Inseln. Begründen Sie.

193.2 Fördenküste (Kieler Förde)

193.3 Ausgleichsküste (Hiddensee)

DIE NATURRÄUMLICHE GLIEDERUNG DEUTSCHLANDS

9.3 Die Mittelgebirgszone

Bruchschollengebirge und Vulkane

Die tektonische Großstruktur Europas setzt sich aus vier Einheiten unterschiedlichen Alters zusammen:
- Ureuropa, d.h. der präkambrische Kern (Kraton) mit dem Baltischen Schild und der Russischen Tafel,
- Paläoeuropa mit den kaledonischen Gebirgen,
- Mesoeuropa mit den variskischen Gebirgen,
- Neoeuropa mit den jungen alpidischen Gebirgen.

Die deutsche Mittelgebirgsschwelle als Teil Mesoeuropas gliedert sich in drei geologische Bautypen:
- das durch die variskische Gebirgsbildung (Orogenese) im Erdaltertum entstandene Grundgebirge,
- das auflagernde Deckgebirge aus Sedimentschichten des Erdmittelalters und
- kleinere Vulkangebiete aus unterschiedlichen geologischen Zeiten.

Die variskische Orogenese begann vor etwa 380 Millionen Jahren (vgl. S. 10/11) und dauerte rund 100 Millionen Jahre an. In den Vortiefen der entstehenden Gebirge wurde unter anderem immer mehr Erosionsmaterial abgelagert, wobei die untersten Teile des Sedimentpakets bei zunehmender Schichtmächtigkeit durch hohen Druck und hohe Temperaturen zum Teil metamorph umgewandelt oder sogar aufgeschmolzen wurden (z.B. Schiefer, Gneise).

Die durch die Raumeinengung hervorgerufene Verdickung der Erdkruste führte schließlich zu einem Aufstieg des Orogens als isostatische Ausgleichsbewegung. Zeitgleich mit der Heraushebung des variskischen Hochgebirges setzte die Erosion ein. Der Erosionsschutt wurde in den Mulden und vor allem in den Vortiefen wieder abgelagert und zum Teil noch in die Faltung mit einbezogen – wie zum Beispiel die Steinkohleflöze im Ruhrgebiet (vgl. S. 76/77). In dieser Zeit starker tektonischer Aktivität konnten magmatische Massen an Störungslinien (Verwerfungen) aufsteigen. So entstanden die granitischen Plutone in der Tiefe oder Vulkane an der Erdoberfläche.

Bereits im Perm war das variskische Hochgebirge bis auf seine Wurzelbereiche zu einer flachwelligen Landschaft, der sogenannten permischen Rumpffläche, abgetragen. Während des Erdmittelalters wurde dieses Grundgebirge von Meeres- und Festlandssedimenten überdeckt (oft viele Hundert Meter mächtiges Deckgebirge).

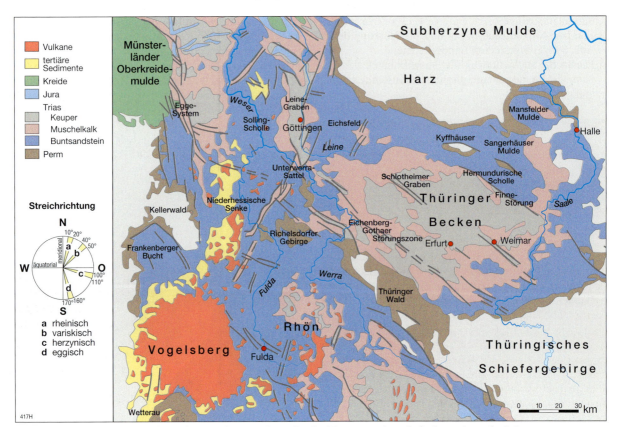

194.1 Tektonische und geologische Strukturen der Mittelgebirgszone (vereinfachter Ausschnitt)

DIE NATURRÄUMLICHE GLIEDERUNG DEUTSCHLANDS

Die heutige Struktur der Mittelgebirge entstand vor allem im Tertiär zur Zeit der Alpenbildung. Der variskische Gebirgsblock wurde durch Druck von Süden und Südosten (afrikanische Platte) sowie von Nordwesten (Trennung der nordamerikanischen und der eurasischen Platte entlang des Mittelatlantischen Rückens) gleichsam in einen Schraubstock eingespannt. Auf die mechanische Beanspruchung konnten die starren alten Gebirgsrümpfe nur durch Bruchtektonik reagieren. In einem spitzen Winkel zur Hauptdruckrichtung entstanden zahlreiche Verwerfungen, an denen einzelne Schollen gehoben, abgesenkt oder horizontal verschoben wurden. Zugleich wurden alte, variskische Störzonen reaktiviert. So ergibt sich ein Verwerfungsnetz, in dem drei Richtungen vorherrschen: die variskische (erzgebirgische, ca. NO–SW), die herzynische (ca. WNW–OSO) und die rheinische (ca. NNO–SSW). Die Längsachsen der Mittelgebirge sowie die Fließrichtung vieler Gewässer ordnen sich diesem System unter.

Die heutige Kleinkammerung der Mittelgebirgszone ist das Ergebnis dieser germanotypen/saxonischen Bruchtektonik. Hochschollen bilden Horste, in denen durch Abtragung des Deckgebirges oft der Rumpf des variskischen Gebirges die Oberfläche bildet; gekippte Gesteinspakete mit asymmetrischen Abdachungen werden Pultschollen genannt (z. B. im Erzgebirge). Am Rand oder zwischen diesen Hochgebieten liegen abgesenkte Becken oder Gräben (z. B. Eger-, Leinetal-, Oberrheingraben), in die Erosionsmaterial aus höher gelegenen Bereichen verfrachtet wird.

Zahlreiche Erdbeben- und Vulkangebiete sind an diese Verwerfungszonen gebunden. Besonders leicht konnte magmatisches Material dabei im Schnittpunkt verschiedener Störungslinien aufdringen. Der Vogelsberg, mit einem Durchmesser von fast 60 Kilometer etwa doppelt so groß wie der Ätna, ist der flächenmäßig größte Vulkan Europas. Wie die meisten Vulkane Deutschlands entstand er im Tertiär. Während die Basaltdecke des flach gewölbten Vogelsbergs eine Fläche von über 2000 Quadratkilometer bedeckt, blieben in anderen Vulkanlandlandschaften nach Abtragung des Lockermaterials oft nur die Vulkanschlote als Härtlinge erhalten. Vereinzelte vulkanische Aktivitäten ereigneten sich in der Mittelgebirgszone bis in die jüngste geologische Vergangenheit (spät- und postglazialer Vulkanismus in der Eifel, vgl. S. 26). Die vielen Thermalquellen entlang von Verwerfungen sind ein weiteres Indiz für die anhaltende Dynamik der Bruchtektonik. Die Hebungs- und Senkungsprozesse dauern an. So sinkt zum Beispiel der Oberrheingraben, der seit der Entstehung im Tertiär um etwa 5000 Meter in Staffelbrüchen gegenüber der benachbarten Hochscholle des Schwarzwaldes abgesunken ist, weiter ein.

195.1 Thüringer Becken

195.2 Vogelsberg

195.3 Rhön

DIE NATURRÄUMLICHE GLIEDERUNG DEUTSCHLANDS

196.1 Schichtstufe

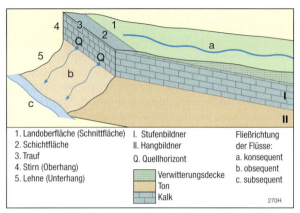

196.2 Idealprofil einer Schichtstufe

Das Deckgebirge

Alle Schichten des Deckgebirges wurden als Sedimente auf dem variskischen Grundgebirgssockel abgelagert. Die unterschiedlichen Ablagerungen (Kalk, Sand, Ton) erlauben Rückschlüsse auf die zur Zeit der Sedimentation herrschende Verteilung von Festland und Meer.

Die ältesten Ablagerungen stammen aus dem ausgehenden Erdaltertum (Perm). Sedimente des unteren Perms füllten die Mulden des variskischen Gebirges mit Abtragungsschutt der benachbarten Gebirgsschwellen. Das anschließend von Norden über das eingerumpfte und teilweise absinkende Grundgebirge eindringende Zechsteinmeer hinterließ als Eindampfungsrückstände mächtige Salzschichten vor allem in Norddeutschland.

Landschaftsbestimmend für große Bereiche der Mittelgebirgszone sind aber die Sedimente des Erdmittelalters. Während der etwa 150 Millionen Jahre dauernden mesozoischen Sedimentationszeit vom Buntsandstein (Trias) bis zur Kreide überwogen Meeresablagerungen.

Im Tertiär führte die durch die Alpenbildung ausgelöste Bruchtektonik zu einer Störung der ursprünglich horizontalen Lagerungsverhältnisse. In Hebungsgebieten wurden die Deckschichten aufgewölbt und bildeten Sättel (Antiklinalen), in Senkungsgebieten entstanden Mulden (Synklinalen). Diese Deformationen, bei denen die Sedimente in unterschiedlichen Winkeln gekippt wurden, lieferten die Voraussetzungen für die nachfolgende erosive Abtragung und das Herausmodellieren typischer Landschaftsformen, deren Grundtypus die Schichtstufenlandschaft darstellt.

Das Deckgebirge besteht aus einer Abfolge unterschiedlich widerstandsfähiger Sedimente in Wechsellagerung (Sandwichbauweise). Da bei Schrägstellung die Erosion verstärkt am herausgehobenen Teil ansetzt, werden die sogenannten morphologisch weichen, Wasser stauenden Partien (Ton, Mergel) zuerst ausgeräumt. Dieser Prozess wird unterstützt durch Quellaustritte an der Schichtgrenze zwischen dem auflagernden morphologisch harten, wasserdurchlässigen Gestein (Kalk, Sandstein) und dem weichen Gestein. Es entsteht eine markante Abbruchkante (Stufenstirn) im Bereich der harten Schichten, die somit zu Stufenbildnern werden. Der untere Teil der Stufe (Stufenlehne) dagegen hat eine konkave Form. Schichtstufen bilden sich durch diese selektive Erosion bei geringem Neigungswinkel (Schichtfallen) der Sedimente. Ein Beispiel dafür liefert das Südwestdeutsche Schichtstufenland (Abb. 197.2). Bei diesem Teil der weit gespannten Antiklinale mit Fortsetzung jenseits des Rheins wurden im Bereich der höchsten Heraushebung (Schwarzwald) alle Deckgebirgsschichten bereits abgetragen und der kristalline Rumpf freigelegt. Da durch die Erosion nicht nur immer ältere Schichten angeschnitten werden, sondern auch eine Rückverlagerung der Stufenstirn erfolgt, bilden nach Osten hin immer jüngere Schichten die Erdoberfläche.

In Schichtstufenlandschaften folgen die einzelnen Stufen aufgrund des flachen Einfallswinkels der Schichten in größerem Abstand aufeinander. Wurde das ursprüngliche Schichtenpaket durch tektonische Prozesse aufgewölbt (Antiklinale), ergibt sich durch selektive Erosion eine Schichtenfolge, in der die ältesten freigelegten Schichten im Zentrum liegen (z. B. Schwarzwald – Vogesen). In einer Synklinalstruktur dagegen bilden die jüngeren Schichten die zentrale Symmetrieachse (z. B. Pariser Becken).

Fallen die Schichten steil ein, entsteht eine sägezahnartige, dichte Abfolge von Schichtkämmen, wie am Nordrand der Mittelgebirgszone. Die starke Verstellung der Schichten wurde nicht nur durch die Hebung von Grundgebirgsschollen verursacht. Einen maßgeblichen Anteil hatte die Salztektonik; vor allem die entlang von Verwerfungen hoch aufsteigenden Salzstöcke aus Zechsteinsalzen bewirkten eine zusätzliche Deformation des Schichtgefüges.

DIE NATURRÄUMLICHE GLIEDERUNG DEUTSCHLANDS

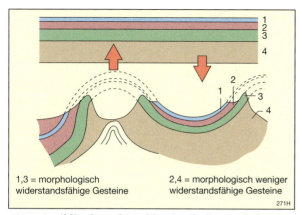

197.1 Antiklinal- und Synklinalstufenlandschaft

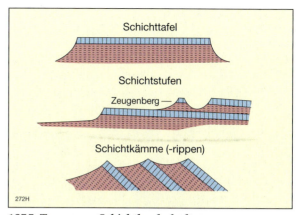

197.3 Typen von Schichtlandschaften

Aufgaben

1 Ordnen Sie die variskischen Gebirge Mitteleuropas den Hauptstreichrichtungen zu (Abb. 194.1, Atlas).
2 Große Teile der Grundgebirge bestehen aus Plutoniten und Metamorphiten. Erklären Sie die Entstehung dieser Gesteine und die Tatsache, dass sie heute verbreitet die Landoberfläche bilden.
3 Nennen Sie die Formen der Bruchschollentektonik (Text). Suchen Sie jeweils Beispiele in ihrem engeren Heimatraum oder in Deutschland (Atlas).
4 Beschreiben Sie die Entstehung unterschiedlicher Landschaftsformen im Deckgebirge (Abb. 197.3, Text).
5 Nennen Sie Beispiele für Synklinal- und Antiklinalstufenlandschaften in Europa (Abb. 197.1, Atlas).
6 Erklären Sie die unterschiedliche Wertigkeit der Teillandschaften im Südwestdeutschen Schichtstufenland (Abb. 197.2). Vergleichen Sie die Ergebnisse mit anderen Landschaften in Deutschland mit gleichem geologischen Untergrund (Atlas).

	Buntsandstein (1)	Muschelkalk (2)	Keuper (3)	Lias (4)	Dogger (4)	Malm (5)
Fazies	vorw. terrestrisch rote Sandsteine und Konglomerate ob. Bunts.: Tonsteine (Röt)	marin Kalksteine, Mergel, Tone, Salz; weitflächig Lössauflage	vorw. terrestrisch Mergel, grünliche Sandsteine, Gips, Ton	marin: bituminöse Schiefertone +Mergel +Kalkbänke	vorw. marin dunkle Tone, Kalksandsteine, Eisensandsteine	marin v.a. helle Kalke
morphologische Besonderheiten	Kastentäler zwischen flachen Bergrücken („Sargdeckel")	canyonartige Täler, Trockentäler, Karsterscheinungen	Ton: Muldentäler Sandstein: Kastentäler	Tone sehr rutschfreudig		höchste Stufe: Albtrauf. Karsterscheinungen
Gewässernetz	v.a. im oberen Buntsandstein dichtes Gewässernetz	wenig dicht auf Kalk; dichter auf Mergel/Tonen	rel. dicht wegen wasserstauenden Ton- und Mergelhorizonten	rel. dicht in tonigen Bereichen		kaum Oberflächengewässer wegen Kalk, wasserarm
Böden	vorw. saure Podsolböden mit Ortstein; tonige Böden auf Röt	basisch, nährstoffreich; fruchtbare Braunerden auf Löss	Podsole auf Sand, schwere Böden auf Ton	dunkle, tonigmergelige Böden	Sand- und Tonböden	flachgründige, steinige Böden
Vegetation	Nadelwald, z.T. Moore	Mischwald	Ton: Grünland Sand: Nadelwald	Wälder und Wiesen je nach Untergrund		vorw. Laubwald; Wacholderheiden
landwirtschaftl. Nutzung	Ackerland nur auf tonigen Böden (Röt)	vorw. Ackerland	Ackerland auf Ton- und Mergelböden	Ackerland, Obstwiesen		Ackerland
Rohstoffe	Bausandsteine	Bausteine, Gips, Salz (Endung „-hall" in Ortsnamen), Solquellen	Bausteine, Gips	Ölschiefer; Heilquellen	Eisenerze	Bausteine, Kalk für Zement
Besiedlung	vorw. spätmittelalterliche Rodeperiode, Einzelhöfe. Röt: frühmittelalterliche Rodungsinseln, Waldhufendörfer	Altsiedelland, Haufendörfer	vorw. ab Hoch- und Spätmittelalter	Altsiedelland Haufendörfer		Altsiedelland, Haufendörfer

Entwurf: Englert

197.2 Südwestdeutsches Schichtstufenland: Natur- und Kulturraum

198.1 Tertiärhügelland (Hallertau)

198.2 Jungmoränenland (am Starnberger See)

198.3 Ältere Schotterebene (an der Iller)

9.4 Das Alpenvorland und die Alpen

Das Alpenvorland

Nach dem Kastilischen Hochland in Spanien ist das Alpenvorland mit durchschnittlich 500 Metern die zweithöchste Hochfläche Europas. Sein deutscher Anteil erstreckt sich wie eine riesige schiefe Ebene vom Alpenrand zur Donau. Sie wird im Westen durch den Hegau, im Osten durch die Inn-Salzach-Linie begrenzt und umfasst folgende Teilräume:
- das flachwellige Tertiärhügelland,
- die den Gebirgsrand girlandenförmig umgebenden Vereisungsgebiete der vorletzten Kaltzeit (Altmoränenland) und letzten Kaltzeit (Jungmoränenland),
- die ausgedehnten pleistozänen Schotterebenen.

Südlich der Donau tauchen die Jurakalke der Schwäbisch-Fränkischen Alb steil ab und bilden den Untergrund einer lang gestreckten Gebirgsvorlandsenke. Sie ist mit dem allgemein als Molasse bezeichneten tertiären Abtragungsschutt der Alpen verfüllt. Je nach Transportstrecke handelt es sich um grobe oder feine, zum Teil zu Konglomeraten („Nagelfluh") oder Sandstein verfestigten Sedimenten, die wechselweise im Meer und Süßwasser abgelagert wurden (Meeres- bzw. Süßwassermolasse). Durch Hebung dieser Tertiärschichten vor etwa sieben Millionen Jahren entstand im Nordosten des Alpenvorlands das heute waldarme, durch Lössanwehung fruchtbare Tertiärhügelland Niederbayerns, das zusammen mit den ebenfalls lössbedeckten Schotterflächen des Dungaus entlang der Donau die Kornkammer Bayerns bildet.

Nordwestlich des Bodensees wird die Molasse überragt von den Hegau-Vulkanen, die Ende des Tertiärs die gesamten Ablagerungen durchstoßen hatten. Der ihre Basaltschlote einst umhüllende Tuffmantel blieb jedoch nur im „Eisschatten" erhalten, als während der Riss-Kaltzeit der Rheingletscher das Vorland überfuhr, das tektonisch angelegte Bodenseebecken vertiefte und bis zum Rand der Schwäbischen Alb vorstieß.

Wie beim Rheingletscher erreichten auch die nachfolgenden würmkaltzeitlichen Eiszungen des Iller-Lech-, Isar-Loisach-, Inn-Chiemsee- sowie des Salzachgletschers die Endmoränenzüge der vorangegangenen Riß-Kaltzeit nicht mehr. Das alpennahe Jungmoränenland mit zahlreichen, zum Teil verlandeten Zungenbeckenseen, kuppigen Grundmoränen, Drumlins und bewaldeten Endmoränenzügen wird daher im Norden von einem schmalen Altmoränengürtel umsäumt. Das Relief ist hier weitaus eingeebneter, die ehemaligen Seen verlandet und vermoort und die Bodenverhältnisse durch Lössanwehungen für Ackerbau geeigneter.

DIE NATURRÄUMLICHE GLIEDERUNG DEUTSCHLANDS

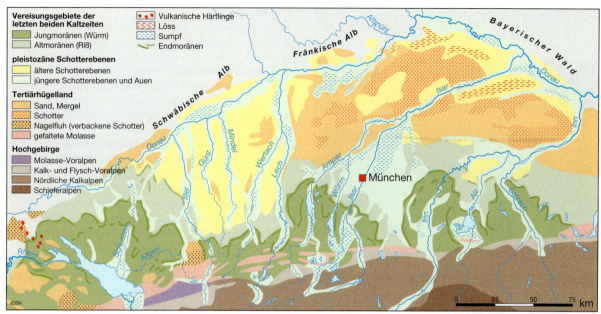

199.1 Alpenvorland und Alpen

Nördlich des ehemals vergletscherten Gebietes erstrecken sich riesige fluvioglaziale Schotterebenen. Diese wurden durch die Sohlentäler der zur Donau entwässernden Flüsse zerschnitten und es entstanden lang gezogene Bergrücken, sogenannte Riedel. Anhand der ineinander verschachtelten Terrassen gelang dem deutschen Geographen A. PENCK Ende des 19. Jahrhunderts hier erstmals der Nachweis eines mehrfachen Wechsels von Kalt- und Warmzeiten während des Pleistozäns: Während der Kaltzeiten war die Transportkraft der Flüsse gering, es erfolgte eine Aufschotterung. Während der sich jeweils anschließenden Warmzeiten wurden aufgrund hoher Schmelzwasserführung diese Ablagerungen teilweise zerschnitten. So entstand eine charakteristische Abfolge unterschiedlich alter Terrassen (Abb. 199.2). Wie im Moränenland liefern die älteren Terrassen gute Ackerböden, während die jüngeren im Süden mit trockenen Nadelwäldern (z. B. Ebersberger Forst), weiter nördlich mit Heide bewachsen sind (z. B. Lechfeld).

Nach Norden werden die Schotter geringmächtiger. Das sich auf dem tertiären Untergrund stauende Grundwasser tritt daher aus und bildete ursprünglich große, inzwischen aber weitgehend kultivierte Moore, schwäbisch als Ried, bayerisch als Moos bezeichnet (z. B. Dachauer Moos, Erdinger Moos).

Das Tal der Donau als nördliche Grenze des Alpenvorlands ist gekennzeichnet durch einen Wechsel von vermoorten breiten Flussabschnitten mit Grundwasservorräten (z. B. Donau-Ried, -Moos) und engen, epigenetisch entstandenen Durchbrüchen durch die Ausläufer der Alb bzw. des Bayerischen Waldes (z. B. Weltenburger Durchbruchstal).

Charakteristisch für das Klima des Alpenvorlandes sind die alpenwärts zunehmenden Steigungsniederschläge sowie die kontinentale Ausprägung der Temperaturverhältnisse. Letztere resultiert aus der relativen Meeresferne, der Höhenlage sowie der Klimascheide der Alpen, die die Zufuhr warmer subtropischer Luftmassen ebenso behindert wie den Abfluss von Kaltluftmassen. Schauertätigkeit und Kälteperioden dauern in Südbayern daher länger als in alpenferneren Gebieten. Zusammen mit dem häufigen, bis weit ins Vorland spürbaren Föhneinfluss und die besonders in Alpennähe starke Gewittertätigkeit ergibt sich so ein gegensatzreiches, raues Reizklima mit Wetterstürzen zu jeder Jahreszeit.

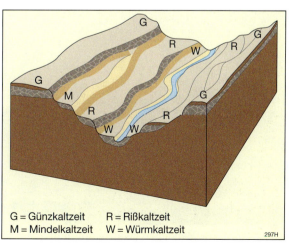

199.2 Terrassenabfolge im Alpenvorland

Die Alpen

Der zu Deutschland gehörende Teil der Alpen lässt sich in mehrere schmale, nicht durchgehend ausgebildete, etwa West-Ost-verlaufende Gebirgsketten gliedern, die sich in Höhe und Formenschatz unterscheiden. Dies ist zurückzuführen einerseits auf die Deckentektonik und den verschiedenen Aufbau der Decken, andererseits auf die intensive kaltzeitliche Vergletscherung und fluviatile Erosion.

Die äußerste und mit maximal 1800 Meter niedrigste, dem Gebirge zuletzt angegliederte Zone sind die teilweise noch mit Moränen bedeckten, fast durchweg bewaldeten Hügel der Molasse-Voralpen. Sie bestehen im Allgäu aus bis zu fünf parallel zum Gebirgsrand streichenden Mulden- und Sattelstrukturen, die durch Faltung aus dem Abtragungsschutt (Mergel, Ton, Sandstein, Konglomerat) des sich hebenden Alpenkörpers entstanden sind.

200.1 Molasse-Voralpen (Allgäu bei Immenstadt)

Die südlich folgende Zone der bis 2000 Meter aufragenden Kalk-Voralpen besteht aus kreidezeitlichen Sedimenten der Schelfbereiche Ureuropas („Helvetikum"), die auf die Molasse überschoben wurden. Ihre einfachen Faltenstrukturen spiegeln sich am Hohen Ifen und dem verkarsteten Gottesackerplateau wider (Abb. 201.1).

Auch die Flysch-Voralpen besitzen im Allgäu ihre größte Breitenausdehnung. Der Flysch entstand aus feinkörnigen, wassergesättigten Sedimenten an Schelfrändern, die – durch Erdbeben ins Rutschen gebracht – als gewaltige Schlammlawinen (Trübeströme) den Kontinentalabhang hinabrasten und in der Tiefsee abgelagert wurden. Da die mächtigen, tonig-sandigen Schichten leicht verwittern und abgetragen werden, zeigen die bis 2037 Meter (Fellhorn) hohen Flysch-Voralpen wie ein Mittelgebirgsrelief weiche, gerundete Formen. Sie sind bis auf die Höhen bewaldet oder tragen als „Grasberge" saftige Almen.

200.2 Flysch-Voralpen (Fellhorn)

Erst südlich der Flyschzone beginnt mit den Nördlichen Kalkalpen (Kalkalpin) das eigentliche, über die Wald- und Schneegrenze aufragende Hochgebirge. Es besteht aus mehreren gefalteten und teilweise übereinandergeschobenen Decken (Kalkalpine Randschuppe, Allgäu-, Lechtal-, Inntal-, Hallstätter-, Reiteralmdecke) von meist kalkig-mergeligem Charakter, abgelagert auf ursprünglich afrikanischer Kruste. Die Erosion hat aus den mächtigen erdmittelalterlichen Kalk- und Dolomitschichten spitze Gipfel und steile Wände geformt, während die tonig-mergeligen Gesteine Hangverflachungen, Einsattelungen und Geländemulden bilden. In ihrem westlichen Teil bilden die deutschen Kalkalpen einzelne, steil stehende Ketten (Wetterstein-, Karwendelgebirge). Im Osten, wo das Kalkalpin auch den Alpenrand bildet, hat die flachere Lagerung die Entwicklung klotziger Gebirgsstöcke mit verkarsteten Gipfelplateaus gefördert (Berchtesgadener Alpen).

200.3 Nördliche Kalkalpen (Watzmann in den Berchtesgadener Alpen)

DIE NATURRÄUMLICHE GLIEDERUNG DEUTSCHLANDS

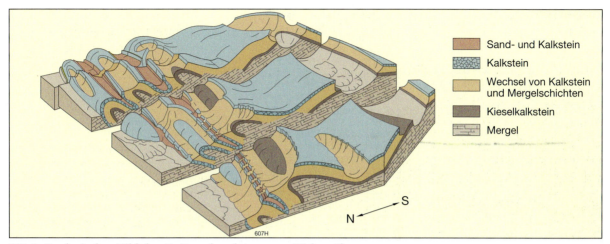

201.1 Geologisches Bild des Gottesackerplateaus am Hohen Ifen

Aufgaben
1 Charakterisieren Sie die Oberflächenformen sowie die geologische Struktur des Gottesackerplateaus (Abb. 201.1).
2 Zu welcher tektonischen „Baueinheit" der deutschen Alpen gehört das Gottesackerplateau (Text)? Nennen und charakterisieren Sie die anderen „Baueinheiten".
3 Erklären Sie den Begriff „Deckentektonik".
4 Beschreiben Sie die in Abb. 201.2 dargestellten Vorgänge sowie die Bildung der damit verbundenen Gesteinsschichten.
5 Beschreiben Sie die Entstehung der Deckenstruktur der deutschen Alpen (Abb. 201.2).
6 „Einige Berge Bayerns gehören geologisch gesehen zu Afrika." Begründen Sie diese Aussage.

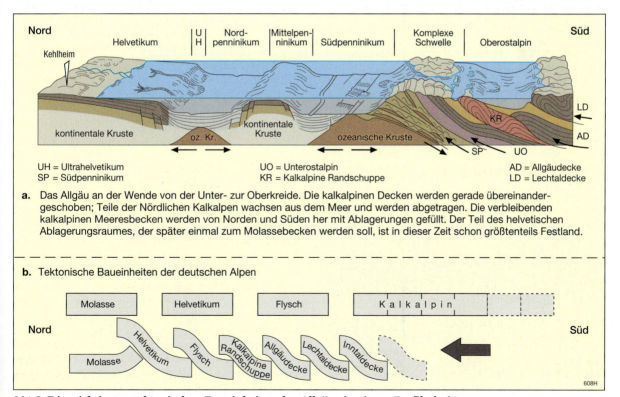

a. Das Allgäu an der Wende von der Unter- zur Oberkreide. Die kalkalpinen Decken werden gerade übereinandergeschoben; Teile der Nördlichen Kalkalpen wachsen aus dem Meer und werden abgetragen. Die verbleibenden kalkalpinen Meeresbecken werden von Norden und Süden her mit Ablagerungen gefüllt. Der Teil des helvetischen Ablagerungsraumes, der später einmal zum Molassebecken werden soll, ist in dieser Zeit schon größtenteils Festland.

b. Tektonische Baueinheiten der deutschen Alpen

201.2 Die wichtigsten tektonischen Baueinheiten des Allgäus in einem Profilschnitt

ANHANG

Register

A

Abfluss 47, 51, 134
Ablagerung 44, 67
Ablagerungsgestein 66 f.
  - mechanisch 66
  - chemisch 66
  - biogen 66
Abrasionsplattform (Schorre) 58
Abschuppung 40
absolute Feuchte 92
Acrisol 148
Adhäsion 142, 144
Advektion 117
Aerosol 128
Afar-Senke 23
Aggregatzustand 5, 68
Akkretionskeil 31
Akkumulation 46
Albedo 57, 86, 127
Alpen 27, 32 f., 186 f., 198, 200 f.
  - Kalkalpen 200
  - Voralpen 198, 200
Alpenbildung 32 f., 201
Alpenvorland 186 f., 198 f.
alpidische Gebirgsbildung 10
alpine Stufe 180
Alter Schild 80
Altmoränenland 189, 198 f.
Ammonifikation 69
Anatexis 66
Ancylus-See 192
Andesit 25, 66
Andosol 148
Antezedenz 49 f.
Antiklinale (Sattel) 28, 78, 196
Antipassat 110
Antizyklone 96, 100, 102
äolische Sedimente 60
äquatoriale Tiefdruckrinne 101, 110
äquatoriale Westwinde 111
arid 120, 121, 144
Asphalt 66
Asthenoshäre 14, 16
Atmosphäre 5, 7 ff., 68, 82 f., 90, 126, 128, 130
atmosphärische Zirkulation 98 ff.
Atoll 38
Aulakogen 81
Ausgleichsküste 192
Australis 157

B

Baltischer Eisstausee 192
Bändererze (Itabirite) 9, 73
Barrentheorie 74
Basalt 13, 19, 23, 25 f., 28, 31, 42, 66, 198
Bauernregel 108
Baum-Gras-Konkurrenz 163
Bauxit 73
Beaufort-Skala 96
Beleuchtungszone 87

Bergrutsch 43
Bergsturz 43, 48
Bernstein 66
Biosphäre 5, 68, 83
Black Smoker 81
Boddenküste 59, 192
Boden 136 ff., 155
  - zonale Böden 148
  - intrazonale Böden 148
Bodenart 137
Bodenbildung 136 ff., 144 f., 154
Bodeneigenschaften 137
Bodenerosion 152, 155
Bodenfließen (Solifluktion) 43, 53, 189
Bodenfruchtbarkeit 142 f., 153
Bodenhorizont 138, 140 f.
Bodenkriechen 43
Bodenlösung 142, 153 f.
Bodenluft 143, 154
Bodenorganismen 136
Bodenprofil 136, 140, 154
Bodenschädigung 153 f.
Bodenskelett 138
Bodentyp 140, 144, 148 ff.
Bodenverdichtung 153
Bodenversalzung 153
Bodenwasser 143 f.
Bodenwetterkarte 104
Bodenzonen 144
Bodenzusammensetzung 136
Bohrkerne 19
Bora 109
borealer Nadelwald 166, 169
Brandungshohlkehle 58
Braunerde 145, 150, 154, 166
Brechungsgesetze 13

C

Caldera 24, 26
Canaleküste 59
Canyon 44 f.
Capensis 157
Chamaephyten 162
Chamsin 109
Cirrus 94 f.
CO_2 (Kohlenstoffdioxid) 8 f., 62, 68 f., 126, 128 ff., 137
Coriolisablenkung („Corioliskraft") 70, 98
Cumulus 94 f.
Cyanobakterien 9, 69

D

D"-Schicht 14, 17
Dammuferfluss 44 f.
Decke 28 f., 32 f., 200 f.
Deckenfaltengebirge 28, 32, 34
Deckgebirge 34, 75, 194, 196 f.
Deflation 60
Degradation 152
Delta 45, 51, 65, 73
Deltaküste 59
Denitrifikation 69
Denudation 44

Deposition 93
Destruent 138
Detersion 54
Detraktion 54
Diagenese 66
Diapir (Salzstock) 73, 75, 78
Dichteanomalie 9
Diorit 25, 66
Dipolcharakter 41
Diskontinuitätszonen 13 f.
Divergenz 16, 21
Doline (Lösungs-, Einsturz-) 62 f.
Dornsavanne 171
Druckentlastung 40
Drumlin 54, 198
Düne 161
Durchbruchstal 49, 199
dynamische Hoch- und Tiefdruckgebiete 100

E

Eisen 8, 14, 25, 42, 73
  - Brauneisen 42
  - Eisenerz 73
  - Eisenoolith 73
  - Roteisen 42
Eiszeit (Kaltzeit, Glazial) 56, 62, 126
Ekliptik 127
El Niño 114, 129
El-Niño-Phänomen 115
endemische Arten 157
Endmoräne 52, 189, 198
endogen 5, 12 ff., 31, 40
Energieaustausch 5
Energieungleichgewicht 5
ENSO (El Niño Southern Oscillation) 114
Epigenese 49, 81, 199
Epiphyten 167
Epirogenese 15
Erdachse 127
Erdbeben 12, 16, 22, 27
Erdbebenwellen 11, 13
Erdbebenzonen 12
Erdgas 9, 68, 80 f., 126
Erdkern 8, 13 f.
Erdkruste 13 f., 25, 38, 66, 136, 201
Erdmantel 13 f., 25
Erdöl 9, 66, 68, 80 f., 126
Erdölfalle 78
Erdrutsch 43
Erdzeitalter 10
Ergussgestein (Vulkanit) 25, 66 f.
Erosion 5, 44, 66 f., 152
  - rückschreitende Erosion 45
  - Seitenerosion 44
  - Tiefenerosion 45, 47
Erosionsbasis 48
Erosionswaffen 45, 48 f.
Erstarrungsgestein (Magmatit) 66 f.
Erz 9, 72
Erzgang 72
Erzlagerstätte 72, 80
Erzschlamm 81
Etesien 109

202

ANHANG

eustatische
 Meeresspiegelschwankung 190
Evaporation 134
Exaration 54
exogen 5, 31, 40, 68
Exosphäre 91
Exzentrizität 56, 57

F

Fahlerde 150
Falte 28, 34, 200
Faltengebirge 28, 31 f.
Feldkapazität 143
Feldspat 42
Ferrallitisierung 141, 144
Ferrasol 148
Ferrelzelle 101
feuchtadiabatischer
 Temperaturgradient 92
feuchtlabile Schichtung 93
Feuchtsavanne 170
feuchtstabile Schichtung 93
Feuer (ökologische Faktor) 169
Findling 54
Fjordküste 59
Flächenspülung 47
Flachküste 58
Flachmuldental 47
Flandrische Transgression 58
Florenreiche 157
Flöz 76
Fluss 44 ff., 72, 199
 - Längsprofil 45, 48
 - Einzugsgebiet 46
 - Terrassen 46, 198, 199
 - Aue 46
Flussmarsch 190
Flysch 33, 200 f.
Föhn 92, 109, 199
Föhnmauer 93
Fördenküste 59, 192
Fotosynthese 9, 126, 159
Fremdlingsfluss 46
Frostkeimer 174
Frosttrocknis 180
Frostverwitterung, -sprengung 32, 40
fühlbare Wärme 85

G

Gabbro 25, 66
Galaxie 7
Ganggestein 66
Gashydrat 79, 127
Gebirge 20, 80
Gebirgsbildung 5, 10 f., 16, 29 f.,
 32 ff., 66, 127
Gebirgswurzel 15, 29
Geest 190
Gegenstrahlung 85, 127 f.
Geologische Orgel 62
Geologisches Fenster 29
Geophyten 177
Geosphäre 5
geothermischer Gradient 12
Germanisches Becken 188

Geröll 44
Geschiebe 54
Gestein 66, 68, 137 ff.
 - Ablagerungs- 66
 - Erstattungs- 66
 - Locker- 66
 - Umwandlungs- 66
Gesteinskreislauf 66
Gewitter 94
Glazial (Kaltzeit, Eiszeit) 56, 62, 126, 198 f.
Glaziale Serie 54, 188 f.
Gleithang 44 f.
Gletscher 52 f., 126, 131, 198
Gletschereis 75
Gletschermassenbilanz 128
Gletscherschrammen 54
Gletscherspalte 53
Gletschertor 52
Gletscherzunge 48, 52, 55
Gley 150, 154
Globalstrahlung 84 f.
Glossopterisfarn 20
Goethit 42
Gold 73
Golfstrom 71, 125, 131
Gondwana 36, 80
Graben, -bruch 18, 22, 28, 34, 81
Gradientkraft 96 ff.
Granit 25, 32, 66 f., 72, 137
Graupel 95
Gravitation 15, 18, 44
Great Plains 172 f.
Großwetterlage 106
Grundgebirge 34, 194 f.
Grundmoräne 52, 189, 198
Grundwasser 46, 140, 199
Günz-Kaltzeit 199

H

Hadleyzelle 101, 110
Haff-Nehrungsküste 59
Hagel 95
Haken 192
Hallig 191
Halophyten 177
Hämatit 42
Hängetal 53
Hangkriechen 43
Hang-Tal-Windsystem 97
Hartlaubgewächse
 (Sklerophyten) 178 f., 183
Heide 152
Helvetikum 32 f., 200 f.
Hemikryptophyten 162
HESS 18
Himalaya 30 f.
Hochdruck 96
Hochgebirge 32, 34, 128, 131, 200
Höhenstufen 180 f.
Höhenwetterkarte 104
Höhle 62
Holarktis 157
Horst 34, 195
Hot Spot 17, 21 ff., 38

humid 120 f., 145
Humifizierung 139 ff.
Huminsäure 42
Huminstoff 139 f., 143
Humus 137 f., 144, 154
Hundertjähriger Kalender 108
Hurrikan 116
Hydratationsverwitterung 40
Hydrolyse 42, 73, 137, 139, 142
Hydrosphäre 5, 83
hygrische Jahreszeit 178
Hypozentrum 12
hypsographische Kurve 15

I/J

Idealkontient 164
Illit 138
immergrüner tropischer
 Regenwald 166 f.
Infrarotstrahlung 5
Inkohlung 76
Inlandeis 54
Innertropische Konvergenzzone
 (ITC) 101, 111 f.
Inselberg 47
Inselbogen, -ketten 16, 23, 31
Interglazial (Warmzeit) 56, 126, 199
Intrusion 16
Inversion 93
Isobare 96
Isostasie 15, 29, 32
isostatische
 Meeresspiegelschwankung 190
Itabirite (Bändererze) 9, 73
Jahreszeit 125
Jahreszeitenklima 88
Jetstream 99
Jungmoränenland 189, 198 f.
Jura 10, 32, 49

K

kaledonische Gebirgsbildung 11
Kalk 8, 41, 62, 65 f., 126, 137, 141
 - Kalkschlamm 66
 - Kalktuff 63, 66
 - Kalksinter 66
 - Kalksinterterrasse 66
 - Korallenkalk 66
 - Schwammkalk 66
Kalmen 111
Kältewüste 177
Kaltfront 100, 102 f.
Kaltzeit (Eiszeit, Glazial) 56, 126, 198 f.
Kaolinit 138 f.
Kapillare 144
Kar 52
Karren 62
Karst, bedeckter Karst, nackter
 Karst 62, 200
 - Karstgebiet 62
 - Karstformen 62 f.
 - Karstquelle 63
Kartreppe 52
Kastenal 45

203

ANHANG

Kationenaustauschkapazität (KAK) 138, 154
Kerbtal 44
Kernfusion 7
Kernschatten 13
Kies 66
Kipp-Punkte (Tipping-Points) 129
Kissenlava 28
Klamm 44 f.
Kleine Eiszeit 52
Kliff 192
Kliffreihenküste 59
Klima 82, 142, 199
- Klima Europas 124
- Klimadiagramm 122, 124, 135
- Klimakreuz 124
- Klimaschwankung 126 f.
- Klimasystem 129
- Klimawandel 128 ff., 135
- Klimazone 124, 131, 144
- Wechselklima 125
Klimaelement 83
Klimafaktor 83
Klimaklassifikationen 118
- effektive K. 120 f.
- genetische K. 118 f.
klimatische Schneegrenze 52, 57
Klimaxboden 144
Klimaxstadium 159
Klippen 32
Klus 28
Kohäsion 142, 144
Kohäsion 43
Kohle 9, 66, 68, 80, 126
- Steinkohle 8, 20, 76
- Braunkohle 76
kolline Stufe 180
Kollision 30, 36
Kompasspflanze 177
Kondensation 93
Konglomerat 66
Kontinent 16 f.
Kontinentalabhang 200
kontinentale Kruste 13, 15
Kontinentalklima 118, 124
Kontinentalrand (aktiv/passiv) 16, 80
Kontinentalwanderung (= Kontinentalverschiebung) 16, 18
Konvergenz 16
Koog (Polder) 191
Korallenküste 59
Korrasion (Windschliff) 60, 175
Korrosion (= Kohlensäureverwitterung) 41, 62
Kraton 36, 80
Kreislauf 5, 136
- biogeochemischer 68 f.
- Gesteinskreislauf 66 f.
- Kohlenstoffkreislauf 68 f.
- Stickstoffkreislauf 8, 68 f.
- Wasserkreislauf 68
Kristallisation (Früh-, Haupt-, Rest-) 72
Krummholz 180
Kryosphäre 83
Kryptophyten 162

Kursker Magneteisen-Anomalie (KMA) 73
kurzwellige Strahlung 85

L

La Niña 115
Lagerstätte 72 ff., 80
- Eindampfungslagerstätte 74
- Erzlagerstätte 72 f.
- Lagerstättenverbreitung 80 f.
- metamorphe Lagerstätte 73
- primäre = magmatische Lagerstätte 72
- Salzlagerstätte 74 f.
- sekundäre = sedimentäre Lagerstätte 72 f., 80
- Verwitterungslagerstätte 73
Lahar 24, 43
Lahnung 191
Landklima 124
Land-See-Windsystem 96 f.
Langtagpflanzen 174
langwellige Strahlung (Wärmestrahlung) 85
Lapilli 24
latente Wärme 85
Laterit 144 f.
Latosol 148, 155, 166
Laurasia 36
Lava 18, 24 f.
Lawine 43
Lebensformen 162
Lebewesen 5, 8
Lehm 137
Lessivierung 141
Leveche 109
Lichtpflanzen 158
Lithosphäre 14. 16, 28, 83
Litorina-Meer 192
Löslichkeit 62, 74, 81
Löss 61, 66, 137, 198
Lösungsverwitterung 41
Luftdruck 96
Luftdruckgürtel 125
Luftmassen 125, 199
Lufttemperatur 86

M

Mäander, -zone 44 f., 50
Maar 24, 26
Magma 24 f., 29, 66, 72, 80 f.
Magmatit (Erstarrungsgestein) 66 f.
Magnetfeld 6, 14, 18
Magnitude 13, 27
Mallungen 111
Manganknollen 81
Mangrovenküste 59
Mantelkissen 23
Marsch 190
Massenselbstbewegung 43
maximale Feuchte 92
Meereis 128, 131
Meeresbodenküste 59
Meeresspiegel 128 f., 131
Meeresströmung 129

Mercalli-Skala 13
Mergel 137
Mesoeuropa 194
Mesopause 91
Mesosaurus 20
Mesosphäre 91
Metamorphit 66
Metamorphose 66 f.
- Kontaktmetamorphose 66
- Regionalmetamorphose 66
Meteorit 7, 12, 127
Methan 127, 131
Milankovic-Zyklus 56, 126
Mindel-Kaltzeit 199
Mineral 25, 66, 72, 138
Mineralisierung 139, 141 ff.
Minette 73
Mischungskorrosion 62
Mistral 109
Mittelbreiten 87 f., 110
Mittelgebirge 32, 34, 152, 186 f., 194 ff., 200
Mittellauf 45
Mittelmoräne 52
mittelozeanische Rücken 15, 18 f., 21, 80
mittlere Breiten/Mittelbreiten 125, 131
mittleres Tidenhochwasser (THW) 58
mittleres Tidenniedrigwasser (TNW) 58
Molasse 29, 32 f., 198, 200
Mond 6, 8
Monsun 131
Monsunzirkulation 112 f.
montane Stufe 180
Montmorillonit 138 f.
Moor 199
Moräne 49, 54, 66, 198, 200
Morphosphäre 83
Mulde (Synklinale) 28, 196
Muldental 44 f.
Mull 144
Mure 43
Mykorrhiza (-Pilze) 148, 167

N

Nadelwald 141
Nagelfluh 198
Nährstoffkreislauf kurzgeschlossen 167 langgezogen 168
Nebelwald 180 f.
Nehrung 192
Neoeuropa 194
Neotropis 157
Niederschlag 94 f., 126, 128, 134
- Frontalniederschlag 125
- Niederschlagsveränderungen 131
Niederterrasse 198
Nimbus 94 f.
Nipptide 191
Nitrifikation 69
nivale Stufe 180

ANHANG

Nordatlantikstrom   125, 129
Norddeutsches Tiefland   186 f., 188 ff.
Nordostpassat   101
Normaldruck   96

O

Oberlauf   45
Oberrheingraben   22, 27, 34, 52
Obsidian   66
Okklusion   102
ökologisches Optimum   159
Ophiolith   28, 81
Orogenese   29
Os   55
Ostalpin   33, 201
Oxidationsverwitterung   42, 137
Ozean   15 f., 18, 23, 28, 32, 34, 36, 68, 130
ozeanische Kruste   13, 15, 23, 38
Ozon   132 f.
Ozonschicht   9, 90, 126

P/Q

Paläoeuropa   194
paläomagnetischer Kalender   18
Paleotropis   157
Pampa   172
Pangäa   19, 32 f., 36, 81
Panthalassa   36
Parabraunerde   141, 150
Paramó   180 f.
Passat   101, 125
Passatinversion   110, 112
Passatzirkulation   110
Pause   90
Pedosphäre   5, 83
Penck, A.   199
Penninikum   32 f., 201
Periglazialgebiet   53, 189
Permafrost (= Dauerfrost) /
   -boden   53, 128, 131, 169, 189
Permische Rumpffläche   194
Pflanzen   5, 142 f., 153
pf-Wert   142
Phanerophyten   162
pH-Wert   42, 138 ff., 153
physiologisches Optimum   158 f.
Pillow-Lava   28
Planet   6
planetarische Frontalzone   98
Plankton   130
Platin   73
Platten   16, 36
Plattentektonik   16 ff., 32, 36, 80
Pleistozän   34, 188
Plume   17
Pluton   16, 29, 66, 72 f., 80
Plutonit (Tiefengestein)   25, 66, 72
Podsol   141, 144, 151 f., 154, 166
polare Ostwinde   101
polares Hoch   101
Polarfront-Jetstream   99, 101
Polargebiet, -region   131
Polarisierung   18
Polarlicht   91
Polarzelle   101
Polarzonen   87, 89, 110
Polder (Koog)   191
Polje   62
Polumkehrung   56
potenzielle Evaporation (pET)   121
potenzielle Landschaftsverdunstung (pLV)   121
potenzielle Verdunstung (pV)   121
Prallhang   44 f.
Prärie   172 f.
Präzession   56 f.
Priel   190
Primärproduktion   130
Produzent   138
progressive Sukzession   183
Pseudogley   151
Pufferung   129, 136, 140
Pull-apart Basin   21
Pultscholle   34, 195
Pumpe
  - biologische Pumpe   130
  - physikalische Pumpe   130
Pump-Saug-Effekt   100
P-Wellen   13
Pyrophyten   170
Quelle   136
Quellhorizont   63
Quellkuppe   24

R

Ranker   149
Recycling   69, 136
Regen   95
Regenwurm   138 f.
Regenzeit   47
regressive Sukzession   182
relative Feuchte   92
Reliefumkehr   26
Rendzina   149, 154
Reptation   61
Retention   46
Rhein   48 ff.
Rhyolith   25, 66
Riasküste   59
Richterskala   13
Ridge push   17
Riedel   199
Rift-Valley   15 f., 18 f., 21, 23 f., 28, 81
Rinnensee   55
Riss-Kaltzeit   199
Rohhumus   141, 144
Rossbreiten   111
Rotbraune Savannenböden   148
Roterde   145, 148
Rotlehm   145, 148
Rückkopplung   127, 129, 130
Rückseitenwetter   102 f.
Rumpffläche   34
Rundhöcker   54

S

Saale-Kaltzeit   189
Saltation   60 f.
Salz   74 f., 80, 141, 144
Salzsee   46
Salzsprengung   40
Salzstock (Diapir)   73, 75, 78
Salztonebene   46
San-Andreas-Linie   22
Sand   66, 137, 145
Sander   53 f., 189
Sandstein   66
Sattel (Antiklinale)   28, 78, 196
Sättigung   74
Sauerstoff   8 f., 126
Säure   137, 143
Savanne   131, 170 ff.
Schalenbau (der Erde)   13 f.
Schattenpflanzen   158
Schelf   15, 33, 74, 200 f.
Schichtfallen   196
Schichtflut   47
Schichtkamm   197
Schichtstufenland   196 f.
Schichttafel   197
Schichtung   93, 130
  - (feucht-)labile Schichtung   93
  - (feucht-)stabile Schichtung   93
  - der Wassersäule   130
Schichtvulkan   24
Schiefe der Ekliptik   56 f.
Schildvulkan   24, 26
Schirokko   109
Schlackenkegel   26
Schlammlawine   200
Schlammstrom   43
Schliffgrenze   52
Schlucht   44
Schluckloch   62
Schluff   137, 145
Schmelzwasser   198
Schneegrenze   180 f.
Schorre (Abrasionsplattform)   58
Schotterfächer   53
Schwarzerde (Tschernosem)   150, 154
Schwellenwert   129
Schwemmkegel   45, 73
Schwerkraft   6, 142, 144
Seafloor-spreading   18
Sediment   44, 66 ff.
Sedimentation   44
Sedimentit   66, 69
Seemarsch   190
Seife   72 f., 81
Seismogramm   12 f.
Seismologie   12 f.
Seitengletscher   52
Seitenmoräne   52
Selbstregulation   5
Senke   68, 126, 136
Sinter
  -Kalksinter   63, 66
  -Kieselsinter   66
Skelettboden   149
Sklerophyten
  (Hartlaubgewächse)   178 f., 183
Slab pull   17
Sohlental   44, 199
Solarkonstante   84

205

ANHANG

Solarstrahlung 84
Solifluktion (Bodenfließen) 43, 53, 189
Soll (Toteisloch) 54, 189
sommergrüner Laub- und Mischwald 166, 168
Sommermonsun (Südwestmonsun) 112 f.
Sonne 5, 127 ff.
Sonnensystem 6, 12
Sonnenwind 6
Southern Oscillation 114
Speicher 68
Speiloch 62
Springtide 191
Spurengas 128
Stalagmit 62
Stalagnat 62
Stalaktit 62
Staukuppe 24
Staunässe 143
Steigungsregen, -niederschlag 92, 199
Steilküste 58
Steppe 131, 172
Stickstoff, -kreislauf 68 f., 143
Stoßkuppe 24
Strahlungsgesetz 84
Strahlungshaushalt 125 ff.
Strandlinie 65
Strandsee 192
Strandversetzung 192
Stratopause 90 f.
Stratosphäre 90 f.
Stratus 94 f.
Streu 141, 144
Stromstrich 44, 45
Stufenlehne 196
Stufenstirn 196
subalpine Stufe 180
Subduktion, -zone 16, 19, 21, 24, 28, 30 f., 36, 80
  - High-stress-Subduktion 21
  - Low-stress-Subduktion 21
Sublimation 93
subpolare Tiefdruckrinne 101
Subtropen 118, 125, 178 f.
Subtropen-Jetstream 99, 101
subtropischer Hochdruckgürtel 101
Subvulkanit 66
Südostpassat 101
Sukkulenten 177
Sukzession 159 f.
Superkontinent 36, 126
Supernova 7
Sutur 36
S-Wellen 13
Synklinale (Mulde) 28, 196
System Erde (Ökosystem Erde) 5, 68, 129

T

Tageszeitenklima 88
Taifun 116
Taiga 169

Talformen 44, 48
Talgletscher 52
Taupunkt/Taupunktkurve 92 f.
Tektonik 16
  -Bruchtektonik 34, 80
  -Faltentektonik 28 f.
  -Plattentektonik 16 ff., 32, 36, 80
Temperatur 126, 128, 130
Temperaturverwitterung 40
Terranes 29
Terrasse 198 f.
  - Niederterrasse 198
  - Schotterterrasse 198
  - Terrassenabfolge 199
Tertiär 10, 26, 32 ff., 50
Tertiärhügelland 198
Tethys 30, 32 f.
thermohaline Zirkulation 70 f.
Thermoisoplethendiagramm 88 f.
Thermokline 114
Thermosphäre 91
Therophyten 162
Tiefdruck 96
Tiefengestein (Plutonit) 25, 66, 72
Tierra caliente 180 f.
Tierra fria 180 f.
Tierra helada 180 f.
Tierra nevada 180 f.
Tierra templada 180 f.
Tillit 66
Tipping Ponts (Kipp-Punkte) 129
Ton 42, 66, 137, 145, 154
Ton-Humus-Komplex 138 f., 141, 143
Tonmineral 42, 138 ff., 143, 145, 153
Tonstein 66
Tonverlagerung 141
Torf 66, 68
Toteisloch (Soll) 54, 189
Transfluenzpass 52
Transform-Störung 15, 16, 21 f.
Trass 26
Travertin 66
Treibhauseffekt 128, 130
  - anthropogener T. 127 ff.
  - natürlicher T. 85, 128
Treibhausgas 127 ff.
trockenadiabatischer Temperaturgradient 92
Trockengebiet 46, 144
Trockensavanne 170
Trockental 62
Trockenwüste 176
Trockenzeit 47
Trogtal 53
Tropen 42, 87 f., 110, 118, 120, 131
  - immerfeuchte Tropen 118
  - wechselfeuchte Tropen 46
Tropfstein 62 f.
tropische Wirbelstürme 116, 128, 131
Tropopause 90 f.
Troposphäre 90 f., 128, 131
Tschernosem (Schwarzerde) 150, 154
Tuff 66, 198
Tundra 174 f.

U

Umlaufberg 45
Umwandlungsgestein 66
Unterlauf 45
Ureuropa 194
Urknall 6
Urpassat 110
Urstromtal 54, 189
Ursuppe 8
UV-Strahlung 6, 9, 126

V

variskische Gebirgsbildung 11, 194
Vb-Wetterlage 107
Vegetationsformationen 162 f.
Vegetationsperiode 128
Vegetationszone 131, 144, 163 ff.
Veld 172
Verbraunung 141
Verbreitungsgebiet 128
Verdunstung 93
Vergleyung 141
Vergrusung 40
Verlehmung 141
Vermiculit 138
Vertisol 148
Verwerfung 78, 194
Verwilderungszone 50
Verwitterung 44, 66, 126, 140, 144
  - biogene Verwitterung 42
  - chemische Verwitterung 41 f., 47, 72 f., 137, 139
  - physikalische Verwitterung 40, 137, 139
Voralpen 200
Vorfluter 46
Vorlandsenke 29
Vorlandvergletscherung 53
Vulkan 12, 16 f., 23 ff., 28 f., 34, 80, 198
Vulkangestein 66 f.
Vulkanismus
  - effusiv 25
  - explosiv 25
  - effusiv-explosiv 25
Vulkanit (Ergussgestein) 25, 66 f.
Vulkantypen 24

W

Wadi 46
Waldbrand 68
Waldgrenze 180 f.
Walker-Zirkulation 114
Warft/Wurt 190
Wärmefluss 18
Wärmehaushalt 68, 85
Wärmekraftmaschine 14
Wärmestrahlung (langwellige Strahlung) 85
Wärmeungleichgewicht 67, 99
Warmfront 100, 102 f.
Warmluftsektor 102
Warmzeit (Interglazial) 56, 126, 199
Warve 53

Wasser 9, 68
 - Absorptionswasser 143
 - Grundwasser 68, 75, 143
 - Haftwasser 142 f.
 - Kapillarwasser 142 f.
 - Meerwasser 68
 - Salzwasser 68
 - Sickerwasser 143
 - Süßwasser 68
Wasserdampf 131
Wasserfall 65
Wasserkreislauf 5, 126 f.
Wasserscheide 48
Wattküste 59
WEGENER 19 f., 36
Weichsel-Kaltzeit 189

Welkepunkt 142 f.
Westwindzone 99, 101
Wetter 82
Willy Willy 116
Wilson-Zyklus 39
Wind 65, 96 f.
Windgürtel 125
Windschliff (Korrasion) 60, 175
Wintermonsun
    (Nordostmonsun) 112 f.
Winterregengebiet 125
Witterungssingularität 108
Wolke 94 f.
Wuchsform 162
Würm-Kaltzeit 199
Wurzelsprengung 42

X / Y / Z

Xerophyten 177
Yoldia-Meer 192
Zechsteinmeer 73
Zechsteinsalz 74
Zenit 110 f.
Zentialregen 110
Zeugenberg 197
Zinn 73
Zirkulation
    - atmosphärische Z. 98 ff.
    - thermohaline Z. 70 f., 131
Zungenbecken 19
Zungenbeckensee 53
Zyklon 116
Zyklone 96, 100, 102

Weiterführende Literatur

Eberle, Joachim, Eitel, Bernhard, Blümel, Wolf Dieter & Peter Wittmann: Deutschlands Süden vom Erdmittelalter zur Gegenwart. Berlin Heidelberg 2007

Eitel, Bernhard: Bodengeographie. Das Geographische Seminar. Braunschweig 1999.

Frisch, Wolfgang, Martin Meschede: Plattentektonik. Kontinentverschiebung und Gebirgsbildung. Darmstadt 2007.

Gaede, Peter-Matthias (Hrsg.): Wetter und Klima. GEOkompakt, Nr. 9. Hamburg 2006.

Gebhard, Hans, Glaser, Rüdiger, Radtke, Ulrich & Paul Reuber (Hrsg.): Geographie. Physische Geographie und Humangeographie. München 2007

Glawion, Rainer, Glaser, Rüdiger & Helmut Saurer: Physische Geographie. Das Geographische Seminar. Braunschweig 2009

Grotzinger, John, Jordan, Thomas H., Press, Frank & Raymond Siever: Allgemeine Geologie. München 2007

Harms, Heinrich et al.: Physische Geographie und Nachbarwissenschaften. München 1990

Hupfer, Peter, Wilhelm Kuttler: Witterung und Klima. Stuttgart, Leipzig 2006

Hutter, Claus-Peter & Wva Goris: Die Erde schlägt zurück. München 2009

Klink, Hans-Jürgen: Vegetationsgeographie. Das Geographische Seminar. Braunschweig 1996

Klohn, Werner & Hans-Wilhelm Windhorst: Physische Geographie – Böden, Vegetation, Landschaftsgürtel. Vechtaer Materialien zum Geographieunterricht, Heft 6. Vechta 2006

Klötzli, Frank: Ökosysteme. UTB. Stuttgart 1993

Leser, Hartmut (Hrsg.): Diercke Wörterbuch Allgemeine Geographie. München 2005

Leser, Hartmut: Geomorphologie. Das Geographische Seminar. Braunschweig 2009

Liedtke, Herbert & Joachim Marcinek (Hrsg.): Physische Geographie Deutschlands. Gotha 1995

Markl, Gregor: Die Erde. München 2004

Marthaler, Michel: Das Matterhorn aus Afrika. Bern 2005

Matauer. Maurice: Berge und Gebirge. Stuttgart 1999

Pott, Richard: Die Pflanzengesellschaften Deutschlands. Stuttgart 1995

Rahmstorf, Stefan & Hans-Joachim Schellnhuber: Der Klimawandel. München 2006

Scheffer, Fritz & Paul Schachtschabel: Lehrbuch der Bodenkunde. Stuttgart 2002

Schmincke, Hans-Ulrich: Vulkanismus. Darmstadt 2000

Schultz, Jürgen: Handbuch der Ökozonen. UTB. Stuttgart 2000

Schulz, Dietrich: Formung und Formen der Erdoberfläche. Eine Einführung in die Geomorphologie. Stuttgart, Dresden 1992

Wagenbreth, Otfried & Walter Steiner: Geologische Streifzüge. Leipzig 1990

Walter, Heinrich, Siegmar-W. Breckle: Vegetationen und Klimazonen. UTB für Wissenschaft 14. Stuttgart 1999

Weischet, Wolfgang & Wilfried Endlicher: Einführung in die Allgemeine Klimatologie. Stuttgart 2008

ANHANG

Bildquellenverzeichnis

Bilder
A1PIX/Your Photo Today, Taufkirchen: 187 o.re. (AAC); adpic Bildagentur, Bonn: 67.2 B (Maranso GmbH); africamediaonline.com, Berlin: 58.3 (Roger de la Harpe); Agel, Felix, GLOBOFOTO ®, Hagen: 24.1 d; akg-images GmbH, Berlin: 20.1; alamy images, GB-Abingdon/Oxfordshire: 168.1, 169.1 (George S de Blonsky), 181.2 (Kevin Schafer); Alvarez, Carlos Saracco: 148 li.u.; Astrofoto, Sörth: 9.1, 90.1 (NASA), 91.2 (Andreas Walker); Bauer, Jürgen, Nierderrimsingen: 28.3; Blickwinkel, Witten: 175.3 (F. Hecker), 200.1 (Luftbild Bertram); Bricks, Wolfgang, Erfurt: 149 re.m., 149 re.u., 150 li.o., 150 li.u.; Christoph & Friends/Das Fotoarchiv, Essen: 51.3 (Hans Blossey), 67.2 C (Willem van Blijderveen/Lineair), 170.1 re. (Siebicke); Colorphoto Hinz, Allschwil/Basel: 50.1; Corbis, Düsseldorf: 24.1 b (Gary Braasch), 47.3 (Chris Hellier), 96.1 (Claudia Daut/Reuters), 198.1 (Guenter Rossenbach); Deutscher Wetterdienst DWD, Offenbach: 107.2 (Grundlage); DLR Deutsches Zentrum für Luft- und Raumfahrt, Weßling, OT Oberpfaffenhofen: 119.2; Englert, Freiburg: 61.1 C, 196.1; ESA/ESOC, Darmstadt: 186.1; F1online, Frankfurt/M.: 67.2 A (Dieter Ziegler); Focus, Hamburg: 24.1 f (Tipsimages/Guido Alberto Rossi); fotolia.com, New York: 60.1 (Kydroon), 83.1 B (Demydenko Mykhallo), 95.3 A (carpinet), 95.3 B (Thierry Maffeis), 126.1 li. (Anton Balazh), 163.1 li. (ingwio); Gehrke, Malberg: 103.2 A, 103.2 B, 103.2 C, 103.2 D; Gensetter, Lisa, Davos: 53.1 (Gensetter Foto); Gernandt, Peter, Göttingen: 149 re.o., 154.4 A; Getty Images, München: 63.1 A (G.R. Roberts © Natural Sciences Image Library); GFE | Erlebnistage, Herbstein/www.erlebnistage.de,: 195.2; Gust, Dietmar, Berlin: 79.1 Foto; Hachette Jeunesse, Paris: 23.1 o.; Herbert, Ch. W., USA-Tucson: 22.1 o.; Herzig, Reinhard, Wiesenburg: 165 o.li.; Härle, Wangen: 148 li.o., 170.1 li.; IG Tektonikarena Sardona, Sargans: 39.1 Foto (Ruedi Homberger, Arosa); Institut für Bodenwissenschaften, Göttingen: 151 re.u., 154.4 B (Ahl); IPCC, Genf: 130.2, 131.1; Jahn, Breidenbach: 61.1 A; Kahlert, Georg, Bliesransbach: 195.3; Kali und Salz GmbH, Kassel: 151 re.o.; Knigge, Hannover: 151 re.m.; Kurverwaltung Garmisch-Partenkirchen: 187 re.u.; laif, Köln: 147.2 (Imke Lass), 177.2 (Arctic Photo), 200.2 (Tobias Gerber); Landesmedienzentrum Baden-Württemberg, Stuttgart: 51.5 (Luftbild Brugger), 187 re.m. (Luftbild Brugger), 198.3 (Luftbild Brugger); Landesmedienzentrum Rheinland-Pfalz, Koblenz: 35.1, 51.4; Mager, F.-G., Gengenbach: 158.1; MARUM, Bremen: 81.1; mauritius images, Mittenwald: 58.1 (Nico Stengert), 63.1 B (Manfred Thonig), 63.1 C (imagebroker/J.W.Alker), 83.1 A (Thonig), 94.1, 164.1 li. (Eckart Pott), 164.1 m. (age), 164.1 re. (Thonig), 172.1 (Wild Wonders of Europe/Lesniewski/naturepl.com), 198.2 (Josef Beck); Mombrei, Holger/www.fotos-aus-der-luft.de: 53.3; Morgeneyer, Frank, Leipzig: 161.1, 161.4; Mühr, Bernhard, Karlsruhe/Der Karlsruher Wolkenatlas/www.wolkenatlas.de,: 93.2, 98.1; NASA, Houston/Texas: 5 m., 23.2 o., 30.1, 109.2, 111.2; NOAA, Washington: 134.3 A, 134.3 B; Nolzen, Freiburg: 54.1; Ochsenwadel, Möckmühl: 41.4; OKAPIA-Bildarchiv, Frankfur/M.: 83.1 C (NAS F. Ayer), 163.1 re. (Nigel Cattlin), 165 o.re. (Wendler); Picture-Alliance, Frankfurt/M.: 24.1 c (dpa/Axel Häsler), 38.1 A (Chad Ehlers), 41.3 (Lindsay Brown/Lonely Planet Images), 54.2 (Stefan Sauer/ZB), 132.1 (ESA/dpa-Report), 152.1 m. (Thomas Frey), 153.1 li. (Harald Lange), 179.2 (allOver/TPH), 182.1 (BARRY SWEET/landov), 188.1 (Bernd Wüstneck/ZB), 191.1 (Lutz P. Kayser), 200.3 (Bildagentur Huber/Römmelt); plainpicture, Hamburg: Titelbild (Brijans/Hans Strand); Poitschke, Eibau: 144.1; Priesmeier, K., Baldham: 53.2; Pöllmann, H., Halle: 139.1 C, 139.1 D; Rheinbraun AG, Köln: 76.1 Foto; Rieke, Michael, Hannover: 150 li.m., 180.2; ROPA Fahrzeug- und Maschinenbau GmbH, Herrngiersdorf: 152.1 li.; Schmidt, Marianne, Teningen: 178.1; Schmidtke, Kurt-Dietmar, Melsdorf: 153.1 re.; Schobel, Ingrid, München: 28.1, 44.1, 49.1 re., 63.2; Solvay Deutschland GmbH, Hannover: 75.1; Stark, Friedrich, Dortmund: 153.1 m.; TopicMedia Service, Ottobrunn: 171 li.; U.S. Geological Survey: 24.1a; ullstein bild, Berlin: 112.1 (Reuters); USGS/Cascades Volcano Observatory, Washington: 24.1e (T.P. Miller); Vahldiek, Böhme: 152.1 re.; vario images, Bonn: 156.1; Visum Foto GmbH, Hamburg: 193.2 (Aufwind-Luftbilder), 193.3 (Aufwind-Luftbilder); Vulkaneifel Touristik und Werbe GmbH: 26.1; Waldeck, Winfried, Dannenberg: 49.1 A, 174.1; Westend61, München: 195.1 (Mel Stuart); Westfälisches Amt für Denkmalpflege, Münster: 42.1; wikipedia.org: 41.2 (Herebythyme, unter Creative Commons Lizenz 3.0), 176.1 (Freddy Weber); Wipki, Mario, Berlin: 126.1 re.

Illustrationen
Ingrid Schobel, München

Grafiken und Karten
Computerkartographie, Computergrafik Heidolph, Kottgeisering
Freier Redaktionsdienst Güttler, Berlin
Annette Hermes, Hardegsen
Technisch-Grafische Abteilung der Bildungshaus Schulbuchverlage GmbH, Braunschweig

Hinweis: Für den Fall, dass berechtigte Ansprüche von Rechteinhabern unbeabsichtigt nicht berücksichtigt wurden, sichert der Verlag die Vergütung im Rahmen der üblichen Vereinbarung zu.